高等院校物流管理与物流工程专业系列教材

（第二版）

物流系统建模与仿真

主审 张晓萍 ◎ 彭 扬 吴承健 编著

Logistics Modeling and Simulation

ZHEJIANG UNIVERSITY PRESS

浙江大学出版社

图书在版编目（CIP）数据

物流系统建模与仿真 / 彭扬，吴承健编著. —2 版.
—杭州：浙江大学出版社，2015.8（2024.2 重印）
ISBN 978-7-308-14860-3

Ⅰ.①物… Ⅱ.①彭…②吴… Ⅲ.①物流—系统建
模②物流—系统仿真 Ⅳ.F253.9

中国版本图书馆 CIP 数据核字（2015）第 157064 号

内容简介

本书介绍了系统仿真技术的一般原理以及系统仿真在物流领域的具体应用。通过本书的学习可以使学生掌握系统仿真的一般方法以及专业物流系统仿真软件 Flexsim 等的应用，同时可以培养学生对物流系统进行综合分析的能力。

本书可作为物流管理、物流工程及经济管理类专业本科及研究生的教学用书，同时也可作为对物流供应链领域的科研和管理与工程应用感兴趣的相关人士的学习参考书。

物流系统建模与仿真（第二版）

彭　扬　吴承健　编著

丛书策划	黄兆宁　樊晓燕
责任编辑	黄兆宁
文字编辑	何　瑜
责任校对	余梦洁　王文舟
封面设计	刘依群
出版发行	浙江大学出版社
	（杭州天目山路 148 号　邮政编码 310007）
	（网址：http://www.zjupress.com）
排　　版	杭州青翔图文设计有限公司
印　　刷	广东虎彩云印刷有限公司绍兴分公司
开　　本	787mm×1092mm　1/16
印　　张	20.5
字　　数	473 千
版 印 次	2015 年 8 月第 2 版　2024 年 2 月第 9 次印刷
书　　号	ISBN 978-7-308-14860-3
定　　价	42.00 元

高等院校物流管理与物流工程专业系列教材

审稿专家委员会名单

（以姓氏笔画为序）

前　言

现代物流的发展将在未来十年进入关键时期。现代物流在经济发展中的重要作用已被深刻认识,物流在一些地区成为经济发展的支柱(或瓶颈),各级政府均为物流发展提供了有利的政策环境。企业纷纷将物流作为降低成本的重要途径,对物流运作提出了新的要求,促使物流运作与服务更加快捷、高效、安全、便利。这些便是现代物流需求的重要来源。

当前,我国现代物流在功能和发展潜力上的瓶颈在于现代物流系统的不完善以及物流运作过程的不合理。自然形成的物流系统由于缺乏前瞻性和系统规划,在物流资源的配置、物流网络的结构等方面,很难保证其可靠性、合理性、协调性和最优化;而物流运作过程,主要是运输过程和仓储过程,仍以经验管理为主,基本上没有采用优化理论和方法,不合理现象随处可见,难以产生"第三利润"。现代物流系统正朝着自动化、信息化、集成化的方向快速发展,随着功能的不断综合完善,现代物流系统的构成也越来越复杂。一个好的物流系统的建立与优化已经不可能通过人的经验手段或者数学的解析推理来完成,因此计算机建模与仿真作为一种先进的解决问题的手段被越来越多地应用到现代物流系统的分析评价中。学习和掌握建模与仿真的基础知识将为学生今后的工作和研究打下良好的基础。

仿真(Simulation),也称为模拟,通俗来讲,它就是按照客观的实际情况,把所要研究的问题或对象构造成模型,然后在模型上进行实验或试验,以观察一项设计或计划方案,在接近于实际的条件下,其工作(或运行)情况是否合乎主观的意图或要求,或者是同时分析比较几个设计或计划方案,以确定其中哪一个方案更符合主观的意图或要求、具有更好的技术性能或经济效果,从而确定选择其中一个较好的设计或计划方案。

计算机没有普及以前,物流系统仿真普遍采用的是运用数学方法建立数学模型。当研究的物流系统不是十分复杂,或经过简化降低了系统的复杂程度时,可以利用数学方法,如线性代数、微积分、运筹学、计算数学等方法去求解问题。但在实际研究中,随着物流理论和实践的不断深入,所提出的研究问题日益复杂,非确定因素、不可知因素、模糊因素众多,因果关系复杂,单独应用数学方法就难以进行描述或很难求解且有时无法求解,因此,我们的研究需要采用计算机仿真的方法来辅助解决。

本书系统介绍了物流系统建模与仿真,特别是离散事件系统仿真的一般理论基础,然后介绍了一些计算机仿真软件,并主要以先进的物流仿真软件 Flexsim 为基础介绍物流领域相关问题的建模仿真应用过程。本书的目的是帮助读者掌握一些建模仿真的一般原理和理论基础,学会运用自己的所学对物流系统进行分析与评价,理解物流领域中各个物流子系统的仿真方法及仿真目的,并能够基本掌握专业物流仿真软件的使用,能对一些实际物流系统进行简单的建模仿真并得出有意义的结论,以期运用以前先修物流课程的相关知识结合专业的物流仿真软件解决一些物流系统的实际问题。

本书由浙江工商大学彭扬、吴承健老师编写,作者在2008年第一版的基础上,结合多年相关课程教学与科研经验,并注重吸收各方面的研究成果,希望能提供给读者系统而易读易用的专业教材。在编写过程中,得到了物流管理系专业教师们的大力支持,物流专业的研究生和高年级本科生也提出了许多很好的建议,并帮助收集和整理了许多资料,在此表示诚挚的感谢。在成稿过程中,参考了大量相关的书籍、论文、报刊、杂志、网站的资料,作者已尽可能在参考文献中列出。

由于物流建模与仿真的理论和技术仍在不断发展和完善中,且作者水平有限,成稿时间仓促,书中表述难免出现疏忽和谬误,敬请各位专家、读者提出批评意见,并及时反馈给作者,以便逐步完善(联系邮箱:pengyang@mail.zjgsu.edu.cn)。

编者

2015年6月

目　录

第 1 章

绪 论

⚐ **本章要点**

本章主要说明有关系统、系统模型及系统仿真的一些基本概念和它们相互之间的关系,目的在于使读者对系统、系统模型及系统仿真有一个基本的了解,为进一步学习和阅读后续各章节打下基础。

1. 1 系统概述

系统——作为人类认识的重要手段,其概念来源于古代人类社会实践经验。人类自有生产活动以来,无时无刻不在和自然系统打交道。在系统学科远没有形成之前,人类就已经在进行辩证的系统思维,并利用系统的知识认知自然世界和人文社会,进行开发、探索和创新。

在现代实际的社会、经济、军事系统中,人们为了更好地达到一定的系统目标和实现系统一定的功能,都希望深入地了解和研究分析系统的内部结构和各要素或组成部分之间的关系,但是实际的系统描述却极为困难,如上述的社会、经济、军事大系统,其行为和政策效果往往无法用直接试验的办法得到。有些工程技术问题,虽然可以通过试验掌握系统的部分结构功能和特性,但是往往代价太大,所以人们提出了采用系统模型与模拟仿真方法来研究分析比较复杂的现实系统。

系统模型是对系统的特征要素、有关信息和变化规律的一种抽象表述,它反映了系统的某些本质属性,描述了系统各要素之间的相互关系、系统与环境之间的相互作用。模型是客观世界的抽象描述,具体地说,它是一个或一组表示某系统行为的方程式或描述系统行为的抽象概念的组合。

研究系统模型的意义在于我们能通过建立系统模型来求解系统实际运作中的某些问题。在实际系统的实体运作过程中,很难也不可能都通过对实际系统进行试验来解决,通过系统模型来进行替代研究可以降低这种难度。另外,许多的客观实体系统很难做试验,则可利用系统模型代替;对象问题虽然可以做试验,但是利用模型更便于理解。此外,模型易于操作,利用模型的参数变化来了解现实问题的本质和规律更经济方便。因此,无论是在一般系统还是复杂系统的分析中,系统模型都被广泛地应用。

1.1.1 系统的定义

"系统"一词由来已久,在古希腊是指复杂事物的总体。到近代,一些科学家和哲学家常用系统一词来表示复杂的具有一定结构的整体。在宏观世界和微观世界,从基本粒子到宇宙、从细胞到人类社会、从动植物到社会组织,无一不是系统的存在方式。系统时时处处可见:一台机器、一个工厂、一个企业、一定自然条件下的植物群落、一个组织、一个国家等,都可视为一个系统。从不同的研究和目的出发,可对系统作不同层次和不同范围的划分,例如一个细胞、一个器官、一个人、一个家庭、一条街道、一座城市等,都可相对独立地划为一个系统来进行研究,一个系统可以包括若干子系统,但它本身又是另一个更高层次系统的子系统。

虽然人类早就有关于系统的思想,但近代比较完整地提出系统理论的,则是奥地利的贝塔朗菲。

历史背景系统的存在是客观事实,但人类对系统的认识却经历了漫长的岁月,对简单系统研究得较多,而对复杂系统则研究得较少。直到 20 世纪 30 年代前后才逐渐形成一般系统论。一般系统论来源于生物学中的机体论,是在研究复杂的生命系统中诞生的。1925 年,英国数理逻辑学家和哲学家 N. 怀特海在《科学与近代世界》一文中提出用机体论代替机械决定论,认为只有把生命体看成是一个有机整体,才能解释复杂的生命现象。1925 年美国学者 A.J. 洛特·加龙省卡发表的《物理生物学原理》和 1927 年德国学者 W. 克勒发表的《论调节问题》中先后提出了一般系统论的思想。1924—1928 年,奥地利理论生物学家贝塔朗菲多次发表文章表达一般系统论的思想,提出生物学中有机体的概念,强调必须把有机体当作一个整体或系统来研究,才能发现不同层次上的组织原理。他在 1932 年发表的《理论生物学》和 1934 年发表的《现代发展理论》中提出用数学模型来研究生物学的方法和机体系统论的概念,把协调、有序、目的性等概念用于研究有机体,形成研究生命体的三个基本观点,即系统观点、动态观点和层次观点。1937 年,贝塔朗菲在芝加哥大学的一次哲学讨论会上第一次提出一般系统论的概念,但由于当时生物学界的压力,没有正式发表。1945 年,他发表了《关于一般系统论》,但不久毁于战火,没有引起人们的注意。1947—1948 年,贝塔朗菲在美国讲学和参加专题讨论会时进一步阐明了一般系统论的思想,指出不论系统的具体种类、组成部分的性质和它们之间的关系如何,存在着适用于综合系统或子系统的一般模式、原则和规律,并于 1954 年发起成立一般系统论学会(后改名为一般系统论研究会),促进一般系统论的发展,出版《行为科学》杂志和《一般系统年鉴》。虽然一般系统论几乎是与控制论、信息论同时出现的,但直到六七十年代才受到人们的重视。1968 年,贝塔朗菲的专著《一般系统论——基础、发展和应用》,总结了一般系统论的概念、方法和应用。1972 年他发表《一般系统论的历史和现状》,试图重新定义一般系统论。贝塔朗菲认为,把一般系统论局限于技术方面当作一种数学理论来看是不适宜的,因为有许多系统问题不能用现代数学概念表达。一般系统论这一术语有更广泛的内容,包括极广泛的研究领域,其中有三个主要的方面:

①关于系统的科学,又称数学系统论。这是用精确的数学语言来描述系统,研究适用于一切系统的根本学说。

②系统技术,又称系统工程。这是用系统思想和系统方法来研究工程系统、生命系统、经济系统和社会系统等复杂系统。

③系统哲学,它研究一般系统论的科学方法论的性质,并把它上升到哲学方法论的地位。

贝塔朗菲企图把一般系统论扩展到系统科学的范畴,几乎把系统科学的三个层次都包括进去了,但是现代一般系统论的主要研究内容尚局限于系统思想、系统同构、开放系统和系统哲学等方面。而系统工程专门研究复杂系统的组织管理的技术,成为一门独立的学科,并不包括在一般系统论的研究范围内。

虽然发展至今,关于系统的认识,目前科技界和哲学界的认识很不一致,众说纷纭,国内外学者给系统所下的定义不下几十个,真是"仁者见仁,智者见智",但主要有以下几种:

①一般系统理论创始人贝塔朗菲认为,系统是相互作用的诸要素的综合体。

②韦氏大辞典(Webester 大辞典)中系统(System)被解释为有组织的或被组织的整体,被组合的整体所形成的各种概念和原理的综合,以有规则的相互作用、相互依赖的形式组成的诸要素的集合。

③钱学森教授把系统定义为:"极其复杂的研制对象,即由相互作用和相互依赖的若干组成部分组合成的具有特定功能的有机整体,而且这个'系统'本身又是它所从属的一个更大系统的组成部分。"

尽管学者们提出的系统定义,具体说法或多或少存在着差异,但不难看出,其中有三项是普遍的、本质的东西:其一是系统的整体性;其二是系统由相互作用和相互依存的要素所组成;其三是系统受环境影响和干扰,和环境相互发生作用。学者们提出的系统定义虽然语句不同,并有各种附加条件,但没有一个关于系统的定义不包括这三项。从实际情形来看也是这样,任何系统都必须具备这三者,缺一不可,否则就不称其为系统。谈到系统的作用,它可以促进组织的发展,也可以阻碍组织的发展,在一定条件下,甚至可以对组织的存在和发展起着决定的作用。环境也是组织发展的必要条件,任何组织都同其周围环境相互联系、相互作用着,都不可能孤立地存在和发展。一个城市,要是封闭起来,人流、物流、能流和信息流统统切断,不能进出,那么不要多久,就会变成一座死城。在当今世界上,一个国家的经济,不同其他国家的经济相互联系、相互交流、互通有无、取长补短,就不可能迅速发展。

在这里,我们给系统下一个定义:"系统是由若干可以相互区别、相互联系而又相互作用的要素所组成,在一定的阶层结构形成中分布,在给定的环境约束下,为达到整体的目的而存在的有机集合体。"

1.1.2 系统模型、研究内容与方法

1.系统的一般模型

系统是相对外部环境而言的,并且和外部环境的界限往往是模糊过渡的,所以严格地说系统是一个模糊集合。外部环境向系统提供劳力、手段、资源、能量、信息,称为系统的"输入"。系统以自身所具备的特定功能,将"输入"进行必要的转换处理活动,使之成为有用的产品,供外部环境使用,称之为系统的"输出"。输入、处理和输出是系统的三要素。直观地讲,对于一个工厂而言,我们需要输入原材料,经过加工处理,才能得到一定产品作为输出,这一切我们就称之为一个生产系统。外部环境因资源有限、需求波动、技术进步以及其他各种变化因素的影响,对系统加以约束或影响,这些因素称为系统的"干扰"因素。此外,输出的成果不一定是理想的,可能偏离预期目标,因此要将输出的信息返回给输入,以便调整和修正系统的活动,这称为系统的"反馈"。系统的一般运作模型如图 1-1 所示。

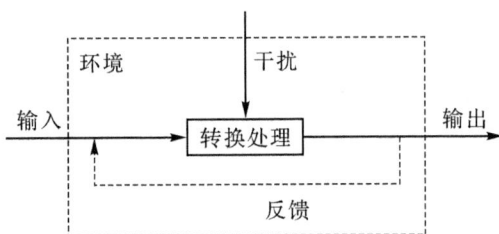

图 1-1　系统的一般运作模式

从运作模型分析,我们要着重把握以下四点:

①系统由输入、处理、输出三部分组成。任何系统都由环境输入物质、能量和信息,经系统处理后向环境输出物质、能量和信息,因此系统均具有将输入转化为输出的功能。

②系统内部都有物质、能量、信息三种流的流动。系统本身的运动过程就是对这三种流的处理过程,我们过去往往只重视物质、能量两种流的管理,而忽视了信息流的管理,这是造成工作被动的原因之一。从对系统的组织管理角度研究,信息流是至关重要的。

③系统都有反馈和环境自适应能力。系统都靠信息的反馈控制调整自身的运行,以适应环境并实现目标。

④系统都有一严密的层次结构。生物系统、工程系统和非工程系统均如此。

2.系统的研究内容

我们抽象出系统的一般运作模式是为了方便研究,以发现问题、解决问题。任何系统对我们而言都存在三方面需要研究的内容,即实体、属性和活动。

实体:存在于系统中的每一项确定的物体,即组成系统的具体对象元素。

属性:实体所具有的每一项有效的特征,即实体的特性(状态和参数)。

活动:导致系统状态发生变化的一个过程,是在一段时间发生的情况,即实体随时间

推移发生的状态变化。

系统研究除了研究实体、属性和活动,还需要研究系统的环境。环境是指对系统的活动结果产生影响的外界因素。自然界的一切事物都是相互联系和相互影响的,而系统在外界因素不断变化的环境中产生活动,因此,环境因素是必须考虑的。

从边界的因素来看,系统的活动可分为:

①内生活动——系统内部实体相互作用产生的活动;

②外生活动——系统外部环境影响产生的活动。

仅考虑内生活动的系统称为封闭系统,既考虑内生活动又考虑外生活动的系统称为开放系统。

应该注意到,系统与环境的边界是不确定的,它们随研究的目的不同而异。对于工厂系统的订货问题,既可将其视为环境对生产产生的影响,也可将销售纳入系统作为系统内的活动来研究。

就图 1-2 的工厂系统而言,系统的实体是工厂的各部门、订单和产品;它的属性是部门类型、订单数量、各部门的设备数量;它的活动则是各个部门的计划、采购、装配和销售过程;环境则是该工厂所处的社会经济环境和自然环境。

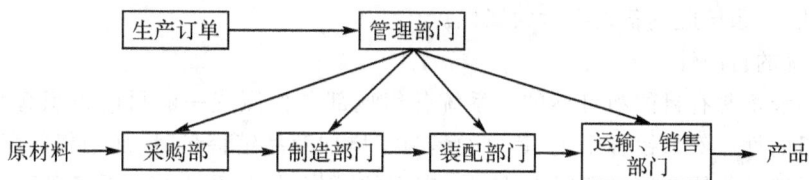

图 1-2 工厂系统

应注意的是,一次具体的研究不需要、也不太可能关注系统的所有实体、属性、活动以及环境,而只需要关注与研究目的有关的部分。

3. 系统工程的一般研究方法

20 世纪 60 年代,系统思想的定量化已发展成既有理论指导,又有科学方法和实践内容的新的工程技术学科——系统工程。进行任何一项工作所使用的方法,总是取决于它的指导思想。系统工程的研究方法也同样取决于它的指导思想——系统思想。综合系统方法、反馈方法和信息方法就构成了系统工程处理问题的基本方法。

由于系统工程是人、设备和过程有机地、有秩序地组合于一定环境之中的工程技术,因此,系统工程就必须在系统思想的指导下,不仅要研究系统的组成部分,还必须研究各部分之间的关联;不仅要研究单一过程,而且还要研究事物发展的全过程;不仅要考虑技术因素,还要研究考虑社会、经济、环境、心理、生态等各种因素;不仅要研究工程问题,而且还必须研究其组织和管理问题;不仅要考虑当前情况进行静态的研究,还必须考虑长远的发展和变化进行动态的研究;不仅要考虑单一方案,还必须综合地考虑各种方案;不仅要考虑最优解,还必须因地制宜地考虑满意解或次优解;不仅要研究物质、能量的流动,而且更重要的是研究信息的流动;不仅要考虑系统内在的联系,而且要考虑与系统有关的环境因素和人的因素等。

总之,我们需要从以下四个方面着手研究一个系统:

①系统是各组成部分的有机组合,是各子过程的有机组合。单独研究子系统和子过程并不能揭示系统运动的规律性,只有在确定子系统之间、子过程之间的互相联系的情况下,研究子系统和子过程,才能达到系统整体最优化的目的。

②事物总是在不断发展和变化的,因此,不能孤立地、静止地研究系统,必须动态地研究和探索系统发展和变化的规律性。

③没有比较就没有鉴别,只有在多方案的分析和比较下,才能识别优劣,故在多方案的论证中选择最优的或满意的方案是系统工程处理问题的主要方法。

④系统工程特点之一是数学理论和行为科学的统一,要充分考虑人在系统中的作用和地位,要充分发挥人的因素的作用,是系统工程处理问题时不可忽略的。

1.1.3 系统的特征与分类

1. 系统的特征

作为一个系统,除前面提及的系统的整体性、系统由相互作用和相互依存的要素所组成、系统受环境影响和干扰并和环境相互发生作用这三项最普遍的、最本质的东西外,我们一般认为,系统应具备以下六大属性。

(1)系统的目的性

任何系统都是有目的和目标的。系统各组成部分按照统一的目的组织起来的性质叫系统的目的性。例如销售系统,其目的是为了增加商品销售量、增加销售的营业额,是通过销售系统的具体功能发挥得以达到和实现的,因此任何系统都是具备某种特定指向的功能。任何系统,尤其是人造系统都具有特定的功能,其组成都具有一定的目的并且有达成目的的手段。作为系统的一个组成部分都有为系统目的服务的一面,同时作为不同于其他组成部分又有维护自身利益的一面,因此研究确定系统目的和子系统目的之间的关系,保证各子系统在系统总目的的指导下,协同配合、分工合作,在完成各子系统目的的同时达成系统的目的是研究系统目的性的主要内容。

一般来说,系统的目标通常不是单一的,而是多方面的,在这其中又往往在特定的时间段或特定的条件下,存在一个主要目标,且这个目标受到相关约束的制约。如以一个企业的总体发展规划为例,总存在一个长期的战略目的,但在企业的不同发展阶段,作为实现长期战略目的的细化战略——企业的近期战略目的就有可能大不一样。因此,系统的目的一般用更具体的目标来表达,即系统具有总目标,总目标又细分为若干个分目标。系统的目的性可通过总目标来表达:

$$G = \{g_i \mid g_i \in G, i = 1,2,\cdots,p\} \tag{1.1}$$

式中,G:系统的总目标;

　　g_i:系统的任意一个分目标;

　　i:系统的分目标数。

值得注意的是,系统分目标集必须保证系统总目标的实现,但是分目标之间可能是矛盾的,如物流系统中时时强调的必须正确协调和处理好的物流服务与物流成本之间的效益背反(Trade-off),因此往往采用某种形式的折中是完全必要的,即在矛盾的分目标之间寻求分目标之间的均衡,达到系统的最优。

（2）系统的集合性

所谓的集合性,是指系统都是由两个或两个以上可识别的部分(或子系统)所构成的多层次整体。元素可以是实体的,如人、车辆、货物等,也可以是非实体的(概念的),如班组计划、调度计划、需求计划等。系统的集合性的数学表达式如下:

$$X = \{x_i \mid x_i \in X, i = 1, 2, \cdots, n\} \tag{1.2}$$

式中,X:元素的集合,表征某个系统;

x_i:集合中的某一个元素;

i:集合中的元素数。

需要说明的是,在同一个系统中,两个完全同质的元素,我们往往将其视为一个,即在上述表达式中隐含这样一个信息,即 $x_i \neq x_j$。另外,子系统是系统不可缺少的一部分。

（3）系统的相关性

系统各组成部分(子系统)之间按照一定的方式相互联系、相互依赖、相互制约、相互作用的性质叫系统的关联性。通过系统的关联性可揭示出系统整体特性和整体与部分的关系。例如在国民经济系统中,工业系统为农业系统提供机械设备、化肥等,而农业系统为工业系统提供原料、粮食和市场等。系统各个元素的相互关联、相互支持和相互制约,使之有机结合成为有特定功能的社会系统。

系统的相关性是用来说明组成元素之间相互联系、相互依赖、相互制约、相互作用的关系的。对系统而言,仅有组成元素而元素之间不存在相互关系,还不能构成系统,从这个角度上讲,系统的相关性是系统元素之间全部关系的总和。二元关系是多元关系的基础,我们以此为例来研究系统的相关性。

设 $x_i \in X_I \subset X$,而 $x_j \in X_J \subset X$,则相关关系 R 可表示为:

$$x_i R x_j, \quad x_j R x_i \text{ 或 } x_i = R(x_j), \quad x_j = R(x_i) \tag{1.3}$$

具有这种关系的 (x_i, x_j) 顺序对应系统相关性的认识对象,这意味着要研究和确定 x_i 和 x_j 的对应关系,这种对应称作映象。如果对应任一 x_i 总有一个 x_j 存在,反之有一个 x_j 也有确定的 x_i 存在,这时 x_j 是 x_i 的映象,x_i 是 x_j 的原象。X_I 是原象集,X_J 是映象集,这种 R 关系就是 X_I 和 X_J 的顺序对象关系。则利用系统的相关性,系统的定义可表示为:

$$S = \{X \mid R\} \tag{1.4}$$

从上面的二元关系的数学表达式,即可联想初等数学中的函数概念,而实际上函数即为系统的一个特例。

（4）系统的层次性

系统作为一个相互作用的元素的总体,有着一定的层次结构,并分解为一系列的子系统。这种分解的基本标志是目标,不同的功能目标要求会产生不同的子系统。可以以交通系统为例,对宏观的交通系统我们可按运输工具分为民航系统、公路系统、铁路系统、水运系统和管道系统,按出行模式我们则将交通系统分为公共交通系统、私家车交通系统等,按运输对象我们可将其分为货运交通系统和客运交通系统等。不论如何分解,系统的各级子系统和系统元素可以用一个金字塔形式的结构来表示,如图1-3所示,我们称之为系统的结构图。

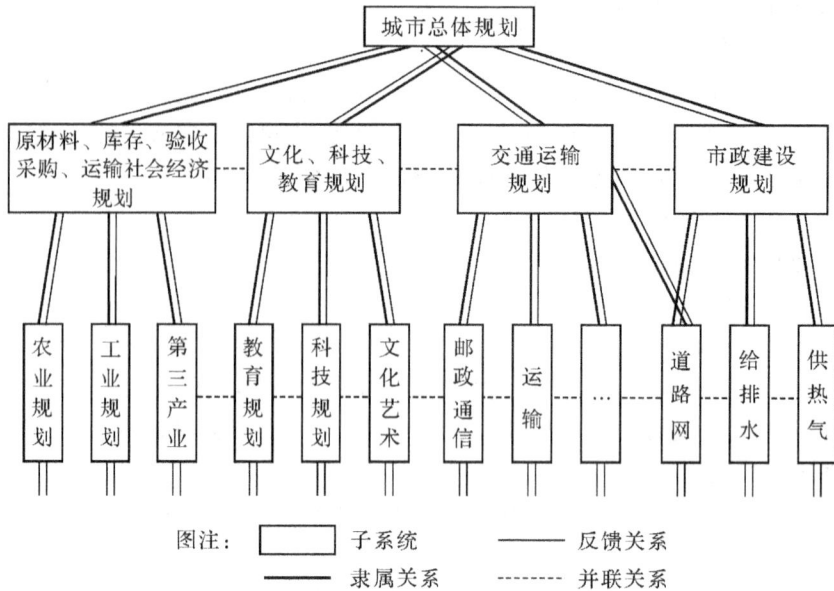

图注：　□ 子系统　　　———— 反馈关系

　　　　———— 隶属关系　　-------- 并联关系

图 1-3　系统结构

图 1-3 的系统结构示意图反映了系统的层次关系。处于金字塔尖的方块（顶点）代表系统的支配元素。一般来讲，系统结构图中的顶点数是有限的，顶点间的连线表示元素间的各种关系。在系统论中主要有三种关系（图中用三种不同的线条表示）：隶属关系（粗实线）、反馈关系（细实线）、并联关系（虚线）。

总的来讲，但凡系统都有结构，且结构都是有序的。系统的有序性主要通过系统的层次关系来体现。由于系统的各组成部分在系统中所处的地位不同，而形成了不同的层次，该层次关系（即三种关系）决定了系统内物质、能量和信息的流动，从而使系统能够作为一个整体发挥较高的功能和效率。

（5）系统的整体性

系统作为由若干相互作用和相互联系的部分有机组合的、有一定结构和功能的整体，其本质特征是有机的整体性。换句话说，组成系统的各个要素不是简单地集合在一起的，而是有机地组成一个整体，每个元素要服从整体，追求整体最优，而不是每个元素最优。这就是通常所说的全局观点。有了系统的整体性，即使在系统中每个元素并不十分完善，通过综合、协调，仍然使整体系统达到较完美的程度。反之，如果不考虑整体利益，单纯地追求每个元素达到最好的结果，从全局看系统还可能是最差的系统。

系统整体性首先是系统目标的整体性；其次是系统功能的整体性，即组成系统的各部分的功能必须服从系统整体的功能，系统功能不等于各组成部分功能的简单相加，确定对系统的评价准则时，必须以系统整体为基础；最后是系统规律的整体性，系统整体的规律不是各组成部分规律的叠加。总之，一切系统都是整体，是组成部分与环境相互作用的整体，是各组成部分之间相互联系、相互作用、相互依赖、相互制约所形成的整体。

系统的整体性主要是从协调角度来说明系统的，即系统的整体性应保证在给定的目标下，使系统元素集、元素的关系集以及其层次结构的整体组合效果最大化：

$$E^* = \max_{P \to C} P(\pmb{X}, \pmb{R}, \pmb{C}) \tag{1.5}$$

式中，E^*：对应于目标集的条件下所获得的系统最大组合效果；

$\quad P(\pmb{X}, \pmb{R}, \pmb{C})$：整体组合效果函数；

$\quad C$：系统层次结构。

（6）系统对环境的适应性

任何系统都处于一定的环境之中，系统总要受到环境的影响和制约。系统也要对环境的变化作出某种反应。我们把环境对系统的影响称为刺激或冲击，而系统对环境的反应称为反响。系统对环境的适应性表现为环境对系统提出的限制和系统对环境的反馈控制作用。

任何一个系统总处于特定的物质环境（更大的系统）之中，并与外部环境不断地进行物质、能量、信息的交换，没有这种正常的交换，系统便不能生存。这种系统随着外部环境的变化以获得生存和发展的能力的这种性质，即是系统的环境适应性。

环境的约束集可以表示为：

$$\pmb{O} = \{\pmb{O}_i | \pmb{O}_i \in \pmb{O}, \quad i = 1, 2, \cdots, r\} \tag{1.6}$$

式中，$\pmb{O}$：环境约束集；

$\quad r$：环境约束个数。

显然系统整体最优组合效果受环境约束集约束，则(1.5)式在环境约束下应为：

$$E^{**} = \max_{\substack{P \to C \\ P \to O}} P(\pmb{X}, \pmb{R}, \pmb{C}) \tag{1.7}$$

以及

$$S_{opt} = \max\{S | E^{**}\} \tag{1.8}$$

式中，E^{**}：对应系统目标集和环境约束集下的系统最优组合效果；

$\quad S_{opt}$：具有最优组合效果及最优输出的系统。

2. 系统的分类

系统的分类方法很多，按照不同分类方法可以得到各种类型的系统。如可按系统的输出结果分为确定型和随机型系统；根据系统的变化与时间的关系分为连续型和随机型系统；根据转换的复杂程度分为简单系统和复杂系统。其中最重要的一种分类方法是根据系统的变化与时间的关系分的连续型和离散型两种系统。

（1）确定型系统和随机型系统

对系统的这种划分的主要依据是系统的输出结果。

确定型系统是指系统在某一时刻的状态完全由系统的以前状态所决定，因而其输出结果完全由输入而确定。

随机型系统是指相同的输入经过系统转换后得到不同的输出结果，这些结果虽不确定，但服从一定的概率分布。

图 1-4 为两类系统的简单示意图。

图 a 为确定型系统。处理 A 使状态 S_0 确定地变化为 S_m。

图 b 为随机型系统。处理 A 使状态 S_0 分别以概率 P_1, P_2, P_3 变换到状态 S_{m1}, S_{m2}, S_{m3} 的结果是随机的。如一名工人加工某零件所需的时间就是一个随机型系统，其输出

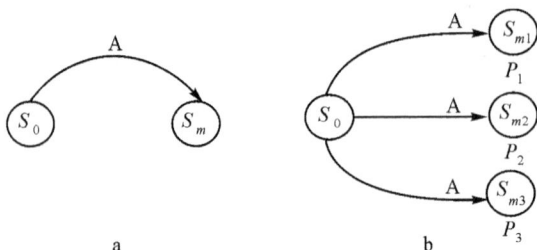

图 1-4　确定型系统和随机型系统

虽然不能完全确定,但遵循一定的统计分布规律。大多数系统都属于随机型系统。

(2)连续型系统和离散型系统

根据系统状态的变化与仿真时间的关系,可以将系统划分为连续型系统、离散型系统、连续—离散复合型系统。连续型系统是指系统状态随仿真时间呈连续型的变化;离散型系统是指系统状态随仿真时间呈间断性的变化,即系统状态仅在有限的时间点发生跳跃性的变化;连续—离散复合型系统中变量可以作连续性及离散性变化,或在连续性变化中作离散性突变,仿真时间可以是连续的,也可以是离散的。

连续型系统和离散型系统间没有绝对的界限,如一个生产系统,单件小批量生产可以作离散型系统处理,大量生产时,可以作连续型系统处理,一个系统属于哪类系统往往并非由系统本身所决定,而是由研究目的所决定。

1)连续型系统

在连续型系统中变量随着时间呈连续性变化,仿真时间既可以是连续的,也可以是离散的,图 1-5、图 1-6 分别表示具有连续仿真时间及离散仿真时间的连续型仿真变量与仿真时间的关系。

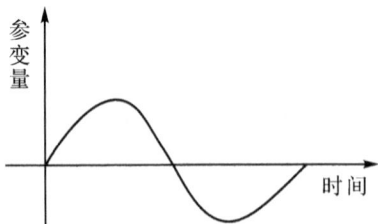

图 1-5　连续型系统(具有连续仿真时间)

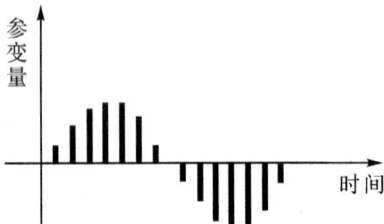

图 1-6　连续型系统(具有离散仿真时间)

2)离散型系统

仿真时间可以是离散的,也可以是连续的,但发生变量是离散的,且与事件时间有关的具体仿真时间是离散的。图 1-7 表示离散系统仿真变量与仿真时间的关系。

3)连续—离散复合型系统

在复合型仿真中,变量可以作连续性及离散性变化,或在连续性变化中作离散性突变,仿真时间可以是连续的,也可以是离散的。图 1-8 表示一个复合型实例——存贮控制系统的仿真。

应当说明,离散型仿真并非常常用来构造离散型系统;同样,连续型仿真也并非常常用来构造连续型系统。对于一个具体的系统,决定用离散型仿真还是连续型仿真,取决

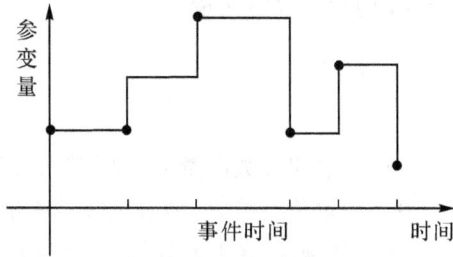

图 1-7　离散型系统

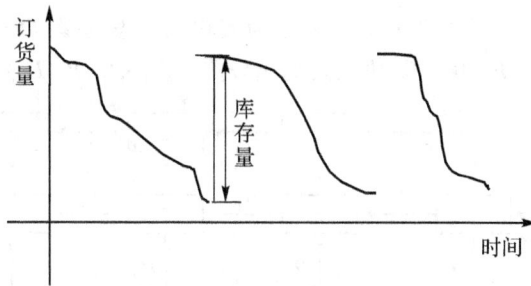

图 1-8　连续—离散复合型系统

于特定的研究目的。譬如,高速公路上交通流模型,假如单个车辆的特性和运动是重要的话,交通流的模型应该是离散的;如果公路上的汽车作为一个"集合体"对待,交通流就可以通过连续型模型来描述。

(3)简单系统和复杂系统

系统的这种划分取决于转换的复杂程度。图 1-9 表示了一个简单系统——单阶段综合计划决策系统。图 1-10 则表示一个复杂系统——多阶段综合计划决策系统。

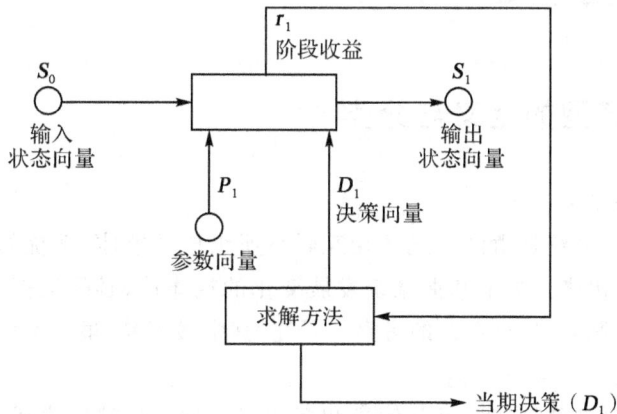

图 1-9　单阶段综合计划决策系统

图中,$P_1,P_2,\cdots,P_n$:第 $1,2,\cdots,n$ 期参数向量。

$D_1,D_2,\cdots,D_n$:第 $1,2,\cdots,n$ 期决策。

$r_1, r_2, \cdots, r_n$:第 $1, 2, \cdots, n$ 期阶段收益向量。

R:总收益,其值为:

$$R = \sum_{i=1}^{n} r_i \tag{1.9}$$

S_0 为系统输入状态向量,在一定的参数向量 P_1 的条件下,采取决策向量 D_1,获得输出向量 S_1,且 $S_1 = t_1(S_0, P_1, D_1)$ 为单值转换,r_1 为阶段收益向量,且 $r_1 = f_1(S_0, P_1, D_1)$。r_1 可以为产品产量、利润、成本等,P_1 则包含工人数量、生产数量、库存数量等。

在多阶段综合计划决策系统中,

$S_1, S_2, \cdots, S_n$:第 $1, 2, \cdots, n$ 期状态。

对于某特定阶段 $i(i = 1, 2, \cdots, n)$,S_{i-1} 为其输入状态向量,经过该阶段转换,系统状态变为 $S_i, S_i = t_i(S_{i-1}, P_i, D_i)$。阶段收益为 $r_i, r_i = f_i(S_{i-1}, P_i, D_i)$。

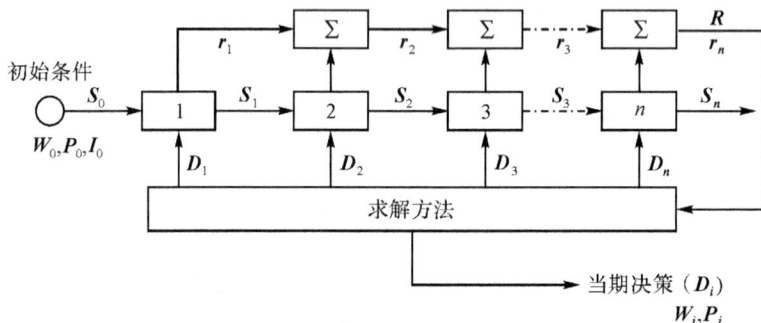

图 1-10 多阶段综合计划决策系统

1.2 系统模型概述

1.2.1 系统模型的定义与分类

1. 系统模型的定义

正如前文所述,系统是由许多元素相互联系所组成的整体,系统的特性可由这些元素之间的联系推导出来。为了掌握系统发展变化的规律性,必须根据系统的目的,抓住系统各单元之间的联系,进行系统的考察与研究,其中最容易、最方便的方法就是利用模型,将系统模型化。

模型是对系统的特征要素、有关信息和变化规律的一种抽象表述,它反映了系统某些本质属性,描述了系统各要素间的相互关系、系统与环境之间的相互作用。模型有各种各样的定义,其中较为普遍的定义为:模型是为了了解系统的结构和行为通过抽象、归纳、演绎、类比等方法,用适当的表现形式描述出来的仿制品,即模型是把对象实体通过适当的过滤,用适当的表现规则描绘出来简洁的模仿品。通过这个模仿品,人们可以了解所研究实体的本质,而且在形式上便于人们对实体进行分析和处理。

我们日常生活和工作中经常使用模型,如建筑模型、汽车模型等实体系统的仿制品(放大或缩小的模型),它可以帮助我们了解建筑造型、汽车式样等;教学中使用的原子模型,可帮助学生形象地理解原子的结构;经济分析中所使用的文字、符号、图表、曲线等可为分析者提供经济活动运行状况及特征等信息。它们虽然描述形式各异,但都具有共同的特点:

①它们都是被研究对象的模仿和抽象;

②它们都是由与研究目的有关的、反映被研究对象某些特征的主要因素构成的;

③反映被研究对象各部分之间的关联,体现系统的整体特征。

使用模型的意义在于三个方面:首先,客观实体系统很难做试验,或者根本不能做试验;其次,对象问题虽然可以做试验,但是利用模型更便于理解;最后,模型易于操作,利用模型的参数变化来了解现实问题的本质和规律更加经济方便。因此,在系统分析中模型被广泛地应用。

从模型的特征和意义可以看出,模型是现实系统的抽象,它能反映客观实际又高于实际。现实范围宽广、内容复杂,使用模型的目的就在于通过模型认识和掌握客观世界,并为改造客观世界提供有关信息。

由模型定义及特点可见,模型首先必须与所研究系统"相似",也就是"像",这种相似不是指形状上的"相似",而是指本质上的"相似";其次,模型必须有一定的描述形式,描述形式可以是形状的放大或缩小,但更普遍的是文字、符号、图表等;再次则是必须采用一套有科学依据的方法来描述。采用什么样的方法、怎样描述才能得到与所研究系统相似的模型则是系统模型化的内容。

模型作为系统的原型在研究时的"替身",在选择模型结构时,要以便于达到研究的目的为前提。虽然对特定的建模目标与结构性质之间的关系知道得很少,但对结构特性的描述经常应用下述一些原则:

①相似性。模型与所研究系统在属性上具有相似的特性和变化规律。这就是说,"原型"与"替身"之间具有相似的物理属性或数学描述。

②切题性。模型只应该针对与研究目的有关的方面,而不是一切方面。也就是说,对于一个系统其模型不是唯一的,模型结构的选择应针对研究目的。

③吻合性。模型结构的选择,应尽可能对所利用的数据作合理的描述。通常,其实验数据应尽可能由模型来解释。

④可辨识性。模型结构必须选择可辨识的形式。若一个结构具有无法估计的参数,则此结构就没有实用价值。

⑤简单化。从实用的观点来看,由于模型的建立过程中,忽略了一些次要因素和某些非可测变量的影响,因此实际上的模型已是一个被简化了的近似模型。一般而言,在实用的前提下,模型越简单越好。

⑥综合精度。它是模型框架、结构和参数集合等各项精度的一种综合指标。若有限的信息限制了模型的精度,最有效的模型就应是各方面精度的平衡和折中。

若上述原则间出现冲突,则要寻求合理的折中,但特定的折中方案都依赖于模型的对象,因而没有固定的程式。

2.系统模型的分类

从不同的角度观察模型,可以得出多种不同的分类方法。按照模型的形式分,有抽象模型和形象模型;按模型中变量的性质分,有动态模型和静态模型、连续模型和离散模型、确定性模型和随机性模型等;按模型的规模分,有宏观模型和微观模型;按规模的用途分,有工程用模型、科研用模型、管理用模型等。在此,我们就模型的形式对模型进行细分。

(1)抽象模型

抽象模型是指用概念、原理、方法等非物质形态对系统进行描述所得到的模型。一般来讲抽象模型没有具体的物理结构,如用数学方法描述的模型、用逻辑关系描述的框图、用类比方法描述的类比模型等。这类模型的特点是从模型表面上已看不出系统原型的形象,模型只反映系统的本质特征,只是与系统在本质上相似。它是经人类的思维活动在对系统原型的认识—提高—再认识—再提高的基础上高度抽象的产物,它是系统工程中经常使用的模型。这种模型又可分成以下几类:

1)数学模型

数学模型是用数学方法描述的系统模型。它以字母、数字和各种数学符号对系统结构、特性以及内在联系进行数学抽象而建立的模型。它的主要特点是可通过模型的求解,即通过数学运算而得出系统运行的规律、特点及结构等,是系统工程中最常用的模型。如物流设施的随机服务系统模型、可靠性模型、运输路线问题的最优化模型等。

数学模型是最抽象的模型,是系统分析中采用最多的模型。首先,数学模型是定量化的基础。自然科学及技术工程领域数量上精确与否直接关系到质量的优劣,在社会科学中,只凭热情和主观想象,主观地进行决策的后果同样非常严重。正反两方面的例子生动地说明了这一点。定量化问题和决策质量的关系,已经引起各方面的重视。

其次,数学模型是科学实验的重要补充手段、重要的预测工具。系统活动要耗费大量的物资,花费高昂的代价才能够取得成果;某些则不能或者很难做实验。这时,只有利用数学模型进行模拟,才能经济方便地取得结果。

最后,数学模型是现代科学管理的重要工具。人类资源是有限的,如何利用有限的资源,取得最佳的经济效果,是任何组织和社会梦寐以求的事情,数学模型在这方面有其他模型所不能比拟的特殊优越性,因此,数学模型在物流系统工程中占有重要的地位。

根据具体的数学结构形态,数学模型又可分为:方程式型,如静态投入—产出模型;函数型模型,如柯布—道格拉斯生产函数;概率统计模型,利用已有的数据按概率、统计的方法建立的模型;逻辑型模型,用逻辑变量按逻辑运算法则建立的模型。

2)图形模型

用少量文字、简明的数字、不同形式的直线和曲线所构成的图形模型,直观、生动、形象地表示出现实系统的本质和规律。图形模型又可分为流程图、方框图、结构图、流图及网络图等。

①流程图:反映某种实体的流转过程,例如生产流程图。

②方框图:一个系统由许多子系统组成,用方框来代表子系统,从而简化对问题的

说明。

③结构图:用来研究系统元素之间逻辑联系、结构层次、空间分布等。如管理决策的层次结构、企业的组织结构。

④流图:可分为信息流图、资金流图和物流图。信息流图能反映组织信息的来龙去脉;资金流图反映了费用的流转和消耗情况,通过计算每一环节的费用可以分析出企业的生产效益;物流图反映了物资流动的方向、运量、距离和费用等内容,对研究工厂布局、计算运费、确定运输工具有重要意义。

其主要特点是明确显示系统各部分之间的联系,既可用于定性分析,又可进行定量计算或指示系统运行程序。如网络计划法中的CPM网络图、某种算法的计算机程序框图、计算机结构原理图、结构模型图等。

3)计算机程序

计算机程序也能代表某一系统,因此它属于抽象模型,但计算机程序必须输入计算机方能运行,因此它又是"模拟器"的一部分。

下面介绍两种计算机模型:

①克莱顿希尔模型。

这是一种采用逐次逼近法的模拟模型,用来处理企业物流策略的方法。其目标为:最好的服务水平,最少的物流费用,最快的信息反馈。

其决策变量有:物流中心的数目,物流中心的收、发货时间的长短,对用户的服务水平,库存分布,系统整体的优化等。

②哈佛大学的物流系统模拟。

该物流系统模拟,采用逐次逼近的方法,按照一定的步骤来确定物流网络的构造和策略,经若干步骤,顺次求出其可行解为最小的集合,最后求得收入额与费用的差值,即得利润最大解,称为最优解。

在这个模型里,具体考虑的是物流服务和物流费用。物流服务包括货物收发时间的长短和仓库服务效率等内容;物流费用包括装卸费、运输费、发送费、保管费、信息费及投资费用等。

需要确定的具体问题是:物流中心的数目和地点选择,物流中心的装卸设备选择,运输和发送手段的选择等。同时为了满足物流服务水平,需要确定各流通中心的能力和库存水平。

4)概念模型

概念模型是通过人们的经验、知识和直觉形成的,这种模型往往最为抽象,即在缺乏资料的情况下,凭空构想一些资料,建立初始模型,再逐渐扩展而成。它们在形式上可以是思维的、字句的或描述的。当人们试图系统地想象某一系统时,就用到这样的模型。

(2)形象模型

形象模型分为模拟模型和实物模型。前者的特点是具有物理结构,故又称物理模型。

1)模拟模型

用一种原理上相似而求解或控制处理容易的系统,代替或近似描述另一种系统。前者称为后者的模拟模型,它一般有两种类型:一种是可以接受输入并进行动态表演的可控模型,如对机械系统的电路模拟,可用电压模拟机械速度、电流模拟力、电容模拟质量;另一种是用计算机和程序语言表达的模拟模型,例如物资集散中心站台数设置的模拟、组装流水线投料批量的模拟等。通常用计算机模型模拟内部结构不清或因素复杂的系统是行之有效的。

2)实物模型

实物模型是将现实系统加以放大或缩小后的表示,因而也称为比例模型(当比例为1时就是原系统)。这类模型看起来与现实系统基本相似,例如飞机用的风洞模型、教学用的原子模型、化工试验车间等都是实物模型,但不是所有系统都可以得到实体模型,只是一些具有实物实体的系统才能建立实物模型。

1.2.2 系统建模过程与方法

1.系统建模的一般过程

系统模型的建立,即系统的模型化,它是预测实体未来行为与状态变化的智力结构和数量化方法。该过程可用图 1-11 表示。

图 1-11 模型化过程

由图 1-11 可见,模型化的过程是对现实系统进行分析和观察,通过概念化获取信息,这是对系统的认识过程。对获取的信息经加工、处理,进一步深化认识后抽象出模型并用确定的形式进行描述,这是提高认识的过程。由于对系统的认识是逐步提高的,因此模型化的过程是认识—提高—再认识—再提高的过程。图 1-11 中的反馈即体现了这种再认识—再提高的过程。通过上述模型化的过程就可建立一个既反映现实系统的结构或行为,又能指导系统运行的模型,所以模型是源于现实系统又高于现实系统的人类思维的外在表现形式。

我们建模的目的在于通过模型对系统进行研究、分析和说明,揭示出实体系统已表现及尚未表现的状态变量之间的复杂关系,为决策提供一个综合分析的结构,寻找最佳方案。模型与现实实体行为状态之间的差异应尽可能地小,而模型的逼真程度则取决于建模者的知识水平和系统分析的能力。建立模型是一种创造性劳动,它既有大量的技术内容,又有通过塑造具体反映现实、反映作者思想的艺术内容。这里也只能提供一个建立模型的思考方法。

系统工程中使用的模型,通常都包括有可控变量和不可控变量。有如下形式:

$$U = f(x_i, y_j) \qquad (1.10)$$

式中,U:描述系统功能质量的效用或准则值,有时称为目标函数;

x_i:可控变量;

y_j:不可控变量,对 U 有影响;

f:U 与 x_i,y_j 之间的关系函数。

上述表达式中,U 代表目标值,一般希望达到最大值(如利润、效益等)或最小值(如成本、支付、亏损等),加上约束条件就形成一个系统模型。

2. 常用建模方法

系统模型化是对系统整体而言的。由上述系统建模的一般过程可见,系统模型化最终落实到对具体提出的问题建立模型,因此本节介绍几种常见的建立模型的具体方法。

(1)直接分析法

该方法是按系统的性质和范围,通过直接分析的方法,运用已知的科学知识建立模型。运用该方法的前提是建模人员对系统内部结构和行为较清楚,且可以应用各种已知的科学知识对问题进行描述。

【例 1.1】 流通加工中的下料问题。试求面积为一定值的矩形中,周长和为最小时的各边长度。这个问题可以记为以下的数学模型:

因为是矩形,所以对边两两相等。设其一边长为 X,邻边长为 Y,则周长 $L=2(X+Y)$。如果矩形面积为 A,则:

$$A = X \cdot Y \text{ 或 } Y = A/X$$

代入周长 L 的关系式,可得:

$$L = 2(X+Y) = 2(X+A/X)$$

上式中 A 是定值,即 A 是不可控变量,欲求 L 最小时的 X 值,可用一次导数为零来求解,解得 $X=Y$。结果表示,要保持 A 不变而周长 L 最小时,X 与 Y 应相等,即一个正方形。

(2)数据分析法

系统结构的性质尚不够清楚,但是,通过分析系统功能的已有数据或新做的试验所获取的数据可以建立系统的模型。生产中见到的产品质量问题,影响的因素很多,其中有的可控,有的却不可控(或难于控制),这些因素作用的大小和它们与质量指标之间的关系,可能还不够清楚。在这种情况下,往往可以使用回归分析等工具来帮助建立模型,再进一步分析各因素的作用。如评价钢盔和防弹背心的保护价值时,不可能用人来做实验,因此把评价防弹背心的效率准则取为弹片碰到背心后的残余速度,残余速度越低保护效率越高。相关方面曾构造过一个数学模型来进行评价,取得了良好的效果。又如对于化学铣切工艺质量有关参数的优选问题,经过多次实验,发现影响加工质量的主要可控变量是铝合金(x)和碱浓度(y)。利用已取得的数据构造外观质量与可控变量的回归方程,有了这个模型,就可以用优选法来选定 x 和 y 值,使外观、质量的分数(10 分制)最高。

【例 1.2】 如为预测某企业物流量,需找出物流量变化的规律。经统计分析,该企业物流量随时间的推移呈增长趋势,若仅限于物流量随时间变化的规律性,则可利用现有统计资料采用回归分析的方法建立模型。依据统计资料,经回归分析建立的该企业物流量的预测模型为:

$$y = 11.10 + 1.537t \qquad (1.10)$$

式中,y:物流量预测值(吨);

　　　t:年(2000 年 $t = 0$)。

该方法往往应用数理统计学理论,根据对所占有资料的分析与计算,最后得出模型。常用方法有:线性回归、非线性回归、旋转回归、数量化理论等。

(3)实验分析法

对于某些问题,现有的数据分析尚不能确定个别变量对整个系统工作指标的影响,在不可能做大量试验时,也可以在系统上做局部实验,确定关键的本质变量,弄清楚其本质特性及其对于所关心的指标的影响,逐渐分析,发现矛盾,建立实验模型,直到取得满意的效果为止。

【例 1.3】 某厂按照过去的经验,当广告费用增加时,销售额度呈正比例递增(见图 1-12a)。但是系统分析人员在研究其他产品时曾经发现,当广告费用增加到一定数量时不一定保证销售量会随之增加,而是出现了一段平台期(见图 1-12b)。这样,系统分析人员联想到心理学中有一种典型的反映函数形式(见图 1-12c)。这一心理学刺激反应规律说明一个道理,即推销员老是推销一种产品,顾客由于逆反心理反而不愿意购买它。因此,必然有一个最佳广告费用,即销售量刚刚达到饱和时的费用,但现在的数据又不能确定这最佳值,而厂家又不愿意承担实验的风险。该工厂选定 250 个销售区中的 18 个区做实验,证明每一类顾客的反映确实符合如图 1-12c 所示的形状,通过 18 个区的试验,大致找到了"最佳"广告费的范围,得到了它们的平均值、最小值及最大值。

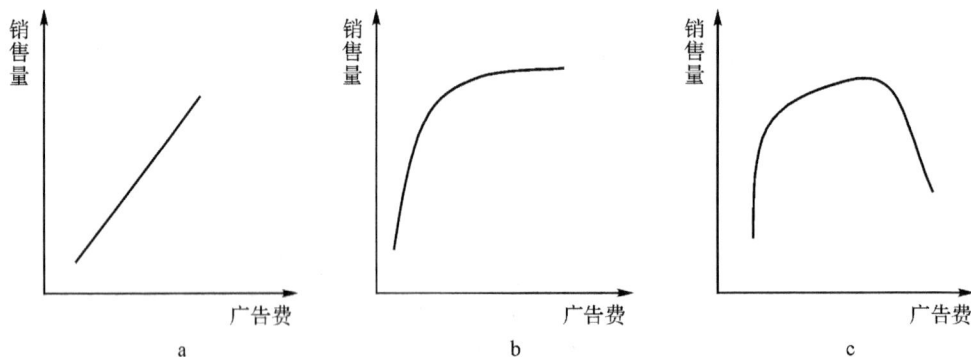

图 1-12　实验分析法

(4)主观想象法

当系统结构性质不明确又无足够的数据,系统上无法做实验时,看起来似乎无法建立模型,但实际上也是可以利用"主观想象"来人为地实现一个模型。例如,我们想研究未来若干年以后的大系统,诸如经济系统、军事系统、生态系统等,设想一些情况,然后构造一个简单的模型,据此推出一些结果,发动有关专家进行分析研究,反过来修正模型,然后再据此模型推出一些结果,如此往复多次,最后随着人们认识的深化,模型逐渐逼近一个真实的系统。

（5）人工现实法

当系统结构复杂、性质不明确、没有足够的数据，又无法在系统上做实验，或者不允许做实验时，可以利用人工现实系统逐步建立模型。一些物流系统有时属于这类模型，例如对于某些复杂的物流系统不能利用现实做实验，可借用人工现实，将实际情况作适当的简化，将人工现实分解成一些初等系统，从局部的小事件中了解情况，摸清底细，这样就比较容易形成模型；然后在返回到人工现实形成第一次模型 M1；根据实际情况进行适当的补充修改，使之形成更加接近实际物流系统的 M2。如此反复进行直到获得具有更为一般性和满意的模型为止。

（6）模拟分析法

用一个容易实现试验和计算的系统代替与其有相似特性的、进行数量描述与试验有困难的系统的方法叫模拟分析法。

【例1.4】 某公司准备建一临时材料库向 n 个工程项目工地供应材料，如何选择建设地址才能使总运输费用最省？

该问题可采用求不均匀物体重心的方法，按如下方法建立模拟模型。

按工程项目工地相对位置在一木盘上钻孔，将若干条线绳的一端连在一小铁环上，另一端分别穿过钻好的小孔，并按项目所需材料的比例挂上相应的砝码，这样小铁环就平衡在一个固定的位置（见图1-13）。

该模型就是应用求不均匀物体重心这一物理原理解决不能做实验或不容易做实验的系统问题的实例。

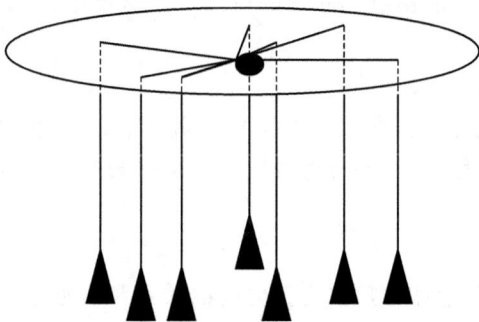

图1-13 选址模拟模型

该方法往往需要建模人员具有丰富的想象洞察力和抽象的联想概括能力，体现了很高的创新能力。

3.建立模型的步骤

不同条件下的建模方法虽然不同，但是建模的全过程始终离不开了解实际系统、掌握真实情况、抓住主要因素、弄清变量关系、构造模型、反馈使用效果、不断修改改进以逐步向实际逼近。因此，建立模型的步骤可以归纳为以下几个步骤。

（1）根据系统的目的，提出建立模型的目的

建立模型必须目的明确，它应明确回答"为什么建立模型？"等一类问题。如建立配送中心统计核算自动化系统中统计报表子模型，其目的就是实现统计报表自动化。

（2）根据建立模型的目的，提出要解决的具体问题

该步应明确回答"解决哪些问题？"之类的提问，也就是将建模目的具体化。提出问题实质上是对系统中影响建模目的的各种要素进行详细分析的过程。如要实现统计报表自动化，就必须详细分析报表种类、核算过程、核算方法、数据来源等，从而提出需解决的问题。

（3）根据所提出的问题，构思要建立的模型类型、各类模型之间的关系等，即构思所要建立的模型系统

为了达到建模目的，解决所提出的问题，一般要建立几个模型（个别情况可建一个模型），因此该阶段需回答"建一些什么样的模型？""它们之间的关系是什么？"等问题。如统计报表自动化模型中需建立总产值统计模型和劳动生产率核算模型等，二者的关系是只有总产值计算之后才能计算劳动生产率等，这样就构成一模型体系。

该步与问题提出阶段是一个反复修正的过程，问题的提出是构思模型系统的基础，而构思的模型系统又可补充问题的提出，这样多次反馈，则使问题提出更全面、模型结构更合理。

（4）根据所构思的模型体系，收集有关资料

为了实现所构思的模型，必须根据模型的要求收集有关资料，该步主要应回答"模型需要哪些资料？"等问题。如总产值核算模型需价格、商品产品数量和种类，劳动生产率模型需职工数等。

该步与构思的模型体系也有反馈关系，有时构思的模型所需的资料很难收集，这就需要重新修改模型，进而可能影响到问题的提出等。这样经过几次反馈即可收集建模所需的资料。

（5）设置变量和参数

变量是构思模型时提出的，参数是在资料的收集、加工、整理后得出的，该步只是给以定义，一般要用一组符号表示，并整理成数据表和参数表的形式。该步需回答"需要哪些变量和参数？"等问题。

（6）模型具体化

模型具体化就是将变量和参数按变量之间的关系和模型之间的关系连接起来，用规定的形式进行描述。它应回答"模型的形式是什么？"之类的问题。

（7）检验模型的正确性

模型正确与否将直接影响建模目的。该步应回答"模型正确吗？"一类问题。检验模型的正确性应先从各模型之间的关系开始，研究所构成的模型体系是否能实现建模目的；而后研究每个模型是否正确地反映所提出的问题。一般检验方法是试算。如试算不正确，则应重新审查所构思的模型系统，从中找出问题。因此它与构思模型又构成反馈。

（8）将模型标准化

模型标准化是很重要的，一般情况下模型要对同类问题有指导意义，因此需具有通用性。该步需回答"该模型通用性如何？"等问题。如统计报表自动化系统模型应在一个行业、部门内通用才有实用价值。

（9）根据标准化的模型编制计算机程序，使模型运行

该步需回答"计算时间短吗?""占用内存少吗?"等问题。

完成上述步骤，系统建模结束，其流程如图 1-14 所示。

1.2.3　系统建模原则与注意事项

1. 建立模型的原则

无论采用哪种理论建立系统模型，都必须符合以下原则。

（1）系统模型是现实系统的代表而不是系统的本身

建立模型时，要抓住系统的本质行为、各部分之间的普遍联系，建立一个比系统简洁得多的又能反映系统基本特征而不是全部特征的模型。

（2）系统模型要符合一定的假设条件

任何模型都要有假设条件，关键在于假设条件要尽量符合实际。假设条件依系统的研究目的而定，一般情况下，满足一定环境，为了特定目的的模型与系统全部特征并不吻合。因此，合理的假设是处理系统的重要前提，也是模型适用范围的界限。

（3）模型的规模、难度要适当

所谓模型规模即指模型的大小，一般以阶次来反映，"大"的系统可建较大规模的模型，"小"的系统可建小些的模型。建立模型的目的是为了研究系统的特性，因此模型的规模应根据研究目的而定，只要能达到研究目的，应尽可能建立小规模的模型，这样可减少处理模型的工作量。

所谓模型的难度是指求解模型所应用的理论的深浅程度。所需理论较深，处理难度大，反之则小。因此所建模型的难度也应依据系统的研究目的，尽可能建立难度小的模型。

建立模型要注意"防止掉入过于简单的陷阱，又要防止陷入过于复杂的泥潭"。

（4）模型要有代表性，要有指导意义

为建模型而建模型是模型化的最大禁忌之一，模型化的目的是处理系统，因此所建模型必须代表系统的普遍特性，要应用由特殊到一般的原理建立一适用面广、有指导意义的模型。

（5）模型要保证足够的精度

因模型是系统的代表，故在建模型时要把反映系统本质的因素包含在模型之中，而把非本质因素排除在模型之外且使其不影响系统的特征或影响甚小。这就要求模型所反映的本质与系统的本质特征误差很小，即保证足够的精度。

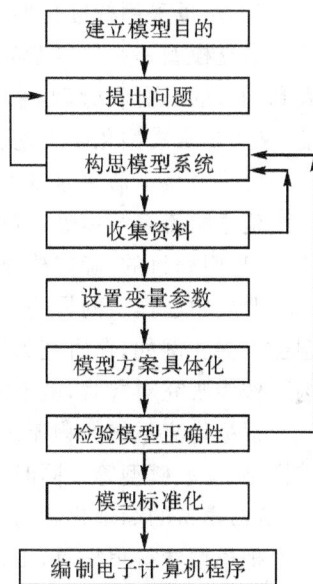

图 1-14　建立模型的步骤

（6）尽量采用标准化的模型和借鉴已有成功经验的模型

建立模型是一件复杂的创造性劳动,标准化的模型和有成功经验的模型中凝结了前人和同行的心血和劳动,采用标准化模型和借鉴并发展有成功经验的模型既可节约劳动,又可丰富模型化的理论和方法。

2.建立模型的注意事项

建立物流系统模型,应该注意以下几点。

（1）明确目的,确定构成要素

明确构造模型的目的。即使针对同一个系统,由于建模的目的不同,构造出来的模型也不同。例如,在研究天体运行模型时,可以将地球作为一个质点来考虑,而以地球的构造作为研究对象时,就不能把地球作为一个质点来考虑。

根据物流系统的物流信息和研究目的,可以决定模型的大小,如大模型、小模型和静态模型、动态模型等。同时,构造模型的目的还决定了模型的最小构成要素。

（2）模型的简单化和高精度模型

把模型看得很简单,则包含实际系统的信息少,即模型的精度差。模型的简单化和高精度要求之间是相互矛盾的。高精度的模型一般比较复杂,如果该复杂的模型成本很高,对于实际应用必要性不大,则这种模型就值得简化。当然,仅仅追求模型的简单化,使用不能达到要求的简单模型也就失去了应用模型的意义。

（3）没有固定不变的建模方法

作为建立模型的一个特征,就是无法确定哪种模型是最好的。建立模型的方法根据目的的不同而不同,因为在进行建模时,如假定、学说、省略、前提等,都是由技术人员、研究人员按照其知识结构、研究经验决定的。

（4）模型的验证

为了确认模型的准确,必须进行验证,这在建立模型之际非常重要。当实验与经验进行比较时,验证是很容易的。但是,利用预测模型推测未来值时,除了利用过去的数据进行验证外,还必须采取其他各种方法。

模型验证应该注意两种情况。一种是模型本身就不适当;一种是模型本身适当,但是参量值不合适。在参量数目多的情况下,确定不合适的参量值就非常复杂。在这种情况下,就应该首先应用尽量简单的、代表系统本质的模型,然后再把具有各种功能的子系统加进去。在此过程中,逐次对参量的各个值进行检验。在模型整体建成后,再改变参量对于整个模型影响也不大。在这种情况下,对于不进行变换的数学模型中的参量更容易发现其中的错误。

（5）没有人类介入的系统建模

有人类介入的系统,即指人类的思想、心理状态、感情等因素作为要素进入系统中。不论有上述哪种因素进入系统中,建模都是很困难的。但是,任何模型都是由特定的人去建立的。所以,应该考虑模型中人的影响因素,排除了人的影响因素的模型,才是没有人类介入的、真正反映了物流系统实际情况的系统模型。

1.3 系统仿真概述

1.3.1 仿真及其组成要素

1. 仿真的定义

人类在认识客观世界的过程中,通常采用两种方法:一种是直接在实际系统(研究对象)上进行研究,另一种就是在系统的模型上进行模拟研究。但通常有许多原因造成直接在真实系统上做实验的方案难以进行,比如以下这些原因:

①系统还不存在。对于系统前期的规划和设计阶段,系统还处于方案论证或设计阶段,系统尚未建成,无法在真实的系统上直接进行实验。

②系统的破坏性实验。直接在真实系统上进行的实验会造成巨大的破坏与损失,更有甚者,真实系统的破坏性运行将付出巨大的代价。

③实验条件无法保证,实验时间太长或费用太高,或是在多次实验中无法保证实验环境完全一致影响对实验结果的判断,尤其是当人是系统实验的一部分时,由于他知道自己是实验的一部分,行动往往与平时不同,因此会影响实验的结果。在实际系统上做多次试验时,很难保证每一次的操作条件都相同,因而无法对试验结果的优劣作出正确的判断和评价。

鉴于上述这些原因,构造一个真实系统的计算机仿真模型,在仿真模型上做试验成为对系统进行分析、研究的十分有效的手段。为了分析研究,首先建立系统的模型,然后在模型上进行试验这一过程就称为系统仿真。20世纪40年代,冯·诺依曼正式提出了系统仿真的概念,半个多世纪以来,科学界利用仿真系统不断进行试验,由于其在经济、安全和不受气候、场地、时间的限制等方面的特殊功效,因此受到各国的重视。例如,美国在1992年提出的22项国家关键技术中,仿真技术被列为第16项;在21项国防关键技术中,被列为第6项。由此可看出它的重要性。

1989年,中国系统仿真学会筹备工作报告曾明确:"系统仿真学科是建立在相似理论、控制理论、系统科学、计算技术基础上的一门综合性和试验性学科。"系统仿真技术是:"应用数学模型、相应的实用模型的装置、计算机系统、部分实物的仿真系统,对某一给定系统进行数学模拟、半实物模拟、实物模拟,以便分析、设计、研究这种给定系统;或者利用这种仿真训练给定系统的专业人员。"这是我国对系统仿真下的认可程度最高的定义,除此之外,国外对系统仿真的定义存在很多种说法,如:

雷诺于1966年对仿真(此处意指数学仿真或计算机仿真)的定义为:"仿真是在数字计算机上进行实验的数字化技术,它包括数字或逻辑模型的某些形式,这些模型描述某一事件或经济系统在持续若干周期的特征。"

1961年,G. W. Morgenthater 提出:"仿真意指在实际系统尚不存在的情况下对于系统或活动本质的实现。"

1978 年,Korn 在《连续系统仿真》一书中将仿真定义为:"用能代表所研究的系统的模型做实验。"

1984 年,Oren 提出:"仿真是一种基于模型的活动",则被认为是现代仿真技术的一个重要概念。

从上述系统仿真的定义可以看出,仿真是对真实世界的模拟,仿真是基于模型进行的。综合起来,具体来讲,系统仿真的实质在于以下几点:

①系统仿真是一种数值方法,是一种对系统问题求数值解的计算技术。在许多情况下,由于实际系统过于复杂,以至无法或很难建立数学模型并用解析法求解,在这种情况下,仿真技术往往能够有效地处理这类问题的求解。

②系统仿真是一种试验手段,但它区别于普通实验。系统仿真依据的不是现实系统,而是作为现实系统"映象"的一个系统模型及其仿真的"人造"环境。显然,系统仿真结果的正确程度取决于模型和输入数据是否能够正确反映现实系统。

③系统仿真是对系统状态在时间序列中的动态描述。在仿真时,尽管要研究的只是某些特定时刻的系统状态(或行为),但仿真却可以对系统状态(或行为)在时间序列内的全过程进行描述。换句话说,它可以比较真实地描述系统的运行及演变过程。

④电子计算机是系统仿真的主要工具。从目前来说,系统仿真主要在计算机上实现,从某种意义上讲,系统仿真很大程度上指的就是计算机仿真。

在此我们认为,所谓系统仿真,就是根据系统分析的目标,在分析系统各影响要素性质及其相互关系的基础上,建立能够描述系统结构和行为且具有一定逻辑关系和数学性质的仿真模型,对系统进行试验和定量分析,以获得决策所需的信息。

在这里需要说明的是,由于"仿真"一词由英文"Simulation"译得,因此在一些场合也被翻译成"模拟",从系统分析这个角度来看,这两个词反映的方法并无本质区别,在此我们将两者等同对待,因此,系统仿真也可称为系统模拟。

2. 仿真模型与仿真实验

仿真模型反映了系统模型(简化模型)同仿真器或计算机之间的关系,它应能为仿真器或计算机所接受,并能进行运行。例如,计算机仿真模型就是对系统的数学模型进行一定的算法处理,使其在变成合适的形式(如将数值积分变为迭代运算模型)之后,能在计算机上进行数字仿真的"可计算模型"。显然,由于采用的算法引进了一定的误差,所以仿真模型对实际系统来讲是一个二次简化模型。

仿真实验是指对模型的运转。例如计算机仿真,就是将系统的仿真模型置于计算机上运转的过程。仿真是通过实验研究实际系统的一种技术,通过仿真活动可以弄清系统内在结构变量和环境条件的影响。因此,为了使模型能够运转,需要设计一个合理的、方便的、服务于实验研究的实验步骤和软件。例如:

①为了深入研究和优化结果,需要进行探索性的多次运行。

②为了探索最佳状态,需要具有良好的人机交互能力,以保证灵活而方便地实现仿真模型的修改。

③为了增加可信度,应能在条件允许的情况下,便于在仿真模型中引入实际部件,从而实现部分的替代,等等。

3.系统仿真的组成要素

虽然建模与仿真是不可分割的,应统一起来进行研究,但建模与仿真在不同阶段有不同的着重点。建模与仿真活动一般由以下五个要素组成:实际系统、实验框架、基本模型、集总模型和计算机。虽然把建模与仿真活动分为五个要素,但五个要素是相互联系的,不可能把它们孤立地标识出来。研究它们所体现的不同特征,将会提高我们建模与仿真的能力。

(1)实际系统:行为

实际系统是一个范围非常广的概念,它是现实世界的任何一个部分,任何一门学科的具体研究对象都是一个实际系统。实际系统可以是自然的,如生物或生态系统;也可以是人工的,如计算机操作系统;或者是混合的,包括自然的和人工的两部分,如运输系统、社会系统、一个城市或世界系统。但不管实际系统是属于哪种类型,对于建模者,最先关心和最想了解的是实际系统的输入输出行为。因此,可把实际系统抽象为可观测的数据源,即系统的行为。

可把一个实际系统抽象为如图1-15所示,对建模者而言,主要关心实际系统的描述变量,假设这些描述变量是系统的已知、描述和(或)控制的变量。它们能分成可观测变量和不可观测变量:可观测变量是可用相应计量器测量的那些变量;不可观测变量是现在不能直接测量的那些变量,也就是说,眼前还没有计量器或测量仪器对应于这些变量的测量。对于不可观测变量,即使它不可直接测量,但常常在确定系统的行为时起了非常重要的作用,例如表示系统"状态"的基本变量。

可观测变量又可分为输入变量和输出变量。输入变量是假定从系统外边来的扰动、影响或作用的那些变量,它可能是受实验者控制的量,即实验者能够指定或选择某些时间点上变量的实际值。输出变量就是那些变量,它们所取的值作为由输入变量假定值的结果。换而言之,假定输入变量是原因,则输出变量便是结果。假设在指定时间点上,记录所有输入变量或输出变量的值,把所有的输入值和输出值对应起来,就可获得所有的输入—输出对偶,形成了实际系统的输入—输出行为。

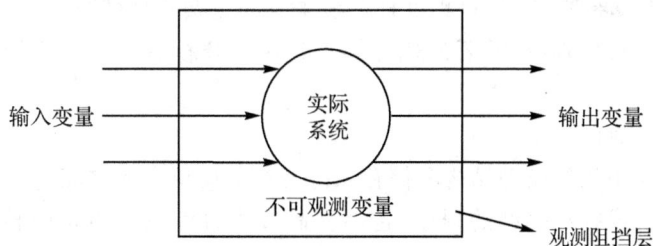

图1-15 实际系统的变量描述

(2)实验框架:有效性

实验框架可刻画为观测实际系统和做有关实验的环境的一个有限集,这个有限集是实际系统输入—输出行为的一个子集,它是某种假设、限制条件。在建模中,根据实际情况可考虑多个可能的实验框架,每个实验框架都有对应的实际系统的输入—输出行为。因此,实际系统的输入—输出对偶同某个实验框架有关。

由于一个实验框架对实际系统的可能观测施加限制,所以对于某一相对简单的模型,如果在某个标准内产生的输入—输出对偶与框架的所有输入—输出对偶是一致的,那么这个模型对这个实验框架是有效的。从中无疑可以认识到:一个模型对某个实验框架是有效的,而对另一个实验框架不一定是有效的。因此,有多少个实验框架,就可能会有多少个对应的有效模型。可见,一个模型的有效性与实验框架有关。

(3)基本模型:假想的完全解释

基本模型是能解释实际系统的所有输入—输出行为的模型。换句话说,对所有可允许的实验框架,基本模型应是有效的。而在现实的建模与仿真中,虽然可把基本模型的某些方面描述当作已知,但基本模型的描述绝不可能完全清晰。因此,基本模型要提供实际系统行为的完全解释,必须期待它包含许许多多的实体和相互关系。但过多的实体和相互关系,致使基本模型变得复杂、啰嗦和结构不清晰,使基本模型的建立和仿真需要更多的计算资源。

(4)集总模型:简化

根据实际情况,基本模型过于复杂就排除了它作为可能仿真模型的依据。幸而,已经说明了感兴趣的实验框架,建模者很可能找到它,并构造一个对实验框架有效的相对简单的模型。这样相对简单的模型称为集总模型,它通常是从基本模型或根据实验者对实际系统的设想,按照把各个实体集总在一起并简化它们的相互关系而构造的模型。

集总模型与基本模型不同,集总模型的结构对建模者来说是完全知道的,而基本模型的结构至多局部了解。从基本模型到集总模型的关键就是使模型简化,并且使得到的集总模型在给定的实验框架内是有效的。

(5)计算机:复杂性

计算机是一种计算装置,借助它可以产生集总模型的"输入—输出"对偶。也就是说,根据集总模型编制计算机程序,计算机忠实地执行这些指令,一步一步地计算从某一仿真时刻到下一仿真时刻的输入输出轨迹。虽然有时可用脑、纸和笔手工计算出这些轨迹或它们的特性,但人不适应这样重复又厌烦的工作。而用计算机执行这一工作则具有更高的速度和效果,计算机仿真可以处理前所未有的复杂模型情况。

在模型的计算机仿真中,需要消耗计算机资源和建模者的人力资源,应考虑和权衡的资源包括:

①仿真所需的时间;

②计算机程序中描绘模型结构和储存状态变量值所要求的空间;

③将模型变换成描绘模型的程序,包括从高级语言到机器语言的转换、编译和汇编等有关的辅助操作,以及将程序在短期储存位置和长期储存位置之间传送的辅助操作;

④排除程序故障、调整参量和其他关于程序(计算机)及实验框架(实际系统)使模型有效等所包括的时间和工作。

由于计算机硬件和软件技术的迅速发展,其成本的降低和性能的提高,致使计算机仿真不再主要考虑①和②的问题,而主要考虑③和④的问题。模型的计算机仿真消耗的资源多少主要由模型本身的特征决定,即由模型的复杂性决定。例如,具有较多实体的某一模型比具有较少实体的模型,可能要求有更多的运行时间和储存空间。

1.3.2 系统仿真的一般方法与步骤

系统仿真的过程就是建立系统模型并通过模型在计算机上的运行来对模型进行检验和修正,使模型不断趋于完善的过程。所有仿真研究如同计算机应用软件开发一样,都分为若干阶段。图 1-16 描述了系统仿真研究的基本步骤。

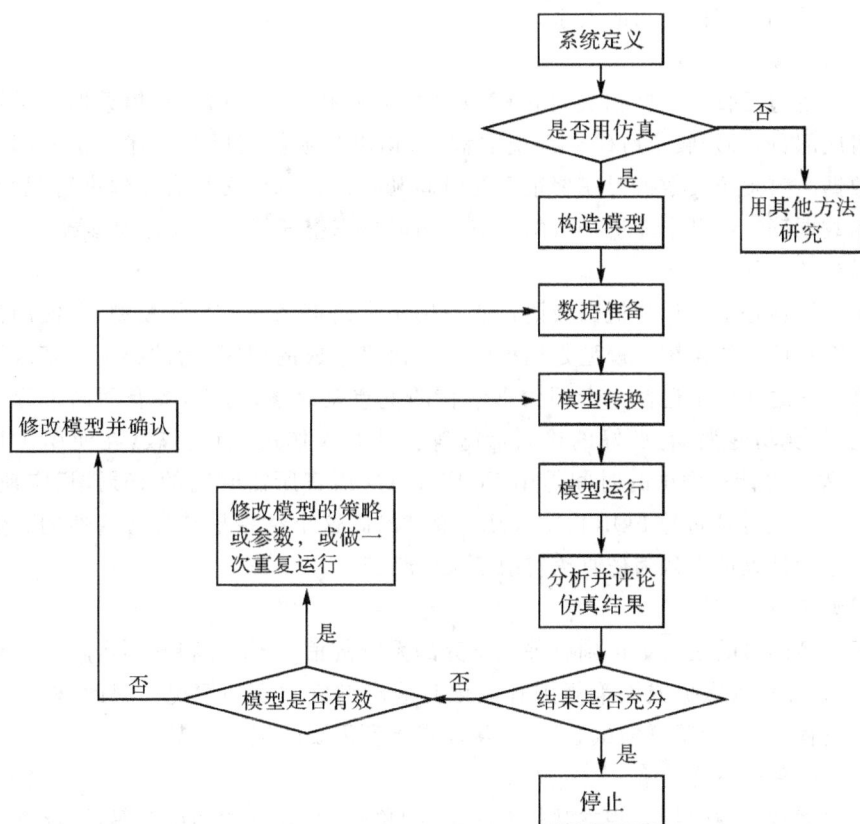

图 1-16 系统仿真过程

1. 系统定义

在试图求解问题以前,要详细地定义系统。定义一个系统时首先必须提出明确的准则来描述系统目标及是否达到目标的衡量标准,其次必须描述系统的约束条件,然后要确定研究的范围,即确定哪些实体属于要研究的系统,哪些属于系统的环境。

2. 构造模型

构造模型时要把真实系统缩小抽象,使它规范化,必须确定模型的要素、变量和参数以及它们之间的关系,在一定的约束条件下用数学模型描述所研究的系统。模型必须和研究目的紧密联系,要有明确的目标与要求,模型的性质要求和真实系统尽量接近。同时模型必须尽可能简单明了,容易控制和操作,易于为用户所理解,并应便于修正和改进。但要避免把模型过于简化,不然得到的是一个平庸的模型,也不能过分具体,以致降低模型的效率使之难以处理。因此,最好从简单模型开始,然后建立逐渐趋于复杂的模型。但是模型的复杂程度要和模型预期达到的研究目标相适应。在这一过程中,要确定系统以下几个结构要素:

①系统的"实体";

②抽象出系统关键实体的属性;

③定义各种活动或事件;

④描述活动与实体之间的关系。

3. 数据准备

数据准备包括收集数据和决定在模型中如何使用这些数据。收集数据是系统研究的一个组成部分,必须收集所研究系统的输入、输出各项数据以及描述系统各部分之间关系的数据。收集仿真数据要花费很多的时间和费用,因此,必须有效地进行观测,按照收集到的数据确定模型中随机变量的概率分布或概率密度函数以及各项参数。

4. 模型的转换

模型的转换是指用计算机高级语言或专用仿真语言来描述数学模型,以便用计算机模型来仿真被研究的系统。模型是用程序设计语言编成的程序,为此必须在高级语言和专用仿真语言之间作出选择。专用仿真语言的优点是易学、易用,具有面向进程的仿真程序结构,仿真功能强,有良好的诊断措施等。曾有人作过统计比较,在使用仿真语言GPSS 时,程序设计和调试的时间是用 FORTRAN 语言所需时间的 15%,相应地,用于编译和仿真的机器时间为 FORTRAN 语言的 32%,这个结果是带有普遍性的。然而有经验的程序设计人员则认为仿真语言缺乏灵活性。

5. 模型运行

运行模型的目的是为了得到有关被研究的系统的信息,了解和预测实际系统运行的情况,特别是在输入数据或决策规则有变化时输出响应的变动情况。因此,模型运行是一个动态过程,要进行反复的试验运行,从而得到所需要的试验数据。

6. 分析并评论仿真结果

由于仿真技术中包括某些主观的方法,如抽象化、直观感觉和设想等,因此在将仿真报告提交管理部门之前,必须对仿真结果作全面的分析和论证。对仿真结果进行分析有两个基本目标:

①确定仿真实验中获得的信息是否充分;

②把仿真数据精简、归纳并提供管理部门以辅助决策。

在①中可能要探索新的方案,例如,改变模型的结构或参数,确保仿真结果信息的可靠性。

1.3.3　仿真的发展趋势

现代仿真技术的发展是与控制工程、系统工程和计算机技术的发展密切相关的。控制工程是仿真技术较早应用的领域之一,控制工程技术的发展为现代仿真技术的形成和发展奠定了良好的基础。系统工程的发展进一步完善了系统建模与仿真的理论体系,同时使系统仿真广泛应用于非工程系统的研究和预测。

计算机仿真技术不论是在理论上还是在实践中都已经取得了丰硕的成果,积累了大量的系统仿真模型和行之有效的仿真算法。但仿真技术目前仍然存在一些缺陷,例如建模方法尚不完善,研究同一个系统的同一个问题可以建立出不相同的模型,而且有些社会经济系统中的问题尚无法建立准确的模型进行求解。同时,决策者必须通过建模者和仿真实验人员才能介入到对系统的仿真分析中。随着建模与仿真的理论和方法的研究不断深入,以及作为其支撑技术之一的计算机技术的不断发展和进步,计算机仿真技术在应用过程中出现的问题将逐步得到解决。进入21世纪后,计算机技术的各个方面都取得了异乎寻常的进展。微处理器性能的提高使得利用微型计算机和工作站进行复杂系统的仿真分析成为可能,当然像中长期天气预报这样模型复杂、数据繁多、实时性要求高的问题的计算仍离不开巨型计算机。软件设计中广泛采用的面向对象的思想和方法及计算机图形技术的进步,使仿真过程中的人机交互越来越方便、直观。总之,计算机仿真技术正朝着一体化建模与仿真环境的方向稳步发展。

1. 建模方法学(Modeling Methodology)

在早期的仿真技术中,重点是如何利用数学模型求解问题,侧重于研究建模过程中数学模型的结构特征以及操作数学模型所利用的数学工具和手段。如今计算机的功能已经有了很大的提高,仿真技术的研究领域有了拓展。从建模方法学角度讲,除了继续研究如何利用抽象的数学模型描述系统外,还要研究能够充分利用计算机功能的新的建模方法。例如,目前研究较多的面向对象的建模方法和图形建模技术都是利用计算机的软件技术设法提供一种直观可视化的建模环境,使复杂的建模过程得到简化。

2. 面向对象仿真(Object-Oriented Simulation)

面向对象的思想就是使所分析和研究系统的建模方式与对客观世界的认识过程尽可能一致。在面向对象的仿真中,系统被看成是由对象组成的,对象是一个独立的实体,对象的属性和属性的变化规律即对对象的操作完全封装在对象内部,外部的作用必须通过对象的操作接口来实现。面向对象的仿真系统的运行是通过对象之间互相发送消息来执行的。面向对象的仿真在理论上突破了传统仿真方法观念,使建模过程接近人的自然思维方式,所建立的模型具有内在的可扩充性和可重用性,有利于可视化建模仿真环境的建立,从而为大型复杂系统的仿真分析提供了方便的手段。例如,德国开发的SIMPLE++面向对象仿真系统软件就是一个例子。

3. 分布交互仿真(Distributed Interactive Simulation)

分布交互仿真是通过电子手段把分散在不同地点的软硬件设备及有关人员联系起来,在人工合成的电子环境中交互地进行仿真试验的一种综合的仿真环境。分布交互仿真的分布性和交互性特点可使处在不同地理位置的各个部门利用网络连接起来,实现资源共享,达到节省人力、物力、财力的目的。它不仅适用于局域网内不同节点上的分布式仿真,而且适用于异地远程网络上的仿真。分布交互仿真可以综合集体的优势研讨新的武器系统在科学性、可行性、成熟性、经济效益、军事效能等方面的问题,并通过仿真实验来评价其性能,制定作战规程和战术原则,辅助和评价决策等。分布交互仿真环境可用于系统规划、论证、研制、生产、试验、使用训练等诸多过程,是一种经济、安全、可靠的有效工具。分布交互仿真所表现出的优越性及其潜在的效益已引起广泛的重视,并已成为计算机仿真技术的一个重要的发展方向。

4. 人工智能(Artificial Intelligence)与计算机仿真

近年来,人工智能在知识获取、知识表示、问题解答、定理证明、程序自动设计、自然语言理解、计算机视觉、机器人学、机器学习和专家系统等方面,取得了令人鼓舞的成果和进展。人工智能技术在仿真中的应用已经引起仿真领域的普遍关注。人工智能与计算机仿真在学科上的交叉主要涉及以下几个方面:

①知识库用于建模与仿真,包括利用知识库和专家系统为仿真模型的建立和综合提供咨询服务,以及专家系统用于仿真结果的检验和可信度分析。

②仿真技术与人工智能技术的结合,包括人工智能技术用于大系统特别是决策系统的计算机仿真,以及利用仿真技术评估一个知识库系统,实现所谓的智能化仿真。

③仿真模型中知识的表达,需要解决的问题包括模型结构表达式的灵活性、程序设计扩展的能力、面向批处理的建模,以及作用在系统上的外部影响关系的表达等。

5. 虚拟现实(Virtual Reality)仿真

虚拟现实是在综合计算机图形技术、计算机仿真技术、传感技术、显示技术等多种学科的基础上发展起来的,是20世纪90年代计算机领域的最新技术之一。虚拟现实技术以仿真的方式给用户创造一个实时反映实体对象变化与相互作用的三维图形世界,并通过头盔显示器、数据手套等辅助传感设备,提供用户一个观察并与虚拟世界交互的多维用户界面,提供听觉、触觉、嗅觉和味觉等逼真感受,建立人与系统的实时交互与控制,使操作者、管理决策者近似身临其境地观察到和感受到被仿真系统运行中的动态变化,并产生沉浸感。而沉浸感、多维交互、实时三维图像是虚拟现实系统的三个基本特性。

虚拟现实技术采用当前计算机及相关领域发展的最新技术,描述事物内部及其相互之间真实的作用与变化,使用户仿佛置身于一个虚拟的世界中,从而不仅拉近了用户与计算机之间的距离,改变了人机交流方式,更重要的是使用户可以进入虚拟世界内部直接观察或感受事物内在的变化,并可以直接参与到事物的相互作用之中去,对系统进行控制和作出决策,成为虚拟世界中的一部分。虚拟现实系统与现有的计算机环境相比,有着不可比拟的优越性,在仿真中具有十分广阔的应用前景。

6. Internet 网上仿真

1995年以来,由于 Internet 的迅速崛起,利用面向对象的互联网程序语言 Java,已经开发了多种面向 WWW(World Wide Web)的仿真系统,如美国海军研究院的 Simkit 可以在浏览器(WebBrowser)的支持下进行分布式仿真,用 Simkit 建立的仿真模型可以在世界任何地点的网络用户机上运行,使分布在各网点的用户仿真模型可在其他网点上运行或进行全球范围内总体仿真模型的分布式仿真运行。近年来,利用面向 WWW 的程序语言开发离散事件仿真系统、基于 WWW 的仿真建模以及互联网上的仿真运行已成为系统仿真中研究工作的热点。

1.4 系统、模型与仿真

1.4.1 系统模型与仿真的作用和发展历程

自从有人类以来,人们为了满足自身的基本需要,一直在同外部环境发生着联系,随着时间的流逝,人类所依赖的这种联系方式变得日趋复杂并多样化。人类在科学和工程技术上所做的研究就是努力理解真实世界并能掌握与真实世界发生联系的形式。随着科学和工程技术的发展,人们认识自然和改造自然的能力和手段也不断增强。回顾科学和工程技术的发展历史,在计算机出现之前,科学研究中的绝大部分工作是利用数学手段或其他方法对事物或真实世界进行描述,这也就是建模活动。计算机的出现对科学和工程技术的发展产生了深远的影响,使人们能对复杂事物和复杂系统建立模型并利用计算机进行求解,这些手段和方法逐步形成了计算机仿真技术。建模与仿真成为当今现代科学技术研究的主要内容,建模与仿真技术也渗透到各学科和工程技术领域。

模型与仿真这一领域的发展可分为两个阶段:其一是计算机出现之前,主要是在物理科学基础上的建模;其二是20世纪40年代计算机诞生以后,出现了计算机仿真技术,它的发展也促进了建模技术的发展,建模与仿真日益紧密,互不可分。简单的建模与仿真的历史发展可如表1-1所示。

表1-1 建模与仿真的历史发展

年　代	发展的主要特点
1600—1940 年	在物理科学基础上的建模
20 世纪 40 年代	电子计算机的出现
20 世纪 50 年代中期	仿真应用于航空领域
20 世纪 60 年代	工业控制过程的仿真
20 世纪 70 年代	包括经济、社会和环境因素的大系统仿真
20 世纪 70 年代中期	系统与仿真的结合,如用于随机网络建模的 SLAM 仿真系统
20 世纪 70 年代后期	系统仿真与更高级的决策结合,如决策支持系统 DSS
20 世纪 80 年代中期	集成化建模与仿真环境,如 TESS 建模仿真系统
20 世纪 90 年代	可视化建模与仿真,虚拟现实仿真,分布式交互仿真

1.4.2 系统、模型与仿真的关系

从系统工程角度来看,系统是研究对象,模型是系统抽象,仿真则是通过对模型的实验以达到研究系统的目的。系统、模型与仿真三者之间的关系如图1-17所示。

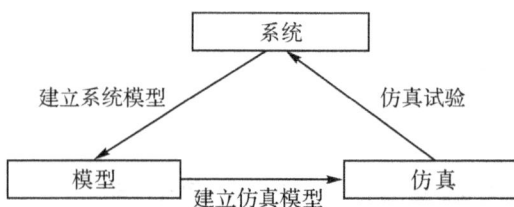

图 1-17　系统、模型与仿真关系

在认识客观世界的过程中,人们建立系统概念是为了深入认识并掌握研究对象的运动规律,希望通过定性、定量地分析、综合研究对象,以期比较准确地解决诸如自然、现代社会和工程中的种种复杂问题,以获得更大的效益。

系统模型则是对实际系统的一种抽象,是系统本质的表达,是人们对客观世界反复认识、分析,经过多极转换、整合等相似过程而形成的最终结果,它具有与系统相似的数学描述或物理属性,以各种可用的形式,给出研究对象的信息。模型是在对系统进行分析的基础上,根据研究的目的,在一定的假设条件下用抽象的数学语言,概括系统的内在规律,从而确定系统状态的一种方法。正确建立的模型能更深刻、更集中地反映实体的主要特征和运动规律,从而达到对实体的抽象,帮助人们认识、分析研究对象。

建立模型的目的是根据系统目标,描述系统的主要构成要素、分析各个构成要素之间的联系、研究系统和环境之间的信息传递关系以及明确实现系统目标的约束条件等。建模在系统分析中的作用概括为以下几点:

①方便对系统的理解和认识。尤其对于复杂系统而言,模型只是系统的抽象,通过对模型的学习,人们容易掌握系统的运行原理和主要构成,所以模型能够帮助人们认识和理解系统。从另外一个角度来讲,只有对系统进行充分的理解才能对系统进行正确分析。

②建模在整个系统分析过程中起到承上启下的作用。系统分析中系统目标的确立、历史信息的收集等都是为系统建模服务的,而系统建模的结果是系统优化方案的构建以及方案选择的依据。

③系统模型便于系统分析。有些实体很难通过试验进行相关性质的测定,但所有系统都可以通过建模来进行系统的可靠性、稳定性分析。

④建立模型便于揭示系统的本质规律。通过模型参数的变化便于显示系统的本质规律。

构造一个真实系统的模型,在模型上进行实验是我们进行系统分析、研究的十分有效的手段。为了达到系统研究的目的,系统模型用来收集系统有关信息和描述系统有关实体。也就是说,模型是为了产生行为数据的一组指令,它可以用数学公式、图、表等形式表示。模型是对相应的真实对象和真实关系中那些有用的和令人感兴趣的特性的抽象,是对系统某些本质方面的描述,它以各种可用的形式提供被研究系统的描述信息。模型描述可视为是对真实世界中的物体或过程的相关信息进行形式化的结果,模型在所研究系统的某一侧面具有与系统相似的数学描述或物理描述。从某种意义上说,模型是系统的代表,同时也是对系统的简化。

模拟仿真是通过对系统的分析,用物理模型或数学模型对系统进行定量的描述,以体现系统发展变化规律性的一种方法,即模拟仿真是应用模型进行实验的方法。因此,没有模型就谈不上模拟仿真。仿真实际上是一种知识处理的过程,是分析和研究系统运动行为,揭示系统动态过程和内在规律的一种重要手段和方法,它涉及多学科、多领域的知识和经验。它必须通过描述系统的模型,利用仿真程序语言,借助现代化的计算机设备来实现对系统的模拟,揭示系统存在的某一问题,并提供解决问题方案的参考。

值得注意的是,不管是系统模型的建立,还是利用模型对系统进行仿真,这一过程本身就是一项很复杂的活动,应注意模型与仿真和实际系统之间的偏离。就模型而言,建模以后可以利用某些方法对原有系统进行优化,但是有了模型以后还必须结合原有系统的实际情况进行系统分析,否则可能导致模型分析的结果和现实系统严重不符,需要不断地接受实际系统的反馈,正如我们前面所介绍的,通常模型的建立需要一个反复过程,其意义就在于若建立的模型和现实系统之间存在重大误差,那么就不具备任何价值,因此就需要对模型和仿真模型进行修正,尽管这种修正可能是模型参数的修正,也可能是模型结构的修改。

1.4.3 在系统研究中的基本假定

显然,模型仅仅是实际世界的一个十分简单的局部映射,即仅仅是一小部分成分或一小部分概念表示成抽象的集合—数学描述。由于模型通常只具有一个有限的目的,所以这种简单的、局部的抽象也就足够了。

这里,有一个基本的假设,就是说,对于整个世界被研究的过程或被建模的目标,当用于某种特殊的目的时,它至少是"部分可分解"的。

事实上,实际系统是介于不可分解系统和完全可分解系统两个极端之间,是部分可分解的。一个完全可分解的系统允许从系统中取出任何一部分,而不影响系统的其他部分。仅仅对于在一个整体上可分解的系统,才有可能完全忽略其他部分的影响。而现代科学,往往假定特定的领域是高度可分解的。但是,对于要解决涉及多领域问题的决策者来讲,必须注意每种"特定"的有限能力,以便获得有关的非偶然的信息。所以"部分可分解的"系统在实际应用中有着明显的用途。

因此,建模者应将系统看作是具有许多方面的多面体。建模目标将决定临界的"方面",一旦实际系统在建模者的框架中是部分可分解的,则可利用系统的观点建立起它的模型。因此,实际世界的分解总是局部的。

根据不同的目的,实际世界的研究对象是人为给定的。实际上,构造一个综合模型可以通过许多局部模型集合起来,而其中每一个只对应一个或几个研究对象。

除可分解性之外,另一个假设是状态的存在,即:状态捕获了系统过去的历史状态,以便计算出在已知的输入作用下今后的状态,至少是今后的输出。有了状态的存在这个基本假设,就可使所建立的模型能应用于许多情况。对于某种确定的数学公式,状态集维数是有限的。但有时却不是这样,例如,偏微分方程就具有无限维的状态集。不管整个实际世界系统是否能用一个状态结构来合适地加以描述,其基本方程总是无限的。

思考题

1.系统的特征有哪些?

2.系统建模一般有哪些方法?

3.请说明系统、模型、仿真之间的关系。

第 2 章

物流系统建模

☞ 本章要点

　　本章主要从物流系统的概念出发,介绍物流系统的特征、物流系统分析和物流系统工程的相关知识,并详细介绍了物流系统模型的相关概念和步骤方法,此外对物流系统的仿真从技术应用层面作了详尽的分析和介绍。希望通过相关知识体系的学习,对物流系统、物流系统模型和物流系统仿真能有全面的掌握,为后继知识的学习做准备。

2.1　物流系统概述

　　社会经济活动是一个极为庞大、极为复杂的系统。人类为了满足生活和生产的需要,不断地交换和消费各式各样的物质资料;同时也有无数的工厂或其他制造系统不停顿地生产和制造人类所需要的物质。消费者如果不能得到所需要的物资,社会经济将会发生紊乱。生产者只有将产品转移给消费者才能实现产品的使用价值,同时可以获得效益,使劳动组织者的各种劳动消耗得到补偿,并且才能有条件组织再生产。这一过程就原始社会和现代社会而言,只有技术上的区别,而没有任何本质上的区别,即物资的交换、物资的流通。

　　物流学作为 20 世纪 50 年代新发展起来的一门实践性很强的综合性交叉学科,其对象就是社会经济活动中“物”的流动规律。在现今经济全球化的大时代背景下,物流的作用更被广为接受,如何进一步提高并发挥物流的作用,不仅成为人们关注的焦点,也成为学术研究的热点。要进一步提高并发挥物流的作用,需要对物流进行深入的研究。

　　物流作为社会经济活动复杂系统的子系统,其本身就是一个复杂系统。系统论的观点和方法对研究物流系统同样适用。利用系统的观点来研究物流学科、物流现象是现代物流科学的核心,借助系统分析的方法是认识物流现象的主要手段。

2.1.1 物流系统的概念与模式

1.物流系统的概念

物流系统是指在一定的时间和空间内,由所需位移的物资与包装设备、搬运装卸机械、运输工具、仓储设施、人员和通信联系等若干相互制约的动态要素,所构成的具有特定功能的有机整体。物流系统的目的是实现物资的空间和时间效益,在保证社会再生产顺利进行的前提条件下,实现各种物流环节的合理衔接,并取得最佳的经济效益。

(1)物流系统的构成

物流系统是由运输、储存、包装、装卸、搬运、配送、流通加工、信息处理等子系统组成的复杂的大系统。物流系统由物流作业系统和物流信息系统两个部分组成。

1)物流作业系统

在运输、保管、搬运、包装、流通加工等作业中使用各种先进技能和技术,并使生产据点、物流节点、输配送路线、运输手段等网络化,以提高物流活动的效率。

2)物流信息系统

在保证订货、进货、库存、出货、配送等信息通畅的基础上,使通信据点、通信线路、通信手段网络化,提高物流作业系统的效率。

物流系统的目的在于 Speed(速度)、Safety(安全)、Surely(可靠)和 Low(低费用)的 3S1L 原则,即以最少的费用提供最好的物流服务:

①按交货期将所订货物适时而准确地交给用户;

②尽可能地减少用户所需的订货断档;

③适当配置物流节点,提高配送效率,维持适当的库存量;

④提高运输、保管、搬运、包装、流通加工等作业效率,实现省力化和合理化;

⑤保证订货、出货、配送信息畅通无阻;

⑥使物流成本降到最低。

2.物流系统的基本模式

物流系统的正常活动需要投入大量的人力、物力、资金、信息,通过物流管理、物流信息管理、物流技术措施等转化处理活动,产生一定的经济效益,为客户提供一定的服务,同时对环境也产生一定的影响,这些信息将反馈给物流节点,以便能调整和修正物流系统的活动,其基本模式如图 2-1 所示。

(1)环境

物流系统总是处于一定的环境中,它受环境中各个因素的影响与限制,它只有在适应环境的情况下采取相应的措施才能够发展。这些环境因素可分为两种:第一种是内部环境(Organizational Environments),如生产系统、财务系统及销售系统等;第二种是外部环境(Macro-Environments),如市场地理环境、科技因素、经济和产业结构等,如图 2-2 所示。内部环境包括系统的人、财、物规模与结构,以及系统的管理模式、策略、方法等。在物流系统的内部环境中,影响其运行效率的是销售系统、生产系统以及财务系统。外部环境包括用户需求、观念及价格等因素。一般来说,外部环境是系统不可控的,而内部环境则是系统可控的。

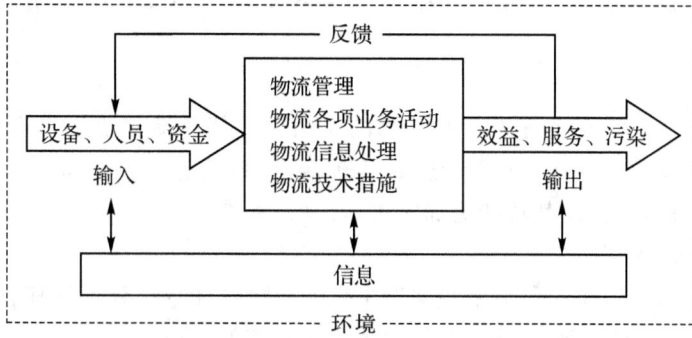

图 2-1　物流系统的基本模式

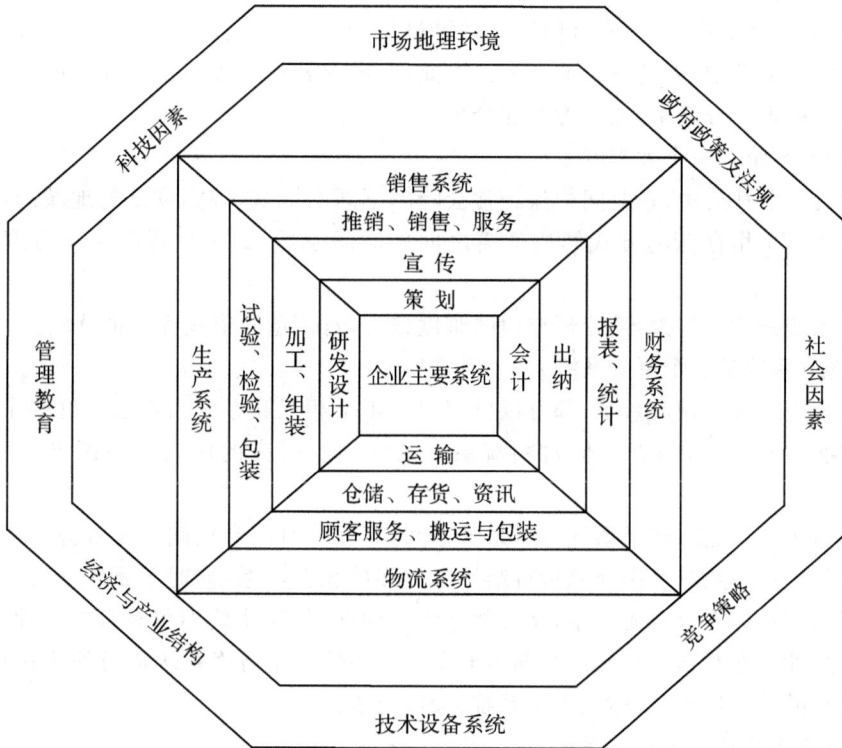

图 2-2　物流系统的环境因素

（2）输入

输入是指通过一系列消耗投入对物流系统所发生的作用。主要包括原材料、设备、人员等。

（3）处理

处理是指物流系统具体的物流业务活动，即物流服务。主要包括运输、储存、包装、搬运、送货等，还包括信息的处理及管理工作。

（4）输出

输出是指提供的物流服务的结果。物流系统的输出主要包括货物的转移、各种劳务、质量、效益等。

（5）反馈

反馈是指主要有来自系统内部和外部的反馈。外部反馈主要通过输入和输出使物流系统与外部环境进行交换，发现问题，改正弊端，使系统适应于外部环境。内部反馈主要通过系统内部的转换，使其功能更加完善、合理及科学。

3. 物流系统的特征

物流系统具有一般系统所共有的整体性、相关性、目的性、环境适应性等特征，同时还具有规模庞大、结构复杂、目标众多等大系统所具有的特征。

（1）物流系统是一个"人机系统"

物流系统由人和形成劳动手段的设备、工具所组成。它具体表现为物流劳动者运用运输设备、装卸搬运机械、仓库、港口、车站等设施，作用于物资的一系列生产活动。在这一系列的物流活动中，人是系统的主体。因此，在研究物流系统各个方面的问题时，必须把人和物有机地结合起来，加以考察和分析。

（2）物流系统是一个大跨度系统

在现代经济社会中，企业间物流经常会跨越不同的地域，国际物流的地域跨度更大。物流系统通常采用存储的方式解决产需之间的时间矛盾，这一过程的时间跨度往往也很大。

物流系统的跨度越大，其管理方面的难度越大，对信息的依赖程度也就越高。

（3）物流系统是一个可分系统

无论规模多大的物流系统，都可以分解成若干个相互联系的子系统。这些子系统的多少和层次的阶数，是随着人们对物流系统的认识和研究的深入而不断深入、不断扩充的。

系统与子系统之间和子系统与子系统之间，存在着时间和空间上及资源利用方面的联系，也存在总目标、总费用及总运行结果等方面的相互联系，同时子系统又可以在物流管理目标与管理分工上自成体系，具有独立性。因此，物流系统不仅有多层次性，而且还具有多目标性。在对物流系统的分析与设计中，既要研究物流系统运行的全过程，也要对物流系统的某一环节（或称之为子系统）加以分析。

（4）物流系统是一个动态系统

物流系统一般联系多个企业与用户，随着需求、供应、渠道、价格的变化，系统内部的要素及系统的运行也经常发生变化。物流系统常受到社会生产及需求的广泛制约，所以物流系统必须是具有适应环境能力的、随环境变化而变化的动态系统。

（5）物流系统是一个复杂系统

物流系统的运行对象——"物"，包括社会上各种各样的物资资源，资源的多样性带来了物流系统的复杂化。物资资源品种成千上万，从事物流活动的人员队伍庞大，物流系统内的物资占用大量的流动资金，物流网点遍及城乡各地。这些人、财、物资源的组织和合理利用，是一个非常复杂的问题。

在物流活动的全过程中,伴随着大量的物流信息,物流系统要通过这些信息把各个子系统有机地联系起来。收集、处理物流信息,并使之指导物流活动,也是一项复杂的工作。因此,在分析与设计物流系统时,要充分认识到物流系统的复杂性。

(6)物流系统是一个多目标系统

物流系统的总目标是实现其整体经济效益极大化,但物流系统各要素存在非常强烈的"背反"现象,这常称之为"二律背反"或"效益背反"现象。因此,实际工作中要同时实现物流时间最短、服务质量最佳、物流成本最低这几个目标几乎是不可能的。例如,在储存子系统中,为保证供应、方便生产,人们会提出存储的物资高库存、多品种的办法,而为了加速资金周转、减少资金占用,人们又会提出降低库存的要求。

这些相互矛盾的问题在物流系统中广泛存在,而物流系统又恰恰要在这些矛盾中运行,并尽可能满足人们的要求;显然,在物流系统分析与设计中,应该建立多目标函数,并在多目标中求得系统的整体最佳效果。

2.1.2 物流系统分析

所谓物流系统分析是指从物流的整体出发,根据系统的目标要求,动用科学的分析工具和计算方法,对系统目标、功能、环境、费用和效益等,进行充分的调研,并收集、比较、分析、处理有关数据和资料,建立若干方案,比较和评价结果。

1.物流系统分析的原则

物流系统分析应强调科学的推理步骤,使所研究物流系统中各个问题的分析均能符合逻辑的原则和事物的发展规律,而不是凭主观臆断和单纯经验;物流系统分析应运用数学方法和优化理论,从而使各种替代方案的比较不仅有定性的描述,而且基本上都能定量化,对于非计量的有关因素,则运用直觉、判断及经验加以考虑和衡量。

一个物流系统由许多要素组成,要素之间相互作用,物流系统与环境互相影响,这些问题涉及面广又错综复杂,因此进行物流系统分析,必须处理好外部条件与内部条件、当前利益与长远利益、子系统与整个系统、定量分析与定性分析等相结合的关系。这些是物流系统分析应当遵守的原则。

(1)物流系统内部与物流系统环境相结合

一个企业的物流系统,不仅受到企业内部各种因素如企业生产规模、产品技术特征、职工文化技术水平、管理制度与管理组织等作用,而且受到社会经济动向及市场状况等环境的影响。

(2)局部效益与整体效益相结合

在分析物流系统时我们常常会发现,部分物流系统的效益与整体物流系统的效益并不总是一致的。有时从子物流系统的局部效益来看是经济的,但物流系统的整体效益并不理想,这种方案是不可取的;反之,如果从子物流系统的局部效益看是不经济的,但物流系统的整体效益是好的,则这种方案是可取的。

(3)当前利益与长远利益相结合

在进行方案的优选时,既要考虑当前利益,又要考虑长远利益,如果所采用的方案,对当前和长远都有利,这样当然最为理想,但如果方案对当前不利,而对长远有利,此时要通过全面分析后再作结论。一般来说,只有兼顾当前利益和长远利益的物流系统才是好的物流系统。

(4)定量分析与定性分析相结合

物流系统分析不仅要进行定量分析,而且要进行定性分析。物流系统分析总是遵循"定性—定量—定性"这一循环往复的过程,不了解物流系统各个方面的性质,就不可能建立起探讨物流系统定量关系的数学模型。定性和定量二者结合起来综合分析,才能达到优化的目的。

2.物流系统分析的内容

从分析的区域看,物流系统分析内容包括物流系统外部环境分析和物流系统内部分析。

(1)物流系统外部环境分析

对物流系统外部的分析,主要是根据国内外经济科技形势,研究本系统在环境中的地位、当前国家对本系统的政策以及与本系统经营活动有关的各方面的状况,如生产力与资源分布、物流市场和货源、制造业的生产与技术水平等。

(2)物流系统内部分析

物流系统内部具体分析的内容有:物资需求变化的特点、需求量、需求对象、需求构成,以及所涉及的需求联系方法;物流系统各作业部门的有关物流活动的数据,如市场分布状况、供货渠道、销售状况等;构成物流生产的新技术、新设备、新要求、新项目等;库存物资的数量、品种、分布情况、季节性变化、质量状况等;运输能力的变化、运输方式的选择、运输条件和要求等;各种物流费用的占用、支出,社会经济效益等。

从分析对象来看,物流系统分析的内容包括对现有系统的分析和对新开发系统的分析。

(1)对现有系统的分析

对现有系统作进一步的认识,使系统尽可能实现最优运转。为了使现有系统更好地适应发展的需要,在进行系统分析时既要注意对系统的外部进行分析,又要注意对系统的内部进行分析。

(2)对新系统的分析

新系统的系统分析内容可以是新系统的投资方向、工程规模、物流供应链上各环节的布局、物流节点选址、物流系统的功能、设备设施的配置、物流系统的管理模式等。同样在对新系统进行分析时,既要注意对系统的外部进行分析,又要注意对系统的内部进行分析。

3.物流系统分析的步骤

物流系统分析的步骤,通常有界定问题的构成范围、确定分析目标、收集资料、建立模型、对比可行性方案的经济效果、综合分析评价等,如图2-3所示。概括起来主要有以下几点。

(1)问题界定

问题的界定对后面设计物流系统十分重要,主要是界定问题的构成范围并确定分析

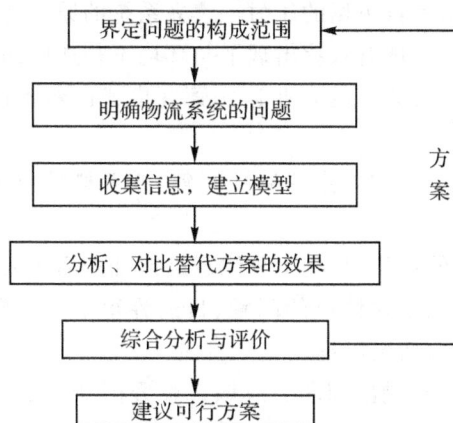

图 2-3 物流系统分析的步骤

目标。物流系统的界定应考虑新系统的期望值、运作规则、约束和选优方案准则等因素。

在物流系统问题界定阶段有几个需要考虑的重要问题:

1)系统的目的

一个公司(企业集团、供应链)物流系统的目标影响物流系统的战略,同时物流系统的战略又反过来影响物流系统的网络和它的组成部分。

2)系统的水平

影响系统水平的因素有:可利用的资源、物流网络的大小、设备成本等,同时也与物流系统规划的种类有关(如长期规划、短期规划)。

3)考虑的因素

一个物流系统的目标通常考虑以下三个因素:最少的资产费用、最少的运作费用、最大的顾客效益。

4)物流产品

物流系统类型取决于产品的不同属性,如产品的市场、产品的重要性、产品的特性和产品的包装。

物流系统的目的在物流系统问题的界定中起着主导作用。它对物流系统分析的随后步骤的工作也有着深远的影响。

对物流系统进行分析时,首先要对系统的目的进行分析与确定。确定目的时首先要注意到以下几个方面:①要有总体观点;②要有长远观点;③要有效果观点;④要有鲜明性(最好能定量表示);⑤要考虑可行性;⑥要有标准性;⑦要有顺序性(分清主次);⑧要考虑适应性。

其次要分析和确定达到目的的各种目标。这里所谓的目标,就是为了达到目的所应完成的各种具体指标。

我们可以采用目的树进行目的分析。根据目的提出各种要求,再考虑相应的措施,因而提出系统所应具备的各种功能。这样,系统目的明确了,功能也大体确定了。

进行目的分析时,应反复调查,了解建立或改进物流系统的动机。这种动机可能来自关联企业的要求,也可能是本企业改善作业流程、加强现场管理、加强信息管理、降低

生产成本的需要,还可能是来自市场的压力。建立系统的原因可能是:

①由于市场环境的变化,现有系统出现了与环境不相适应的情况;

②由于企业规模的扩展,原有的企业运作管理模式已经不能适应客观形势要求,必须开发新系统;

③企业产品结构或产业结构发生战略性调整,或者科学技术有了新的突破,对企业运作提出了新的要求。

在反复分析上述情况的过程中,要十分注意提出任务者的片面性或局限性。一定要把目的,尤其是关联性质的、隐含性质的问题、目的弄得十分清楚,以避免准备不足仓促上马而最后又不得不下马的情况出现。

在这项工作中,必须善于提出问题。应该记住爱因斯坦的一句名言:我们应该问究竟应该向自己提什么问题。

（2）数据收集

这一阶段主要包括标定必要数据、数据源,分析可利用数据的充分性和准确性,数据类聚,以及预测不能利用的数据。

（3）问题分析

当系统目的明确、功能确定后,就可以大致构成系统的轮廓了。为了进一步作分析,需要建立系统的各类模型。

模型是对原系统某一个方面属性的描述,因此一个系统可以有不同类型的模型,反映它不同方面的属性。要建立一个模型,需先确定什么是所需模拟的最主要的特性,并将它定量地规定下来。模型反映的不仅是系统的构造属性,更主要反映的是功能方面的属性。

建立模型后,便可利用模型进行分析了。可以通过计算或仿真（Simulation）的方式进行分析。

（4）系统的实施

最后阶段是物流系统的实施,对于一个成功的实施过程有两个关键的步骤:第一个步骤是系统的确认和系统的灵敏度分析;第二个步骤是用户培训和检测。

物流系统是一个复杂的系统,对其进行系统分析并不是进行一次即可完成,为完善修订方案中的问题,有时需根据分析结果对提出的目标进行再探讨,甚至重新划定问题构成范围,是一个连续的循环过程。

值得注意的是,该流程只适用于一般情况,并不是固定不变的规则。在实际应用中,要依据具体情况进行处理,有些项目可平行进行,有些项目也可以改变顺序进行。

2.1.3 物流系统工程

系统工程以复杂的大系统为研究对象,是在20世纪40年代由美国贝尔电话公司首先提出和应用的。50年代在美国的一些大型工程项目和军事装备系统的开发中,又充分显示了它在解决复杂大型工程问题上的效用。随后在美国的导弹研制、阿波罗登月计划中得到了迅速发展。60年代我国在进行导弹研制的过程中也开始应用系统工程技术。

到了七八十年代系统工程技术开始渗透到社会、经济、自然等各个领域,逐步分解为工程系统工程、企业系统工程、经济系统工程、区域规划系统工程、环境生态系统工程、能源系统工程、水资源系统工程、农业系统工程、人口系统工程等,成为研究复杂系统的一种行之有效的技术手段。

物流系统工程,是指在物流管理中,应用系统论和系统工程技术,从物流系统的整体利益出发,把物流与信息流融为一体的应用体系,是有关物流系统活动过程的理论、技术和方法及其应用的体系。

从广义上讲,物流系统工程是从物流系统的整体出发,将物流系统的各组成要素作为一个整体,运用数学基础理论、一般系统理论、耗散结构理论、协同学理论、系统动力学理论等相关理论进行物流系统的分析、设计、规划、优化、管理和控制,实现物流系统总体功能的技术应用体系。从中可以看出广义的物流系统工程设计物流系统的所有组成部分,包括各种硬件和软件方面的内容。

从狭义上讲,物流系统工程主要是指基于相关理论研究物流系统,以保障支持物流系统优化运行的技术应用体系。

1. 物流系统工程的理论基础

在物流系统的研究分析中,应用和发展了应用数学、信息论、控制论以及大系统理论等学科成果。这些理论的进一步发展又为物流系统的发展打下了坚实的基础。如运筹学的具体理论和方法研究寻求物流的最优方案;规划论解决物流系统中的物资运输、设施规划、计划优化等问题;库存论解决物流系统中的最优订货量、订货间隔等库存问题;排队论解决物流系统中的流程概率性问题,按随机过程的到达概率处理各种现象;决策论解决物流系统中多目标、多方案决策问题;控制论解决物流系统中技术装备与管理的控制问题;信息论解决物流系统中的规划、组织、控制、管理问题,达到信息的共同沟通与传输;大系统理论解决物流系统中的整体与部分、整体与环境之间的相互关系,使物流系统各个环节都处于最优状态。

一般认为,物流系统工程的理论基础至少包含以下几个方面。

(1)数学基础理论

人类所有的活动不是完全独立的,它们以复杂的方式相互作用、影响,所有活动的目的都是为了认识世界,在这一过程中数学的作用是巨大的,以至于柯尔认为"数学是一种能澄清混淆的思考方式,它是一种语言,能让我们把世界上混杂的局面翻译成可以去管理的方式"。数学概念的形成,是人们对客观世界科学性认识的具体体现。数学概念的抽象、归纳,实际上为建立模型奠定了基础。数学起源于人类各式各样的实践活动,又从这些活动中抽象出许多一般的但又不是任意的、有确切内容和明确含意的概念,然后将这些概念应用到现实世界中去,把问题化归为一种形式结构,这就是我们讲的模型结构。模型是数学思想活的灵魂,千姿百态的模型反映了一个精彩纷呈的世界。

数学基础理论不仅仅是解决问题的手段,如贯穿本书用以构建各类物流系统模型的各种数学方法和技术,更重要的是一种数学思维,或者说数学思想。

所谓数学思想,是指现实世界的空间形式和数量关系反映到人们的意识之中,经过思维活动而产生的结果。数学思想是对数学事实与理论经过概括后产生的本质认识;基本数学思想则是体现或应该体现于基础数学中的具有奠基性、总结性和最广泛的数学思想,它们含有传统数学思想的精华和现代数学思想的基本特征,并且是历史地发展着的。数学中渗透着基本数学思想,它们是基础知识的灵魂,如果能使它们落实到我们学习和应用数学的思维活动上,就能在发展我们的数学能力方面发挥出一种方法论的功能,这对于学习数学、发展能力并开发智力都是至关重要的。

对于物流系统而言,总是处于社会经济生活之中,认识物流系统,"把物流系统混杂的局面翻译成可以去管理的方式"就需要我们不仅能使用各种数学理论基础知识,更要能用数学思想看待物流系统。

(2)一般系统理论

一般系统理论(General System Theory)是研究系统中整体和部分、结构和功能、系统和环境等之间的相互联系、相互作用的问题。一般系统论这一术语有更广泛的内容,包括极广泛的研究领域,其中有三个主要的方面:①关于系统的科学,又称数学系统论。这是用精确的数学语言来描述系统,研究适用于一切系统的根本学说。②系统技术,又称系统工程。这是用系统思想和系统方法来研究工程系统、生命系统、经济系统和社会系统等复杂系统。③系统哲学。它研究一般系统论的科学方法论的性质,并把它上升到哲学方法论的地位。

正如前面介绍的物流系统是由运输、储存、包装、装卸、搬运、配送、流通加工、信息处理等子系统组成的复杂的大系统,因此在对物流系统进行研究时,一般系统论是不可或缺的基本理论基础。

(3)耗散结构理论

耗散结构理论(Dissipative Structure Theory)是非平衡态热力学和统计物理学中的一种学说。耗散结构理论是比利时布鲁塞尔学派领导人普利高津1969年在一次理论物理与生物学国际会议上,针对非平衡统计物理学的发展而提出的。这一理论指出,一个远离平衡的开放系统(力学的、物理的、化学的、生物学的乃至社会的、经济的系统),通过不断地与外界交换物质和能量,在外界条件的变化达到一定程度、系统某个参量变化达到一定临界值时,通过涨落,有可能发生突变,即可能从原来的混沌无序的状态,转变到一种在时间上、空间上或功能上的有序状态,这种在远离平衡的非线性区形成的新的有序结构,普利高津把它命名为"耗散结构"。

普利高津指出,一个系统由混沌向有序转化形成耗散结构,至少需要四个条件:

①系统必须是开放系统;

②系统必须远离平衡态;

③系统内部各个要素之间存在着非线性的相互作用;

④涨落导致有序。

在耗散结构的构成第三个条件中,普利高津明确提出了系统内部各个要素之间存在着非线性的相互作用,即通过非线性和相互作用使各个因素(子系统)之间产生协同作用和相干效应才能使系统由无序变为有序。耗散结构理论实际是控制论的理论的推广,控制论解决了控制系统保持稳态的条件,而耗散结构理论解决了系统从无序到有序时形成稳定的条件,耗散结构理论把系统由封闭的控制论系统推广到一般的开放系统。

物流系统作为一个非平衡的开放系统,系统内部各元素的联系是非线性的,存在有规律的波动和无规律的随机扰动,也是一个耗散结构。它的整体化、多因素、多过程的相互作用是非加法性的,要采用耗散结构理论进行分析研究。耗散结构理论是物流系统的重要基础理论之一。

（4）协同学理论

协同学理论是以耗散结构理论为基础的,即它也是在远离平衡态的开放系统条件下提出的,它强调在复杂的大系统内,各子系统的协同行为产生出超越各要素自身的单独作用,从而形成整个系统的统一作用和联合作用。用一句话概括就是"1＋1＞2"。协同学理论是研究和比较不同领域中多元素间协调合作效应的理论,揭示出不同系统间存在的深刻的相似的特征。如从无序走向有序,从不稳定走向相对稳定、平衡等。

物流系统中采用协同学理论研究不同子系统间的相互关系、相互影响,尤其是在经济体制改革和政府机构改革背景下,对我国总体物流规划和运作更有特殊的意义。

（5）系统动力学理论

1956 年,美国麻省理工学院（MIT）教授福瑞斯特（J. W. Forrester）创建了系统动力学（System Dynamics,SD）。系统动力学是一门分析研究系统中信息反馈的学科,也是认识系统问题和解决系统问题的交叉综合学科。如果从系统方法论来说,系统动力学是结构的方法、功能的方法、历史的方法三种方法的统一体。它基于系统论之上,综合了控制论和信息论的部分内容,成为集自然科学和社会科学的横向学科。

系统动力学的问题有如下基本概念。

1）反馈

系统内同一单元或同一子块,其输出与输入间的相互关系称为反馈,也就是信息的传出与回收。反馈系统就包含有反馈环节与其作用的系统,也称之为闭环系统,它可以分成正反馈系统和负反馈系统。

2）系统结构

结构是指单元的秩序。它包括了组成系统的各单元和各单元间的作用与关系。系统结构就是系统构成的特征。

3）水平变量和速率变量

在系统的反馈回路中由两种性质不同的变量组成,即水平变量或积累变量和速率变量组成。前者描述了系统在特定时刻的状态,对系统控制作用的结果进行积累;后者则表示了水平变量变化的快慢。

系统动力学理论是在总结运筹学理论的基础上,为适应现代社会系统管理需要而发展的。在基本观点上不进行抽象的数学假想,不单纯追求最优解,而是以现实存在为前提,寻求改善系统行为的机会和途径;在基本技巧上,不是依据数学逻辑的推理而获得借鉴,而是依据对系统实际观测的数据,建立动态仿真模型,通过计算机模拟实验获得系统行为的描述,达到改进和完善系统的目的。物流系统中常采用系统动力学理论研究分析系统与子系统以及不同子系统间的发展变化趋势、相互关系和相互影响。

2. 物流系统工程的内容和范围

(1)物流系统的规划与设计

对于社会物流系统,其规划设计是指在一定区域范围内(国际或国内)物资流通设施的布点网络问题。例如,长三角经济圈、环渤海经济圈和珠三角经济圈集装箱运输枢纽规划;专项物流系统规划,针对特定运作对象进行跨区域的物流系统规划设计,例如石油输送的中间油库、炼油厂、管线布点等的最优方案;供应链物流远距离大规模生产协作网的各工厂厂区、商业配送中心、区域物流中心选择等。

不同层次物流系统规划设计的内容都有所不同,而对于企业物流系统,其规划设计的核心内容是工厂、车间内部的设计与平面布置、设备的布局,以求物流路线系统的合理化。它通过改变和调整平面布置调整物流,达到提高整个生产系统经济效益的目的。

(2)物流设施设计

物流设施设计属于设施设计范畴。物流设施设计是物流工程学的重要内容之一,近些年来发展很快,已经形成了一个重要的独立学科研究方向和技术体系。

设施设计起源于工厂设计,应用于工厂等工业部门,故也可称为工业设施设计,它是生产系统设计的重要组成部分,是根据其系统(如工厂、商店等)应完成的功能(提供产品或服务),对其各项设施(如设备、土地、建筑物、公用工程)以及人员、投资等进行系统的规划和设计。设施设计主要包括布置设计、物料搬运系统设计、建筑设计、公用工程设计和信息通信系统设计。不同层次物流系统设计往往也涉及这些内容,因此,结合物流需要进行物流设施设计,也是物流工程学研究的主要内容。

①布置设计是对物流系统建筑物、机器、设备、运输通道、场地,按照物流、人流、信息流的合理需要,进行有机组合和合理配置。

②物料搬运系统设计是对物料搬运的路线、运量、搬运方法和设备、储存场地等作出合理安排。

③建筑设计是根据物流作业对建筑物和构筑物的功能和空间的需要,满足安全、经济、适用、美观的要求,进行建筑和结构设计。

④公用工程设计是物流系统对热力、煤气、电力、照明、给水、排水、采暖、通风、空调等公用设施进行系统、协调的设计。

⑤信息通信设计是供应链物流管理对信息通信的传输系统进行的全面设计。

从物流工程学的角度来看,前两项内容是研究的重点内容。可以说物流系统分析中物流设计的内容与设施设计中的布置问题等是基本相同的,但两者又有不同之处。设施设计中的土建、公用工程和信息通信等,物流系统分析涉及的较少,而物流系统中的控制、管理等问题,在设施设计中又不是重点内容,所以两者相互交融,又各有特色。

(3)运输(或搬运)与仓储的控制和管理

在给定的物流布点设备布置条件下,根据物流运输、搬运和储存的要求(往往是工艺要求),使用管理手段来控制物流,使生产系统以最低的成本、最快捷的速度、完好无缺的流动过程,达到规划设计中提出的效益目标,一般包括以下几方面的研究内容:①物流节点选址,站场布局规划;②生产批量最佳化的研究;③工位储备与仓库储存的研究和在制品的管理;④搬运车辆的计划与组织方法;⑤仓库设计、仓库布局设计;⑥信息流的组织方法,信息流对物流的作用等。

(4)运输与搬运设备、容器与包装的设计和管理

通过改进搬运设备、改进流动器具来提高物流效益、产品质量等。如社会物流中的集装箱、罐、散料包装,搬运设备的选择与管理等。一般主要包括如下内容:①仓库及仓库搬运设备的研究;②各种搬运车辆和设备的研究;③流动和搬运器具的研究。

3. 物流系统工程的基本方法

(1)模型化技术

模型化就是通过说明物流系统结构和行为的数学方程、图像或物理形式表达物流系统实体的一种科学方法。采用模型化技术,经过恰当的抽象、加工、逻辑整理,能够把复杂的物流系统变成可以准确分析和处理的结构形式,有利于得到准确的结论,是物流系统研究、设计、管理中广泛应用的技术,也是其他研究方法的基础。模型可分为形象模型和数学模型两大类。建立模型是系统设计的关键。物流系统工程中常用到下列数学模型:

1)物流预测模型

借助预测模型,可以为我们物流系统运作过程中出现的各种计划和决策提供可靠的依据,是我们进行物流系统科学管理的重要环节,也便于我们调整物流系统要素,更好地发挥物流系统第三利润源泉的作用。

2)物流节点选址模型

选址决策就是确定所要分配的设施的数量、位置以及分配方案。就单个企业而言,物流节点的位置决定了整个物流系统及其他层次的结构;反过来,物流系统的其他层次(库存控制、物资调运、车辆调度、线路规划等)的规划又会影响选址决策。因此,选址与库存、运输成本之间存在着密切联系。

3)库存模型

从库存模型来看大体上可分为两类:一类叫作确定型模型,即模型中的数据,如需求量与提前期,皆为确定的数值;另一类叫作随机型模型,即模型中含有随机变量,而不是确定数值。不管是哪一类模型,我们主要目的是借助库存模型来优化库存控制,制定合理科学的库存策略。

4)运输模型

运输模型主要描述物流决策中最优的运输工具选择(包括运输方式选择、承运人选择以及物流配载中最佳车辆的选择等)、物流运输计划编制(包括物流节点服务范围、物资调运等)、物流配送计划编制(包括车辆线路问题、车辆调度问题等)。

5)投入产出模型

投入产出模型是由美国经济学家列昂节夫(Wassily Leontief)于 1936 年创建的,并于 1973 年获得诺贝尔经济学奖。在对某地区作经济分析时,先把该地区分为若干个部门。投入——各个经济部门在进行经济活动时的消耗,如原材料、设备、能源等。产出——各经济部门在进行经济活动时的成果,如产品。投入产出模型——反映国民经济系统内各部门之间的投入与产出的依存关系的数学模型。投入产出模型由平衡表与平衡方程构成,分为价值型和实物型。

（2）最优化的理论和方法

为了使系统达到最优的目标所提出的各种求解方法，称为最优化方法。在经济管理学上就是在一定人力、物力和财力资源条件下，使经济效益（如产值、利润等）达到最大，并使投入的人力和物力达到最小的系统科学方法。常用的优化方法有线性规划法、非线性规划法、动态规划法、极大值法等。最优化方法是在第二次世界大战前后，在军事领域中对导弹、雷达控制的研究中逐渐发展起来的。它对促进运筹学、管理科学、控制论和系统工程等新兴学科的发展起到了重要的作用。最优化方法解决问题一般可以分为以下几个步骤：①提出需要进行最优化的问题，开始收集有关资料和数据；②建立求解最优化问题的有关数学模型，确定变量，列出目标函数和有关约束条件；③分析模型，选择合适的最优化方法；④求解方程，一般通过编制程序在电子计算机上求得最优解；⑤最优解的验证和实施。

通过上述五个相互独立和互相渗透的步骤，最终求得系统的最优解。我国数学家华罗庚在生产企业中推广最优化方法时采用"优选法"一说，推广优选法的目的是帮助工厂合理安排试验，以较少的试验次数找到合理的配方、下料和工艺条件。

物流系统中的参数大部分属于不可控因素，而且相互制约、互为条件，如何使物流系统在外界环境约束条件下，正确处理众多因素之间的关系，不采用系统最优化技术是难以得到满意结果的。最优化方法很多，一般采用数学模型方法处理问题，如库存优化策略、最短路径问题、最大流量问题、最小费用问题等。从物流系统工程的定义我们也可以看出最优化的观念贯穿于物流系统工程的始终，是物流系统工程的指导思想和力争的目标。

（3）网络技术

现代物流过程涉及方方面面，影响因素多且随机，参与单位和人员成千上万。采用网络技术可以进行统筹安排、合理规划，使生产—流通—消费之间物流平衡。对于关系复杂、多目标的物流系统研究，网络技术也是重要的基础理论。另外，网络技术与模拟技术相结合形成的网络模拟方法也广泛应用在复杂物流系统的设计与研究中。

（4）分解协调技术

物流系统是包含多个子系统的复杂大系统。在分析研究时，采用分解协调技术先将复杂的物流大系统分解为若干相对简单的子系统，先实现各个子系统的局部优化，再根据物流大系统的整体利益原则、总任务、总目标，使各个子系统相互协调与配合，以得到费用低、效率高、服务好的最优目标，实现大系统的全局优化。除了各子系统间要协调外，还要考虑如何处理好物流系统与外部环境的协调、适应，从更高的层次上把握系统的整体利益。

（5）模拟技术

物流系统一般比较复杂，有时难以用数学分析的方法研究其运行状态。因此，采用计算机模拟技术可以解决常规解析方法难以解决的问题。例如，物流费用问题很难用数学分析的方法研究。即使能构造数学模型，但由于涉及面广，且各种因素随着时间的推移而变化，要找出最优解是不易的，而采用计算机模拟技术解决这个问题就比较方便。

2.2 物流系统模型

在物流系统领域,建立各种系统模型,并利用模拟技术进行物流系统优化已成为研究与实践中的一个重要方法。

2.2.1 物流系统模拟技术的应用

系统模拟是一门面向实际的具有很强应用特征的学科,它是一门综合性的新技术科学,模拟技术与计算技术密切相关。采用模拟技术对研究对象进行表征不需要非常的抽象,同时模拟模型可以方便地调整系统内部各个环节的结构以及它们之间的关系,这些无疑非常适合于物流系统多变的特性。用模拟方法来构建模型,可以全面分析供应链,随着计算机技术的发展,这种分析手段可以更加深入。考虑随机性,包括供应链结构的随机性与订货和供应的随机性,同时还可以考虑系统的动态需求。同时,使用模拟技术,对物流系统进行研究,可以定性与定量相结合、微观研究与宏观研究相结合。

在物流系统研究中系统模拟技术的应用主要有以下几方面。

1. 物流系统规划与设计

在没有实际系统的情况下,把系统规划转换成模拟模型,通过运行模型,评价规划方案的优劣并修改方案,是系统模拟经常用到的一方面。这可以在系统建成之前,对不合理的设计和投资进行修正,避免了资金、人力和时间的浪费。例如,一个复杂的物流系统,由自动化立体仓库、AGV、缓冲站等组成。系统设计面临的问题经常是:如何确定自动化立体仓库的货位数;确定 AGV 的速度、数量;确定缓冲站的个数;确定堆垛机的装载能力(运行速度和数量),以及如何规划物流设备的布局;设计 AGV 的运送路线;等等。这里生产能力、生产效率和系统投资常常都是设计的重要指标,而它们又是相互矛盾的,需要选择技术性与经济性的最佳结合点。系统模拟运行准确地反映了未来物流系统在有选择地改变各种参数时的运行效果,从而使设计者对规划与方案的实际效果更加胸有成竹。有人说,系统模拟把明天的工厂放到了今天,是不无道理的。

2. 物料控制

生产加工的各个工序,其加工节奏一般是不协调的。物料供应部门与生产加工部门的供求关系存在矛盾。为确保物料及时准确地供应,最有效的办法是在供应链上设置仓库,在各个物流作业间设置缓冲区来协调物流节奏。通过对物流库存状态的模拟,可以动态地模拟入库、出库、库存的实际状况。根据加工需要,正确地掌握入库、出库的时机和数量。

3. 物料运输调度

复杂的物流系统经常包含若干运输车辆、多种运输路线。合理地调度运输工具、规划运输路线、保障运输线路的通畅和高效等都不是一件轻而易举的事。运输调度策略存在着多种可能性。如何评价各种策略的合理性呢？怎样才能选择一种较优的调度策略呢？策略制定者如果只是说"假如……就会……所以……"是不足以服人的。因为这种假设往往不止一个，要对所有的假设找到最好的解决办法。例如，在一条供应链上，几个下游单位同时提出需求，应该先满足哪一个需求商呢？如果按照装配顺序先给前面的单位送货，似乎是合理的，但是这样一来，如果造成重要客户的库存危机，影响其正常的生产加工，也可能是不合理的。又例如，在调度运输车时经常要考虑调动哪一辆最合理，这时是对每一个申请进行判断，选择最近的车辆，还是照顾到一个时间段可能出现的申请，以平均运输路线最短为目标调度呢？运输调度是物流系统中最复杂的、动态变化最大的环节，很难用解析法描述其全过程。

系统模拟是比较有效的方法。建立运输系统模型，动态运行此模型，再用动画将运行状况、线路堵塞情况、物料供应情况等生动地呈现出来。模拟结果还提供各种数据，包括车辆运行时间、利用率等。通过对运输调度过程的模拟，调度人员对所执行的调度策略进行检验和评价，就可以采取较合理的调度策略。

4. 物流成本估算

物流过程是非常复杂的动态过程。物流成本包括运输成本、库存成本、装卸成本等。成本的核算与所花费的时间直接有关。物流系统模拟是对物流整个过程的模拟。进程中每一个操作的时间，通过模拟被记录下来。因此，人们可以通过模拟，统计物流时间的花费，进而计算物流的成本。这种计算物流成本的方法，比用其他数学方法计算更简便、更直观。而且，同时可以建立起成本与物流系统规划、成本与物料库存控制、成本与物料运输调度策略之间的联系，从而用成本核算结果（或说用经济指标）来评价物流系统的各种策略和方案，保证系统的经济性。实际模拟中，物流成本的估算可以与物流系统其他统计性能同时得到系统模拟在物流系统中的应用，除以上四个主要方面外，还可以用来对物流系统进行可靠性分析等。

2.2.2　物流系统模型的概念与特点

1. 物流系统模型的概念

物流系统模型是对物流系统特征要素、有关信息和变化规律的一种抽象表达，描述了系统各要素之间的相互关系、系统与环境之间的相互作用，以反映系统的某些本质。

一般来讲，物流系统模型具有一些特定的特征，主要表现在：

①实体的抽象或模拟。物流系统模型是对实际物流系统要素的抽象和模仿。

②由与分析问题有关的因素组成，即物流系统模型是与其系统组成要素密切相关的，抽象后的要素必须能构成系统模型。

③用来表明构成因素之间的关系。物流系统模型不是抽象后的要素的简单罗列，而是抽象后的要素关系的反映。

我们建立物流系统模型的目的在于解决物流系统实际运作中的某些问题，使用模型的意义在于通过物流系统模型代替客观系统做实验。在实际物流系统的运作过程中，很难也不可能都通过对实际系统进行试验来解决，通过物流系统模型来进行替代研究可以降低这种难度。客观实体系统很难做试验,则可利用系统模型代替;对象问题虽然可以做试验,但是利用模型更便于理解;模型易于操作,利用模型的参数变化来了解现实问题的本质和规律更经济方便。因此,在物流系统分析中物流系统模型被广泛地应用。

2. 物流系统模型的特点

(1)物流系统模型的特点

物流系统模型具有如下三个特点:

①实体的抽象或模仿;

②由与分析问题有关的因素所组成;

③用来表明这些因素间的关系。

(2)物流系统模型的主要参数

在物流系统中,主要参数包括如下:

①周期数:物流系统的决策与运行都是离散的,假设其订货或者业务处理是遵循一定的节奏和周期,因此物流过程在时间上可以使用周期数来表示。

②库存量:库存是物流系统的重要环节,是保证物流系统不同环节耦合的重要部分,每一个时刻的库存量是物流系统的重要参数。

③初始库存:在一个物流系统的运作初期,每一个仓库需要有一定的初始库存用以防止在系统运作初期的波动。

④库存价格:单位产品单位时间所需要耗费的库存费用。

⑤库存成本:一个仓库里的库存对象在一个周期中发生的库存费用,库存成本是物流系统费用的重要组成部分,压缩库存成本是物流管理的重要工作。

⑥进(出)货量:一个时刻进出某个物流环节的货物数量。

⑦延迟时间:包括决策延迟时间与运输延迟时间,在论文的模型中,运输环节抽象为时间和费用两个因素,因此其用运输延迟和运输成本来表示。

⑧运输价格:单位产品在某一个运输环节通过所需要的运输费用。

⑨运输成本:一个运输环节的运输对象在一个周期中发生的运输费用。

⑩总成本:物流系统运作发生的总成本,由库存成本、运输成本等物流成本组成。

当然,由于物流系统的研究目的与优化目标不同,对不同环节模拟需求也不一样,其主要参数当然也不同,上述 10 个参数只针对运输与仓储等子系统的模拟而言。在具体的物流系统模型中,还有其他的一些参数,在具体应用时根据实际需求加以增减。

2.2.3 物流系统分析的模型化

物流系统模型化就是将系统中各个组成部分的特征及变化规律数量化、组成部分之间的关系解析化。为了实现物流系统合理化,需要在物流系统的规划与运行过程中不断作出科学的决策。由于物流系统结构与行为过程的复杂性,只有综合运用定性、半定量与定量分析方法,才能建立恰当的物流系统模型,进而求得最佳的决策结果。因此,物流系统模型化是物流合理化的重要前提。物流系统模型化的意义主要有:

①由于物流系统中物流过程的实现非常复杂,难以或根本无法用常规的方法做试

验,而模型化则提供了一种科学的方法,通过建立易于操作的模型,能帮助人们对物流过程有深刻的认识。

②将需要解决的系统问题,通过系统分析,明确其内部构成、系统特征和形式,针对系统的规律和目标,用数学的分析原理,从整体上说明系统之间的结构关系和动态情况。

③模型化能把非常复杂的物流系统的内部和外部关系,经过恰当的抽象、加工、逻辑整理,变成可以进行准确分析和处理的结构形式,从而能得到需要给出的结论。采用模型化技术可以大大简化现实物流系统或新的物流系统的分析过程。物流系统模型化还提供了计算机协同操作的连接条件,为计算机辅助物流管理系统(CALM)的建立作了理论准备,从而可加速系统分析过程,提高系统分析的有效性。

2.2.4　物流系统的常用模型

常见的物流系统模型有以下几种。

1. 资源分配型

任何一个生产经营系统,允许使用的资金、能源、原材料、资源、运输工具、台时、工时等都是有限的,环境对生产经营系统也有一定约束,所以企业是在这些限制条件下进行生产。如何合理安排和分配有限的人力、物力、财力,充分发挥其作用,使目标函数达到最优,这就是资源分配型。通常可以利用的模型有线性规划、动态规划和目标规划。

2. 存储型

为了使生产经营系统得以正常运转,一定量的资源储备是必要的。在保证生产过程顺利进行的前提下,如何合理确定各种所需物资存储数量,使资源采购费用、存储费用和因缺乏资源影响生产所达成的损失的总和为最小,这就是存储型。通常可以利用的模型有库存模型和动态规划模型。

3. 输送型

在一定的输送条件下(如道路、车辆),如何使输送量最大、输送费用最省、输送距离最短,这就是输送型。图论、网络理论、规划理论为解决这类问题提供了有用模型。

4. 等待服务型

系统中由要求服务的顾客(如领料的工人、待打印的文件、损坏的机器、提货单)和为顾客服务的机构(如仓库、维修车间、发货点)所构成的等待系统中,如何最优地解决"顾客"和"机构"之间的一系列问题,了解顾客到来的规律,确定顾客等待的时间,寻求使顾客等待时间最少而机构设置费用最省的优化方案,这就是等待服务型。通常可以利用的模型有排队模型。

5. 指派型

任务的分配、生产的安排以及加工顺序问题是企业中常见的问题,如何以最少费用或最少时间完成全部任务,这就是指派型,数学上称为指派问题和排序问题。通常可以利用的模型有整数规划和动态规划模型。

6. 决策型

在系统设计和运行管理中,由于决定技术经济问题的因素越来越复杂而又不明确,解决生产技术问题的途径和措施又多样化,因此需要有许多行之有效的决策技术来支持。从各种有利有弊且带风险的替代方案中,对经营管理中的一些重大问题作出及时而正确的抉择,找出所需的最优方案,这就是决策型。决策论为解决这类问题提供了可以利用的模型。

7.其他模型

物流系统中的问题是很复杂的,可以利用的数学模型很多,除以上介绍的这些模型以外,还有如解释预测型、投入产出型、布局选址型等。

系统总体的优化问题往往是一个综合性的复杂问题:从空间上来说,它涉及社会、政治、经济、科学技术、经营管理等一系列问题;从时间上来说,在系统全过程的各阶段都会出现优化问题,因此物流系统的过程模型是非常复杂的,数学模型的形式和参变量也各不相同。

2.3 物流系统建模的步骤

2.3.1 物流模型构建的原则

为了对物流系统进行研究和模拟,首先需要了解问题的实际背景,同时明确研究题目的要求,在此基础上去收集各种各样的必要信息和相关数据,做好充分的准备工作。

物流系统模型构造的目的是为了直观科学地反映物流作用与过程以及不同物流策略对于系统的影响差异。本书的出发点是希望能够对国内的物流研究和物流发展起到积极的作用,力争解决目前物流领域存在的某些问题。为了使模型可以较好地反映和解决各种各样的物流管理和决策问题,通过对物流现状的总结,针对我国当前物流的特点,物流研究的模型建立过程中应该注意以下四点。

1.模型构造的系统化

虽然系统化是一种潮流和趋势,但是不可否认的是目前我国的物流还处于系统化的初期,在这个成长发展的阶段,需要正确的、系统化的思想的指导,需要系统化的方法的辅助,就像一个萌芽阶段的孩子,打好良好的基础是保持其成才的基石。同时在这个阶段,也正是我们进行物流系统化研究的契机,虽然说这个阶段我们对于物流系统的认识不够深入,但是在系统发展形成的初期,系统相对来说比较简单,这使得研究的变量和阶数不高,与此同时系统在这个阶段会不断有问题出现,通过这些问题的不断解决,我们对于物流的研究会逐步地深入,这些有助于物流系统的构建和改进。

2.物流模型简单化

由于我国物流业发展正处于新的发展期,同时很多方面落后于发达国家的水平,在这种情况下,要想一蹴而就地赶超发达国家或者一步到位地实现物流现代化的目标是非常困难的,这种急功近利的思想不利于物流研究和物流实践的良性发展,这一点可以从我们的历史教训中得到证明。基于这一点,物流研究可以从浅入手,从简单入手,降低门槛,有利于模型的可行性和有效性,可以利用各种方式方法对于物流的不同环节以至于物流的系统进行研究。

3.物流研究多方位化

层次化物流研究是一种包罗很多人员、设备、环节和操作的过程,因此对于物流的全面研究有必要尝试不同的研究突破点,在开阔视野的同时,注意构造好研究的层次性,只有这样,才可以超越复杂烦琐的工作,理出思路和找出解决问题的方法。更重要的是,在这种情况下,更好的层次化驱使我们对物流流程的深入了解,加强我们对物流环节之间关系的认识,同时就像当年泰勒先生管理科学中提出的专业分工一样,可以降低作业难度,提高效率,找到不同环节之间合作的切入点。

4.物流模型构建的规范化

目前我国物流行业的不同企业,或者物流行业的不同环节发展参差不齐,规范的使用程度和正在使用或将要使用的规范都不尽相同,甚至有些相关的规范还没有出台,同时物流本身就是一个比较烦琐、牵扯领域和跨越专业比较多的行业,单纯采用一种方法难以满足物流市场的需求,如果使用多种方法的同时又要解决很多问题,就必须对现实情况进行有意识的加工和处理,使得模型规范化,这也有利于模型的抽象化,有利于模型在实际问题中的应用。因此对于行业之间、区域之间的差距,物流模型可以首先对基本的、主要的因素进行研究,然后才可以进一步为以后的物流研究和模拟打好基础。

2.3.2　建模需要注意的问题

物流系统的建模需要注意以下问题。

1.保持足够的精度

模型应该反映物流系统中本质的因素,去掉那些非本质的因素,但又不能影响模型反映现实的真实程度。

2.简单实用

模型既要精确,又要力求简单。如果模型过于复杂,一则难以推广,二则求解费用高。

3.尽量借鉴标准形式

在模拟某些实际对象时,如有可能应该尽量借鉴一些标准形式的模型,这样可以利用现有的数学方法或者其他方法,有利于问题的解决。

建立物流系统模型一般要遵循以下原则:

①准确性。模型必须反映现实系统的本质规律。一旦模型确定,就要根据模型中所包含的各种变量和数据公式、图表,求解模型、研究模型,因此数据必须可靠,公式和图表必须正确,有科学根据,合乎科学规律和经济规律。

②可靠性。模型必须能反映事物的本质,且有一定的精确度。

③简明性。模型的表达方式应明确、简单,抓住本质。

④实用性。模型必须能方便用户,具有实用性;因此要努力使模型标准化、规范化,要尽量采用已有的模型。

⑤反馈性。建模时要注意灵敏度问题,即留心哪些参数或变量的改变对模型影响特别敏感。开始建模时,参数和变量不宜太多,以后逐步加入有关细节,参数和变量也逐渐增多,最后达到一定的精确度。

2.3.3 物流系统建模的步骤

不同条件下的建模方法虽然不同,但是建模的全过程始终离不开了解实际系统、掌握真实情况、抓住主要因素、弄清变量关系、构造模型、反馈使用效果、不断改进以逐步向实际逼近。因此,建立模型的步骤可以归纳为以下几步。

1. 弄清问题,掌握真实情况

通过观测清晰准确地了解系统的规模、目的和范围以及判定准则,确定输出输入变量(即影响因素和决策变量)及其表达形式。

2. 收集整理资料

收集真实可靠的资料,全面掌握资料,对资料进行分类,概括出本质内涵,分清主次变量,把已研究过或成熟的经验知识或实例,进行挑选作为基本资料,供新模型选择和借鉴,将本质因素的数量关系,尽可能地用数学语言来表达。在这一步要注意确保信息资料的正确性和有效性。

3. 确定各因素之间的关系

确定本质因素之间的相互关系,列出必要的表格,绘制图形和曲线等。在存在因素很多的情况下就要根据物流系统研究的目的,对其进行取舍,这往往需要建模人员具有丰富的经验。除了确定各因素之间的关系,另外还要分析因素的变动对物流系统目标实现的影响。

4. 构造模型

在充分掌握资料的基础上,根据系统的特征和服务对象,构造一个能代表所研究系统的数量变换数学模型。这个模型可能是初步的、简单的,但必须能对观测结果加以合理的解释,尽管这种解释是受某些假设条件约束的。

5. 求解模型

通过数学演算或逻辑推理,利用解析法或数值法按所建立的物流系统数学模型预测实际系统的运动状态,即求解模型最优解或可行合力解。对于较复杂的模型,有时需绘制框图和编制计算机程序来求解。

6. 检验模型的正确性

检验模型的正确性一般通过实验来进行。验证模型是否在一定精确度的范围内正确地反映了所研究的问题,必要时要进行修正和反复订正,如模型不能在一定精度的约束下反映原物流系统的问题,则要求找出原因,并根据原因对模型的结构进行调整或增减一些变量,改变变量性质或变量间的关系以及约束条件等,使模型进一步符合实际,满足在可信度范围内可解、易解的要求后投入使用。

对模型的要求是:首先应该能反映原系统在某一个方面的基本属性,要抓住主要因素;其次要求模型比较简洁,对于无关大局的次要因素要适当处置,使模型易于被人理解,易于分析计算,能够用简单数学方式描述时绝不把它复杂化(当然需要使用复杂数学工具时也不能回避);再就是要求模型与其他的模型易于衔接,模型的详尽程度与数据来源、数据精度能够匹配。

2.4 物流系统建模技术

2.4.1 物流系统建模方法

建立一个合适的系统模型既需要综合运用各种科学知识,还需要充分发挥人的创造性,针对不同系统对象,或建造新模型,或巧妙利用已有的模型,或改造已有的模型。因此,物流系统模型的建造也是一种艺术,没有现成的、通用的方法。这里提供几种物流系统模型建立的思考方法或思路。

1. 系统优化方法

系统优化是物流系统设计的重要内容之一。

所谓最优化,就是在一定的约束条件下,如何求出使目标函数为最大(或最小)的解。求解最优化问题的方法称为最优化方法。一般来说,最优化技术所研究的问题,是对众多方案进行研究并从中选择一个最优的方案。系统最优化离不开系统模型化,先有模型化而后才有系统最优化。物流优化方法可以运用线性规划、整数规划、非线性规划等数学规划技术来描述物流系统的数量关系,以便求得最优决策。

由于物流系统庞大而复杂,建立整个系统的优化模型一般比较困难,而且用计算机求解大型优化问题的时间和费用太大,因此优化模型常用于物流系统的局部优化,并结合其他方法求得物流系统的次优解。

2. 模型仿真方法

系统模型是由实体系统经过变换而得到的一个映象,是对系统的描述、模仿或抽象。模型化就是用说明系统结构和行为的、适当的数学方程、图像以及物理的形式来表达系统实体的一种科学方法。模型表现了实际系统的各组成因素及其相互间的因果关系,反映实际系统的特征,但它高于实际系统而且具有同类系统的共性,有助于解决被抽象的实际系统。物流系统仿真的目标在于建立一个既能满足用户要求的服务质量,又能使物流费用最小的物流网络系统。

仿真方法是利用数学公式、逻辑表达式、图表、坐标等抽象概念来表示实际物流系统的内部状态和输入输出关系,以便通过计算机对模型进行试验,通过试验取得改善物流系统或设计新的物流系统所需要的信息。虽然仿真方法在模拟构造、程序调试、数据整理等方面的工作量大,但由于物流系统结构复杂,不确定情形多,所以模拟方法仍以其描述和求解问题的能力优势,成为物流建模的主要方法。其中最重要的是如何能使"物流费用最小"。在进行仿真时,首先分析影响物流费用的各项参数,诸如销售点、流通中心及与工厂的数量、规模和布局有关的运输费用和发送费用等。由于大型管理系统中包含有人的因素,用数学模型来表现他们的判断和行为是困难的。但是,人们积极研究和探索包含人的因素在内的反映宏观模糊性的数学模型。

目前,社会上大量开展数量经济研究,预计在社会经济研究中,数学模型和计算机仿真将会得到越来越广泛的应用,这是对传统的凭主观经验进行管理的有力挑战。

3. 启发式方法

启发式方法是针对优化方法的不足,运用一些经验法则来降低优化模型的数学精确程度,并通过模仿人的跟踪校正过程求取物流系统的满意解。启发式方法能同时满足详细描绘问题和求解的需要,比优化方法更为实用;其缺点是难以知道什么时候好的启发式解已经被求得。因此,只有当优化方法和模型仿真方法不必要或不实用时,才使用启发式方法。

4. 网络技术(Program Evaluation Review Technique,PERT)

网络技术,又称计划评审法,是以工作之间的逻辑关系和所需的时间为基础的"网络图"来反映整个物流系统运作的全过程,并能指出影响全局的关键所在,从而对整体系统作出比较切实可行的全面规划和安排。利用网络模型来模拟物流系统的全过程以实现其时间效用和空间效用是最理想的。通过网络分析可以明了物流系统各子系统之间以及与周围环境的关联,便于加强横向经济联系。网络技术设计物流系统,可用于研究物资由始发点通过多渠道送往顾客的运输网络优化,以及物料搬运最短路径的确定。

5. 预测技术方法

预测是指根据历史的、现状的及部分相关未来的信息,推算未来状况的过程。预测对物流系统的规划与设计、管理与经营来讲,是十分重要的。

在规划与设计时,要预测需求的发展与变化规律,以决定设施、设备等供应的提供模式;在管理与经营时,要预测市场的变化规律,制定正确的经营管理方案。随着现代科学技术的发展,人们掌握未来的手段与技术越来越多,预测未来的方法也越来越多,特别是计算机技术的应用、现代数学的发展以及学科的交叉与渗透,使得预测技术更加准确、可靠。

在定性分析方面,常见的方法有:德尔菲法、模糊评判法、主观概率法、历史类比法等。

在定量分析方面,常见的方法有:时间序列分析、增长系数法、相关(影响)系数法、因果分析法、数学规划法等。

除以上技术外,调查分析、决策论等技术也较广泛地应用于物流系统的研究中。除了上面几种主要方法外,还有其他的预测建模方法,如用于评价的加权函数法、功效系数法及模糊数学方法,相关的知识我们将在第 3 章中详细介绍。

这里我们仅提供几种常用的物流系统模型建立的思考方法或思路。表 2-1 列出了各种具体的决策问题所适用的物流系统建模的方法或思路以供参考。在实际操作中可以根据具体情况结合多种方法分析建模以确保所建模型最大限度地接近现实。

表 2-1　物流系统的模型体系

决策问题	优化	启发式	模拟	其他
系统效益水平			√	
系统布局与资源配置	√	√	√	
供货商、客户、储运商选择			√	
库存策略		√		
运输车辆及路径选择		√		
运输计划	√			
生产计划	√			
采购系统	√			
系统预测			√	√
系统评价			√	√

2.4.2　物流系统的主要建模技术

物流系统属离散事件动态系统。近些年,研究人员对离散动态系统的建模、分析、优化等方面的研究取得了很大进展,开发了很多新的建模技术。概括地讲,这些建模方法可分为两大类:形式化建模技术和非形式化建模技术。所谓形式化建模技术是指采用大量的数学工具通过状态方程对系统进行描述和分析,像排队网络法、极大代数法、扰动分析法、Petri 网法等;非形式化建模技术是指采用图形符号或语言描述等较贴近人们思维习惯的方式对系统进行描述和分析,这种分析主要借助计算机程序实现,如活动循环图、模拟语言、面向对象技术等。下面对上述建模技术做一些简要介绍和分析。

1. 形式化建模技术

(1)排队网络法

Solberg(1977)将排队网络理论用于离散事件动态系统的建模。其模型假定服务台具有指数型服务时间分布,工件都是同一类型。通过排队网络模型,可以分析系统生产率、平均加工时间、工位利用率等。

排队网络模型没有考虑系统的实际布局,加工时间分布都是标准分布,也没有考虑托盘与缓冲站存在某种确定关系,因此只适应于对系统的定性分析。

(2)极大代数法

极大代数法是由 G.Cohen(1985)等人提出的,以极大代数为工具,将生产系统视为确定性系统,根据系统的运行关系建立起一系列事件发生时间的状态方程,分析其特征值,得出加工设备、运输设备的工作周期、利用率等指标。

当系统规模增大时,这种模型方程的维数也增大,对于复杂系统的应用来说,受到限制。

（3）扰动分析法

扰动分析法最初是由哈佛大学 Y. C. Ho 提出并发展起来的,它兼容了模拟法与理论分析法的长处,其核心为研究系统参数的变化对系统性能指标的影响,以此对系统进行优化。当多参数变化时,用状态方程描述,扰动大时,系统分析的误差太大。

从上述三种建模方法可以看出一个共性的问题,即都是对系统的动态过程建立严格的动态方程。在现实中,大量的实际系统无法用严格的数学方程来描述,因此其实用性受到限制。同时这些状态方程无论是建模还是分析都需要大量的数学知识,其抽象的表述也不符合人们的思维方式,因此这些建模方法也不宜推广使用。

相比较而言,对于上述那些抽象的表述及分析,Petri 网模型向前迈出了一步。由于其对系统动态特性进行较好的描述,尤其是对并发现象,同时其图形的表示法易于理解和接受,因此 Petri 网模型已经成为目前离散动态系统建模中最活跃的建模技术之一。

2. 非形式化建模技术

近些年,随着计算机技术的不断发展,人们越来越希望借助计算机技术对系统进行分析。一些图形法就是通过人们易于接受并理解的图形表示来对系统进行建模,然后转化成计算机语言,通过程序对系统进行分析。

（1）活动循环图

活动循环图,又称 ACD 图,它认为系统中的每一种实体都按各自的方式循环地发生变化,而在这一循环中又只有两种状态——静止状态和活动状态,这两种状态交替地出现,活动循环图以图形方式,直观地显示系统。

通过系统中的状态变化,有利于理解和分析,但对于较复杂的系统,活动循环图十分繁杂。由于它是形式化的,因此没有完整的状态转换方程等数学描述来支持该模型的分析,只能通过程序设计,分析系统的情况。

（2）流程图法

流程图法一直是计算机程序设计时所用的系统的模型,它通过信息（数据）的传递和转移来描述系统。这种方法主要是用来做程序设计,对系统的状态缺乏直接的描述。

（3）面向对象的建模技术

面向对象技术最初是由一组面向对象程序设计概念发展起来的。这种概念对面向对象分析（Object-Oriented Analyze）和面向对象设计（Object-Oriented Design）非常有用。面向对象的技术如分解、抽象、递阶等特性非常适用于复杂问题的求解。

面向对象技术可以使对现实世界的描述更接近实际。传统的面向过程的系统主要是由一些算法构成,对每一种算法,输入输出关系是确定的,类似控制理论中的代数系统,这种描述与实际系统有较大的差距;而面向对象则将系统的属性映射为一组数据结构,将系统与外界的交互映射为一组操作,系统外部对系统状态的访问必须经过操作进行,类似于控制理论中的动力学系统,这种描述更接近客观实际,更有利于进行系统集成。

面向对象中的继承、聚集等机制可对系统进行简化、分解,有助于复杂系统的描述。继承主要用于系统层次或纵向功能的划分;聚集则主要用于系统同层或横向的分解。面向对象技术对人机界面的设计还有一系列特点,如设备无关性、风格一致性、界面可剪裁性等。

3. Petri 网络物流系统模型

Carl Adam Petri(1962)在他的博士学位论文"*Kommunikationmit Automaten*"(自动化通信)中,提出了 Petri 网模型。Petri 阐述了一台计算机中的两个异步分支间的通信理论的基础,他特别注意到事件之间因果关系的描述。他的论文成了 Petri 网理论发展的奠基石。

Petri 网这种模型,特别适用于模拟这样的一类系统,即系统中含有相互作用的并行分支。由于 Petri 网对带有并发性、异步性、分布式、非确定性、并行性系统的有力描述,已成为目前最有前途的建模工具。近些年,Petri 网技术已获得极大发展。各种各样的网系统已经被开发出来,像条件/事件网、库所/变迁网、有色网系统等。这些网系统的开发极大地扩展了对复杂系统的建模能力。条件/事件网由条件和事件组成,条件由圆圈代表,事件由方框代表,如图 2-4 所示。

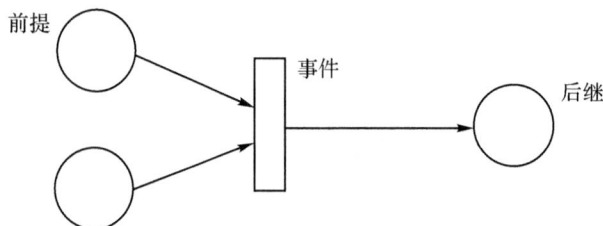

图 2-4　Petri 网

在以上网系统中,每个令牌表示同样的事情,在有些应用中,需要令牌表达不同的现实世界的对象。为了实现这一目的,有色网系统被引入,每个弧有一个标记指明何种令牌,从一个位置(处所)流到一个变迁的数量多少,赋时网(Timed Petri nets)系统能表达时间概念(Martinez et al. 1987)(Freeman,1991),在这种模型中,变迁需要一定的时间才能完成。有一个最短时间和最长时间,变迁将在此时间段内被激发,随机地完成。

为了描述复杂的递阶系统,Jensen(1991)和 Reisig(1992)分别提出了递阶网,然而这种网系统未能引入时间元素,因此不能满足复杂物流系统建模的要求。

4. 系统动力学建模技术

系统动力学(System Dynamics)始创于 1956 年,在 50 年代末成为一门独立完整的学科,其创始人为美国麻省理工学院福瑞斯特(J. W. Forrester)教授。它是一门分析研究信息反馈系统的学科,是一门认识与解决系统问题和沟通自然科学与社会科学的边缘学科,是系统科学中的一个分支。

系统动力学从其诞生的初期开始就有其独立的发展体系,有其自身的理论体系与科学方法。早在 20 世纪 50 年代初,福瑞斯特就对经济与工业组织系统进行了深入的研究,分析研究了这些系统的性质和特点,从而得出了有关系统的信息反馈、基本组成等重要观点。

系统动力学是一门基于系统论、吸取反馈理论与信息论的精髓,并借助计算机模拟技术的交叉新学科。系统动力学能定性与定量地分析研究系统,它采用模拟技术,以结构—功能模拟为其突出特点。不同于功能模拟(也称黑箱模拟)法,它是从系统的微观结构入手建模,构造系统的基本结构,进而模拟与分析系统的动态行为。这样的模拟适合于研究复杂系统随时间变化的问题。

系统动力学认为系统是结构与功能的统一体。按系统动力学的观点,系统结构的含义包括两个方面:一是指组成部分的子结构及其相互间的关系,二是指系统内部的反馈回路结构及其相互作用。系统的结构与功能分别表示系统的构成与行为的特征。结构与功能有对立统一的关系,在一定条件下两者可相互转化。因此,分析研究一个系统时必须同时考虑系统的结构与功能,通过反复交叉地考察系统的结构与功能,才可能建立起在结构与功能两方面都较好地反映实际系统的模型。也就是说,建模人员必须与有关人员、专家紧密结合,深入地去洞察实际系统诸组成部分之间、总体与局部之间与系统内外之间的种种联系,把系统的行为模式与其内部的反馈回路结构联系起来,通过分析、比较、鉴别,获得对系统的正确认识,并把它们反映到模型的结构中去。这样一种从系统的微观结构入手进行建模的过程也就是剖析系统的结构与功能的对立统一关系的过程。

在系统动力学的建模过程中,人们将更充分地了解系统的结构与功能的相互关系。由于系统动力学从系统的微观结构入手建立系统的模型,因此为我们研究系统结构与功能的关系提供了科学的方法。系统动力学模型的基本结构为反馈回路。反馈回路又可分为正反馈回路与负反馈回路,一个系统可能由这两种类型的反馈回路单独或以某种方式组合而成。比如,当系统行为出现指数规律增长趋势时,是因为系统中有起主导作用的正反馈回路;当系统受到干扰偏离原来状态又能自动返回并趋向起始状态时,则表明系统中至少存在一个很强的负反馈回路。系统发生振荡行为则表明系统存在二阶以上的反馈回路或者一个一阶负反馈回路加上一个一阶以上的延时环节。S形增长特性则是正反馈回路与负反馈回路由非线性环节相联结而产生的。

5. Agent 与多 Agent 模型应用

(1)Agent 与多 Agent 系统

Agent 作为分布式人工智能概念模型,具有自己的行为、目标和知识,是在一定环境下自主运行的实体,具有主动性、独立性、智能性、反应性、交互性等特点,多个 Agent 通过协同机制构成多 Agent 系统(Multi-Agent System,MAS)。MAS 运作是在对系统中的各个 Agent 的目标、资源和知识等进行合理安排的基础上,由这些 Agent 通过相互协同和协作,并各自独立地运行,在实现各自的目标基础上来完成 MAS 的总体目标,因此与现实的供应链运作具有相似的特征。因此,基于 Agent 的物流系统模拟具有一定的优越性。

(2)Agent 的特征

1)自治

Agent 是一个自治的计算实体,它可以通过感应器(物理的或软件的)来感知环境,并通过效应器作用于环境。说它是计算实体,是指它以程序的形式物理地存在并运行于某种计算设备上;说它是自治的,是指它在一定的程度上可以控制自己的行为,并可在没有人或其他系统的干预下采取某种行动。为了满足系统的设计目标,Agent 将追求相应的子目标并执行相应的任务,通常这些子目标和任务可能是互为补充的,也可能是相互冲突的。

2）智能

Agent 有智能，并不是指它是全知全能的，也不是说它永远不会失败，而是说 Agent 在变化的环境中灵活（即具有柔性）而有理性地运作，具有感知和效应的能力。在这一点上应与纯粹的人工智能方面的研究有所区别。

3）交互

交互是指 Agent 可以被其他的为追求自己的子目标而执行相应任务的 Agent（或人）所影响。交互可以通过它们之间共享的环境或共享的语言来实现。在合作的情况下，多个 Agent 通过交互，以团队的方式一起工作来共同完成系统的目标；在冲突的情况下，Agent 之间要通过交流来化解冲突，最终实现系统的目标。通常，Agent 之间既有合作也有冲突，交互是 MAS 系统所必需的。

（3）基于 Agent 的建模思想

Agent 技术的发展和应用有着两个基本的推动力：

①无论在现在还是在将来的计算机科学及其应用领域中，由 Agent 组成的 MAS 有能力扮演重要的角色。因为现在的计算平台和信息环境都是分布的、开放的和异构的，计算机不再是一个独立的系统，而是越来越与其他的计算机及它们的用户紧密地联系在一起。计算机和信息系统的日益增长的复杂性是与它们应用的日益复杂性相一致的。而这些通常超出了常规的、集中式计算的层次，因为它们要处理诸如海量数据，或来源于分布在不同地域上的数据。为了处理这样的应用，计算机将必须以一个"个体"或 Agent 的方式来工作，而不是作为系统的零件。

②在建立和分析人类社会中的交互模型和理论方面，MAS 也可以扮演重要的角色。人们以各种方式在各个层次上进行交互。例如，人们互相观察对方并建立对方的模型，他们需要或为对方提供信息，他们谈判或讨论，他们探测并解决冲突，同时他们组织或瓦解某一组织结构（如团队、委员会等）等。

基于 Agent 建模的思想也正是来源于以上的两个基本的推动力。人们将 Agent 作为系统的基本抽象单位，必要的时候可赋予 Agent 一定的智能（Intelligent），然后在多个 Agent 之间设置具体的交互（Interact）方式，从而得到相应系统的模型。这样，智能和交互便是基于 Agent 建模思想中最基本也是最重要的内容。

在上述的基本思想的指导下，就形成了所谓的基于 Agent 的建模方法。简单来说，基于 Agent 的建模是一种由底向上（Bottom-Up）的建模方法，它把 Agent 作为系统的基本抽象单位，采用相关的 Agent 技术先建立组成系统的每个个体（Individual）的 Agent 模型（大多数时候它是比较简单的），然后采用合适的 MAS 体系结构来组装这些个体 Agent，最终建立整个系统的系统模型。由于 Agent 是一种计算实体，所以最终模型就是该系统的程序模型，这极大地方便了研究人员对系统进行仿真研究和开发人员的应用开发（从分析到设计再到实现可平滑过渡）。

由于可以将 Agent 看成是主动对象，基于 Agent 的建模技术完全可以从面向对象技术中继承并发展。

（4）在物流供应链系统建模中的应用

首先给各个智能代理分别赋予企业运作的各种知识，如多种市场预测方法、订货策略、仓库管理等，使其运作时具有现实企业部门的运作特性，然后多个智能代理通过协作来仿真企业的多个部门或由多个企业构成的供应链，能有效展示某种产品或几种产品的生产系统供应链的运作过程和特性，这对研究供应链运作特性和供应链的设计与优化具有重要意义。

多 Agent 系统是由多个 Agent 基于一定协调机制组成的自组织系统。在多 Agent 理论方面，BDI 理论（Belief-Desire-Intention）被认为是 MAS 的理论基础之一。它从哲学上对人的行为意图进行了深入的研究，认为只有保持信念（Belief）、愿望（Desire）和意图（Intention）的理性平衡才能有效地解决问题。在 MAS 的体系结构上，目前大致可分为三类：审思式体系结构、反应式体系结构和混合式体系结构。根据自组织的原理，简单个体按照一定的体系组织起来，通过交互协调，可以产生复杂的整体行为。当问题变得复杂时，一个 Agent 无法解决时就需要多 Agent 系统。物流与供应链系统是一个复杂的系统，其中一个任务在某人看来是原子过程（不可分割），但是其他人未必认同。比如客户发出购买订单，他认为货物来自一个原子过程，但在制造商看来这是一个复杂的可以分得非常细的制造过程。对应于 MAS，Agent 的自主性和系统的协调机制使得多 Agent 模型系统在描述供应链这一复杂系统方面具有独特的优势。

思考题

1. 常用的物流系统模型有哪些？
2. 举例说明如何对物流系统进行分析。
3. 物流系统的建模技术有哪些，举例说明它们在物流系统中的具体应用。

第 3 章

排队模型与存储模型及应用

⤷ **本章要点**

本章介绍了一些排队系统模型的相关知识,介绍了排队模型及仿真在物流系统中的应用问题。同时就有关存储论的相关知识进行了介绍,并说明了存储模型在物流系统中的库存规模决策问题的具体应用。

3.1 排队系统模型

排队分析是运筹学的一个分支,用来研究日常生活以及交通、通信等领域中存在的排队现象。排队系统的概率规律性,或者说一些数值特征值(如排队长度、平均等待时间等),理论上讲可用排队理论求解,但实际中求解一个复杂的排队系统十分困难,若采用一些假设将问题简化,则往往会使计算结果与实际情况相差较大。计算机仿真技术是解决这类问题的一种很好的手段,有时甚至是唯一的途径。

3.1.1 排队系统的特征

排队系统的主要要素是顾客和服务员。"顾客"是任何到达系统需要服务的人或物,所以也称为服务对象;"服务员"是任何提供所需服务的人、物或机器,也称为服务设备或服务机构。在港口服务系统中,"顾客"是船舶,"服务员"是由航道、锚地、码头泊位、货物的装卸搬运机械和存储设施等组成的服务机构。

1. 顾客总体

潜在的顾客总数称为顾客总体,可以假定为有限的或无限的。在具有大的潜在顾客总体的系统中,顾客总体通常被假定为无限的,这可以进一步简化模型。在无限总体模型中,顾客到达率(单位时间内平均到达系统的顾客数)不受已经离开总体而进入系统队列顾客数的影响。当到达过程在整个时间上均匀时（无"高峰"时间），到达率可假定为常数。

2. 系统容量

系统所能容纳顾客的总数（包括排队等待的和正在接受服务的）称为系统容量，它具有一种对系统工作能力的判断作用。多数排队系统的容量是有限的，到达的顾客发现系统已满而不能进入时就会立即返回到顾客总体。港口服务系统的容量是码头泊位数量和锚地泊位数量之和，理论上讲是有限的。

3. 顾客到达模式

顾客到达模式用相继两顾客的到达间隔时间来描述，分为确定性到达（到达出现在规定的时间）和随机性到达（到达出现在随机时间），随机性到达的间隔时间通常具有概率分布的特征。此外，顾客也许是单个到达或成批到达。

4. 排队特性及规则

排队特性是顾客在队列中等待、开始接受服务的顾客活动，描述进入系统的顾客是否可以受阻离开（看到队列太长而离去）、离弃（已在队内，但看到队伍移动太慢而离开）或转移（从一个队列移到另一个队列）等情况。

排队规则指的是顾客在队列中的逻辑次序，并确定服务员有空时哪个顾客被选择去接受服务。常用的排队规则有先到先服务、后到先服务、优先级服务和随机服务等。

5. 服务机构

服务机构的形式可有多种，从服务设备数量看有单服务台和多服务台，多服务台又可组成并列的、串列的和混合的。而排队有单列和多列，所以服务台的排列形式和排队的队列形式组合成多种排队系统。

服务机构有三个要素，即有效性、容量和服务时间。有效性是指服务机构进行有效的服务，服务机构在某段时间内是有效的，而在另外的时间上可能是无效的。服务机构的容量是指能同时容纳被服务的顾客数，它在整个服务时间内可以固定不变，也可以是变化的。服务时间是系统完成对一个顾客的服务所需的时间，可以是确定值，也可能是随机变量，服从某种概率分布。

3.1.2　排队系统模型符号

1. 排队论中常用的记号

n：系统中的顾客数；

λ：顾客到达的平均速率，即单位时间内平均到达的顾客数；

μ：平均服务速率，即单位时间内服务完毕离去的顾客数；

$P_n(t)$：时刻 t 系统中有 n 个顾客的概率；

C：服务台的个数；

M：顾客相继到达的时间间隔服从负指数分布；

D：顾客相继到达的时间间隔服从定长分布；

E_k：顾客相继到达的时间间隔服从 k 阶 Erlang 分布。

2.排队系统的符号表示

一个排队系统的特征可以用六个参数表示,形式为:

$$[A/B/C]:[d/e/f]$$

式中,A:顾客到达的概率分布,可取 M、D、E_k 等;

B:服务时间的概率分布,可取 M、D、E_k 等;

C:服务台个数,取正整数;

d:排队系统的最大容量,可取正整数或 ∞;

e:顾客源的最大容量,可取正整数或 ∞;

f:排队规则,可取 FCFS、LCFS 等。

例如:$[M/M/1]:[\infty/\infty/\text{FCFS}]$ 表示顾客到达的时间间隔是负指数分布,服务时间是负指数分布,一个服务台;排队系统和顾客源的容量都是无限,实行先到先服务的一个服务系统。

3.1.3　顾客到达和服务的时间分布

1.顾客到达时间和服务时间的 Poisson 分布

(1)Poisson 流(Poisson 过程)

在概率论中,我们已经知道随机变量的 Poisson 分布。设随机变量 X 服从 Poisson 分布,则

$$P[X=n]=\frac{\lambda^n \mathrm{e}^{-\lambda}}{n!} \quad (\lambda>0, \lambda=0,1,2,\cdots)$$

如果一个随机变量,概率分布与时间 t 有关,则称这个随机变量为一随机过程,排队系统中顾客到达的个数就是一个随机过程。

满足以下四个条件的输入流称为 Poisson 流(Poisson 过程)。

①平稳性:在时间区间 $[t, t+\Delta t)$ 内到达 k 个顾客的概率与 t 无关,只与 Δt 有关。记为 $p_k(\Delta t)$。

②无后效性:不相交的时间区间内到达的顾客数互相独立。

③普遍性:设在 $[t, t+\Delta t]$ 内到达多于一个顾客的概率为 $q(\Delta t)$,则

$$q(\Delta t)=O(\Delta t)$$

即 $\lim\limits_{\Delta t \to 0} \dfrac{q(\Delta t)}{\Delta t}=0$。

④有限性:任意有限个区间内到达有限个顾客的概率等于 1。即

$$\sum_{k=0}^{\infty} p_k(\Delta t)=1$$

(2)Poisson 流的概率密度函数

对于一个参数为 λ 的 Poisson 流,在 $[0, t)$ 内到达 k 个顾客的概率为

$$p_k(t)=\frac{(\lambda t)^k}{k!}\mathrm{e}^{-\lambda t}, \quad k=0,1,2,\cdots, \quad \lambda>0$$

即服从以 λ 为参数的 Poisson 分布。

(3)参数 λ 的实际意义

设 $N(t)$ 表示在 $[0,t)$ 内到达的顾客数的期望值,则

$$N(t) = \sum_{k=0}^{\infty} k p_k(t) = \sum_{k=1}^{\infty} k \frac{(\lambda t)^k}{k!} e^{-\lambda t}$$

$$= (\lambda t) \sum_{k=1}^{\infty} \frac{(\lambda t)^{k-1}}{(k-1)!} e^{-\lambda t} = (\lambda t) e^{\lambda t} e^{-\lambda t} = \lambda t$$

由此得到

$$\lambda = \frac{N(t)}{t}$$

即 λ 的实际意义为单位时间内到达的顾客数的期望值,或称平均到达速率。

2. 顾客到达时间和服务时间的负指数分布

(1)负指数分布的定义

由概率论可知,如果随机变量 T 服从负指数分布,则其分布函数为

$$F_T(t) = 1 - e^{-\mu t}, \quad t \geqslant 0, \quad \mu \geqslant 0$$

密度函数为

$$f_T(t) = \mu e^{-\mu t}, \quad t \geqslant 0, \quad \mu \geqslant 0$$

T 的期望值为

$$E(T) = \int_0^{\infty} t f_T(t) dt = \int_0^{\infty} t \mu e^{-\mu t} dt = \frac{1}{\mu}$$

T 的方差为

$$D(T) = \frac{1}{\mu^2}$$

(2)负指数分布的性质

负指数分布具有以下重要性质:在排队系统中,如果到达的顾客数服从以 λt 为参数的 Poisson 分布,则顾客相继到达的时间间隔服从以 λ 为参数的负指数分布。

可以看出,"到达的顾客数是一个以 λ 为参数的 Poisson 流"与"顾客相继到达的时间间隔服从以 λ 为参数的负指数分布"两个事实是等价的。

3. k 阶 Erlang 分布

设 $v_1, v_2, \cdots, v_k$ 是 k 个互相独立的、具有相同参数 μ 的负指数分布随机变量,则随机变量为

$$S = v_1 + v_2 + \cdots + v_k$$

服从 k 阶 Erlang 分布,S 的密度函数为

$$f(t) = \frac{\mu(\mu t)^{k-1}}{(k-1)!} e^{-\mu t}, \quad t > 0$$

3.2 基于排队系统的建模与仿真

3.2.1 排队系统的常用模型

1. 单服务台模型

(1)基本排队模型$[M/M/1]:[\infty/\infty/FCFS]$

如前所述,$[M/M/1]:[\infty/\infty/FCFS]$模型的特征是输入为 Poisson 流,服务时间服从负指数分布,一个服务台;队列容量无限,顾客源数量无限,服务规则是先到先服务。这是一类最常见的排队问题,如图 3-1 所示。

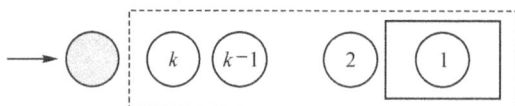

图 3-1 $[M/M/1]:[\infty/\infty/FCFS]$排队模型

该模型系统运行指标如下:

①系统中的平均顾客数(即系统中顾客数的期望值)L

$$L = \sum_{k=0}^{\infty} kP_k = \sum_{k=0}^{\infty} k\rho^k(1-\rho) = (1-\rho)\sum_{k=0}^{\infty} k\rho^k$$

$$= (1-\rho)\frac{\rho}{(1-\rho)^2} = \frac{\rho}{1-\rho}$$

②队列中的平均顾客数 L_q

$$L_q = \sum_{k=1}^{\infty} (k-1)P_k = \sum_{k=1}^{\infty} (k-1)\rho^k(1-\rho) = (1-\rho)\sum_{k=1}^{\infty} (k-1)\rho^k$$

$$= (1-\rho)\frac{\rho^2}{(1-\rho)^2} = \frac{\rho^2}{1-\rho}$$

即 $L_q = \rho L$。

③顾客在系统中的平均逗留时间 W

$$W = \frac{1}{\mu-\lambda}$$

④顾客在队列中的平均等待时间 W_q

$$W_q = \frac{\rho}{\mu-\lambda} = \rho W$$

(2)Little 公式

由上述的四个公式可以得到:

$$\begin{cases} L = \lambda W \\ L_q = \lambda W_q \\ L = L_q + \rho \\ W = W_q + \dfrac{1}{\mu} \end{cases}$$

虽然以上关系是从 $[M/M/1]:[\infty/\infty/\text{FCFS}]$ 得到的,但可以证明,在很宽的条件下,以上关系都是成立的。对于后面讨论的系统,我们也可以利用 Little 公式推导出系统的运行指标。

(3)有限队列模型 $[M/M/1]:[N/\infty/\text{FCFS}]$

当系统的容量从无限值变为有限值 N 时,$[M/M/1]:[\infty/\infty/\text{FCFS}]$ 就转化成为 $[M/M/1]:[N/\infty/\text{FCFS}]$。$[M/M/1]:[N/\infty/\text{FCFS}]$ 系统如图 3-2 所示。

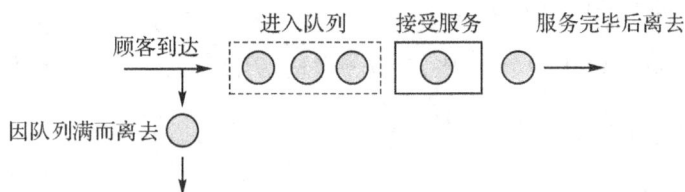

图 3-2　$[M/M/1]:[N/\infty/\text{FCFS}]$ 排队模型

系统的运行指标(推导过程略):

$$\begin{cases} L = m - \dfrac{\mu}{\lambda}(1 - P_0) \\ L_q = m - (1 + \rho)(1 - P_0) = L - (1 - P_0) \\ W = \dfrac{m}{\mu(1 - P_0)} - \dfrac{1}{\lambda} \\ W_q = W - \dfrac{1}{m} \end{cases}$$

可以看出,在 $[M/M/1]:[N/\infty/\text{FCFS}]$ 系统中,如果考虑有效到达速率 λ_e 和有效服务强度 ρ_e,$[M/M/1]:[N/\infty/\text{FCFS}]$ 系统和 $[M/M/1]:[\infty/\infty/\text{FCFS}]$ 系统的运行指标的形式是相同的。

(4)有限顾客源模型 $[M/M/1]:[\infty/m/\text{FCFS}]$

这是一种所谓的有限顾客源模型。设顾客总数为 m,当顾客需要服务时,就进入队列等待;服务完毕后,重新回到顾客源中。如此循环往复。在这类问题中,由于顾客源的数量是有限的,因此队列的长度也是有限的,并且队列的长度必定小于顾客源总数。

有限顾客源模型可以用图 3-3 示意。

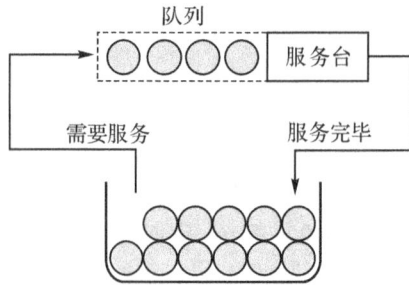

图 3-3 $[M/M/1]:[\infty/m/\text{FCFS}]$排队模型

求得系统的运行指标如下：

$$\begin{cases} L = m - \dfrac{\mu}{\lambda}(1 - P_0) \\[2mm] L_q = m - (1 + \rho)(1 - P_0) = L - (1 - P_0) \\[2mm] W = \dfrac{m}{\mu(1 - P_0)} - \dfrac{1}{\lambda} \\[2mm] W_q = W - \dfrac{1}{m} \end{cases}$$

2.多服务台模型$[M/M/C]$

$[M/M/C]$模型是研究单队、并列的多服务台排队系统。如同单服务台系统一样，分为以下几种情况进行讨论：①标准的$[M/M/C]:[\infty/\infty/\text{FCFS}]$模型；②系统容量有限的$[M/M/C]:[N/\infty/\text{FCFS}]$模型；③有限顾客源的$[M/M/C]:[\infty/m/\text{FCFS}]$模型。

(1)$[M/M/C]:[\infty/\infty/\text{FCFS}]$模型

这个模型的队列与服务台的关系可用图 3-4 表示：

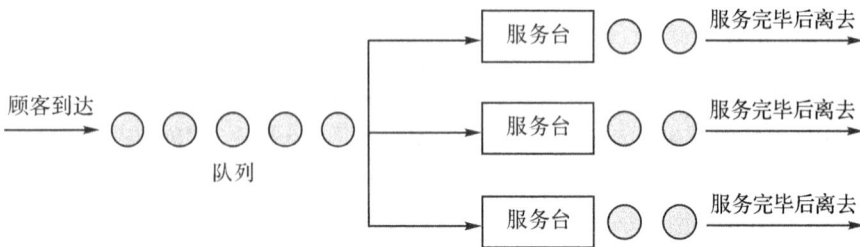

图 3-4 $[M/M/C]:[\infty/\infty/\text{FCFS}]$排队模型

即顾客到达后，进入队列尾端；当某一个服务台空闲时，队列中的第一个顾客即到该服务台接受服务，服务完毕后随即离去。各服务台互相独立且服务速率相同，即$\mu_1 = \mu_2 = \cdots = \mu_c$。

这个系统的特点是，系统的服务速率与系统中的顾客数有关。当系统中的顾客数 k 不大于服务台个数，即 $1 \leqslant k \leqslant c$ 时，系统中的顾客全部在服务台中，这时系统的服务速率为 $k\mu$；当系统中的顾客数 $k > c$ 时，服务台中正在接受服务的顾客数仍为 c 个，其余顾客在队列中等待服务，这时系统的服务速率为 $c\mu$。

用与单服务台系统同样的方法,可以得到$[M/M/C]:[\infty/\infty/FCFS]$的运行指标:

$$
\begin{cases}
L = L_q + \dfrac{\lambda}{\mu} \\[2mm]
L_q = \dfrac{\lambda^c \rho P_0}{\mu^c c!(1-\rho)^2} \\[2mm]
W = \dfrac{L}{\lambda} \\[2mm]
W_q = \dfrac{L_q}{\lambda}
\end{cases}
$$

(2)系统容量有限的$[M/M/C]:[N/\infty/FCFS]$模型

设系统容量为$N(N \geqslant c)$,当系统中的顾客数$n < N$时,到达的顾客就进入系统;当$n = N$时,到达的顾客就被拒绝。设顾客到达的速率为λ,每个服务台服务的速率为μ,$\rho = \lambda/c\mu$。由于系统不会无限制地接纳顾客,对ρ不必加以限制。

系统的运行指标:

$$
\begin{cases}
L = L_q + c\rho(1 - P_N) \\[2mm]
L_q = \dfrac{\rho(c\rho)^c}{c!(1-\rho)^2}\left[1 - \rho^{N-c} - (N-c)\rho^N - c(1-\rho)\right]P_0 \\[2mm]
W_q = \dfrac{L_q}{\lambda(1 - P_N)} \\[2mm]
W = W_q + \dfrac{1}{\mu}
\end{cases}
$$

特别要注意的是,当$N = c$时,系统的队列最大长度为0,即顾客到达时,如果服务台有空闲,则进入服务台接受服务,如果服务台没有空,顾客则当即离去。这样的系统成为"即时制"。许多服务设施,如旅馆、停车场等都具有这样的性质。

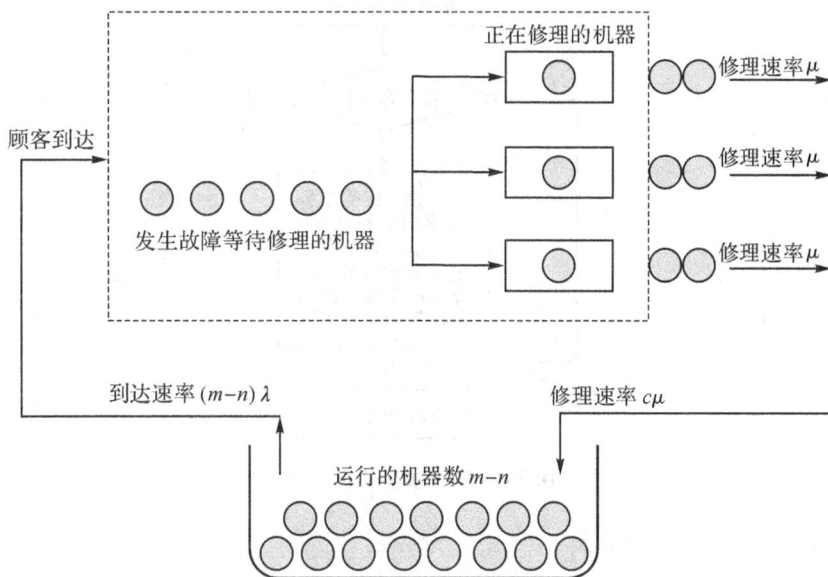

图3-5 $[M/M/C]:[\infty/m/FCFS]$排队模型

(3)顾客源有限的$[M/M/C]:[\infty/m/FCFS]$模型

设顾客源为有限数m,服务台个数为c,且$m>c$。这个模型的典型例子是机器维修问题,机器数量为m台,修理工数量为c人。

相应的运行指标如下:

平均故障机器数:$L = \sum\limits_{n=1}^{m} nP_n$

平均等待修理机器数:$L_q = \sum\limits_{n=c+1}^{m} (n-c)P_n$

3.2.2 物流排队系统仿真应用处理过程

排队系统是离散事件系统,其仿真建模方法在前面已作了简单叙述,这里仅对事件的处理过程加以说明。

事件是改变系统状态的实体的瞬间行为,在排队系统中,顾客的到达、进入队列等待、受服务和离去,以及系统服务员对顾客服务的开始和结束等均为事件,它们的发生都会引起系统状态的变化。通过分析不难发现,如果没有顾客的到达或离去,其他事件也不会发生,系统状态也就不发生变化。因此在排队系统的仿真模型中,只有"顾客到达"和"顾客离去"这两类事件,程序设计只需要对这两类事件进行处理,一般的处理过程如图 3-6 和图 3-7 所示。

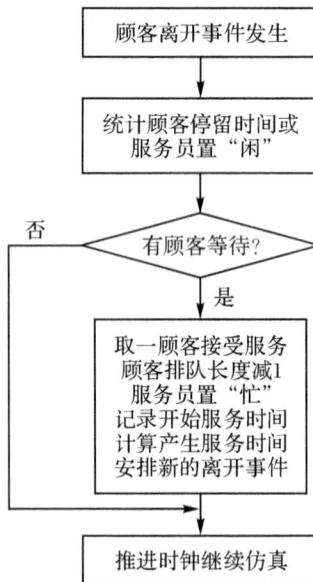

图 3-6 离开事件执行流程

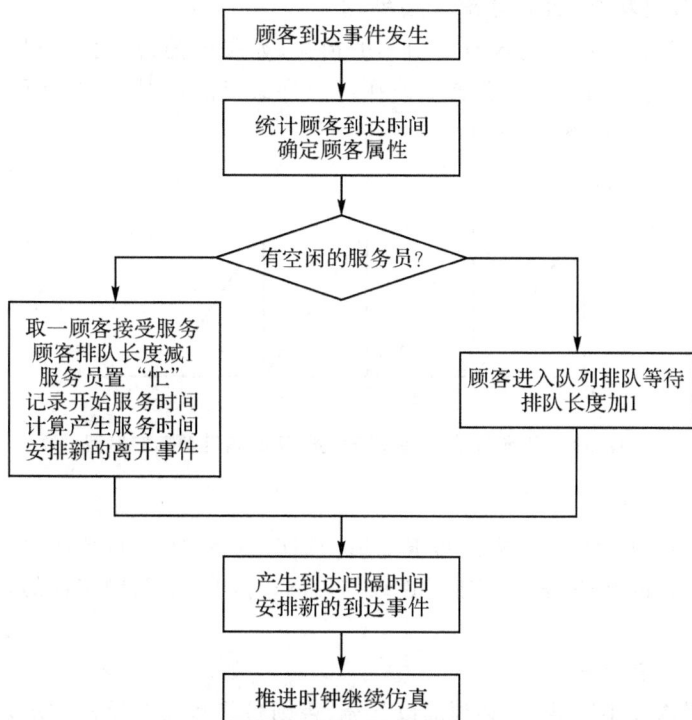

图 3-7 到达事件执行流程

3.3 存储论模型及应用

人们把仓储问题进行了总结,并形成了系统的科学,称为存储论。

3.3.1 存储论的基本思想

关于库存问题的研究主要从以下几个方面考虑。

1.费用

主要包括下列一些费用:

①存储费。包括货物占用资金应付的利息以及使用仓库、保管货物、货物损坏变质等支出的费用。

②订货费。一项是订购费用(固定费用),如手续费、电信往来、派人员外出采购等费用。订购费与订货次数有关而与订货数量无关。另一项是货物的成本费用,它与订货数量有关(可变费用)。

③生产费。补充存储时,如果不许向外厂订货,由本厂自行生产,这时仍需要支出两项费用。一项是装配费用(或称准备、结束费用,是固定费用);另一项是与生产产品的数

量有关的费用,如材料费、加工费等(可变费用)。

④缺货费。当存储供不应求时所引起的损失、如失去销售机会的损失,停工待料的损失,以及不能履行合同而缴纳罚款等。在不允许缺货的情况下,在费用上处理的方式是缺货费用为无穷的,如图 3-8 所示。

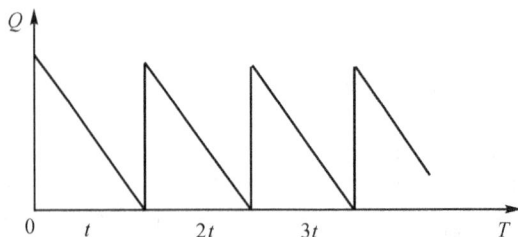

图 3-8 不允许缺货,生产时间很短的确定型存储模型

2.需求

对于存储来说,由于需求,从存储中取出一定的数量,使存储量减少,这就是存储的输出。有的需求是间断的,有的需求是连续均匀的;有的需求是确定性的,有的需求则是随机的。

3.补充订货或再生产

存储由于需求而不断减少,必须加以补充,否则最终将无法满足需求,补充就是存储的输入。从订货到进入存储往往需要一段时间,我们把这段时间称为拖后时间。从另一角度看,为了在某一时刻能补充存储,必须提前订货,那么这段时间也可称为提前时间(或称备货时间)。拖后时间可能很长,也可能很短;可能是随机性的,也可以是确定性的。存储论要解决的问题是:多少时间补充一次,每次补充的数量是多少。决定多少时间补充一次以及每次补充数量的策略称为存储策略。存储策略的优劣如何衡量呢? 最直接的衡量标准是计算该策略所耗用的平均费用是多少。为此,有必要对费用进行详细的分析。

4.存储策略

如前所述决定何时补充、补充多少数量的方法称为"存储策略"。常见的策略有三种类型:

① t_0 循环策略,每隔 t_0 时间补充存储 Q_0。

②(s,S) 混合策略,每当存储量 $X > s$ 时不补充,当 $X \leqslant s$ 时补充存储。补充量 $Q = S - X$(即将存储量补充到 S)。

③(t,s,S) 混合策略,每经过 t 时间检查存储量 X,当 $X > s$ 时不补充,当 $X \leqslant s$ 时补充存储量使之达到 S。

从存储模型来看大体可分为两类:一类叫作确定型模型,即模型中的数据皆为确定的数值;另一类叫作随机型模型,即模型中含有随机变量,而不是确定的数值。一个好的存储策略既可以使总费用小,又可避免因缺货影响生产(或对顾客失去信用)。

3.3.2　确定型存储控制模型

1.模型一:不允许缺货,生产时间很短

在研究、建立模型时需要作一些假设,目的是使模型简单、易于理解、便于计算。为此作如下假设:

①缺货费用无穷大;

②当存储降至零时,可以立即得到补充(即生产时间或到货时间很短,可以近似地看作零);

③需求是连续的、均匀的,设需求速度 R(单位时间的需求量)为常数,则 t 时间的需求量为 Rt ;

④每次订货量不变,订购费不变(每次生产量不变,装配费不变);

⑤单位存储量不变。

由于可以立即得到补充,所以不会出现缺货,在研究这种模型时不再考虑缺货费用,只需考虑存储费用和订货费用。假设每隔时间 t 补充一次存储,那么订货量必须满足 t 时间的需求 Rt ,记订货量为 $Q,Q = Rt$,订货费为 C_3 ,货物单价为 K ,则订货费为 $C_3 + KRt$ 。t 时间的平均订货费为 $C_3/t + KR$, t 时间内的平均存储量为 $Rt/2$,单位存储费用为 C_1 , t 时间内所需平均存储费用为 $RtC_1/2$ 。t 时间内的平均费用为 $C(t)$ 。$C(t) = \dfrac{C_3}{t} + KR + \dfrac{1}{2}C_1Rt$ 。

对公式利用导数求极值的方法有,令 $t_0 = \sqrt{\dfrac{2C_3}{C_1R}}$

得到: $\dfrac{\mathrm{d}C(t)}{\mathrm{d}t} = -\dfrac{C_3}{t^2} + \dfrac{1}{2}C_1R = 0$

即每隔 t_0 时间订货一次可使订货费用最小。

订货批量 $Q_0 = Rt_0 = \sqrt{\dfrac{2C_3R}{C_1}}$

该公式即存储论中著名的经济批量公式(Economic Ordering Quantity),简称 EOQ 公式。由于 Q_0,t_0 皆与 K 无关,所以此后在费用函数中略去 KR 这项费用。可求出最佳费用为

$$C_0 = C(T_0) = \frac{C_3}{t} + \frac{1}{2}C_1R_1 = C_3\sqrt{\frac{C_1R}{2C_3}} + \frac{1}{2}C_1R\sqrt{\frac{2C_3}{C_1R}} = \sqrt{2C_1C_3R}$$

2.模型二:不允许缺货,生产(补充)需一定时间

本模型的假设条件,除生产(补充)需要一定时间的条件外,其余条件皆与模型一相同。

设生产(补充)批量为 Q ,所需生产(补充)时间为 T ,则生产速度为 $P = Q/T$ 。已知需求速度为 $R,R < P$,生产(补充)的产品一部分满足需求,剩余部分才作为存储,此时存储变化如图 3-9 所示。

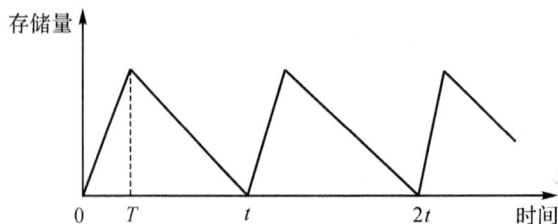

图 3-9 不允许缺货,生产需一定时间的确定型存储模型

在 $[0,T]$ 区间内存储以 $(P-R)$ 速度增加,在 $[T,t]$ 区间内存储以速度 R 减少。T,t 皆为待定数。从图中可知 $(P-R)T=R(t-T)$ 即 $PT=Rt$(等式表示以速度 P 生产 T 时间的产品等于 t 时间内的需求),并求出 $T=Rt/P$。

t 时间内的平均存储量为:$(P-R)T/2$

t 时间内所需存储费为:$C_1(P-R)Tt/2$

t 时间内所需装配费为:C_3

单位时间总费用(平均费用)为

$$C(t)=\frac{1}{t}\left[\frac{1}{2}C_1(P-R)Tt+C_3\right]=\frac{1}{t}\left[\frac{1}{2}C_1(P-R)\frac{Rt^2}{P}+C_3\right]$$

设 $\min C(t)=C(t_0)$,利用微分法可求得:$t_0=\sqrt{\dfrac{2C_3P}{C_1R(P-R)}}$

图 3-9 中,t 表示周期,所求出的 t_0 为最佳周期,相应的生产批量为:

$Q_0=\sqrt{\dfrac{2C_3RP}{C_1(P-R)}}$,$Q_0$ 即为该种模式下的 EOQ(经济订货批量)。

最小成本为:$\min C(t)=C(t_0)=\sqrt{2C_1C_3R\dfrac{(P-R)}{P}}$

利用 t_0 可求出最佳生产(补货)时间:$T_0=Rt_0/P=\sqrt{\dfrac{2C_3R}{C_1P(P-R)}}$

进入存储的最高数量为

$$S_0=Q_0-RT_0=\sqrt{\frac{2C_3RP}{C_1(P-R)}}-R\sqrt{\frac{2C_3R}{C_1P(P-R)}}=\sqrt{\frac{2C_3R(P-R)}{C_1P}}$$

可以看到:当 $P=R$ 时,最优存储量为 ∞,总成本为零,这就是企业追求零库存的原因。

3.模型三:允许缺货(缺货需补足),生产时间很短

本模型是允许缺货,并把缺货损失定量化加以研究。由于允许缺货,企业可以在存储降至零后,可以再等一段时间后订货。这就意味着企业可以少付几次订货的固定费用,少支付一些存储费用。当顾客遇到缺货时不受损失,或损失很小,而企业除支付少量的缺货费用外也无其他损失,这时发生缺货现象对企业有利。

本模型的假设条件除允许缺货外,其余条件皆与模型一相同。

设单位存储费为 C_1,每次订购费为 C_3,缺货费为 C_2(单位缺货损失),R 为需求速度。求最佳存储策略,使平均总费用最小。如图 3-10 所示。

假设最初存储量为 S,可以满足 t_1 时间的需求,t_1 时间的平均存储量为 $S/2$,在

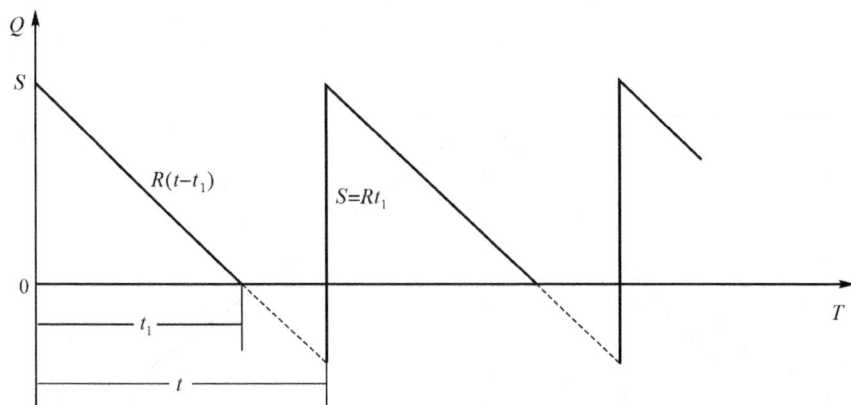

图 3-10　允许缺货(缺货需补足),生产时间很短的确定型存储模型

$(t-t_1)$ 时间的存储为零,平均缺货量为 $R(t-t_1)/2$。由于 S 仅能满足 t_1 时间的需求,$S = Rt_1$,有 $t_1 = S/R$。

在 t 时间内所需存储费为:$C_1 \cdot \dfrac{1}{2}St_1 = \dfrac{1}{2}C_1 \dfrac{S^2}{R}$

在 t 时间内缺货费为:$C_2 \cdot \dfrac{1}{2}R(t-t_1)^2 = \dfrac{1}{2}C_2 \dfrac{(Rt-S)^2}{R}$

订货费为:C_3

平均总费用为:$C(t,S) = \dfrac{1}{t}\Big[C_1 \dfrac{S^2}{2R} + C_2 \dfrac{(Rt-S)^2}{2R} + C_3\Big]$

利用多元函数求导数法求 $C(t,S)$ 极值得

$$S_0 = \sqrt{\dfrac{2C_2C_3R}{C_1(C_2+C_3)}}$$

代入 $C(t,S)$,得 $\min C(t,S) = C_0(t_0,S_0) = \sqrt{\dfrac{2C_1C_2C_3R}{C_1+C_2}}$

在不允许缺货情况下,订货量 $Q_0 = Rt_0$,即 $Q_0 = \sqrt{\dfrac{2RC_3(C_1+C_2)}{C_1 \cdot C_2}}$ 允许。

在允许缺货情况下,存储量只需达到 S_0 即可。

在允许缺货条件下,经过研究而得出存储策略是每隔时间 t_0 订货一次,订货量为 Q_0,用 Q_0 中的一部分补足所缺货物,剩余部分进入存储。很明显,在相同的时间间隔里,允许缺货的订货次数比不允许缺货的订货次数减少了。

4. 模型四:允许缺货(需补足缺货),生产需一定时间

假设条件除允许缺货,生产需一定时间外,其余条件皆与模型一相同。

其存储变化如图 3-11 所示。

取 $[0,t]$ 为一个周期,设 t_1 时刻开始生产。

$[0,t_2]$ 时间内存储为零,S 表示最大缺货量。

$[t_1,t_2]$ 时间内除满足需求外,补足 $[0,t_1]$ 时间内的缺货。

$[t_2,t_3]$ 时间内满足需求后的产品进入存储,存储量以速度 $(P-R)$ 增加。S 表示存储

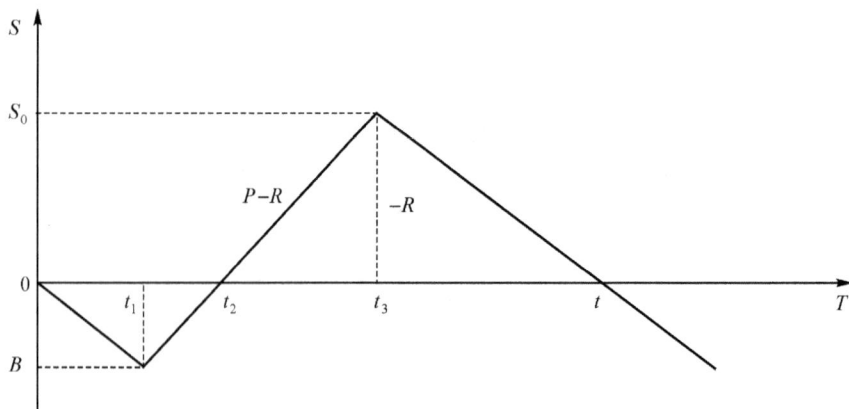

图 3-11 允许缺货(需补足缺货),生产需一定时间的确定型存储模型

量,t_3 时刻存储量达到最大,t_3 时刻停止生产。

[t_3,t] 时间存储量以需求速度减少。

由图 3-11 易知:最大缺货量 $B = Rt_1$,或 $B = (P-R)(t_2-t_1)$;

即得 $t_1 = \dfrac{(P-R)}{P}t_2$

最大存储量:$S = (P-R)(t_3-t_2)$,或 $S = R(t-t_3)$。

在 [0,t] 时间内所需存储费为:$\dfrac{1}{2}C_1(P-R)(t_3-t_2)(t-t_2)$

在 [0,t] 时间内所需存缺货费为:$\dfrac{1}{2}C_2Rt_1t_2$

订货(装配)费为:C_3

在[0,t]时间内总平均费用为

$$C(t,t_2) = \frac{1}{t}\Big[\frac{1}{2}C_1\frac{(P-R)R}{P}(t-t_2)^2 + \frac{1}{2}C_2\frac{(P-R)R}{P}t_2{}^2 + C_3\Big]$$

$$= \frac{(P-R)R}{2P}\Big[C_1t - 2C_1t_2 + (C_1+C_2)\frac{t_2{}^2}{t}\Big] + \frac{C_3}{t}$$

利用导数法求极值,进一步求解得到

$$Q_0 = Rt_0 = \sqrt{\frac{2C_3R}{C_1R}}\sqrt{\frac{C_1+C_2}{C_2}}\sqrt{\frac{P}{P-R}}$$

最大存储量为

$$S_0 = R(t_0-t_3) = R\Big(t_0 - \frac{R}{P}t_0 - \frac{P-R}{P}t_2\Big)$$

最大缺货量为

$$B_0 = Rt_1 = \frac{R(P-R)}{P}t_2 = \sqrt{\frac{2C_1C_3R}{(C_1+C_2)C_2}}\sqrt{\frac{P-R}{P}}$$

最小成本为

$$\min C(t_0,t_2) = C_0 = \sqrt{2C_1C_3R}\sqrt{\frac{C_2}{C_1+C_2}}\sqrt{\frac{P-R}{P}}$$

将模型三与模型一、模型四与模型二分别比较后可以看到,在允许缺货的情况下,成本将下降为不允许缺货情况下的 $\sqrt{\dfrac{C_2}{C_1+C_2}}$ 倍,因而允许缺货会带来成本的减少,同时也会带来服务质量的下降。同样将模型二与模型一、模型四与模型三分别比较后可以看到,在生产需一定时间的情况下,成本将下降为生产时间很短情况下的 $\sqrt{\dfrac{P-R}{P}}$ 倍,因而生产需一定时间的情况较优。

3.3.3 随机型存储控制模型

上述库存模型都建立在两个假定条件下:一是假定需求量保持不变,均匀出库;二是假定订货后交货时间也是确定的。但是由于各种因素的影响,往往使订货不能按时送达,发生随机型的延迟拖后,从而发生缺货现象。为了保证仓库的库存量基本按规定日期得到补充,需要把订货点提前,这就是仓库管理中订货点的提前问题;也可能由于生产系统的生产不均衡,需求量突然增加,使存货提前用完,出现缺货现象。为了消除或弥补这种随机波动的影响,需要对需求量和订货点提前期的历史资料进行统计分析,确定一个安全库存量。

由于供需随机波动产生的两个问题,确定型库存模型已不能反映这些变化,因此必须建立新的随机型库存模型。

随机型存储模型的重要特点是需求为随机的,其概率或分布为已知。

1.随机型存储策略

随机型存储模型的策略主要有以下三种。

第一种策略:定期订货,但订货数量需要根据上一个周期末剩下货物的数量决定订货量。剩下的数量少,可以多订货;剩下的数量多,可以少订货或不订货。这种策略可称之为定期订货法。

第二种策略:定点订货,存储降到某一确定的数量即订货,不考虑间隔的时间。这一数量值称为订货点,每次订货的数量不变,该策略可称之为定点订货法。

第三种策略:把定期订货和定点订货综合起来的方法,隔一段时间检查一次存储。如果存储数量高于一个数值 s,则不订货;小于 s 则订货补充存储,订货量要使存储量达到 S,这种策略可简称为 (s,S) 存储策略。

此外,与确定性模型不同的特点还有:不允许缺货的条件只能从概率的意义方面理解,如不缺货概率为 0.9 等。存储策略的优劣,通常以底利的期望值的大小作为衡量的标准。

2.缺货情况与安全库存量

在定量订货方式中,每当库存量降至订货点 s 时,即按一定批量 $Q(Q=S-s)$ 订货补充,如图 3-12 所示。如果订货后交货并在交货期间无过量使用,并不动用安全库存量 ss;如果订货后不按时交货,出现延误时间,将要动用安全库存量,以应付延误时间内的用量;如果在订货到交货期间,出现过量使用,库存量下降速率增加,则也要动用安全库存

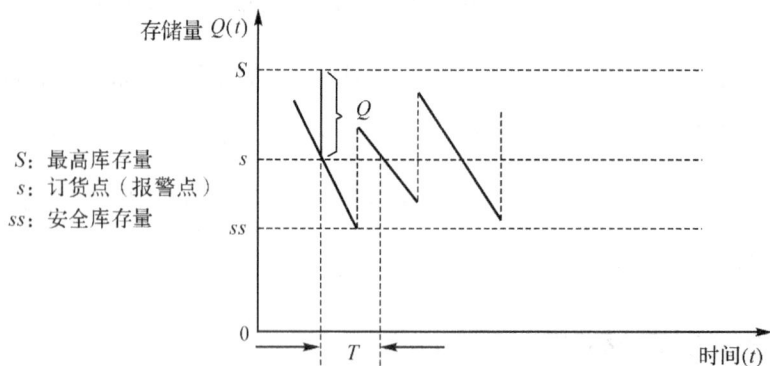

图 3-12　存储量状态的变化

量,以应付缺货情况。

前面所讨论的平均库存量没有考虑安全库存量。在考虑安全库存量的情况下,平均库存量应增加安全库存量,对于一次到货的情况,有

$$\overline{Q} = \frac{1}{2}Q + ss$$

式中,Q:订货量;

$\qquad$ ss:安全库存量。

对于分批均匀进货的情况,则有

$$\overline{Q} = \frac{1}{2}(P - D)\frac{Q}{P} + ss$$

式中,Q:订货批量;

$\qquad$ P:每日的进货数量;

$\qquad$ D:每日的需求量,且 $P > D$。

3. 订货点的确定

需求量和提前订货时间随机波动,订货点的库存量就需要根据历史的波动数据求得平均 $\overline{D}$ 和平均提前订货时间 $\overline{t}$,或者根据最大提前时间来计算。为了抵消随机波动的影响,此时就要增加安全库存量 ss,计算方法是:

$\qquad$ 订货点库存量=日(月)平均需要量×平均提前订货时间+安全库存量

即

$$Q_k = D \cdot \overline{t} + ss$$

或

$\qquad$ 订货点库存量=平均需要量×最大提前期+安全库存量

即

$$Q_k = D \cdot t_{max} + ss$$

4. 安全库存量的确定

安全库存量又称为保险库存量、固定库存量,是指为防止因订货期间需求量增长和到货延误所引起的缺货而设置的储备量。安全库存量是最低库存量,在正常情况下一般不动,若一经动用,则应在下批订货到达时立即补齐。

安全库存量一般只是在需求量和提前订货时间有随机变化的情况下才予以考虑,并要控制到最低限度。安全系数法是从保险储备对需求的保证程度,即安全系数来确定安全库存量的方法,是在提前订货时间与需求量均服从正态分布的前提下应用的,其计算公式为

安全库存量＝安全系数×平均提前订货时间的开平方×需求量变化偏差值

即

$$ss = \alpha \cdot \sqrt{t_{\max}} \cdot \sigma_D$$

式中,安全系数 α 决定于生产中允许缺货的概率,一般取 $0.5 \sim 2.5$,如生产中不允许缺货(缺货概率小于 3%), α 值应大,可令 $\alpha > 2$;如允许缺货(待料期间可用其他加工零件调节,不影响生产任务的完成),这时 α 值应小,取 $0.5 \sim 2$。

需求量变化偏差值 σ_D 主要取决于需求量差值的大小:

$$\sigma_D = (DM_{\max} - DM_{\min})/d^2$$

式中, $DM_{\max}$:需求量最大值;

$DM_{\min}$:需求量最小值;

$1/d^2$:系数,取决于所引用资料来源的数目 n。

3.4　应用库存模型进行库存规模决策

本节介绍应用随机库存模型来进行库存规模的确定,库存规模决策是物流系统中一个重要的优化决策之一。所谓的随机型主要是指系统的需求和订货提前期两者或其中之一是不确定的。由于随机型存储系统是以系统的生命周期内所发生的总费用最小为目的的,当我们设定每一期的需求呈正态分布,不同期的订货提前期亦用正态分布为描述时,便可以获得如下所述的该类模型的决策方法。

1. 需求的不确定性分析

对于仓库而言,它无法主宰用户的需求,而只能去适应和满足用户的需求。由于各个不同用户需求的产生是受到其自身的工作节律及环境条件而产生的,因而从整体上就必须表现出随机性的特点。这种随机性使得库存必须超出平均的需求水平,以防供货不足,而失去用户的信任,损伤企业的竞争力。很显然,确认的库存水平越高,其服务的可靠性就越高,库存费用也就越大,反之亦然。

(1)需求情况分析

根据某仓库所提供的一段关于需求情况的历史资料,其需求频率情况统计汇总如表3-1所示。根据这些数据,我们可以利用相关结论来推算出该仓库在不同服务水平条件下,其库存所应有的规模。

①需求频率情况,如表3-1所示。

这里可利用的观测值个数 N 为28,平均日需求量 $\overline{Q}$ 为5。

表 3-1 需求频率情况

每日需求量	频率/天	每日需求量	频率/天
缺货	2	5	5
0	1	6	3
1	2	7	3
2	2	8	2
3	3	9	2
4	4	10	1

②需求量标准离差的计算,如表 3-2 所示。

表 3-2 标准离差的计算

单位数	频率 f	平均数离差 d	离差平方 d^2	fd^2
0	1	-5	25	25
1	2	-4	16	32
2	2	-3	9	18
3	3	-2	4	12
4	4	-1	1	4
5	5	0	0	0
6	3	1	1	3
7	3	2	4	12
8	2	3	9	18
9	2	4	16	32
10	1	5	25	25

计算可得:$\sum fd^2 = 181$,$\sigma_q = \sqrt{\dfrac{181}{28}} = 2.54$。

(2)不同服务水平所要求的库存规模

当库存量 $Q = \bar{Q} + \sigma$ 时,即 $Q = 5 + 2.54 = 7.54$ 时,其用户需求的服务可靠性水平可达

$$50\% + 68.27 \times \frac{1}{2} = 84.14\%$$

当库存量 $Q = \bar{Q} + 2\sigma$ 时,$Q = 5 + 2 \times 2.54 = 10.08$,则用户需求的服务可靠性水平为

$$50\% + 95.45\% \times \frac{1}{2} = 97.72\%$$

当库存量 $Q = \bar{Q} + 3\sigma$,$Q = 5 + 3 \times 2.54 = 12.62$,则用户需求的服务可靠性水平为

$$50\% + 99.73\% \times \frac{1}{2} = 99.87\%$$

2. 供应随机性干扰分析

供应随机性干扰主要来自运输系统中其完成用期的不确定性,使得本该从规定的时间起所经历某一特定的时段完成的对库存的补给工作,不能按预计的安排完成,影响到实际库存的水平达不到规定的要求,进而影响到为用户所提供的服务其可靠性水平下降。某仓库所提供如表 3-3 所示的完成周期的历史资料。

表 3-3　仓库补充供给周期计算

完成周期/天	频率 f	平均数离差 d	离差平方 d^2	fd^2
6	2	−4	16	32
7	4	−3	9	36
8	6	−2	4	24
9	8	−1	1	8
10	10	0	0	0
11	8	1	1	8
12	6	2	4	24
13	4	3	9	36
14	2	4	16	32

其中:$f = 50$,$fd^2 = 200$;平均补给完成周期 $t = 10$;标准差 $\sigma_t = \sqrt{\dfrac{200}{50}} = 2$。

3. 需求与供给不确定性的综合

为了综合反应两者的影响,可对其标准离差值进行综合,其计算过程是

$$\sigma = \sqrt{t\sigma_q^2 + \overline{Q}\hat{\sigma}_t^2} = \sqrt{10 \times (2.54)^2 + 5 \times (2)^2} = 12.83$$

此时,对应不同服务保证率库存应为

$5 + 12.83 = 17.83$(保证率为 84.14% 时)

$5 + 12.83 \times 2 = 30.66$(保证率为 97.72% 时)

$5 + 12.83 \times 3 = 43.49$(保证率为 99.87% 时)

由上述分析可知,完成周期的不确定性对库存的影响是十分明显的。

4. 小结

以上对库存规模进行了分析确认,为库存规模的确认奠定了一定的基础。事实上如果库存过程不进行产品的加工作业,以上的结果应该说已经是一个比较接近实际要求的结果。对此,可在由多个相关方面的专家组进行定性认证分析的基础上,提一个能使各方满意的结论。如若是在仓库还必须组织某种加工作业,则应分析加工作业中的仓库内部物流的运作情况,考虑是否要进行必要的修正。

⏵ **思考题**

1.举例说明物流系统中应用排队模型进行分析的过程,并说明排队系统模型的主要分析指标。

2.应用库存模型进行规模决策的主要思路是什么?

3.某库存系统,一年的总订货量为 3000 件,初始值为 100 件,每月的消耗量相等(按 25 天计算),消耗速度相同,按月订货,每月缺货的天数允许为 3 天,提前期为 5 天,试画出库存随时间变化的曲线;若每件货物的保管费为 1 元,每次订货费为 5 元,每件货物短缺引起的损失费为 2 元,试解析计算出全年的总费用及订货点库存水平。

4.有如下排队系统,试画出系统中顾客排队的队长随时间变化的情况,并统计计算仿真运行长度为 40 分钟时系统中顾客排队的平均队长和平均等待时间。顾客到达的时间间隔分别为 $A_i=5,6,7,14,6$(单位:分钟,i 表示依次到达顾客的顺序号),第 i 个顾客服务的时间分别为 $S_i=12,5,13,4,9$(单位:分钟)。

5.某单位服务台排队系统到达模式为离散型,顾客到达时间为 $t_{到达}=i^2+(-1)^i$,顾客接受服务时间为 $t_{服务}=2i-(-1)^i$(其中 i 表示依次到达顾客的顺序号)。按照面向事件的仿真钟推进方法,根据已知条件,完成下面题目:

(1)给出从 0 时刻开始到第 5 个顾客离去事件截止时系统的仿真运行过程(填表);

(2)计算顾客平均等待时间、平均队长、平均顾客数。

仿真钟	事件类型	顾客	到达时间	队长	顾客数	服务开始时间	等待时间	服务时间	离去时间	服务人数	闲期

第 4 章

系统仿真应用基础

⌦ **本章要点**

  本章主要介绍系统仿真的一些基础知识,包括仿真连续与离散系统的基本仿真方法、数据分析与随机数产生等,为后续的进一步系统仿真应用打下理论基础。

4.1 系统仿真的特点与分类

  系统仿真技术能够在系统规划设计阶段,对设备配置、设备布局、设备运行参数等方面进行仿真分析,评价和对比不同的系统设计方案,达到优化设备能力、生产线能力、作业流程和订单排序的目的。根据国外应用经验,应用仿真分析方法改进物流系统方案后可使总投资减少30%。目前,在国外的物流和制造企业中已广泛应用仿真技术,如 UPS、加拿大邮政、日本村田公司、LG、Philips、西门子、德马泰克等,国内也有部分企业采用了仿真技术。随着中国物流现代化的推进,系统仿真在物流中的应用具有很好的前景。

4.1.1 系统仿真方法的概念与发展

  从一般意义上讲,系统仿真可以被理解为在对一个已经存在或尚不存在但正在开发的系统进行研究的过程,为了了解系统的内在特性,必须进行一定的实验。而由于系统不存在或其他一些原因,无法在原系统上直接进行实验,只能设法构造既能反映系统特征又能符合系统实验要求的系统模型,并在该系统模型上进行实验,以达到了解或设计系统的目的。由此可以看出,系统仿真本质上是由三个要素构成的,即系统、系统模型和实验。

  系统是问题的本源,是系统分析的目的。实验是解决问题达到目的的手段,而系统模型则是连接系统和实验(目的和手段)之间的桥梁。

显然,系统仿真是一项社会实践活动。凡是包含系统、系统模型和系统实验三个要素的活动都可以广义地理解为系统仿真活动。

系统仿真方法的研究和应用已经有了很长的历史。在古代,人们已经从长期的生产劳动实践活动中总结出了朴素的仿真思想。仿真作为一门技术科学是在 19 世纪末 20 世纪初工业技术有了长足的发展之后确定下来的,而且伴随着工业技术的进步,仿真技术也在不断地发展。例如,随着电子技术的发展,人们发现可以利用模拟电路去研究工业控制过程中的实际问题,由此产生了现代控制理论。而这个模拟电路就是工业控制系统的一个模型,通过在这个模型上进行实验,就可以解决实际控制过程中产生的问题。又例如在飞机设计过程中,对飞机的外形要求是非常严格的,因为气动外形将最终影响整个飞机的飞行特性。由于飞机造价的昂贵,用真实的飞机去进行实验是不现实的。为了获得飞机外形的气动数据,尤其是飞机机翼的气动数据,必须制作各种不同形状的机翼模型放到风洞中进行实验。风洞实验的结果改进了飞机的设计理论,而利用这个理论又可以去设计新型的飞机。在这个时期,人们在利用仿真方法研究或求解问题时,都是利用实物去构造与实际系统成比例的物理模型,再在这个模型上进行实验。如果这种实验是破坏性的,那么每次实验都要重新构造实物模型,带来很大的麻烦和浪费。

1946 年,世界上第一台电子计算机在美国诞生。在随后的 50 年中,计算机技术的发展速度惊人,当今计算机的计算能力和信息处理能力已经比最初的那台笨重的以电子管为主体的机器提高了成千上万倍。如果说早期的仿真主要是利用实际物理模型的比例仿真,那么现代仿真技术则是与计算机的发展密切相关的。目前通常所讲的仿真技术一般就是指计算机仿真技术。随着计算机硬件和软件水平的提高,计算机仿真技术也得到了很大的发展。

系统仿真是根据被研究系统的模型,利用计算机进行实验研究的一种方法,一般定义为:"为了分析与研究已经存在的或尚未建成的系统,首先建立模型并安放到计算机上进行实验的过程就称为仿真。"

4.1.2　系统仿真的特点

广义的仿真概念是泛指在系统模型上进行试验的技术,也就是说将所研究的对象用某种手段加以模仿的技术,主要有物理模拟技术(称为物理仿真)和数值模拟技术(称为计算机仿真),例如各种水工建筑的水工模型试验、在振动台进行各种建筑物模型的抗震试验等,都是在物理模型上进行试验的物理仿真。物理仿真方法具有直观、形象和便于类比等优点,但一般存在费用高、速度慢等缺点。近年来应用日益广泛的计算机仿真技术,是一种在计算机上进行实验的数值技术,它是以数值计算和数值测试为特征(包含各种数学和逻辑关系),并以数字计算机为主要工具,模拟复杂系统的运行,描述系统在一定时间内的行为和状态。计算机仿真的主要特点有以下几点。

1. 时间的伸缩性

使用计算机仿真技术,可以将几个月甚至几年或更长时间的外界系统活动,压缩到十几分钟甚至几秒内模拟运行出来,也可以将持续时间短暂、状态变化迅速的系统活动,在较长的时间内模拟,以便对真实系统中无法观察到的细微结构的变化进行研究。

2. 对各种复杂系统的广泛适应性

建立模式不受数学、逻辑、不可控变量及有关统计理论的限制,可运用于具有大量逻辑、随机关系复杂的系统中。

3. 运行的可控性

在仿真运行过程中,可根据需要随时停止仿真的运行,并能及时取得有关的阶段性统计数据,而不会影响以后整个系统的运行结果。

4. 便于多方案选优

可以在只改变相关因素和某些条件,而保持其他条件不变的情况下,进行多方案、重复性、大量仿真运行,从而在众多的方案中进行选优决策。

5. 应用的广泛性

对于难以用一般解析方法和优化方法以及物理仿真方法解决的复杂系统,仿真技术都是唯一可行的和有效的方法,这一特点使计算机仿真技术几乎可以应用于一切领域。

给出一个系统的数学模型之后,有时用分析手段就可以求解系统有关的信息,但是当不能应用分析法的时候,就需要应用仿真方法求解。

与应用数学分析方法求解问题相比较,仿真方法求解问题的主要缺点是很明显的,即它只能给出问题的特解而不能给出问题的通解。然而,能用数学分析法求解的问题的范围毕竟是有限的。用数学分析法求解问题时,要对系统加以抽象和近似的处理,以使模型适宜用数学分析方法求解。在许多方面,理想情况下是把仿真方法的应用作为已经得到的、因过于简化的数学分析解答的一种补充。

计算机系统仿真技术具有以上显著的特点,并以此在各个领域得到广泛的应用与发展,成为管理与决策的有力工具。

4.1.3 系统仿真方法的分类

可以从不同的角度对系统仿真加以分类,比较典型的分类方法是:根据模型的种类分类,根据仿真所采用的计算机类型分类,根据仿真的研究对象分类,根据仿真时钟与实时时钟的比例关系分类,根据系统模型的特性分类,等等。

1. 根据模型的种类分类

根据模型的种类不同,系统仿真可分为三种:物理仿真、数学仿真和半实物仿真。

按照真实系统的物理性质构造系统的物理模型,并在物理模型上进行实验的过程称为物理仿真。物理仿真的优点是直观、形象。在计算机问世以前,基本上是物理仿真,也称为"模拟"。物理仿真的缺点是:模型改变困难,实验限制多,投资较大。

对实际系统进行抽象,并将其特性用数学关系加以描述而得到系统的数学模型,对数学模型进行实验的过程称为数学仿真。计算机技术的发展为数学仿真创造了环境,使得数学仿真变得方便、灵活、经济,因而数学仿真亦称为计算机仿真。数学仿真的缺点是受限于系统建模技术,即系统的数学模型不易建立。

第三类称为半实物仿真,即将数学模型与物理模型甚至实物联合起来进行实验。对系统中比较简单的部分或对其规律比较清楚的部分建立数学模型,并在计算机上加以实现;而对比较复杂的部分或对规律尚不十分清楚的系统,其数学模型的建立比较困难,则采用物理模型或实物。仿真时将两者连接起来完成整个系统的实验。

2.根据仿真中所用计算机的类型的分类

根据仿真中所用计算机的类型,计算机仿真又可以分为模拟仿真、数字仿真和混合仿真。

模拟仿真是基于数学模型相似原理上的一种方法,仿真的主要工具是模拟计算机。模拟仿真的特点是直观、运算速度快,但精度较差。

数字仿真是基于数值计算原理的一种方法,仿真的主要工具是数字计算机和仿真软件。数字仿真自动化程度高,具有复杂逻辑判断的能力,而且可以获得较高的精度。

混合仿真是将模拟仿真和数字仿真相结合的一种方法,仿真的主要工具是混合计算机系统。混合仿真兼备模拟仿真和数字仿真的优点,可以快速地进行多次仿真研究,因此特别适用于参数寻优、统计分析等方面的应用,尤其是在复杂系统的实时仿真方面体现出极大的优越性。

3.根据仿真的研究对象分类

根据仿真的研究对象,系统仿真可以分成连续系统仿真和离散事件系统仿真。

连续系统是指系统的状态随时间连续变化的系统。这里要注意有些连续系统如数据采集系统的状态数据是在离散时间点上获得的,是非连续的,但其状态本身则是连续变化的。连续系统的模型可以用一组连续的方程描述。

离散事件系统的特点是系统的状态变化只在离散的时间点上发生,且发生时刻往往是随机的,系统的状态变化是由随机事件驱动的。

离散事件系统的仿真就是按照实际的工作流程,在规定时间内顺序地改变实体或设备的状态。所谓工作流程是指实体在整个仿真过程中活动的顺序。每发生一个事件,系统的状态就发生一次变化。在实际活动中,事件的发生不是连续的,发生时间的间隔也不相等,而是具有某种随机性。

离散事件系统仿真与连续系统仿真的方法很不相同。

①离散事件系统模型只是一种稳态模型,无须研究状态变量从一种状态变化到另一种状态的过程。而对于连续系统,主要是研究其动态过程,连续系统模型一般要用微分方程描述。

②离散事件系统中的变量大多数是随机的,例如实体的"到达"和"服务"时间都是随机变量。仿真实验的目的是力图用大量抽样的统计结果来逼近总体分布的统计特征值,因而需要进行多次仿真和较长时间的仿真。

③连续系统仿真中采用均匀步长推进仿真钟的原则,而离散事件系统仿真中时间的推进是不确定的,它决定于系统的状态条件和事件发生的可能性。

4.2 离散事件系统仿真

离散事件系统(Discrete Event Dynamic System,DEDS/DES)是指系统的状态在一些离散时间点上由于某种事件的驱动而发生变化,其数学模型很难用数学方程来表示。例如,机场上,只有发生飞机降落或起飞时,飞机的数量才会发生变化,这种起飞或降落的行为就称为事件。而且,"事件"只在某些时刻发生,因而状态变化也只是在离散时刻发生。又如,商品销售系统,货架上的商品只有在商品销售或者从仓库中补充商品时,才会发生变化,这种变化称之为发生了"事件"。这类系统状态的变化是从一个值跳跃到另一个值,不存在任何中间值。而且,这类系统的变化往往带有比较复杂的随机性质,它们不可能建立确定型模型,需要用概率的方法来描述。社会经济活动中,广泛存在这种离散事件系统。例如,交通管理系统、库存管理系统、生产调度系统、市场系统、电话系统,以及计算机和通信网络系统等。

4.2.1 离散事件系统

1. 离散事件系统的特点

系统按状态变化的性质可分为连续的系统或离散的系统。实际上,很少系统是完全连续和完全离散的。这里所指的系统状态,都是指模型中所表示的系统状态,也就是关心和研究的系统某些主要特征的状态,而那些能引起模型中的系统状态变化的事情才称之为事件。

离散事件系统仿真不同于连续系统仿真。在连续系统仿真中,时间通常被分割成均等的或非均等的间隔,并以一个基本的时间计时,而离散系统的仿真则经常是面向事件的,时间指针往往不是按固定的增量向前推进,而是由事件推动而随机递进。在连续系统中,仿真结果表现为系统变量随时间变化的时间历程;在离散事件系统仿真中,系统变量是反映系统各部分相互作用的一些事件,仿真结果是产生处理这些事件的事件历程。

在真实系统中,系统状态的变化是连续的。例如,顾客到达银行进行存取款,顾客是逐渐走近、进入银行的;进入队列等待,也是随着办理顾客业务的进行而逐渐趋近窗口;开始办理存取款业务,也是一件件工作逐步进行的;如此等等。但是,在对银行服务系统进行研究时,只关心业务员忙着还是闲着,顾客是否到达,是在排队等待还是已在办理存取款,等等。虽然系统中顾客的状态是在不断地连续变化,但是系统中业务员忙的状态未变,顾客排队等待办理的状态未变。也就是说,这个系统模型的状态并没有变化。显然,只有在顾客到达银行、顾客从队列等待进入服务状态、办完存取业务等,才会产生称之为事件的系统状态发生改变。很明显,这些事件只能出现在系统运行过程中的若干时刻上。通常,这些事件被称为离散事件,而只考虑离散事件的系统称之为离散事件系统。例如,排队系统就属于这类系统。

事件可分为基本事件与二次事件。所谓基本事件,是指其发生可以事先加以预测的事件,而二次事件的发生与否取决于其他事件。例如,顾客的到达是基本事件,而队列中的顾客进入接受服务状态的这个事件,要等正在接受服务的顾客"结束服务"的事件发生后才能产生,这类事件就称为二次事件。

2.离散事件系统的主要构成

离散事件系统虽有许多类型,但它们的主要组成部分是基本相同的。系统分析通常考虑实体、属性与活动三要素。离散事件系统,在一定意义上可视为广义的随机服务系统,从面向实体的观点出发,离散事件系统主要由服务器、服务对象两大部分构成。

(1)服务对象

服务对象也称事务,接受系统服务与处理的对象一般在系统中是"活动"的,这些要素在仿真期间进入并离开模型。例如,生产自动线上待加工的机器零件,各种服务系统中等待服务的顾客,电话网中的呼叫,码头、机场等待装卸的货轮或起飞降落的飞机,计算机系统中待处理的信息,等等。

(2)服务器

服务器也称设备或站,它们是对事务进行加工、处理的手段或工具。通常,在系统的仿真过程中一直存在,这些要素可认为是环境的一部分,可视为是固定的。它们可以是机床或电话交换系统中的机电设备,也可以是服务系统中的业务员、医生等,以及由这些人或物组成的服务机构,所以此处的"设备"具有广泛的含义。

(3)系统构成

系统的工作过程,实质上是"事务"在系统的"服务器"之间流动,接受"设备"加工、处理、服务的过程。在这些过程中,事务与站的状态,事务数与站的忙闲发生变化,这种变化的发生称为发生了"事件"。

应该注意到,这里所指的"系统状态"是与研究目标有关,在模型中描述系统状态所必需的变量集合;"事件"则是改变系统状态的某一瞬时发生情况变化的集合;把发生在系统内部的活动或事件称为内因事件,而环境中的活动和事件称为外因事件。

例如,银行系统的实体可归纳为银行的工作人员和等待服务的顾客。描述银行出纳业务模型的状态变量有:正在工作的出纳员人数,在等待线上排队和正在接受服务的顾客数,以及下一个顾客到达的时间。状态变量的确定,是由系统研究目标规定的。研究目标要求根据规定的银行业务范围,配置合理的出纳员数。在这个研究中,顾客到达是外因事件,对顾客服务结束是内因事件。

4.2.2 基本术语

1.实体

实体是描述系统的三个基本要素(实体、属性、活动)之一。在离散事件系统中的实体可分为两大类:临时实体及永久实体。在系统中只存在一段时间的实体叫作临时实体。这类实体由系统外部到达系统,通过系统,最终离开系统。临时实体按一定规律不断地到达

(产生),在永久实体作用下通过系统,最后离开系统,整个系统呈现出动态过程。

2.事件

描述离散事件系统的另一个重要概念就是"事件"。事件就是引起系统状态发生变化的行为。从某种意义上说,这类系统是由事件来驱动的。在一个系统中,往往有许多类事件,而事件的发生一般与某一类实体相联系,某一类事件的发生还可能会引起别的事件发生,或者是另一类事件发生的条件等,为了实现对系统中的事件进行管理,仿真模型中必须建立事件表,表中记录每一发生了的或将要发生的事件类型和发生时间,以及与该事件相关的实体的有关属性等。

3.活动

离散事件系统中的活动,通常用于表示两个可以区分的事件之间的过程,它标志着系统状态的转移。

4.进程

进程由若干个有序事件及若干有序活动组成,一个进程描述了它所包括的事件及活动间的相互逻辑关系及时序关系。

5.仿真钟

仿真钟用于表示仿真时间的变化。离散事件动态系统的状态是在离散时间点上发生变化的,并且由于引起状态变化的事件发生时间的随机性,仿真钟的推进步长是随机的。如果两个相邻发生的事件之间系统状态不发生任何变化,则仿真钟可以跨过这些"不活动"周期。从一个事件发生时刻推进到下一事件发生时刻,仿真钟的推进呈跳跃性,推进速度具有随机性。可见,仿真模型中时间控制部件是必不可少的,以便按一定规律来控制仿真钟的推进。

6.统计计数器

离散事件系统的状态随着事件的不断发生也呈现出动态变化过程,由于这种变化是随机的,某一次仿真运行得到的状态变化过程只不过是随机过程的一次取样,如进行另一次独立的仿真运行所得到的状态变化过程可能完全是另一种情况。因此,状态变化只有在统计意义下才有参考价值。

4.2.3 离散事件系统中的主要概念

离散事件系统大多数是随机系统,即事务的"到达"和"服务"时间都是随机变量。仿真研究力图通过大量抽样试验结果,从统计特性上逼近总体分布的统计特征值。这种按概率分布规律建立模型的方法通常称为"概率模型法",或称蒙特-卡洛(Monte-Carlo)法。这种方法是通过对"数集"描述的离散事件系统的"原始模型",用符合某种概率分布的随机变量去逼近拟合事务到达和服务的过程,从而对这个替代"数集"原始模型的概率模型进行研究。因此,建立这类仿真系统,要解决如何得到各种概率分布随机变量的抽样问题,先介绍若干有关的基本概念。

1.离散仿真中的概率概念

从仿真角度看,由于离散事件的发生具有随机性质,采用概率和统计方法来描述,需要应用一些有关的基本概念。

(1)总体、个体、抽样和样本量

总体是指概率统计计算的全体元素所组成的集合,而组成总体的最小单位则称为个体。抽样是实验所观察的总体中一部分个体的情况,抽样中包括的个体的数量称为样本量。

(2)确定事件和随机事件

在一组给定的条件下,一定发生或一定不发生的事件称为必然事件或不可能事件,它们具有确定的性质,称为确定性事件。而在一组给定的条件下,可能发生也可能不发生的事件,具有不确定的性质,称为随机事件。

(3)随机变量与概率

为了研究随机事件变化在数量上的规律性,引入随机变量。随机事件发生或不发生时取不同的值。随机事件可以是离散随机变量,它仅在一定范围内取若干个值;也可以是连续随机变量,它在研究范围内连续变化。仿真时,必须熟悉随机变量的描述,以及使用产生的随机数去表示随机变量的方法。

一个随机量 η 取值小于 x 的可能性大小,是在区间 $[0,1]$ 上取值的实数,它记为

$$P\{\eta < x\} = F(x)$$

$P\{\eta < x\}$ 称为随机事件 $\{\eta < x\}$ 发生的概率。

(4)概率分布函数

若上式中的 x 为任意实数,则 $F(x)$ 为实数 x 的函数,称为随机变量 η 的概率分布函数,简称分布函数。

(5)特征参数和统计量

特征参数描述随机变量 η 的统计特征,统计量是用来估计特征参数的,它由抽样给定。在统计量中最重要的是算术均值和方差(标准差)。

(6)离散事件的概率

在离散事件系统中,变量是作用在系统实体上的事件的产生和变化。事件的产生和变化是随机的,并取离散值,故称随机离散变量。例如,电话系统中单位时间内电话交换台的呼叫次数,交通系统中单位时间内车辆到达的数量,等等。

2.实体的到达模式

离散事件系统的事务到达是随机的,常用"到达模式"来描述实体到达的统计特性,表达"事务"到达所具有的分布特征。

描述到达模式常用的方法是采用到达时间间隔。若到达是恒定的,则到达时间间隔为常数;若到达是随机的,则必须使用概率函数来定义到达时间间隔。

3.排队规则

排队规则是描述服务器从队列中选择下一个要处理事务的原则。

常见的排队规则有:

①先到先服务(或先进先出),常用 FIFO 表示。当事务顺利到达并集合时,服务将首先提供给等待时间最长的一个,即按到达次序进行服务。

②后到先服务(或后进先出),常用 LIFO 表示。服务将提供给最新到达的事务,这是

一种近似的规律。例如,同类产品在仓库中存放的提取,乘员拥挤的车上或电梯中乘员的上下等情况。

③随机服务,意味着对于等待服务的对象采取随机的选择和服务。按这种规则,所有等待的对象被选择的机会是相同的。

④优先服务。在一些系统中,等待线上的对象可能具有不同的优先级,优先级高的先服务。若优先权允许新到达对象去取代正在服务的对象,则称为中断或强占服务。例如,计算机系统总是给予通信网络以较高的优先级,交通管理中一般给予救火车、救护车以通过的优先权,等等。

以上几种处理等待服务的排队规律,都属于等待的排队制。在某些离散事件系统中,没有队列与等待,事务到达时,若所有服务被占用,则自动消失,这种情况称为损失,如电话系统的呼叫。在损失制中,还存在服务对象不能参加排队的现象,则称为受阻,此外,还有损失制和等待制同时存在的混合制。例如,排队过长会发生排队对象自动离去。这时,可定义队长 $q < n$ 时等待,而 $q \geqslant n$ 时到达对象便自动离去;或者以等待时间是否小于某时间 T 确定是否离去,这种现象称为弃权。

对于实现同样的服务,可能有许多队列,在这些队列中会出现重新分配(选择)服务队列的现象,则称为换队。

4. 离散事件系统的指标

离散事件系统可视为一个广义的随机服务系统。通常,这类系统是为了达到某种目的而建造的典型人工系统,其目标是:满足服务对象的服务要求,以及使服务机构获得好的效益。对于这类系统的性能衡量,主要从两方面考虑:服务台的利用率和服务的质量。

(1)服务过程

在构筑离散事件系统模型时,根据系统的实际情况(分析或观测记录),从理论上归纳统计特征,用概率分布函数来描述到达模式和服务时间。对于不平稳过程(如尖峰负荷),则设置一些分布函数的参数,使其随条件变化而改变。

当服务时间和到达模式不相适应时,就会出现服务台的忙闲不均和服务对象的排队等待。而实际问题中,离散事件系统的性能首先是通过等待服务的事务数量来衡量的,同时考虑服务资源的利用率,决定如何修改系统参数来提高系统的性能。

(2)服务台的利用率

单服务台的利用率可用到达速度 λ 与服务速度 μ 的比值来表示:

$$\rho = \frac{\lambda}{\mu} = \lambda T$$

式中,λ:要求服务事务的平均到达速度,称为业务量强度;

　　　　T:平均服务时间;

　　　　μ:平均服务速度。

若利用率 $\rho > 1$ 则表明单服务台已不能保证服务系统业务的正常进行,这时应增加服务台。对于 n 个服务台系统,反映单个服务台负荷的服务台利用率为:$\rho = \frac{\lambda}{n\mu}$,若 $\rho \leqslant 1$,则意味着服务系统的业务能够持续地顺利进行,但不能希望它接近于1,因为系统的随机因素会带来较长的队列。

在考虑业务强度时需要用到三个描述项目:服务时间,指每一个单一的事务所需的服务时间;服务能力,可以同时对服务对象进行服务的数目,也就是服务台数量;可用性,指有效的可用时间,也就是考虑了设备的故障、维修、人员的休息等非服务开销。上述这些项目将确定服务台的服务速率。

(3)平均等待时间或平均队长

排队系统的质量,从服务对象来看,有两种度量方法:平均队长和平均等待时间。平均队长是等待服务的事务平均数,它仅与等候队列中的事务数目有关;平均等待时间,则是事务等待服务的平均时间,它与系统中事务等候服务的总时间和接受服务的事务总数有关。具体计算公式为:

①事务等待概率=等待的事务数/事务总数;

②平均等待时间=事务在队中等待的总时间(分)/事务总数;

③队列中事务的平均等待时间=事务在队中等待的总时间(分)/队中等待的事务总数;

④平均服务时间=总的服务时间/事务总数;

⑤事务消耗在系统中的平均时间=事务在系统中消耗的总时间/事务总数。

其中,事务在系统中消耗的总时间=事务在队中等待时间+平均服务时间。

明确性能衡量标准,目的是解决拥挤和排队问题。首先要弄清服务台利用率与某些参数值之间的依赖关系,以便寻求通过参数修改提高系统服务质量的途径。例如,为适应到达模式而调整服务能力——改变服务台配置、增加服务台数量、提高服务速度等措施。对于服务台的配置是指服务台的结构(串联的流水线结构、并联的多窗口服务)以及服务台时间的调整,等等。

此外,为了提高服务质量,还可考虑将服务对象划分不同的服务等级,给予不同的服务标准,规定事务到达到接受服务的时间间隔,或完成服务的时间,这就是所谓优先级的规定,这些时间可规定为不同的绝对值,但通常都用概率来表示。这种规定,在电话系统或各种计算机系统的终端系统等领域已有应用。

性能衡量指标,为提高服务质量和寻求系统效益的仿真研究提供了比较各种策略并进行择优的依据。

4.2.4 仿真钟的推进

仿真钟的推进方法是离散事件系统仿真的基础,其方法有两大类:一类是按下一最早发生事件的发生时间推进,亦称为事件调度法;另一类是固定增量推进方法。

在事件调度法中,事件表按事件发生时间先后顺序安排事件。时间控制部件始终从事件表中选择具有最早发生时间的事件记录,然后将仿真钟修改到该事件发生时刻。对每一类事件,仿真模型有相应的事件子程序。每一个事件记录包含该事件的若干个属性,其中事件类型是必不可少的,要根据事件类型调用相应的事件子程序。在事件子程序中,处理该事件发生时系统状态的变化,进行用户所需的统计计算;如果是条件事件,则应首先进行条件测试,以确定该事件是否确能发生。如果条件不满足,则推迟或取消该事件。该事件子程序处理完后返回时间控制部件。

这样,事件的选择与处理不断地进行,仿真钟不断地从一个事件发生时间推进到下一最早发生事件的发生时间,直到终止仿真的条件或程序事件发生时停止仿真。

除了按事件调度法推进仿真钟以外,早期的离散事件系统仿真也采用过另一种推进方法,即固定增量时间推进,选择适当的时间单位作为仿真钟推进时的增量,每推进一步进行如下处理:

①该步内若无事件发生,则仿真钟再推进一个单位时间;

②若在该步内有若干个事件发生,则认为这些事件均发生在该步的结束时刻。为便于进行各类事件处理,用户必须规定当出现这种情况时各类事件处理的优先顺序。

这种方法的缺点是显而易见的。首先,仿真钟每推进一步,均要检查事件表以确定是否有事件发生,增加了执行时间。其次,该步任何事件的发生均认为发生在这一步的结束时刻,如果选择过大,则会引入较大的误差;而且要求用户事先确定各类事件的处理顺序,增加了建模的复杂性。

固定增量推进法主要用于系统事件发生时间具有较强周期性的模型。对于大多数离散事件系统来说,由于一般都具有较强的随机性,故均采用事件调度法。

4.2.5　离散系统仿真策略

应用任何一种仿真进程的推进方法都应考虑如何选择"下一事件",以便执行相应的程序模块来修改系统状态,进行各种统计计算。从事件、活动、进程三个层次来组织事件即构成了处理离散事件模型的三种典型处理方法:事件调度法、活动扫描法、进程交互法。

1. 事件调度法(Event Scheduling)

按这种方法建立模型时,所有事件均放于事件表中,模型中设有一个时间控制成分,该成分从事件表中选择具有最早发生时间的事件,并将仿真中的时间变量,即仿真钟修改到该事件发生的时间,再调用与该事件相应的事件处理模块,该事件处理完毕后返回时间控制成分。这样,事件的选择与处理不断地进行,直到仿真终止的程序事件发生为止。在这种方法中,任何条件的测试,均在相应的事件模块中进行,这显然是一种面向时间的仿真方法。

其非形式描述算法如下:

执行初始化操作,包括:

置初始时间 $t = t_0$,结束时间 $t_\infty = t_e$

事件表初始化,置系统初始事件

成分状态初始化:$S = ((S_{a1}, t_{a1}), \cdots, (S_{am}, t_{am}), \cdots, (S_{an}, t_{an}))$

操作事件表,包括:

取出具有 $t(s) = \min(t_a \mid a \in C_a)$ 事件记录

修改事件表

推进仿真钟 TIME $= t(s)$

while(TIME$<=t_\infty$)则执行

Case 根据事件类型 i

$i=1$ 执行第 1 类事件处理程序

$i=2$ 执行第 2 类事件处理程序

......

$i=m$ 执行第 m 类事件处理程序

endcase

取出具有 $t(s)=\min(t_a \mid a \in C_a)$ 事件记录

置仿真时间 TIME $=t(s)$

endwhile

2. 活动扫描法(Activity Scanning)

在这类仿真中,系统由部件组成,而部件包含着活动,该活动是否发生,视规定的条件是否满足而定,因而有一专门模块来确定激活条件。若条件满足,则激活相应部件的活动模块。时间控制程序较其他条件具有更高的优先级,即在判断激活条件时首先判断该活动发生的时间是否满足,然后再判断其他条件。若所有条件都满足,则执行该部件的活动子程序,然后再对其他部件进行扫描,对所有部件扫描一遍后,又按同样顺序进行循环扫描,直到仿真终止。

设 $D_a(S)$ 表示成分 a 在系统状态 S 下的条件是否满足($D_a(S)=$ true 表示满足, $D_a(S)=$ false 表示不满足), t_a 表示成分 a 的状态下发生变化的时刻。活动扫描法每一步要对系统中所有主动成分进行扫描,当 $t_a \leqslant$ 仿真钟当前值 TIME,且 $D_a(S)=$ true 时,执行该成分 a 的活动子程序。所有主动成分扫描一遍后,又按同样顺序继续进行扫描,直到仿真结束。由于活动扫描法包括了对事件发生时间的扫描,因而也具有事件调度法的功能。

其非形式描述算法如下:

执行初始化操作,包括:

置初始时间 $t=t_0$,结束时间 $t_\infty=t_e$

设置主动成分的仿真钟 $t_a(i)(i=1,2,\cdots,m)$

成分状态初始化: $S=((S_{a1},t_{a1}),\cdots,(S_{am},t_{am}),\cdots,(S_{an},t_{an}))$

设置系统仿真钟 TIME $=t_0$

while(TIME$<t_\infty$),则执行扫描

for $j=$ 最高优先数到最低优先数

将优先数为 j 的成分置成 i

if $(t_a(i)<$ TIME 且 $D_a(S)=$ true)

执行活动子例程 i

退出,重新开始扫描

endfor

TIME $=\min\{t_a \mid a \in$ FUTURE$(S)\}$ 事件记录

endwhile

3.进程交互法（Process Interactive）

离散事件系统仿真建模的第三种方法是进程交互法。一个进程包含若干个有序事件及有序活动。采用进程交互法建模更接近于实际系统，从用户的观点来看这种策略更易于使用，因而得到迅速的发展，但这种策略的软件实现比事件调度法及活动扫描法要复杂得多。

进程交互法采用进程（Process）描述系统，它将模型中的主动成分所发生的事件及活动按时间顺序进行组合，从而形成进程表，一个成分一旦进入进程，它将完成该进程的全部活动。

软件实现时，系统仿真钟的控制程序采用两张事件表：其一是当前事件表 CEL，它包含了从当前时间点开始有资格执行的事件的记录，但是该事件是否发生的条件（如果有的话）尚未判断；其二是将来事件表 FEL，它包含在将来某个仿真时刻发生的事件记录。每一个事件记录中包括该事件的若干属性，其中必有一个属性说明该事件在进程中所处位置的指针。

当仿真钟推进时，满足 $t_a \leqslant$ TIME 的所有事件记录从 FEL 移到 CEL 中，然后对 CEL 中的每个事件记录进行扫描，对于从 CEL 中取出的每一个事件记录，首先判断它属于哪一个进程以及它在该进程中的位置。该事件是否发生则决定于发生条件是否为真。若 $D_{ai}(S) =$ true，则发生包含该事件的活动，只要条件允许，该进程要尽可能地连续推进，直到结束；如果 $D_{ai}(S) =$ false 或仿真钟要求停止，则退出该进程，然后对 CEL 的下一事件记录进行处理。当 CEL 中的所有记录处理完毕后，结束对 CEL 的扫描，继续推进仿真钟，即把将来事件表中的最早发生的事件记录移到 CEL 中，直到仿真结束。这种策略可用以下算法来描述：

执行初始化操作，包括：

置初始时间 $t = t_0$，结束时间 $t_\infty = t_e$

设置初始化事件，并置于 FEL 中

将 FEL 中有关事件记录置于 CEL 中

成分状态初始化：$S = ((S_{a1}, t_{a1}), \cdots, (S_{am}, t_{am}), \cdots, (S_{an}, t_{an}))$

设置系统仿真钟 TIME$= t$

while(TIME$< t_\infty$)，则执行

①CEL 扫描

while(CEL 中最后一个记录未处理完)则

while($D_{ai}(S) =$ true 有关成分未处理完)则

执行该成分的活动

确定该成分的下一事件

endwhile

endwhile

②推进仿真钟

TIME$=$FEL 中安排的最早时间

if(TIME$<= t_\infty$)则

将 FEL 中所在 TIME 时刻发生的事件记录移到 CEL 中

endif

endwhile

4.三种仿真策略比较

(1)系统描述

所有策略均提供主动成分及被动成分,每种成分均能接受其他成分的作用。在事件调度法中,只有主动型成分 C_A 才能施加作用,而在其他两种策略中,主动型成分 C_A 与被动型成分 C_P 均可施加作用。

在事件调度法中,系统的动态特性表现为主动成分不断产生事件;在活动扫描法中则表现为主动成分产生活动;在进程交互法中则是通过成分在其进程中一步一步地推进来描述。

(2)建模要点

在事件调度法中,用户要对所定义的全部事件进行建模,条件的测试只能在事件处理子例程中进行。

活动扫描法设置了一个条件子例程专用于条件测试,还设置一个活动扫描模块,该模块对所有定义的活动进行建模。

进程交互则将一个进程分成若干步,每一步包括条件测试及执行活动两部分。

(3)仿真钟的推进

在事件调度法中,主动成分的下一事件发生时间保存在事件表中,定时模块不断地从事件表中取出具有最早发生时间的事件记录,将仿真钟推进到该事件发生时间,并转向该事件处理子例程执行。

活动扫描法除了设置了系统仿真钟之外,每一个主动型成分还设有成分仿真钟。定时模块选择那些大于当前系统仿真钟的值且是所有成分仿真钟最小的那个成分仿真钟,然后将系统仿真钟推进到该时刻,并开始对活动进行扫描。

进程交互法采用将来事件表及当前事件表。当前事件表中的进程扫描完后,从将来事件表中取出具有最早发生时间的事件记录置于当前事件表中,仿真钟推进到该事件发生时间。一旦某个进程被执行,则要求尽可能多地走下去,但并不改变系统仿真钟。如果该进程并未完成,则将其断点记录下来,即将中断时间及事件类型放到将来事件表中,如果当前事件表中有一项或几项的发生时间小于当前系统仿真钟的值,则说明在以前的扫描中,发生该事件的条件未得到满足,应再次进行扫描。

(4)执行控制

事件调度法由定时模块按下一最早发生时间选择事件记录,并转向该事件处理子例程执行。如果下一最早发生事件多于一个,首先按事件的优先数来选择,对具有相同优先数的多个同时事件,解结规则由用户在建模时规定。

活动扫描法按递减优先数的顺序对全部活动扫描,只有满足 $D_{ai}(S)$ ＝ true 且 $t_a \leqslant$ TIME 的活动才能被执行,对相同优先数的活动,解结规则由用户建模时加以规定。

进程交互法按递减优先数的顺序对当前事件表的全部记录进行扫描,根据该事件在其进程中的指针进行条件判断,当 $D_{ai}(S)$ ＝ true 时则执行该进程(据指针指示的位置),

且只要条件满足,该进程一直执行下去,直到该进程结束;否则要记下断点,修改指针,并把该断点发生的将来时间登记在将来事件表中。当一个进程扫描完后,接着对下一优先数的成分进行扫描,直到扫描完毕。

概括地说,事件调度法建模灵活,可应用范围广泛,但一般要求用户采用通用的高级语言编写事件处理子例程,建模工作量大。活动扫描法对于各成分相关性很强的系统来说模型执行效率高,但是建模时要对各成分的活动进行建模,程序结构比较复杂,流程控制不易。进程交互法是建模最为直观的策略,其模型表示接近实际系统,特别适用于活动可以预测、顺序比较确定的系统,但是其流程控制复杂,建模灵活性不如事件调度法。

4.3　数据输入分析

4.3.1　数据收集

1. 数据收集的目的

数据收集是针对实际问题,经过系统分析或经验的总结,以系统的特征为目标,收集与此有关的资料、数据、信息等反映特征的相关数据。

数据的收集是一项工作量很大的工作,也是在仿真中最重要、最困难的问题。即使一个模型结构是正确的,但若收集的输入数据不正确,或数据分析不对,或这些数据不能代表实际情况,那么利用这样的数据作为决策的依据必将导致错误,造成损失和浪费。

数据收集工作人员应该具有科学的态度、忠于现实的工作作风,应该将数据收集工作、仿真工作的意义让参与者明确,得到参与者的支持和理解。

2. 数据收集过程中的注意事项

(1)做好仿真计划,详细规划仿真所需要收集的数据

根据问题的特征,进行仿真的前期研究,分析影响系统的关键因素。从相关事物的观察入手,尽量收集相关的数据。为此可以事先设计好调研表格,并注意不断完善和修改调研方式,使收集的数据更符合仿真对象的数据需要。

(2)在收集数据过程中要注意分析数据

数据的收集与仿真的试运行是密切相关的,应当是边收集数据、边进行仿真的试运行。然而系统仿真是一项专业性很强的工作,要正确认识"仿真"的含义,抓住仿真研究的关键,避免求全、求精。确信所收集的数据足以确定仿真中的输入分量,而对仿真无用或影响不显著的数据就没有必要去多加收集。

(3)数据的均匀组合

尽量把均匀数据组合在一组里。校核在相继的时间周期里以及在相继日子内的一个时间周期里的数据的均匀性。当校核均匀性时,初步的检验是看一下分布的均值是否相同。

(4)收集的数据要满足独立性的要求

针对仿真所收集的各个数据需要进行相关性检验。为了确定两个变量之间是否存

在相关,要建立两个变量的散布图,通过统计方法确定相关的显著性。

(5)数据自相关性的检验

考察一个似乎是独立的观察序列数据存在自相关的可能性。自相关可能存在于相继的时间周期或相继的顾客中。例如,第 i 个顾客的服务时间与 $(i+n)$ 个顾客的服务时间相关。

4.3.2 数据输入统计分析

对于离散系统的统计分析中,一般用频率统计的分析方法来计算分布函数。其图形描述用的就是直方图。

1. 直方图的建立步骤

直方图的建立步骤如下:

①取值区间划分:$P_i = n_i/N$, $n_i = $ 落在 i 区间中的次数;

②水平坐标轴的区间标注;

③计算确定每一区间内的发生数;

④垂直坐标轴上标注频数;

⑤绘制各个区间上发生的频数;

⑥绘制直方图。

2. 直方图分组区间数量的选取

分组区间的组数依赖于观察次数以及数据的分散或散布的程度,如果区间太宽(m 太小),则直方图太粗或呈短粗状,这样,它的形状不能良好地显示出来;如果区间太窄,则直方图显得凹凸不平、不够平滑。

一般分组区间组数近似等于样本量的平方根,即:$m = \sqrt{N}$。合适的区间选择(m 值)是直方图制作和分布函数分析的基础。

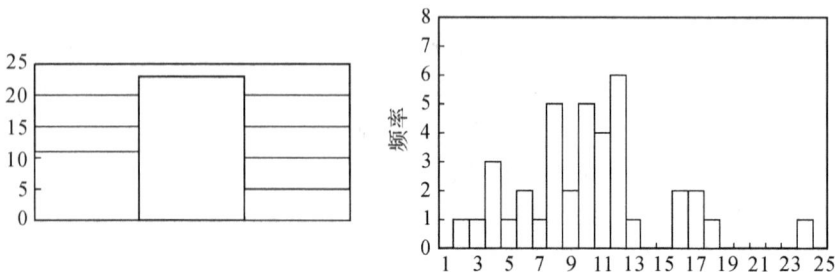

图 4-1 直方图分组区间示例

对直方图进行曲线拟合,拟合所得到的曲线应该就是该随机变量的概率或密度函数。密度函数是一个一般概率函数。通常,我们通过标准函数的假设,将概率分布假设成标准分布函数形式,如负指数分布、泊尔松分布等。

3. 参数估计

前面通过对随机过程的样本值的直方图分析,我们已经得到了随机过程的分布假设,即假设随机过程的概率分布符合某一种标准随机分布。这是一种定性分析的结果。在给定了一种随机分布函数后,需要进一步获取这一分布函数的特征参数,这一标准分布函数的参数需通过参数估计求得。因此,参数估计在这里是为了对随机分布函数参数求取的一个工具。

设某一个随机过程 X,其 n 个抽样样本为 $x_1, x_2, \cdots, x_n$,该样本的均值为 $\overline{X} = \dfrac{1}{n} \sum\limits_{i=1}^{n} x_i$,该样本的方差为 $S^2 = \dfrac{1}{n-1} \left(\sum\limits_{i=1}^{n} x_i^2 - n\overline{X}^2 \right)$。

如果离散数据已按频数分组,则:

$$\overline{X} = \frac{1}{n} \sum_{i=1}^{k} f_i x_i \quad S^2 = \frac{1}{n-1} \left(\sum_{i=1}^{k} f_i x_i^2 - n\overline{X}^2 \right)$$

式中,k:X 中不相同数值的个数即分组数;

f:X 中数值 X_j 的观察频数。

表 4-1 仿真中常用的一些分布参数建议值

分 布	参 数	建议使用的估计量
泊尔松	a	$\hat{a} = \overline{X}$
指 数	λ	$\hat{\lambda} = \dfrac{1}{\overline{X}}$
在 $(0, b)$ 上的均匀分布	b	$\hat{b} = \dfrac{n+1}{n} x_{max}$
正 态	μ, σ^2	$\hat{\mu} = \overline{X}, \hat{\sigma}^2 = S^2$

4.拟合度检验

(1)拟合度检验的统计量

为了测试随机样本量为 n 的随机变量 X 服从某一特定分布形式的假设,常用 C^2 拟合度检验。这种检验方法首先是把 n 个观察值分成 k 个分组区间或单元。检验的统计量由下式给出(k 为分布的阶数)。

$$\chi_0^2 = \sum \frac{(O_i - E_i)^2}{E_i}$$

式中,O_i:在第 i 个分组区间的观察频数($O_i = n_i / n$);

E_i:在该分组区间的期望频数。每一分组区间的期望频数是 $E_i = np_i$,这里的 p_i 是理论值,是对应第 i 个分组区间的假设概率。

(2)拟合程度的判定

可以证明 c_0^2 近似服从具有自由度 $f = k - s - 1$ 的 c^2 分布;这里 s 表示由采样统计量所估计的假设分布的参数个数。

假设检验作零假设 H_0:观察值 X_i 是一组属于分组分布函数 F 的独立相同分布的随机变量。若 c^2 太大则拒绝 H_0,若拟合是好的,则期望值 c^2 很小。

(3)拟合度检验步骤

①首先划分区间,定义 k 值;

②计算各组的观察频数；

③计算 c_0；

④ 查阅 c^2 表，得到 $P(\chi^2 \leqslant \chi_0^2)$ 值，该值反映的是假设分布的拟合程度。

（4）指定拟合度的检验

我们可以根据拟合度检验的要求，设定一个拟合度的显著性指数 α，根据设定的显著性指数 α 以及 χ^2 分布的自由度数 $f = k - s - 1$，可以查 χ^2 表得到 $\chi_{a,f}^2$。

①如果 $\chi_0^2 > \chi_{a,f}^2$ 则检验未通过，H_0 不成立。

②如果 $\chi_0^2 \leqslant \chi_{a,f}^2$ 则检验通过，H_0 成立。

在应用这个检验时，如果期望的频数太小，将对检验的有效性有所影响。一般情况下区间的个数 k 宜在 $30 \sim 40$ 以下，并能使最小期望频数 $E_i \geqslant 5$。如果 E_i 值太小，可以把它和相邻分组区间的期望频数相合并，对应的 Q_i 值也应该合并起来，同时每当合并一个单元，k 值应该减去 1。

4.3.3 相关性分析

系统运行过程中，随机变量有多个，如激励存在多种因素的影响、系统参数的变化等。这些随机变量之间可能是独立的，也有可能是相互有牵连的，牵连程度的强弱有所不同，需要进行相关性分析。相关性分析的目的是为了更好地了解系统以及系统随机变量的关联性，更正确地把握问题的关键。

相关性分析通常采用的是回归分析的统计方法。

1. 单变量线性回归

假设要估计在自变量 x 与一个因变量 y 之间的相关性。设在 y 与 x 之间真实相关是线性关系，这里观察值 y 是随机变量，而 x 是数学变量。那么在给定 x 的值之下，y 的期望值假设是：$E(y|x) = \beta_0 + \beta_1 x$，式中 β_0 为一未知常数，是 x 取零时，y 的值；β_1 为斜率，即 x 变化一个单位所引起的 y 的变化，也是一个待定的未知常数。假设 y 的每一个观察值可用下式表示 $y = \beta_0 + \beta_1 x + e$，式中 e 是均值为 0、方差为 c^2 的随机误差。假设存在 n 对观察值 (x_i, y_i)，$i = 1, 2, \cdots, n$，通常采用最小二乘法来估计上式中的 y_i。设：$y_i = \beta_0 + \beta_1 x_i + \varepsilon_i (i = 1, 2, \cdots, n)$，则 $\varepsilon_i = y_i - \beta_0 - \beta_1 x_i$，这里假设 ε 是不相关的随机变量。随机变量偏差 ε 的平方和为（最小二乘法函数形式）：$L = \sum_{i=1}^{n} \varepsilon_i^2 = \sum_{i=1}^{n} (y_i - \beta_0 - \beta_1 x_i)^2$。为了使 L（偏差）极小，可求出 $\frac{\partial L}{\partial \beta_0}$ 和 $\frac{\partial L}{\partial \beta_1}$，并置它们为 0，从而可以得到 β_0, β_1 的线性代数方程，即有

$$\begin{cases} \frac{\partial L}{\partial \beta_0} = -2 \sum_{i=1}^{n} (y_i - \beta_0 - \beta_1 x_i) = 0 \\ \frac{\partial L}{\partial \beta_1} = -2 \sum_{i=1}^{n} (y_i - \beta_0 - \beta_1 x_i) x_i = 0 \end{cases}$$

转化为

$$n\beta_0 = \sum_{i=1}^{n} y_i - \beta_1 \sum_{i=1}^{n} x_i, \quad \beta_1 \sum_{i=1}^{n} x_i^2 = \sum_{i=1}^{n} x_i y_i - \beta_0 \sum_{i=1}^{n} x_i$$

于是

$$\beta_0 = \bar{y} - \beta_1 \bar{x}, \beta_1 = \frac{\sum_{i=1}^{n} y_i (x_i - \bar{x})}{\sum_{i=1}^{n} (x_i - \bar{x})^2}$$

最后得到

$$\bar{x} = \frac{1}{n} \sum_{i=1}^{n} x_i, \bar{y} = \frac{1}{n} \sum_{i=1}^{n} y_i$$

2. 单变量线性回归的显著性检验

首先考虑 β_1 的均方误差：

在 x_i 处观测值 y_i 与回归值 y_i 之间的误差为均方误差，值为

$$MS_E = \frac{1}{n-1} \sum_{i=1}^{n} e_i^2 = \frac{1}{n-1} \sum_{i=1}^{n} (y_i - \hat{y}_i)_i^2$$

也称为回归的剩余方差，它是误差方差的无偏估计量。

构造检验统计量 $t_0 = \dfrac{\hat{\beta}_1}{\sqrt{\dfrac{MS_E}{S_{xx}}}}$ 服从自由度为 $n-2$ 的 t 分布。

设定一个显著性水平 α，当 $|t_0| > t_{\frac{\alpha}{2}, n-2}$ 时，x, y 是显著相关。

S_{xx} 是 x 的自相关函数。

$$S_{xx} = E(x_i - \bar{X})^2 = \sum_{i=1}^{n} x_i^2 - \frac{1}{n} \left(\sum_{i=1}^{n} x_i \right)^2$$

3. 多变量线性回归

$$\begin{cases} y_1 = \beta_{10} + \beta_{11} x_1 + \beta_{12} x_2 + \cdots + \beta_{1n} x_n \\ y_2 = \beta_{20} + \beta_{21} x_1 + \beta_{22} x_2 + \cdots + \beta_{2n} x_n \\ y_3 = \beta_{30} + \beta_{31} x_1 + \beta_{32} x_2 + \cdots + \beta_{3n} x_n \\ \cdots \\ y_m = \beta_{m0} + \beta_{m1} x_1 + \beta_{m2} x_2 + \cdots + \beta_{mn} x_n \end{cases}$$

X、Y 变量可以是多种形式的变量，如 X、Y 为非线性变量。

假设 $y = \{y_1, y_2, \cdots, y_m\}^T$ 是由 m 个变量构成的向量，每一个向量观察值可用下式表示

$$y = b_0 + b_1 x + e$$

式中，$e = \{e_1, e_2, \cdots, e_m\}^T$ 是均值为 0；

$x = \{x_1, x_2, \cdots, x_n\}^T$ 为 n 个影响观察值的控制变量；

$b_0 = \{b_1, b_2, \cdots, b_m\}^T$ 为待求的相关系数（常数项）；

$b_1 = [b_{ij}]$ 为 $m×n$ 阶的系数矩阵。

为了计算的方便将上述表达形式改写为

$$y = xB + e$$

式中，$e = \{e_1, e_2, \cdots, e_m\}^T$；

$x = \{1, x_1^T, x_2^T, \cdots, x_n^T\}$ 为 n 个影响观察值的控制变量；

$B = [b_0, b_1]$ 为 $n(m+1)$ 阶待求的系数矩阵。

用最小二乘法来估计上式中的 y。设 $y_i = Bx_i + e_i, i = 1, 2, \cdots, n$，则 $e_i = y_i - Bx_i$。假设 e 是不相关的随机变量，随机变量偏差 e 的平方和为（最小二乘法函数形式）

$$L = \varepsilon^T \varepsilon = \{y - xB\}^T \{y - xB\} = \{y^T - B^T x^T\}\{y - xB\}$$
$$= y^T y - y^T xB - B^T x^T y + B^T x^T xB$$
$$= y^T y - y^T xB - [y^T xB]^T + [xB]^T xB$$

为了使 L（偏差）极小，可求出 $\dfrac{\partial L}{\partial B}$，并置其为 0，可得关于 B 的线性方程（组），由

$$\begin{cases} -2x^T y + 2[x^T x]\hat{B} = 0 \\ \hat{B} = [x^T x]^{-1} x^T y \end{cases}$$
解得 B 矩阵的各个分量。

4.4　随机变量及其生成方法

4.4.1　随机变量的类型

离散事件系统一般会有一个以上的随机变量。对具有随机变量的系统进行仿真，首先必须确定其随机变量的概率分布，以便在仿真模型中对这些分布进行取样，得到所需要的随机变量。确定随机变量模型的基础是收集该随机变量的观测数据。

根据观测数据来确定概率分布的类型、参数以及如何对这种拟合进行优良度检验。

根据对随机变量特性的了解程度，在确定其模型时，一般会碰到三种情形：

①随机变量分布的类型已知，需要由观测数据确定该分布的参数；

②由观测数据确定随机变量概率分布类型，并在此基础上确定其参数；

③由已有的观测数据难以确定该随机变量的理论分布。

分布参数的确定首先需要确定分布参数的类型，根据其物理或几何解释，分布所采用的大多数参数，可分为位置参数和比例参数两个基本类型。

（1）位置参数

位置参数记为确定了一个分布从函数取值范围的横坐标。当 z 改变时，相应的分布函数仅仅向左或向右移动而不发生其他变化，因而又称之为位移参数。

（2）比例参数

严格地说，仿真中采用的随机数发生器不是在概率论意义上的真正的随机数，而只能称之为伪随机数，因为无论哪一种随机数发生器都采用递推算法。尽管如此，如果算法选择得合适，由这种算法得到的数据，通过统计检验后（如均匀性、独立性等）能具有较好的统计特性，则这种伪随机数可以用于仿真。

4.4.2　随机数发生器

在许多仿真过程中，事件的发生是随机的，或者事件的属性值的确定具有偶然性。

例如,仿真中广泛应用的决策逻辑中,偶然性的影响和作用是非常大的,在一个系统的运行中,已知按照一条给定的路径运行有一定的可能性。在对系统的仿真中需要有一种方法能够选定这条路径,从而使仿真器的长期行为更加接近真实系统。由于在多数情况下这个决策是不确定的,对路径的选择通常要基于概率关系。

由此或其他一些原因,几乎在所有的仿真模型中都需要有某种装备用来产生随机数。这种装备必须能够给出一个特定的值使得在任何给定的仿真运行中,事件看起来像是随机发生的。在这种情况下需要有一个决策模块,它必须能够指导仿真器在某些运行中采用一条给定的路径,而在其他的运行中采用其他的路径。

由于这些随机因素的存在,在建模过程中就可能需要用服从各种分布的随机变量来描述系统中存在的随机和偶然性问题。随机变量的产生基础是随机数,随机数可以通过对[0,1]区间上均匀分布抽样生成。

目前使用的大多数随机数发生器是线性同余发生器,它是 Lehmer 在 1951 年提出的。另一类是组合发生器。

(1)线性同余发生器

线性同余发生器采用下式产生随机数:

$$Z_i = (aZ_{i-1} + C)\mathrm{mod}(m)$$

式中,Z_i:第 i 个随机数;

　　a:乘子;

　　C:增量;

　　m:模数;

　　Z_0:称为随机数源或种子,它们均为非负整数。显然,Z_i 满足:

$$0 \leqslant Z_i \leqslant m-1$$

为了得到[0,1]区间上所需要的随机数 U_i,可令:

$$U_i = Z_i/m$$

显然,Z_i 实质上完全不是随机的,原因如下:

设 $K_i = \mathrm{mod}(aZ_{i-1} + C, m)$

则 $Z_1 = a^2 Z_0 + C - mK_1$

$Z_2 = a^2 Z_0 + C(1+a) - m(K_2 + aK_1)$

$Z_3 = a^3 Z_0 + C(1+a+a^2) - m(K_3 + K_2 a + K_1 a_2)$

$\cdots$

$Z_n = a_n Z_0 + C(1+a+\cdots+a_{n-1}) - m(K_n + K_{n-1} a + \cdots + K_1 a_{n-1})$

$\quad = a_n Z_0 + C \dfrac{a_{n-1}}{a-1} \mathrm{mod}(m)$

即一旦 m, a, C, Z_0 确定,Z_i 就完全确定下来了。

另外,由于 Z_i 是[0,$m-1$]区间上的整数,那么由 Z_i 得到的 U_i 仅仅是有限个数,即为 $0, 1/m, 2/m, \cdots, m-1/m$,而不可能位于这些数值之外。

对于线性同余发生器适当选择 m, a, C,可使 Z_i 循环产生,无论 Z_0 取何值,其循环顺序是相同的,循环一次称为发生器的一个周期,记为 P。如果 $P = m$,则称该发生器具有满周期。适当选择 m,a,C，可保证 Z_i 在 $[0,m-1]$ 区间上一个周期内每个整数正好出现一次，从而保证了均匀性。为提高 U_i 的均匀性，要求加大 m。

在实际使用中，可按以下规则选择 a 和 m：

① 选择 $m=2^b$，b 是某个整数，C 为奇数，一般 m 选择在机器所能表示的数的范围内；

② a 一般取与 $a \approx 2^{p/2}$ 最接近而又满足 $a=8K\pm3$ 的那个数，其中 K 是任意整数，P 为机器字长。Z_0 可为 0 到 $m-1$ 之间的任意奇数，而不会对随机数发生器的周期产生任何影响。

线性同余发生器有两种形式，即混合乘同余 $(C>0)$ 和乘同余 $(C=0)$。

（2）组合发生器

为了提高线性同余发生器的性能，可将两个独立的线性同余发生器组合起来，即用一个发生器控制另一个发生器产生的随机数，这种发生器称为组合发生器。迄今为止，有两种方法使用得比较广泛。

第一种方法是：首先从第一个发生器产生 K 个 $Z_i(U_i)$，得到数组 $U=(U_1,U_2,\cdots,U_K)$ 或 $Z=(Z_1,Z_2,\cdots,Z_K)$；然后用第二个随机数发生器产生在 $[1,K]$ 区间上均匀分布的随机整数 I；以 I 作为数组 U（或 Z）的元素下标，将 U_1 或 Z_1 作为组合发生器产生的随机数，然后从第一个发生器再产生一个随机数来取代 U_1 或 Z_1，依次下去。

第二种方法是：设 $Z_i^{(1)}$ 与 $Z_i^{(2)}$ 分别是由第一个与第二个线性同余发生器产生的随机数，则令 $Z_i^{(2)}$ 的二进制表示的数循环移位 $Z_i^{(1)}$ 次，得到一个新的位于 0 到 $m-1$ 间的整数 $Z_i^{(2)}$；然后将 $Z_i^{(1)}$ 与 $Z_i^{(2)}$ 的相应二进制位"异或"相加得到组合发生器的随机变量 Z_i，且 $U_i=Z_i/m$。

组合发生器的优点是，大大减少了线性同余发生器带来的自相关，提高了独立性；还可以加长发生器的周期，提高随机数的密度，从而提高了均匀性，而且它一般对构成组合发生器的线性同余发生器的统计特性要求较低，得到的随机数的统计特性却比较好。组合发生器的缺点是速度慢，因为要得到一个随机数，需要产生两个基础的随机数，并执行一些辅助操作。

4.4.3　随机变量产生的方法

产生随机变量的方法有多种，对于给定的随机变量，可根据其特点选择其中一种或几种方法。常用的产生随机变量的方法有反变换法、组合法、卷积法及舍选法。在离散事件系统仿真中，产生随机变量的方法主要是反变换法和卷积法。

1. 反变换法（反函数法）

反变换法是最常使用且最直观的方法，它以概率积分变换定理为基础，设随机变量 x 的分布函数为 $F(x)$，为了得到随机变量的抽样值，先产生在 $[0,1]$ 区间上均匀分布的独立随机变量 u，由反分布函数 $F^{-1}(u)$ 得到的值即为所需的随机变量 $x=F^{-1}(u)$。事实上，我们有

$$P(Y<y) = P(F_x^{-1}(u)<y)$$
$$= P(u<F_x(y)) = F_x(y) = P(x<y)$$

这种方法是对分布函数进行反变换,因而取名为反变换法。

如产生服从负指数分布的随机数 x。负指数分布密度函数为 $f(x)=\lambda\mathrm{e}^{-\lambda x}(x\geqslant 0)$,其分布函数由下式算得:

$$F(x)=\int_0^x \lambda\mathrm{e}^{-\lambda x}dx=1-\lambda\mathrm{e}^{-\lambda x},x\geqslant 0$$

易得 $F(x)$ 的反函数为 $x=-\dfrac{1}{\lambda}\ln(1-F(x))$。设 U 为均匀分布,则

$$x=-\frac{1}{\lambda}\ln(1-u)$$

即为所求的随机数。又因 u 是 $[0,1]$ 上均匀分布的随机数,所以 $(1-u)$ 也是 $[0,1]$ 上均匀分布的随机数,故上式可简化为

$$x=-\frac{1}{\lambda}\ln u$$

这样,就得到了负指数分布的随机数。

2. 卷积法

设随机变量 x 可表示为若干个独立同分布的随机变量 $Y_1,Y_2,\cdots,Y_m$ 之和,即
$$x=Y_1+Y_2+\cdots+Y_m$$
则 x 的分布函数与 Y_i 的分布函数相同,此时称 x 的分布为 Y_i 分布的 m 重卷积,那么,为产生 x,可先独立地从相应分布函数产生随机变量 $Y_1,Y_2,\cdots,Y_m$,然后利用上式可得到 x,这就是卷积法。

由于均值为 β 的 m 维爱尔朗 $\mathrm{Erlang}(m,\beta)$ 的随机变量可表示为 m 个均值为 β/m 的独立的指数随机变量之和,故可以采用卷积法产生 x,其步骤如下:

①独立地产生 m 个 $U(0,1)$ 随机数 u_i;

② 用反变换法分别产生 Y_i

$$Y_i=-\frac{\beta}{m}\ln u_i\quad(i=1,2,\cdots,m)$$

③令 $x=\sum_{i=1}^m Y_i=Y_1+Y_2+\cdots+Y_m$

即得到了爱尔朗分布的随机数。

▷ 思考题

1. 试比较离散事件系统的三种仿真策略。

2. 如何进行输入数据的统计分析?

3. 某公共汽车站按规定从上午 6:40 至上午 8:40 内每 20min 有一班公共汽车到站,某个乘客不了解其调度规律,而是每天早上 7:00 到 7:30 均匀地随机到达车站,问旅客等待公共汽车时间多于 5min 的概率是多少?

4. 已知自助餐馆中从开始排队列至自服务之间的时间服从 $\mu=12,\sigma^2=9$ 的正态分布,问到达顾客等待 $10\sim15$min 的概率是多少?

第 5 章

物流系统仿真概述

⊡> **本章要点**

　　物流是一个多目标、多层次、多因素的复杂系统,各子系统之间及各子系统内各要素之间的相互协调是保证物流系统能正常发挥效用的重要因素。本章对物流系统的仿真应用领域、仿真特点、仿真现状及发展趋势,以及对一个具体运输与装卸系统的仿真进行了介绍。

5.1　物流系统仿真

　　系统仿真技术发展到今天,已经越来越多地集成到对重要运作的决策中。系统仿真技术在汽车、烟草、医药、化工、军事配送、机械、第三方物流、食品、电器、电子等各个行业取得了广泛的应用,且应用贯穿于产品设计、生产过程、销售配送,直到产品寿命结束废弃以及回收阶段,离散事件系统仿真在各行各业的物流管理技术与手段中已取得了不可替代的地位。

　　早期的物流系统仿真主要是通过建立数学模型进行处理,即一般仿真技术中的数学仿真。因此,物流系统的数学仿真一般过程与物流系统模型的建立类似。然而,正如前面分析所指出的,试图建立一个一般的统一模型来对整个物流系统进行优化必然存在一种和实际系统的偏差,而且这种偏差对物流系统优化而言将是致命的。

5.1.1　物流系统仿真的特点

　　1. 物流系统仿真的必要性

　　当研究的物流系统不是十分复杂或经过简化降低系统的复杂程度时,可以利用数学

方法,如线性代数、微积分、运筹学、计算数学等方法去求解问题,但计算机仿真法在以下几方面有广泛的应用前景:

①由于有些物流系统的复杂性,应用数学方法难以构造模型、提出解析解,此时可以采用计算机仿真的方法构造模型,以求得系统模型的解答。

②对于新设计的物流系统,在未能确定它的优劣情况之前,不必急于无根据地花费大量的投资去建立,可应用计算机仿真对新的物流系统的可行性和效率作出正确的评价判断。例如对于拟建立的自动化物流系统进行仿真,在开放的人机界面上,可以看到未来实际生产过程中系统设备的全时空信息,看到各输送、存储设备和 AGV、穿梭车、堆垛机、辊道等的状态,仿真系统将反映系统中发生的阻塞和“瓶颈”的位置和情况;可以改变参数输入,通过模拟生产情况及波动对系统造成的冲击,从而避免了在理想化状态下系统设计所无法预料的各种因素,对系统的堵塞有着形象和直观的解决方案。

③计算机仿真具有通过试验达到优化的目的。可运用这一手段,对决策中的多备选方案进行多次运行,按既定的目标函数,对不同的方案进行分析比较,从中选择最优方案,进行辅助决策。

④对物流系统的运行机制进行分析。在仿真模型运行过程中,人们可以根据需要,记录有关数据和信息,从而为分析物流系统提供依据。

⑤对物流系统的发展战略进行研究。应用计算机模型可以对从过去到未来的国家、地区或企业的物流系统的发展规律进行仿真运算,研究系统的因果关系,得出结论,以促进系统的改进和发展。

⑥通过物流系统仿真模型扩展了物流系统研究的边界,有助于描述物流系统的各种现象,增加了直观性,有助于更好地理解和分析物流系统。

2.物流系统仿真的特点

物流系统仿真就是要找出适合物流系统特征的技术方法,对其进行完整科学的描述,一般来讲具有以下几个特点。

(1)物流系统中流的仿真

物流系统中有多种流,货流、车流、船流、商流、信息流、资金流等。由于流的流动,应采用动态仿真方法描述流的产生、流动、消失、积累和转换等。

(2)物流系统中排队的仿真

运筹学中将由一个或多个服务台和一些等待服务的顾客组成的离散系统称为排队系统。在物流系统中服务台可以指设施设备,顾客则是为接受这些设施设备后继工作提供服务的设施设备或物资,如船只与锚地靠泊码头泊位、车辆运营中的车辆与站台,这些系统的仿真都属排队系统仿真。这类仿真大多采用离散型仿真方法来进行。

(3)物流系统组织中人的因素仿真

物流组织是通过人员的参与实现的,即使在同样规划下,不同的人、组织,物流服务质量和运行效率仍有较大的差异。通过计算机仿真描述人的思维过程,从而给出较优的物流系统组织方案。

5.1.2 物流系统仿真的应用现状

1. 当前物流系统仿真解决的主要问题

目前,在物流系统领域进行仿真应用主要体现在以下几个方面。

①在新建与改建工厂或物流中心时,第一步不是买设备上硬件系统,而是进行规划设计。通常咨询师或设计师,总会费尽心思把一切因素都考虑进来,把一切可能出现的麻烦都排除掉,但智者千虑,必有一失,遗憾因此而生。这些遗憾要么造成空间的浪费,要么为日后的工作带来麻烦,更糟糕的情况是拆了重建,时间、金钱、精力都白费。

现代科技可先通过模仿现实物流中心的机械设备以及人员操作等,在电脑上构建虚拟物流中心,以此取代现实的机械设备和物流工人。利用该虚拟物流中心可完成各种各样的系统验证操作,以便能建出"工期短、成本低、质量高"的物流中心。

②仓库建设是一项大型的系统化工程,涉及前期可行性研究、规划、设计、设备选型、制造、安装、调试等诸多环节,有没有办法给咨询师和设计师事先一个改过的机会,或给创新设计一个验证的机会呢? 这可以通过应用三维动画物流仿真系列软件,使人们在新建或改建仓库时,先通过模仿现实物流中心的机械设备及人员操作等,在电脑上构建虚拟的物流中心,以此取代现实的机械设备和工人。

③当一个机构决定使用一个新的设计或新的概念时,往往由于时间和资金的限制,人们没有办法承受失败所带来的风险。因此仿真技术可以帮助人们减轻失败的风险。通过电脑虚拟现实的情况,决策者可以知道概念或设计的可行性,从而帮助他们作明智的决定。

2. 物流系统仿真实用案例

目前,国外已经有许多物流和制造企业中广泛应用仿真技术,如 UPS、加拿大邮政、日本村田公司、LG、Philips、西门子、德马泰克等。

①Qualcomm 公司应用仿真技术对手机制造流程的精简和库存管理的改善进行模拟,大幅度减少了成本,保持了市场竞争力。

②UPS(United Parcel Service)应用仿真技术在满足客户服务质量的前提下,对庞大的人员车辆配置进行优化配置模拟,并在其和成本之间取得了最佳平衡。

③宝洁(P&G)应用仿真技术设计了一个覆盖北美的高效的供应链网络,使其不但能满足客户的日常订单处理和配送要求,更要求这个供应链网络具有极强的抗波动性。

国内也有部分企业采用了仿真技术,如中邮科技在重大设备的设计阶段,采用计算机仿真技术进行工艺方案的规划、验证和分析,大大缩短了产品的研发周期。柳州烟厂在片烟自动配方库、辅料平衡库以及成品库的自动化物流系统规划设计中成功地应用了计算机仿真技术,取得了很好的效果。随着中国物流现代化的推进,系统仿真在物流中的应用具有很好的前景。

仿真技术在复杂系统的分析和决策中的巨大价值在欧美已成为不争的事实,每年创造着数以千亿美元的经济效益。

5.1.3　物流系统仿真研究现状

计算机没有普及以前,进行物流系统仿真,普遍采用数学方法建立数学模型。当研究的物流系统不是十分复杂,或经过简化降低了系统的复杂程度时,可以利用数学方法,如线性代数、微积分、运筹学、计算数学等方法去求解问题。但在实际研究中,随着物流理论和实践的不断深入,所提出的研究问题日益复杂,非确定因素、不可知因素、模糊因素众多,因果关系复杂,单独应用数学方法就难以进行描述或无法求解及很难求解,使得我们的研究需要采用计算机仿真的方法来辅助解决。

因此,当前对物流系统仿真的研究,通常采用以下四个步骤:①对所研究的物流系统进行观测并设置目标;②在假设下拟定数学模型,用来对观测结果加以解释;③通过演算或逻辑推理,按所建立的物流系统数学模型预测实际系统的运动状态,即求模型的解;④通过计算机仿真软件来检验所建立模型的正确性。

1.物流系统仿真模型与优化技术研究

物流系统是典型的复杂"离散事件动态系统"(Discrete Event Dynamic System,DEDS)或者是"离散事件系统"(Discrete Event System,DES),在系统设计与控制过程中存在许多优化问题,用传统的解析方法难以获得最优解或满意解。仿真是建立数学逻辑模型并在计算机上运行该模型进行试验的过程,仿真建模要模仿真实系统(设施或过程)的行为。系统仿真为解决复杂物流系统的问题提供了有效的手段,仿真是决策者用于物流系统设计和操作的最有力的工具之一,它不仅可提供用于决策的定量信息而且可以提高决策者对物流系统工作原理的理解水平,仿真技术为复杂物流系统设计提供了技术性和经济性的最佳结合点和直观有效的分析方法。目前,仿真已经成为管理科学与运筹学领域应用最广泛的技术手段之一,在运筹学常用的建模方法中排在第二位。

离散事件动态系统是系统的状态空间描述为离散集,状态转移仅仅发生在离散的时间点上,同时状态的转移与事件紧密联系的系统。

离散事件动态系统(DEDS)的模型和分析可分为三个基本层次,即逻辑层次、代数层次和统计性能层次。

①DEDS 模型和分析的逻辑层次,着眼于在逻辑时间层次上来研究 DEDS 中事件和状态的符号序列关系,采用的主要数学工具包括形式语言/有限自动机、Petri 网、马尔可夫链等。

②DEDS 模型和分析的代数层次,着眼于在物理时间层次上来研究 DEDS 的代数特性和运动过程,采用的主要数学工具有极大极小代数等。

③DEDS 模型和分析的统计性能层次,着眼于在性能层次上来研究随机情况下DEDS 的各种平均性能及其优化,采用的主要数学工具包括排队论等。

应当指出,尽管这三个层次模型所面对的都是 DEDS,但由于研究侧重点和描述手段不同,目前看来还不具备相互取代的前景,将会长期共存并组成 DEDS 的模型体系,以适应不同的研究问题和研究目标。

物流系统仿真是近年来国内外学术界研究的一个热点问题,早期的物流系统仿真主要是针对生产物流过程中的控制与优化问题来进行的,随着供应链的兴起与发展,更多的研究关注于集采购、生产和销售一体化的供应链仿真。随着物流网络规模的扩大和物流量的巨大增长,配送物流的瓶颈作用越来越突出,一些学者开始用仿真的手段来解决物流配送系统中存在的问题。

仿真模型能实现对问题的直观描述,但仿真运行只能提供一定条件下的可行方案,它并不能给出问题的最优解或满意解,所以需要将仿真与优化技术结合起来,以便在仿真环境下使输出响应不断地改进,从而可以形成各种仿真的优化结构,进而实现系统性能的优化。仿真优化是研究基于仿真的目标优化问题,即基于模型仿真给出的输入输出关系(性能)通过优化算法得到最佳的输入量。

物流系统仿真优化是一个相对较新的研究领域,国内外学者对物流系统的仿真优化问题进行了一定的研究,带有优化工具的仿真包的开发起始于 20 世纪 90 年代中期,并且已经成为目前的发展方向。仿真优化方法分为精确算法和启发式算法,由于物流系统问题的复杂性,所以大多采用启发式算法来解决。启发式算法主要有节约算法、两阶段法以及一些现代的智能启发式算法,主要有禁忌搜索算法(Tabu Search,TS)、遗传算法(Genetic Algorithm,GA)、模拟退火算法(Simulated Annealing,SA)、蚁群算法(Ant Colony System,ACS)以及它们之间结合形成的混合算法等,这些方法为解决物流系统的仿真优化问题奠定了良好的数学基础。

国内外对于物流系统仿真的研究主要集中在生产线能力的评估、配送中心的选址、集装箱码头的布局、数字化工厂的建设、物流车辆的监控等物流活动中,针对上文提出的现代物流系统仿真四个步骤,得出结论,物流系统仿真的重点和难点在于对系统的建模和仿真软件的参数输入阶段。

2. 物流系统仿真软件与仿真环境的研制

计算机仿真技术是研究复杂系统的有效方法。用仿真语言或者商用的仿真软件能够很容易地建立物流系统的仿真模型,与解析方法相比,仿真模型能更加全面地反映实际物流系统的特征。

为了使系统人员、模型开发人员、软件人员、仿真研究人员更好地利用仿真技术,仿真建模方法和相应的仿真软件由传统的运用通用编程语言和仿真语言向着一体化、智能化、虚拟现实环境和面向对象的趋势发展,出现了不少具有相似功能的一体化的建模/仿真开发环境仿真软件产品。综合仿真环境具有通用性强、交互性好、标准化程度高、可重构重用性强等特点,面向对象编程、建立联邦对象模型和仿真对象模型、创建软件构件、研发智能体等方法,促使仿真建模趋向模块化、层次化、规范化和智能化,能明显地提高计算机仿真效率。

在物流系统仿真过程中常用的综合仿真环境有:美国 AutoSimulation 公司的 Auto Mod仿真软件,美国 System Modeling 公司开发的 Arena,美国 Flexsim 公司开发的 Flexsim,英国推出的面向对象的仿真环境 Witness,以色列 Tecnomatix Technologies 公司开发的关于生产、物流和工程的仿真软件 eM-plant 和 IBM 公司开发的通用仿真系统 SimProcess 等。

5.2　仿真方法在物流系统中的应用

5.2.1　应用仿真技术的几个方面

在物流系统研究中系统仿真技术的应用主要有以下几方面。

1. 物流系统规划与设计

在没有实际系统的情况下，把系统规划转换成仿真模型，通过运行模型，评价规划方案的优劣并修改方案，是系统仿真经常用到的一方面。这可以在系统建成之前，对不合理的设计和投资进行修正，避免了资金、人力和时间的浪费。系统仿真运行准确地反映了未来物流系统在有选择地改变各种参数的运行效果，从而使设计者对规划与方案的实际效果更加胸有成竹。有人说，系统仿真把明天的工厂放到了今天，是不无道理的。

2. 仓储规模与库存管理

生产加工的各个工序，其加工节奏一般是不协调的。物料供应部门与生产加工部门的供求关系存在矛盾。为确保物料及时准确的供应，最有效的办法是在工厂、车间设置物料仓库，在生产工序间设置缓冲物料库，来协调生产节奏。

通过对物料库存状态的仿真，可以动态地模拟入库、出库、库存的实际状况。根据加工需要，正确地掌握入库、出库的时机和数量。

3. 物料运输调度

复杂的物流系统经常包含若干运输车辆、多种运输路线。合理地调度运输工具、规划运输路线、保障运输线路的通畅和高效等都不是一件轻而易举的事。运输调度策略存在着多种可能性。如何评价各种策略的合理性呢？怎样才能选择一种较优的调度策略呢？

建立运输系统模型，动态运行此模型，再用动画将运行状态、道路堵塞情况、物料供应情况等生动地呈现出来。仿真结果还提供各种数据，包括车辆的运行时间、利用率等。

通过对运输调度过程的仿真，调度人员对所执行的调度策略进行检验和评价，就可以采取比较合理的调度策略。

4. 物流成本估算

物流过程是非常复杂的动态过程。物流成本包括运输成本、库存成本、装卸成本。成本的核算与所花费的时间直接有关。物流系统仿真是对物流整个过程的模拟。进程中每一个操作的时间，通过仿真推进被记录下来。因此，人们可以通过仿真，统计物流时间的花费，进而计算物流的成本。这种计算物流成本的方法，比用其他数学方法计算更简便、更直观。而且，同时可以建立起成本与物流系统规划、成本与物料库存控制、成本与物料运输调度策略之间的联系，从而用成本核算结果（或者用经济指标）来评价物流系统的各种策略和方案，保证系统的经济性。实际仿真中，物流成本的估算可以与物流系统其他统计性能同时得到。系统仿真在物流系统的应用,除以上四个主要方面外,还可以用来对物流系统进行可靠性分析等。

5.2.2 物流系统仿真类型

1.连续系统模型

连续系统是指系统的状态在时间上是平滑的变化。为了反映连续系统的特征,仿真模型建立了一组由状态变量组成的状态方程。它们可以是代数方程、微分方程、函数方程、差分方程等。这些方程描述了各项状态变量与主要自变量——仿真时间的关系。在此基础上,按一定的规则将仿真时间一步一步向前推移,对方程组进行求解与评价,计算和记录各个状态变量在各个时间点的具体数值。通过连续系统的仿真模型,对系统状态在整个时间序列中的连续性变化进行动态描写。

这种方法主要用于物流系统的发展战略研究、运量预测等与时间密切相关的连接系统。现多采用系统动力学进行这方面的研究。

2.离散系统模型

离散系统的状态变量仅在离散时间点上有跳跃变化。

离散型仿真方法分为以事件为基础、以活动为基础、以过程为基础的仿真方法。以事件为基础的仿真模型建模是通过定义系统在事件发生时间的变化来实现的。以活动为基础的仿真模型建模是描述系统的实体所进行的活动,以及预先设置导致活动开始或结束的条件。这种仿真模型适用于活动延续时间不定,并且由满足一定条件的系统状态而决定的情况。以过程为基础的仿真模型建模综合了以事件为基础的仿真和以活动扫描为基础的仿真两者的特点,描述了作为仿真对象的实体在仿真时间内经历的过程。

在物流系统仿真中,采用事件为基础的仿真方法较多,有关基础知识在前述章节已作了重点介绍,这里特别就物流系统仿真应用中常用的一些概念再进行简单的描述。

物流系统仿真中的排队仿真、流的仿真等都可用以事件为基础的仿真方法描述。根据仿真模型的动态特性,在仿真持续进行时,需要保持对仿真时间当前值的跟踪。同时,也需要一个机构把仿真时间值从一个值推进到另一个值。

根据仿真时钟推进的方式不同,又可分为三种方法,即下次事件时间推进法、固定增量时间推进法和主导时钟推进法。

(1)下次事件时间推进法

事件是描述系统的一个基本要素。事件是指引起系统状态变化的行为,这也就是说,系统的动态过程是靠事件来驱动的。例如,物流系统中,工件到达可以定义为一类事件。因为工件到达仓库、进行入库时,仓库货位的状态会从空变为满,或者引起原来等待入库的队伍长度的变化。只与时间有关的事件称为必然事件。如果事件发生不仅与时间因素有关,还与其他条件有关,则称之为条件性事件。系统仿真过程,最主要的工作就是分析这些必然事件和条件事件。

采用下次事件时间推进法,仿真中要被初始化到零,并从零开始决定将来事件发生的时间。这以后,仿真钟推进到第一个事件发生的时间,改变系统状态,并预测下一事件发生的时间。然后,仿真钟又被推进到最临近事件发生时间,改变系统状态,预测下一事件发生时间,以此类推。把仿真钟从一个事件时间推进到另一个事件时间的这种过程延续下去,一直到预先规定的停止条件得到最终满足为止。

(2)固定增量时间推进法

采用固定增量时间推进法,仿真钟精确地按某种情况选择的 ΔT 时间单位来推进。仿真钟每次变更后,就要进行检查,判定前一个时间长度 ΔT 中,是否发生了什么事件。如果在这个时间区间里发生了一个或几个事件,那么这些事件被认为是发生在这个时间区间的终止处,并相应地改变系统状态和各个统计计数器。当预定的停止条件得到满足时,仿真终止。固定增量时间推进法可以被认为在采用下次事件推进法时,人为地把所有事件安排在每个单位时间发生的情形。因此它是下次事件时间推进法的一种特定情况。

(3)主导时钟推进法

对主导实体的子时钟进行扫描,找出最小子时钟的主导实体进行处理,它也是下次事件时间推进法的一个特定情况。所谓主导实体,是指在仿真过程中起着关键性和主导作用的实体,它不仅能起到承前启后的贯穿整个仿真进程的作用,而且又能通过它的活动将其他实体活动密切地衔接在一起。公共运营仿真中的公共汽车就是一个主导实体,乘客在不同站点上、下车,车辆在不同站点间的运行,都是随着车辆在不同位置的变化而变化的。主导实体车辆的状态变化,导致了其他实体的状态变化。对于每一个主导实体,都给出一个仿真子时钟,每当一个主导实体的活动结束时,子时钟更新一次时钟值,当预定的停止条件满足时,仿真终止。其他实体跟随主导实体,组成一个相互配合的有机整体,形成一个完整系统的动态仿真。仿真钟用于表示仿真时间变化。在离散事件系统仿真中,由于系统状态变化是不连接的,在相邻两个事件发生之间,系统状态不发生变化,因而仿真钟可跨越这些"不活动"周期。从一个事件发生时刻,推进到下一个事件发生时刻。仿真钟的推进呈跳跃性,推进速度具有随机性。由于仿真实质上是对系统状态在一定时间序列的动态描述,因此,仿真钟一般是仿真的主要自变量。仿真钟推进是系统仿真过程的核心部分,在应用这个方法时,必须从仿真系统的各种实体中分析出一种起主导作用的主导实体。

5.2.3 物流系统仿真的主要步骤

物流系统仿真的步骤如图 5-1 所示。它给出了在一般情况下一个物流系统典型的、完整的仿真步骤以及各步骤间的关系。对于一些简单的、特殊的或复杂的物流系统仿真,也可根据情况相应简化、减少或增加仿真过程的步骤。事实上,仿真过程也不是一个严格的有顺序的过程,它不一定按图中的顺序进行,可能在任一步骤中,根据仿真试验情况而转向任一其他步骤。

为了加深对这些步骤的理解,以地区物流网络车辆运营组织的系统仿真实例,对仿真的步骤加以说明。

1. 问题的描述

一个模型不可能呈现被模拟的现实系统的所有方面,有时是因为太昂贵。另外,假如一个表现真实系统所有细节的模型也常常是非常差的模型，因为它将过于复杂和难以理解。因此，明智的做法是：先定义问题，再制定目标，然后构建一个能够完全解决问题的模型。在问题定义阶段，对于假设要小心谨慎，不要作出错误的假设。例如，假设叉车等待时间较长，比假设没有足够的接收码头要好。作为大纲，制定问题的陈述越普通越好，然后尽可能将问题定义得专业化。

对于地区物流网络车辆运营组织的系统仿真实例，这一阶段对货运车辆运营系统作深入细致的了解，并与车队、车场调度人员反复交换认识，通过反馈使研究者对系统的认识不断深化，使描述的系统与实际相符合。

2. 设定目标与总体方案

没有目标的方针研究是毫无用途的，目标是仿真工程所有步骤的导向。系统的定义是基于系统目标的；目标决定了该作出怎样的假设；目标决定了应该收集哪些信息和数据；模型的建立和确认专门考虑是否满足目标的需求。目标需要清楚、明确和切实可行。目标经常被描述成如"通过添加机器或延长工时，能够获得更多的利润吗？"这样的问题。在定义目标时，详细说明那些将要被用来决定目标是否实现的性能测度是非常必要的。每小时的产出率、工人利用率、平均排队时间，以及最大队列长度是最常见的系统性能测度。

仿真实例的目标是：从物流网络整体出发，对多个可行方案的计算机仿真，依据输出指标进行比选，寻求物流网络各指标间的合理匹配关系，以确定运营的改进方向及改进方案，使物流网络能以较少的车辆和人员配置，完成既定物流量任务。根据这一目标，构造总体研究方案。方案包括了研究人员的数目、分阶段参加人员的工作天数、投入的研究费用等。

3. 建立仿真模型

在建立仿真模型前，做好系统的实体及属性分析、活动分析、模型变量分析、系统特征分析、模型指标分析、模型的输入和输出分析以及仿真模型方法选定分析，通过如上分析确定各组成要素以及表征这些要素的状态变量和参数之间的数学逻辑关系，在此基础上构造仿真模型。

物流系统的实体有货物、车站、车辆。活动有始发站活动、中途站活动、终点站活动。车辆在路网上按所属路径、车种类型、发车时刻表及调度图，循环往复地经过发车、中途运行、终点、发车场等待发车等环节的作业来完成运输配送任务。在每个车站，顾客随机

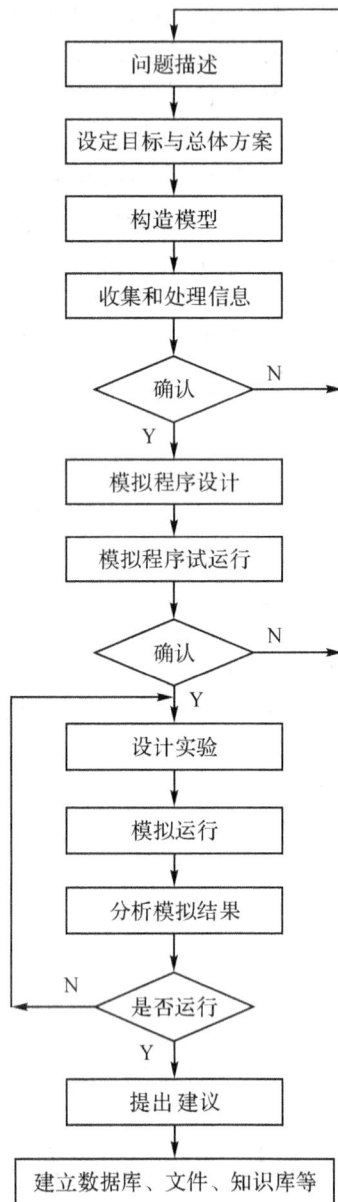

图 5-1　物流系统仿真

到达等待交货和接货。车辆、货物在地区物流网络的流动,形成了一个复杂的动态物流系统。

模型变量分析了可控变量和不可控变量,并建立了各路径车辆行驶里程、各路径正点率、各路径运量、各路径满载率、各路径无车等待时间、各路径等待发车总时间、各路径分类型发车数七个指标。

根据系统现状,可以把系统中的车站看作服务台,车辆看作顾客,把该系统作为一个顾客不消失的、服务台为串联形式的多级排队服务系统。因此,采用离散的、动态的、随机的仿真方法建立本系统的仿真模型。为了配合图形显示,采用固定增量时间推进法进行仿真。

4. 收集和处理信息

建模和采集所需的输入信息两者是相互联系的,信息采集的类型取决于研究的目标。信息的正确性直接影响仿真结果的正确性,正确地收集和整理信息成为系统仿真的重要组成部分。它包括估计输入参数和获得模型中采用随机变量的概率分布。

5. 确认模型参数

确认是对仿真模型及输入参数对真实系统描述的准确程度进行认可,它应贯穿于整个仿真研究,因此第 5 步和第 8 步的确认特别重要。此时,应进一步与货运车辆、车场调度人员交换信息,增强模型的有效性,并根据决策者的要求,对模型作相应修改,使之更符合实际。

6. 仿真模型的程序设计

通过这一步将仿真分析的思路转化成计算机语言编制的程序,根据实际需要选择语言也是重要的,如有图形显示应采取有较强图形功能的计算机语言编程。

7. 仿真模型的试运行

通过试运行仿真程序来验证程序的正确性。可以构造一些易于为人知道结果的数据,进行模型的试运行,以确认仿真模型的正确性。

8. 确认模型正确

根据仿真模型试运行的结果,确认模型的正确性,通过对实际系统的行为和仿真过程两者间差异的比较,以加深对系统的理解,从而改进模型。

9. 设计试验

进行系统的多个方案仿真时,要以较少的运行次数获得较优的仿真结果。因此,对仿真方案要经过选择,考虑仿真的初始运行条件、运行时间及重复次数等。

10. 仿真运行

通过仿真运行,输出仿真指标,以获得方案比选的信息。

11. 分析仿真结果

本系统在经过多方案仿真后,把输出的指标用恰当的方式进行综合,并据此进行方案的排序。推荐较优运营组织方案,供决策者参考。

12. 向决策者提出建议

在分析模型结果的基础上,提出对决策者有价值的参考建议,并以文字报告形式向决策者提出建议。

13. 建立文件的数据库、知识库

这是物流系统仿真过程中的重要阶段,也是为进一步智能化仿真积累知识的重要手段。在物流网络计算机仿真的基础上,使本系统更加完善,能处理更加复杂的问题。

5.2.4 物流系统仿真模型的确认

物流系统仿真中最重要的问题是:仿真模型及其仿真结果能否准确地描述对象系统,包括仿真模型确认和仿真程序验证。

1. 仿真模型确认

仿真模型是用来产生与真实系统类似的行为,构模者的知识和对真实系统的了解程度是模型成败的关键,模型中应包含的实体、属性和活动,并没有统一的准则。利用适当的理论、数据和经验,对系统了解愈多,模型就构造得愈接近真实系统。物流系统仿真模型确认的一般观点包括:

①建立仿真模型的目的是要用仿真实验代替实际系统的实验,模型应能满足使用要求且费用较低。

②不管在研究模型上做了多大的努力,模型总是仅仅近似于现实系统。因此不应追求模型的绝对准确,而应研究它逼近所研究系统的程度。要使模型愈接近所研究的系统,需要花费愈多的时间和精力,但最"有效"的模型未必费用最低,要经常记住许多仿真研究的目的在于节省研究费用。

③仿真模型总是为一个特定的目标而研究的,因而某一模型对某一个目标是有效的,也许对另一个目标是无效的。

④确认模型时总是相对于一组判断准则而言,应仔细选择这些准则。

⑤仿真模型的研究和确认应贯穿于建模的全过程。

⑥由于仿真模型输出的数据通常是独立分布的,所以大多数经典统计分析方法不可直接用于确认模型。

2. 确认物流系统仿真模型的三步法

(1)建立直观看来是正确的仿真模型

仿真模型应直观看来是正确的,符合人们对所研究系统的认识。为建立这样的模型应当充分应用已有的信息,其中包括以下几个方面:向熟悉所研究系统的人们学习,从他们那里获取有用信息,利用现有理论指导建模及构造参数的函数分布等;利用常识,在建模过程中应尽量利用与所建模型相类似的其他模型的知识,避免研究的重复性工作;作合理假设,用直观方法假定一个复杂的物流系统某部分的运行情况,这些假定希望在以后几步确认处理时能被证实。

(2)检验建模假设

其目的是定量检验在建模开始阶段所作的一些假设。检验中,最有用的工具之一是灵敏度分析。利用灵敏度分析确定系统输出对其输入参数变化的敏感性程度,从而可确定对这些参数要求的估计精度。利用灵敏度分析,还可确定系统中一些子系统的仿真精度。

（3）仿真数据与实际数据的比较

将仿真结果与所研究系统的实际数据作比较，可能是模型确认中的最重要的一步。通过比较，修正模型，使模型体现了研究系统，达到应用的目的。虽然这并不能确保模型正确无误，但至少可以认为该模型有更高的置信度。

3.仿真程序验证

①为了使最终程序能够运行，首先将仿真主程序和少数关键子程序编好，同时进行详细的检验和验证，确保它们是正确无误；然后逐步扩展和完善。

②仿真程序进行检查验证，应由多位编程人员同时阅读和检查同一程序，避免出现因心理习惯而查不出自己的错误的事故发生。

③程序运行的追踪检查是用于调试离散事件仿真模型的一种最为有用的技术。在追踪查错时，将仿真运行的状态即事件的内容、状态变量值、统计计数器值等，在每个事件发生时打印出来，以便观察正在运行的程序是否满足要求，判断程序在何处出错。

④为了确定仿真模型是否正是希望运行的模型，在进行仿真试验前，应用简化考题验证仿真程序。这些考题通常是对实际问题加以简化得出，它们的解是已知或容易通过计算得到的。

⑤图形显示。物流系统仿真模型对物流进行仿真时，在图形终端上显示仿真的进程，有利于增强直观性和发现问题。

4.判断模型有效性的一些问题

模型确认建立模型的可信度。但是，现在还没有哪一种确认技术可以对模型的结果作出 100% 的确定。我们永远不可能证明模型的行为就是现实的真实行为。如果我们能够做到这一步，可能就不需要进行仿真研究的第一步（问题的定义）了。我们尽力去做的，最多只能是保证模型的行为同现实不会相互抵触罢了。

通过确认，我们试着判断模型的有效程度。假如一个模型在得到我们提供的相关正确数据之后，其输出满足我们的目标，那么它就是好的。模型只要在必要范围内有效就可以了，而不需要尽可能的有效。在模型结果的正确性同获得这些结果所需的费用之间总存在着权衡。

下面是判断模型有效性的一些问题：

①模型性能测度是否同真实系统性能测度匹配？

②如果没有现实系统来对比，可以将仿真结果同相近现实系统的仿真模型的相关运行结果作对比。

③利用系统专家的经验和直觉来假设复杂系统特定部分模型的运行状况。

④在每一主要人物确认模型的输入和假设都是正确的，模型的性能测度都是可以测量之前，对模型作各部分的随意测试。整个团队的智慧都对模型的有效性作出了贡献。

⑤模型的行为是否同理论相一致？确定结果的理论最大值和最小值，然后检验模型结果是否落入两值之间。

⑥对于我们了解改变输入值，其输出的变化方向的特定性能测度，可以通过改变其输入参数来验证一致性。

⑦模型是否能够准确地预测结果？这项技术用来对正在运行中的模型进行连续的有效性验证。

⑧是否有其他仿真模拟器模拟了这个模型？要是有的话那就再好不过了,可以将两个模型的运行结果进行对比。

5.3 运输与装卸系统仿真

5.3.1 概述

在一体化的过程中,运输与储存作业之间衔接关系的协调是一个十分重要的问题,它将对物流系统的生产率产生十分重大的影响,进而影响到物流系统其他有关绩效指标,影响物流战略的实施。装卸作业正是运输与储存作业衔接点。只有装卸用设备的能力与运输系统设备之间形成较为和谐一致的配合关系时,才能在确保物流服务的同时,降低物流总成本。

运输与装卸配合关系,可视为一排队系统,以系统总费用最低作为系统优化组合的主导因素,运用离散系统仿真的办法来寻找恰当的组合与配合关系。

5.3.2 仿真示例

1.装运问题的提出和系统定义

问题描述:汽车运输作业段因运输量有了较大的增长,原有装运过程设备配置关系已与实际情况不符造成了生产管理的困难。

收集了与系统有关的历史资料并对系统进行了实地观察,初步分析出系统中主要问题在于装车设备和汽车数目搭配不当。

装运过程如下:装车设备在装车场为汽车装载,汽车到达装车场时若装车设备空闲就立即装载,否则汽车加入等待队列。装载完毕的汽车从装车场上坡运行到卸车点称重并卸车。卸车点在任一时刻只允许一辆汽车卸车,其余汽车将排队等待,卸车完毕空车返回装车场。装车设备和汽车每班工作 6 小时,一上班时全部汽车在装车场等待。要研究的问题是对于不同类型的汽车,每台装车设备和几辆汽车搭配时能得到较高的日产量和较低的装运费用。

将系统范围确定为一个装车场,一台装车设备,数目不同的某种类型汽车,一定距离外的卸车点。约束条件有:6 小时一班的断续工作,汽车数目在 1 到 10 之间。要求模型可用不同的数据,从而适用对不同类型汽车与装车设备配合数目的研究。

2.系统的流程图

图 5-2 中的五种简单符号可以用来画系统流程图。符号是由美国工程技术学会提出的。

○	操作过程
⇨	传送某种实体
□	产量和质量的检查
◗	等待
▽	存储

图 5-2　系统流程图符号

利用以上符号,装车场装运系统可以用图 5-3 来描述。右边虚线框内各符号分别描述汽车等待、装载过程和货物的来源。左边虚线框描述满载的汽车等待、称重、卸车的过程以及货物的去向。图上方和下方的箭头分别表示汽车满载和空载运行过程。

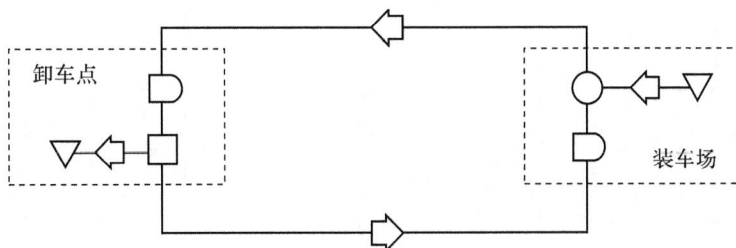

图 5-3　装车场装运系统

3.构造系统模型

装车设备有两种不同的状态:装载、空闲。卸车点也有两种不同的状态,即卸车、空闲。每辆汽车都有几种可能的状态:等待装载、装载、运输、等待卸车、卸车、返回。对于整个系统来说,系统的任何一部分变化都被认为是系统状态的变化。系统可能在以下四种情况下发生状态变化。

(1)某辆汽车到达装车点

这种情况包括两种可能:一种可能是该时刻装车设备处于空闲状态,从这一时刻起装车设备为该汽车装载;另一种可能是该时刻装车设备正为其他汽车装载,那么新到达的汽车从该时刻起进入等待队列。

(2)某辆汽车装完车离开装车点

这种情况也包括两种可能:一种可能是有汽车排队等待,从该时刻起装车设备为队列中最先到达的汽车开始装载;另一种可能是没有汽车排队等待,从该时刻起进入空闲状态。

(3)某辆汽车到达卸车点

这种情况包括两种可能:一种可能是有其他汽车正在卸车,到达的汽车此时进入等待队列;另一种可能是没有其他汽车在卸车,该汽车从这一时刻起开始卸车。

(4)某辆汽车卸完车离开卸车点

这种情况也分两种可能:一种可能是该时刻有汽车排队等待卸车,最先进入等待队列的汽车从该时刻开始卸车;另一种可能是该时刻没有汽车等待卸车,从该时刻起卸车点处于空闲状态。

系统的变化称作事件,装运系统发生的事件可分成下述四类:①汽车到达装车场。②汽车离开装车场。③汽车到达卸车点。④汽车离开卸车点。每一事件发生时系统状态的变化以及与该汽车的下一事件之间的联系构成一个子模型。在四个子模型中装车设备装载时间、汽车满载运行时间、卸车时间及空车返回时间各是一个具有确定概率分布的随机变量,它决定了对于某一汽车而言从一事件到下一事件相隔的时间。这四个子模型构成了装运系统的基本模型。

4. 数据准备

已收集到装运货物的汽车 91 次运行的数据如表 5-1 所示,时间单位为分。

表 5-1　汽车装运货物的运行数据

汽车运行时间(分)	出现频数	频　率
1	0	0.0
2	10	11.0
3	34	37.4
4	39	42.9
5	7	7.1
6	1	1.1
7	0	0.0

按表 5-1 数据中可以计算出满载运行时间 X 的样本均值 $\bar{x} = 3.60$,样本方差 $s^2 = 0.702, s = 0.84$。

作统计假设 $H_0: X$ 服从均值 $\mu = 3.6$,标准差 $\sigma = 0.8$ 的正态分布。

将运行时间分成 5 个区域,如表 5-2 中第一列所示。从标准正态分布表中可查出对应每个分界点的概率分布函数值,从而可得到 X 落在每一区域中的概率 P_i。同时可计算出按以上正态分布,91 次试验中落在每一区域的理论频数 f_{ei},并将它列入表 5-1 第三列。

将表 5-1 中得到的落在这些区域内的实际频数 f_{oi} 列入表 5-2 第四列。

将实际频数 f_{oi} 与理论频数 f_{ei} 进行比较,计算统计量 χ^2

$$\chi^2 = \sum_{i=1}^{s} \frac{(f_{oi} - f_{ei})^2}{f_{ei}} = 2.264$$

式中,χ^2 统计量服从自由度为 $k - m - 1$ 的 χ^2 分布,其中 $k = 5$。由于计算理论分布时参数 σ 和 μ 来自观测数据,所以 $m = 2$。取显著水平 $\alpha = 0.05$,从 χ^2 分布表中可查出 $\chi^2_{0.05,2} = 5.991$。

表 5-2 数据计算

区间	P_i	f_{ei}	f_{oi}	$\dfrac{(f_{oi}-f_{ei})^2}{f_{ei}}$
$x < 2.5$	$\Phi\left(\dfrac{2.5-3.6}{0.8}\right)=0.0838$	7.62	10	0.743
$2.5 < x < 3.5$	$\Phi\left(\dfrac{3.5-3.6}{0.8}\right)-\Phi\left(\dfrac{2.5-3.6}{0.8}\right)=0.3545$	33.17	34	0.021
$3.5 < x < 4.5$	$\Phi\left(\dfrac{4.5-3.6}{0.8}\right)-\Phi\left(\dfrac{3.5-3.6}{0.8}\right)=0.4225$	38.45	39	0.007
$4.5 < x < 5.5$	$\Phi\left(\dfrac{5.5-3.6}{0.8}\right)-\Phi\left(\dfrac{4.5-3.6}{0.8}\right)=0.1265$	19.97	7	1.437
$x > 5.5$	$1-\Phi\left(\dfrac{5.5-3.6}{0.8}\right)=0.0087$	0.79	1	0.056
				2.264

因为 $\chi^2 < 5.991$，所以接受假设 H_0，即 X 服从 $N(3.6,0.8^2)$ 分布，从而可按近似方法产生正态分布的随机数构成满载运行的模型。用同样的方法，从空载返回的汽车运行时间的数据经过统计检验得到空载运行时间的模型。空载运行时间接近于均值为 2.7 分的指数分布。用逆转换法可以产生具有这一分布的随机数。图 5-4 为满载和空载汽车运行时间的概率分布。用同样的方法收集装载时间、卸车时间和每车装载量的数据钟，进行统计检验，可以得出装载时间为正态分布，其均值为 2 分并且标准差为 0.34 分。卸车时间为指数分布，均值为 1 分。每车装载量为正态分布，其均值为 21 吨，标准差为 1 吨。

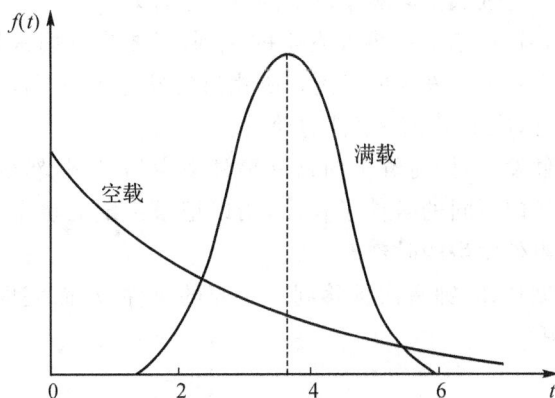

图 5-4 满载和空载运行时间的模型

5.3.3 用事件法描述装运系统

1.用事件法描述装运系统

用事件法描述装运系统时，应包含以下几部分。

（1）建立模拟时钟用变量（CLOCK）

用以记录汽车在不同状态下所处的时刻。

（2）设定系统状态变量,描述系统状态

设定系统中的汽车数目（M）及表示汽车状态的变量。变量值为 1 表示汽车到达装车场而未离开前的各状态;2 表示汽车处于满载运行状态;3 表示汽车已到达卸车点还未离开前的各状态;4 表示汽车处于空载运行状态。

（3）设定记录状态变化的时间变量

①设定记录已到达装车场的最后一辆汽车离开的时间变量（D）,当模拟时钟所处时刻小于最后一辆汽车离开的时刻,则装车设备正在工作;否则,装车设备空闲。

②设定记录已到达卸车点的最后一辆汽车的离开时间变量（G）。当模拟时钟所处时刻小于最后一辆汽车离开的时刻,则卸车点有汽车正在卸车;否则,没有汽车在卸车。

（4）建立各种记录单元

①建立记录每一辆汽车每一次重复运行的装车设备空闲时间的时刻单元,根据累计的数据,计算装车设备空闲时间的样本均值和样本方差;

②建立记录每一辆汽车每一次重复运行的货物装运总数的单元,根据累计的数据,计算货物装运总数的样本均值和样本方差;

③建立记录每一辆汽车每一次运行装载等待总时间的单元,根据累计的数据,计算运行装载等待总时间的样本均值和样本方差;

④建立记录每仿真运行一次的卸车车数的单元。

2.进行系统模拟

（1）确定下次发生的事件

模拟开始以后时钟将依次指向顺序发生的每一事件。

①根据记录了的各辆汽车下一事件发生的时刻,只要将它们进行比较找出最小者,就是对整个系统而言下一事件发生的时刻。所找出的发生下一事件的汽车,这辆汽车在下一事件发生前的状态,决定了下一事件的种类。

②在模拟每次事件发生时,时钟指向这一事件发生的时刻,然后根据找出的汽车的状态变量的不同的值转向不同的事件子程序,用以记录系统的状态变化、累计统计数据以及产生该汽车下一事件发生的时刻。

③以上过程反复循环,时钟每次推移到一个新的事件,从而完成全部模拟过程。图5-5 是该系统的粗框图。

（2）事件子程序

①子程序 1 用来处理某汽车装载完毕进入满载运行的事件。在这一子程序中不需累计数据,只需模拟系统状态的变化,即找出的汽车状态从 1 变成 2,并按满载运行时间模型调用产生正态分布随机数的子程序,用以产生该汽车下一事件发生的时刻,即到达卸车点的时刻。

②子程序 2 用来处理某汽车到达卸车点后系统状态变化及累计卸车等待时间和货物装运量。图 5-6 是子程序 2 的框图。

从图 5-6 中可看出子程序 2 要处理两种可能的情况。当卸车点空闲时,应使卸车等

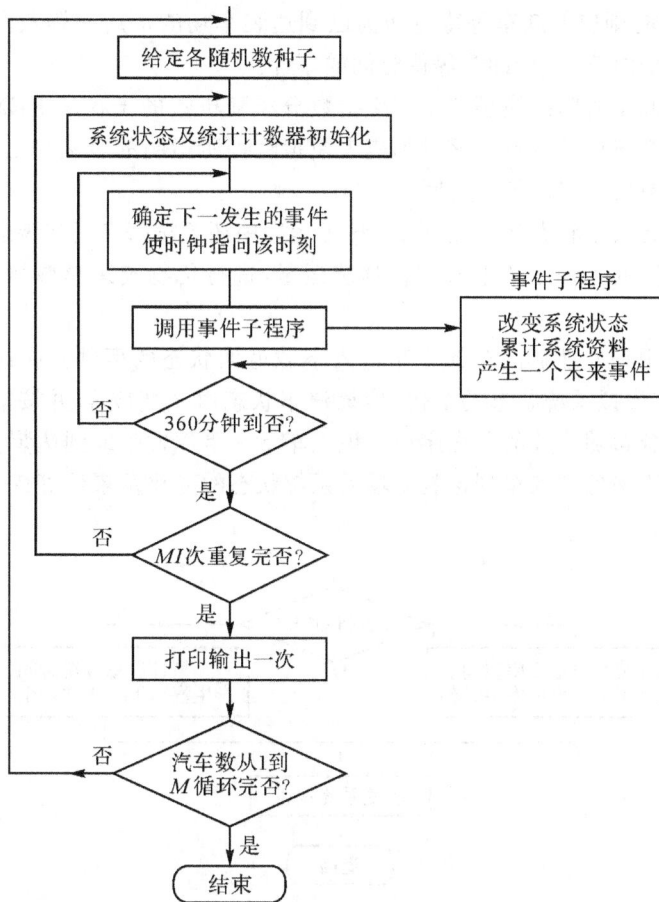

图 5-5 系统模拟过程的粗框图

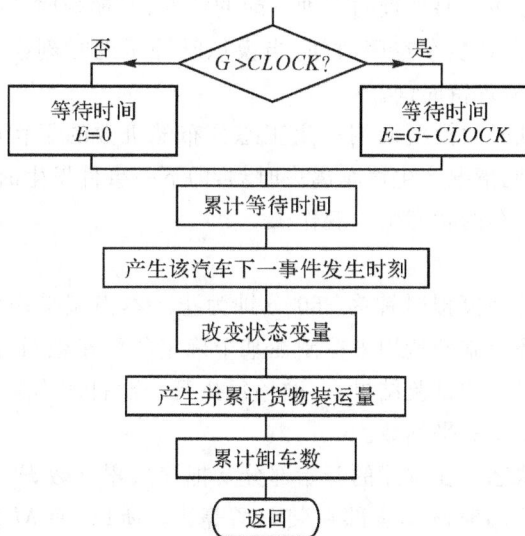

图 5-6 子程序 2 框图

待时间为 0;不闲时则应使卸车等待时间为已到达装车场的最后一辆汽车离开的时刻减去模拟时钟所处的时刻,进行卸车等待时间的累计。

子程序 2 按卸车时间的模型调用产生指数分布随机数的子程序 REXP,并指出该汽车下一事件离开卸车点的时刻。该时刻应为模拟时钟所指明的时刻加上等待卸车时间,再加上根据随机数所确定的卸车时间。

子程序 2 要将汽车状态从 2 变到 3。该子程序中还要按每车货物装运量模型调用产生正态分布随机数的子程序产生该车货物装运量,进行货物装运总数累计,同时累计卸车的车数。

③子程序 3 用来处理某汽车卸完车进入空载返回状态的事件。在这一子程序中不需累计数据,只需模拟系统状态的变化,使该汽车状态由 3 变成 4,并按空载运行时间模型调用产生指数分布随机数的子程序产生该汽车下一事件发生即到达装车场的时刻。

④子程序 4 用来处理汽车到达装车场后系统状态的变化及累计等待时间。图 5-7 是子程序 4 的框图。

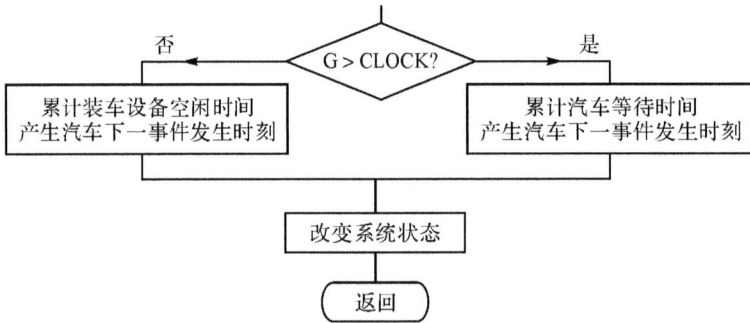

图 5-7　子程序 4 框图

从图中可看出子程序 4 要处理的两种可能的情况;当模拟时钟所处时刻大于最后一辆汽车离开的时刻时,累计装车空闲时间;当模拟时钟所处时刻小于最后一辆汽车离开的时刻时,累计汽车排队等待时间。

子程序 4 将按装载时间模型调用产生正态分布随机数的子程序产生该汽车的装载时间,并按以上两种不同情况产生汽车离去时刻,即下一事件发生时刻。

子程序 4 还将该汽车的状态由 4 变作 1。

3. 控制模拟运行

每次模拟运行时间到模拟时钟为 360 分钟为止。本模型采用重复运行的方法对试验数据进行统计。循环控制变量用来控制在某个确定的汽车数目之下重复运行的次数。为了比较不同汽车数目下的试验结果,外循环每执行一次打印出某个确定汽车数目之下若干次重复运行试验结果的平均数。

①设置系统初始状态。在程序的开始部分要把存放累计数据的工作单元全部清零。考虑系统在每班工作开始时汽车全部在装车场等待。所以,使 M 辆汽车最初状态全为 1,并连续产生 M 个装载时间,变量存放单元 D 存放的是它们的累加和,假设第一个事件发生于第一辆汽车。每次重复运行都从这一初始状态开始。

②产生随机数的子程序。装载时间、满载运行时间、卸车时间、空载运行时间、每车装运量各模型需用不同的参数调用产生正态分布随机数的子程序 SNORM 和产生指数分布随机数的子程序 REXP,从而得到有不同均值和方差的服从以上分布的随机数。

③数据块子程序为了使同一程序可以方便地用于不同类型的汽车与装车设备配合数的研究以及不同的运输路程的情况,可以使用数据块子程序向公用区中的变量赋初值,从而得到装载时间、卸车时间、每车装载量以及满载运行时间、空载运行时间这些随机变量的均值和方差等有关参数。

5.3.4　装运系统试验设计

装运系统模拟试验要分析的输出变量包括装车设备空闲时间、货物装运量即每班产量、汽车等待装运总时间、汽车等待卸车总时间以及每班装车数,其目的是比较不同汽车数目下以上输出变量的数值。为此须考虑以下几方面问题。

1. 确定统计分析形式

由于装车设备和汽车不是连续工作,每班从同一非稳态开始,为了使模型和实际系统接近,同时又有较好的统计特性,可以采用重复运行的方法。每次运行从同一初始条件开始,对各次运行的同一输出变量求平均值作为总体均值的估计量而不必删除最初的数据。

2. 确定样本大小

重复运行的次数可以通过少数几次试运行作出估计。以每班货物装运量作初步估计的依据,要求每班装运量的误差不超过每车平均装载量的 2 倍即 42 吨。本例中将其中表示汽车数目的循环控制变量终值改为 5,将表示重复次数的循环控制变量终值改为 4。四次运行结果中货物调运量分别为 3349.92 吨、3412.43 吨、3329.60 吨、3395.25 吨,对这四个数求平均数及方差,分别为 3371.55 及 1471.27。

在显著性水平 $\alpha = 0.05$ 下,要达到给定精确度的最小样本数为

$$N = \frac{t_{\frac{a}{2}}^2 \times S^2}{d^2} = \frac{t_{0.025}^2 S^2}{d^2} = \frac{3.182^2 \times 1471.27}{42^2} = 8.4$$

初步估计要重复运行 8 次,每次运行 360 分钟。

3. 相关抽样

由于试验目的是比较不同汽车数目下的装运情况,理应采用相关抽样的方法减少输出变量的方差。但在本模型中由于子系统之间的复杂的相互作用,不同方案下同一输入随机变量虽用同一随机数种子,输出变量之间并不能建立足够的相关关系,所以对输出作分析时仍不考虑相关关系。

4. 模拟试验的输出分析

按上节的设计进行计算机模拟试验。汽车数目从 1 到 10,各重复 8 次,每次模拟时间为 360 分。模拟运行结果如表 5-3 所示。

首先讨论装车设备的生产能力即每班货物装运量和汽车数目的关系。按不同汽车

数目下货物装运量的试验值画出近似曲线,如图 5-8 所示。

从图中可以看出汽车数目较小时货物装运量随车数增加显著增加,汽车数目较大时,装运量逐渐达到饱和。

首先推断采用 7 辆汽车时货物装运量的均值是否比 6 辆汽车时更大。

表 5-3　模拟运行结果

汽车数	装车设备空闲时间（分）		货物装运量（吨）		卸车等待时间（分）		装车等待时间（分）		装车数目（车）	
	样本均值	样本方差	样本均值	样本方差	样本均值	样本方差	样本均值	样本方差	样本均值	样本方差
1	275.8157	46.9115	839.9800	2171.6399	0.0000	0.0000	0.0000	0.0000	40.0000	5.1429
2	203.3304	26.2943	1625.0420	2385.1855	5.9899	5.8913	16.9137	13.9191	77.3750	5.1250
3	138.3018	46.7730	2299.0305	2897.5168	17.9700	58.0867	55.0040	63.1413	100.5000	7.7143
4	80.8295	73.0950	2876.0337	7165.1245	29.1136	65.3096	135.5861	138.8367	137.0000	16.2857
5	37.1820	35.4369	3340.5686	2351.3792	46.9097	246.2395	257.5634	508.8339	159.1250	5.1250
6	9.8003	5.0606	3637.6624	1408.9799	50.6774	127.9834	485.5478	1545.8851	173.2500	3.6429
7	2.2275	5.5373	3705.6631	1720.5787	55.3019	293.4173	797.2964	4131.0439	176.5000	3.1429
8	0.7385	2.5297	3715.5159	1897.9899	59.1805	586.3999	1138.7493	4591.9683	177.0000	3.4286
9	0.4627	1.7129	3728.6963	3210.9854	58.8596	653.1722	1487.9968	4413.7778	177.6250	6.2679
10	0.0655	0.0343	3731.2603	3238.7410	58.1992	551.4821	1840.2114	5467.2617	177.7500	6.2143

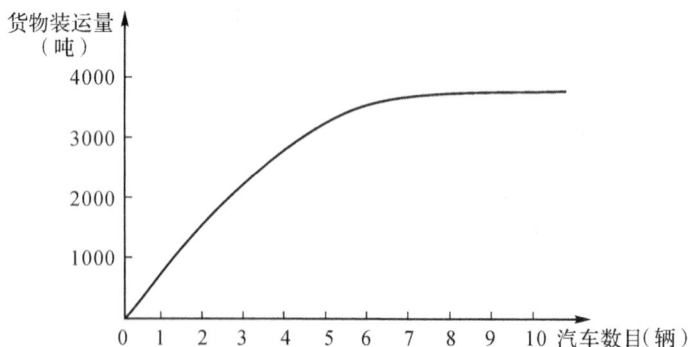

图 5-8　货物装运量和汽车数目关系曲线

作统计假设 H_0,设 7 辆汽车和 6 辆汽车时装运量 X 和 Y 的均值没有显著区别,即

$$H_0: E(X-Y) = 0$$

其拒绝域为 $\bar{x} - \bar{y} > d$,取显著性水平 $\alpha = 0.05$。

由于 X 和 Y 近似服从正态分布,$X-Y$ 也应服从正态分布。$\dfrac{\bar{x}-\bar{y}}{s/\sqrt{n}}$ 应服从 $n-1$ 自由度的 t 分布,其中 n 为重复运行次数,$s^2 = s^2(X) + s^2(Y)$。

即有

$$P(\frac{\overline{x}-\overline{y}}{s/\sqrt{n}} > t_{a,n-1} \mid_{H_0 \text{为真}}) = 0.05$$

其拒绝域为 $\overline{x}-\overline{y} > d$,

$$d = t_{0.05} \cdot \sqrt{\frac{S^2}{n}} = 1.8946\sqrt{\frac{1720.58-1408.98}{8}} = 37.47$$

$$\overline{x}-\overline{y} = 3704.7 - 3637.7 = 67 > d$$

所以在 0.05 显著性水平下拒绝 $E(X) = E(Y)$ 的假设,而推断 $E(X) > E(Y)$,即确认 7 辆汽车时装运量的均值大于 6 辆汽车时装运量的均值。

能否推断 8 辆汽车时装运量的均值比 7 辆汽车时大,可作同样的统计假设。若 8 辆汽车的装运量用 X 表示,7 辆汽车装运量用 Y 表示,作统计假设

$$H_0: E(X-Y) = 0$$

其拒绝域为 $\overline{x}-\overline{y} > d$,

$$d = 1.8946\sqrt{\frac{1891.99-1720.58}{8}} = 40.26$$

$$\overline{x}-\overline{y} = 3715.5 - 3704.7 = 10.8 < d$$

所以在 $\alpha = 0.05$ 显著性水平下接受 $E(X) = E(Y)$ 的假设,从而推断 7 辆汽车和 8 辆汽车时运装量的均值没有明显的区别。

从上述讨论可见,在主要考虑每班产量时,每一装车设备配备 7 辆汽车时基本上达到最高产量,汽车数目再增多产量也不会有明显的提高。

从设备利用率分析,装车设备空闲时间随汽车数目增加而减少。汽车总等待时间包括装载等待总时间和卸车等待总时间随汽车数目增加而增加,如图 5-9 所示。

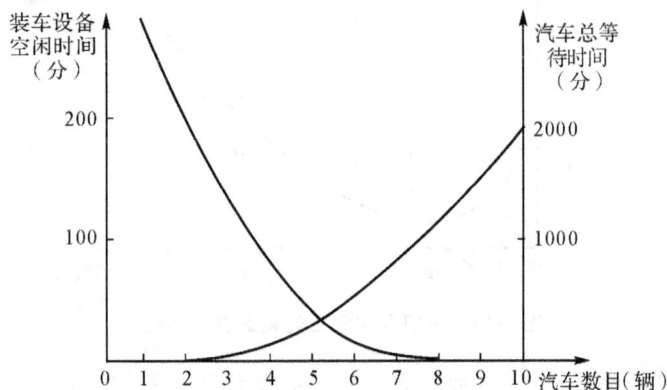

图 5-9 汽车和装车设备配合曲线

从上图中可见,提高装车设备利用率和提高汽车的利用率是互相矛盾的。综合考虑二者,要使单位装运费用最低,必须采用适当数目的汽车和装车设备相配合。

单位装运费用可按下式计算:

$$C_m = \frac{C_1 + mC_2}{Q_m}$$

式中,C_m:每台装车设备配 m 辆汽车时的单位装运费用;

$\quad$ Q_m:该配合下每班装运量;

$\quad$ C_1:装车设备每班费用;

$\quad$ C_2:每辆汽车每班费用;

$\quad$ m:汽车数。

已知 $C_1 = 250$ 元, $C_2 = 250$ 元。

按表 5-4 可计算出不同汽车数目的装运费用,其对应的近似曲线如图 5-10 所示。

表 5-4　不同汽车数目的装运费用

汽车数目	每班产量(吨)	单位装运费用(元)
1	840.0	0.940
2	1625.0	0.819
3	2299.0	0.813
4	2876.0	0.837
5	3340.6	0.883
6	3637.7	0.959
7	3705.7	1.088
8	3715.5	1.230
9	3728.7	1.370
10	3731.3	1.514

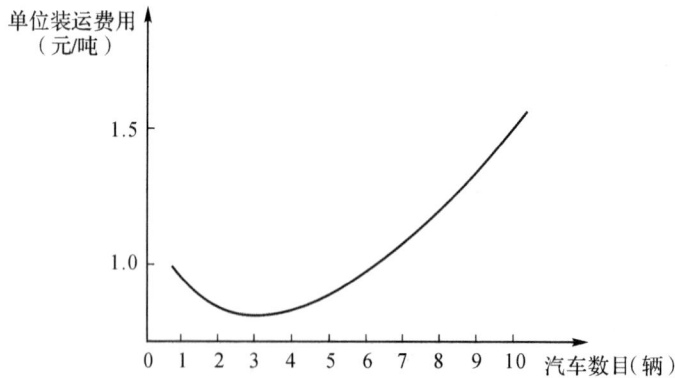

图 5-10　不同汽车数目的装运费用曲线

从图 5-10 中可看出,当汽车数目大约为 3 时单位装运费用较低。在不考虑日产量且装车设备、装车点和卸车点数目不受限制时,每台装车设备可配 3 辆这种类型的汽车。

5.4　物流系统仿真应用的发展

5.4.1　仿真技术在物流行业中的发展前景

1. 我国物流仿真应用的发展需求

计算机仿真技术目前已广泛应用于电力、航空、通信、交通运输、军事、化工、生物、经济等各个领域,并且随着计算机仿真技术的发展将发挥更加重要的作用。在我国自动化物流系统中应用计算机仿真技术,不仅能够大大缩短物流中心的规划设计周期,还可根据计算机仿真结果对方案进行优化。在开放的人机界面上,可以看到未来实际生产过程中系统设备的全时空信息,看到未来的生产现场中各输送、存储设备和 AGV、穿梭车、堆垛机、辊道等的状态,仿真系统将反映系统中发生阻塞和"瓶颈"的位置和情况,可以改变参数输入,通过模拟生产情况及波动对系统造成的冲击,从而避免了在理想化状态下系统设计所无法预料的各种因素,对系统的堵塞有着形象和直观的解决方案。在系统未投资建立之前,就可全方位地了解未来自动化物流系统的实际流程和生产信息。

由于我国现代物流产业刚刚兴起,因此,在规划设计自动化物流系统中应用计算机仿真技术,不但可以避免新上马的许多物流项目的重大失误,而且可以使我国新建的自动化物流系统更科学更合理。只有进行了计算机仿真的自动化物流系统,才能真正地为物流企业解决实际问题,规划和设计出切实可行的工艺方案,才能使我国的自动化物流系统迈向国际先进水平的行列。

2. 物流系统仿真技术主要应用概况

物流系统仿真技术的主要应用概况如表 5-5 所示。

表 5-5　物流系统仿真技术主要应用概况

物流应用领域	用　户	软件应用凡例
物流工程技术	建筑工程公司、设计院、物流工程技术公司等	建立新建物流中心的设计提案模型 算出新建物流中心的运作成本 提供新建物流中心运作操作说明书 与工厂邻接型物流中心的设计提案模型 物流工程项目的招标、审查 制定物流中心的改建方案 当作系统开发纠错调试工具使用
物流咨询	物流业务、技术咨询公司等	制定各种物流解决(优化)方案
物流设备	物流设备厂家等	物流设备选用提案 物流设备能力验证 立体动画商品目录

续表

物流应用领域	用　户	软件应用凡例
3PL、4PL	第三方物流、第四方物流公司等	构建面向货主的演示模型 制定运用改善计划 创建物流成本谈判模型
软件公司	信息系统开发公司	建立 WMS(仓库管理系统)系统的运用提案模型 作为 WMS 系统开发专用纠错调试工具使用 物流中心内部运用模拟模型 运用成本计算
终端用户	配送、仓储、运输、产销等物流企业,制造型企业内部物流生产线,以及物流配送中心等	对自己物流中心的能力、成本等进行验证 物流设备选用议案讨论 创建物流作业操作说明书 分析实绩与设计值之间的差异 验证人员配置,灵活应对物流数量的季度性变化
研学部门	政府物流工程决策部门、大学(研究所)实验室、培训中心、电教室等	用于电子化教学、培训、研究和学习。可视三维动画演示模型、模拟模型、仿真模型等已经实现了物流研学部门和生产部门之间的零距离

3. 集成化的物流规划设计仿真技术

集成化的物流规划设计仿真技术是目前物流仿真技术发展较快的一个方向,此项技术应用的范围非常广泛,大到物流园区的规划设计,小到企业生产物流的规划设计,都可以利用物流规划设计仿真技术对规划和设计方案进行比选和优化,实现的基本功能包括:

①可以用三维虚拟物流中心模型来模拟未来实际物流中心的情况;

②使用虚拟中心仿真器可以对物流中心的建设进行较精确的投入产出分析;

③在参观客户现场及参阅仓库图纸等的基础上,可以在计算机上构筑模拟仓库,并模拟各种库中作业;

④可以模拟生产型物流的现场作业,并提供物流作业效率的评价结果;

⑤可以在计算机上虚拟物流传输和运输业务,模拟配车计划及相关配送业务;

⑥可以灵活地变更物流作业顺序,进行物流作业过程重组分析,优化方案比较等。

近年来,集成化的物流规划设计仿真技术在美日等发达国家发展很快,并在应用中取得了很好的效果。如美国的第三方物流公司 Catepillar 开发的 CLS 物流规划设计仿真软件,它能够通过计算机仿真模型来评价不同的仓储、库存、客户服务和仓库管理策略对成本的影响。世界最大的自动控制阀门生产商 Fisher 在应用 CLS 物流规划设计仿真软件后,销售额增加了 70%,从仓库运出的货物量增加了 44%,库存周转率提高了将近 25%,而且其客户对 Fisher 的满意度在许多服务指标上都有增加。Fisher 认为这些业绩在很大程度上归功于物流规划设计仿真软件的使用。

在我国,集成化物流规划设计仿真技术的研发目前还处在起步阶段,从 2001 年开始,国内一些科研单位,如山东大学和同济大学开始了相关领域的预研工作,但目前还未见到研发出的实际产品。

物流系统是一个复杂的开放系统,物流系统运作的成功与否对企业效益和社会进步影响甚大。而仿真方法是完善、推进物流系统的一个很好的方法,节省费用、减少浪费,并可以尽量节约消耗在物流环节中的时间。

由于物流系统的复杂性,以及物流系统所处环境的不确定性,对物流系统进行全面仿真还是存在很大困难的,所以,这是一个系统工程,是一个需要许多人长期努力才能实现的目标。

5.4.2 系统仿真技术的发展方向

系统仿真技术是一项应用技术,由于受需求的拉动和由于近年来计算机、网络技术、图形图像技术、多媒体、软件工程、信息处理等技术发展的促进,计算机仿真研究的步伐加快,专家们提出了一系列新的技术方案。这些新技术代表了仿真技术发展的主要方向。

1. 面向对象仿真(Object-Oriented Simulation)与基于 Multi-Agent 技术的仿真

面向对象仿真在理论上突破了传统仿真方法的观念,它根据组成系统的对象及其相互作用关系来构造仿真模型,模型的对象通常表示实际系统中相应的实体,从而弥补了模型与实际系统之间的差距,而且它分析、设计和实现系统的观点与人们认识客观世界的自然思维方式极为一致,因而增加了仿真研究的直观性和易理解性。面向对象的仿真具有内在的可扩充性和可重用性,因而为仿真大规模的复杂系统提供了极为方便的手段。面向对象的仿真容易实现与计算机图形学、人工智能/专家系统和管理决策科学的结合,从而可以形成新一代的面向对象的仿真建模环境,更便于在决策支持和辅助管理中推广和普及仿真决策技术。

基于 Multi-Agent 技术的物流系统集成建模方法是集成企业各种功能和模型的一种新的方法,Agent 是指能够在复杂环境中执行任务的(半)自治实体,多 Agent 技术是当今计算机科学领域、信息工程领域和网络通信领域十分活跃的前沿方向之一,以其高度的并发性、强大的建模能力、对分布环境的适应性和良好的可扩充体系结构,得到广泛的应用。

Agent 是并发执行的自主实体,具有逻辑规范的推理系统,采用语言行为协议和消息传递方式相互通信。Agent 成员之间相互协同,相互服务,共同完成一个任务,其自身的目标和行为不受其他 Agent 成员的限制,它通过竞争或协商等手段协调解决各 Agent 成员的目标和行为之间的矛盾和冲突。将 Agent 技术和集成建模仿真技术结合,建立基于 Agent 的供应链物流集成模型,能够很好地反映供应链物流系统的动态性、敏捷性,从而满足企业物流业务流程中的各功能之间更高层次的相互协作的需求,已成为目前发展比较活跃的仿真建模方法之一。

2. 可视化、多媒体与虚拟现实仿真技术

面向对象的仿真方法,提供了更为自然、直观的系统仿真框架,实施框架则要进一步探讨创建高逼真感觉的信息环境,使真实化环境、模型化的物理环境与用户融为一体,使研究主体——人产生身临其境的感觉,这种人机和谐的仿真环境的探索已广泛展开,诸如可视仿真(Visual Simulation)、多媒体仿真(Multi-media Simulation)、虚拟现实

（Virtual Reality）等。

（1）可视仿真

系统仿真必须为参试人员提供高效、灵活的仿真分析环境。数据及其他形式的信息通过可视化处理创建仿真分析环境或仿真虚拟环境，可使参试人员通过视觉信息掌握系统中变量之间、变量与参数之间、变量与外部作用之间的变化关系，直接了解系统的静态与动态特性，通过信息系统展示的动态变化规律，深化对系统模型概念化和形象化的理解，而且可能获得启发和灵感，发现数据信息不能展示的现象。

（2）多媒体仿真

多媒体仿真是对传统意义上数字仿真概念内涵的扩展，它利用系统分析的原理和信息技术，以更接近自然的多媒体形式建立描述系统内在变化规律的模型，并在计算机上以多媒体的形式再现系统动态演变过程，从而获取有关系统的感性和理性认识。

（3）虚拟现实

虚拟现实是一种由计算机全部或部分生成的多维感觉环境，给参与者产生各种感官信号，如视觉、听觉、触觉等，使参与者有身临其境的感觉，能体验、接受和认识客观世界中的客观事物。同时人与虚拟环境之间可以进行多维信息的交互作用，参与者从定性和定量综合集成的虚拟环境中可以获得对客观世界中客观事物的感性和理性的认识，从而深化概念和建造新的构想和创意。

3. 分布式交互仿真（Distributed Interactive Simulation，DIS）

分布式交互仿真是计算机仿真技术与网络技术相结合的产物，是"采用协调一致的结构、标准、协议的数据库，通过局域网、广域网将分布在各地的仿真设备互联并交互作用，同时可由人参与交互作用的一种综合环境"。DIS系统在功能上主要有以下特点：分布性、交互性、实时性、集成性、开放性。

4. 智能仿真

计算机仿真与人工智能和专家系统的结合使系统仿真进入了新的领域。知识库仿真系统可以达到领域专家处理问题的水平，自动建模与仿真程序生成可以取代部分仿真建模与编程人员的工作，智能化仿真决策系统可以辅助决策人员进行科学决策。

人工智能与计算机仿真的关系表现在人工智能可以帮助人们进一步认识仿真，并利用人工智能技术可以实现智能建模、智能仿真和智能仿真查询应用，使计算机仿真技术进入一个新的智能化仿真的阶段。

5.4.3　供应链仿真技术的发展趋势

供应链仿真具有良好的动态适应性，可以处理供应链中的复杂和不确定因素，预测供应链中各类需求的发展趋势，评价现有订单的运行情况，评价供应商的可信度，有利于降低供应链的管理成本，提高管理效率，因此无论在理论研究还是在实际应用中都具有重要作用。

当然，目前供应链仿真技术还不够成熟，主要体现在以下几个方面：

①受建模方法的制约，不容易建立合适的供应链系统模型和仿真模型，很多时候难

以找到合适的模型求解手段；

②目前支持供应链仿真系统开发的工具还不够成熟和完善,现有产品的功能也远未成熟,距离实际应用尚有一定距离；

③目前很多理论研究与实际应用脱节,也是供应链管理研究中普遍存在的问题。

虽然上述问题阻碍了供应链仿真更广泛地应用,但由于它在处理供应链动态和不确定性问题上具有无可比拟的优势,已经逐渐成为目前供应链仿真技术研究的一个热点。

目前的供应链仿真技术呈现出如下的发展趋势：

(1)日益完善的供应链系统建模技术

供应链管理目前正朝着优化和协同两个方向发展,由此带动了供应链系统建模技术的日益完善。建模手段和模型的求解方法愈加丰富,引入了各种新的和改进的优化技术。

(2)适应性多智能体建模与仿真

适应性多智能体建模,以复杂适应系统的概念为指导,是一种自下而上的建模方法。这种方法通过自治的简单智能体分布式的行动、交互和适合产生突现的系统行为,有助于理解供应链的复杂性本质。随着人们对供应链复杂性认识的不断深入,适应性多智能体建模与仿真技术将迅速发展。

(3)分布式和网络化的供应链仿真

随着供应链在物理上越来越呈现出的分布式特征,供应链仿真也出现了向分布式和网络化发展的趋势,因此在分布式环境以及 Internet 条件下的供应链建模和仿真的研究逐渐增多。

(4)迅速发展的供应链仿真实现技术

目前可以用于开发仿真系统的软件支持工具发展很快,无论是开发平台还是供应链仿真产品都层出不穷。此外,各领域的新技术不断引入,比如面向对象技术、动画技术、人工智能技术等,也推动了供应链仿真实现技术的发展。

(5)从运作层仿真到战略层仿真

供应链仿真主要有两类:一类是战略层的,往往是离线的、静态的仿真,大多是与企业设计有关的决策问题,比如位置决策、供需协作关系、利益分配等；另一类是运作层的,多为在线、实时、动态仿真,往往是与调整和优化运作过程相关的决策问题,比如生产策略、库存补充策略、运输策略、各个环节的提前期等。总之,目前的供应链仿真正逐渐走出运作的框架,向经济、组织、战略等方面发展。

此外,从物流应用来看,物流系统仿真技术正朝着综合化、快速化、网络化、虚拟化、智能化、协同化、普适化方向发展。

5.4.4　物流系统仿真技术的研究热点

可以预计,物流系统仿真技术的后续研究热点将重点体现在以下几个方面。

1.物流系统仿真可靠性评估

仿真系统的性能评估一直是系统仿真领域研究的重点与热点。物流系统仿真的可靠性直接决定仿真技术在物流领域应用的实际效果、应用范围和实施风险。目前对这方面的研究国外开展得较早,而我国水平较低,尤其是在具体应用领域中,如物流系统,可靠性评估在理论方法上还有待于发展。

2.建模方法

建模是仿真的基础。物流仿真模型所要描述的是客观世界中的物流系统的特性,而自然环境的建模和虚拟环境的建模是相当复杂的。如对车间计划调度进行仿真,由于整个系统的状态变量往往是离散变化的,建模方法或算法就在很大程度上决定了仿真的效果及成功与否。为建立更合理、可信的模型,数据库、神经网络、人工智能推理将成为建模的有效方法。此外,从最近的研究来看新的建模方法主要集中在交叉学科中,如根据生态系统中食物链这一生态现象,有学者提出新的优化算法。目前多数研究都集中但不局限于以下几个方面:

①仿真研究对象越来越复杂,需要研究复杂系统建模的方法;

②仿真的精度和可信度要求越来越高,需要研究提高所建立模型的精度方法;

③同样的仿真研究对象,在不同仿真系统中要反映出不同的属性,需要在建模时考虑具体的要求,并研究仿真模型简化、细化、聚合、解聚的方法;

④仿真模型建立要反映仿真工程性越来越强的变化趋势,强调仿真建模及其使用工具的标准化;

⑤仿真建模人员不仅要考虑建立模型本身的要求,同样需要考虑验模的要求;

⑥建模过程应反映对仿真系统全面的配置、质量管理要求的变化,建立完备的模型档案,对模型的属性及其建立过程加以记载和科学管理。

3.系统仿真方法学

通过抽取事物的属性特征,寻求使模型研究者更自然地参与仿真活动的方法,从而更好地开发仿真系统。该方面新的研究热点不是局限在具体的应用领域,而是以方法论为出发点,对仿真技术研究从学科体系研究理论的制高点,开展高层次的研究,目前主要集中在以下三个方面:面向对象仿真(Object Oriented Simulation,OOS)、定性仿真(Qualitative Simulation,QS)和智能仿真(Intelligence Simulation,IS)。

4.物流技术创新

物流技术的发展在物流的发展中起推动作用。一般来说,新物流技术和物流设备的出现,必然要求在仿真建模过程制作相应的模型,并编制动作程序,再通过实际运行测试的数据,对比仿真计算结果,修正初始参数,调试仿真系统,从而使得仿真模型的开发难度加大。但反过来,是否可考虑通过技术创新,在目前无法利用仿真技术得出满意效果的领域,在技术改革和创新上开创新的局面,使仿真技术更符合仿真理论,更贴近物流系统运作实际。从当前的研究来看,这种逆向思维的方法在物流系统仿真方面的研究还没有出现。

5.仿真结果分析

要想通过模拟仿真得出正确、有效的结论,必须对仿真结果进行科学的分析。早期的经典仿真软件都是以大量数据的形式输出仿真的结果,因此有必要对仿真结果数据进行整理,进行各种统计分析,以得到科学的结论。物流系统中物流作业的现实要求仿真的结果分析能更贴近生产作业的实际,从而要求新一代仿真软件应采用可视化技术,通过图形、图表,甚至动画以生动逼真地显示出被仿真对象的各种状态,使模拟仿真的输出信息更加丰富、更加详尽、更加有利于对仿真结果的科学分析,如何进行此类结果分析,以及分析结果的人性化也是研究的热点。

此外,物流仿真技术研究的热点还有仿真技术等方面,如网络化建模仿真技术、综合自然环境的建模与仿真技术、虚拟样机工程技术等。

5.4.5　计算机仿真技术与应用的发展趋势

1. 计算机仿真理论、仿真技术、仿真对象三者有机结合

目前从事计算机仿真技术研究的人员主要由三部分组成,一部分是从事自动控制与应用数学的人员,一部分是从事计算机技术的人员,一部分是从事仿真对象(应用专业)的人员。实际上很多科技人员是肩负着这三副重担。注重这三者有机结合,相互渗透,就会使应用数学中的相似理论、同态理论更加丰富,计算机仿真的软硬件更加先进,各种各样的仿真对象的仿真模型更加逼真。

2. 计算机科学技术与通信科学技术紧密融合,相互渗透,大大加速人类社会信息化进程

随着世界各国信息基础设施的建立与发展,计算机科学技术与通信科学技术更加紧密融合,相互渗透,全球性的计算机联网促进信息资源的开发和利用。计算机进入千家万户,使它成为人类工作与生活的必需品。计算机科学技术成为人类必须学习的基础知识。特别是计算机网络技术、多媒体技术、虚拟现实技术、面向对象技术、并行处理技术以及分布式处理与群集式处理技术的有机结合与综合应用,展示出计算机与计算机科学技术的宏伟前景,从而必将大大加速人类社会信息化进程。在这种大背景下,作为计算机应用的一个重要分支——计算机仿真技术必将发挥其效能。

3. 新型元器件的发展,体系结构的发展以及实现技术的发展大大提高计算机仿真系统的性能价格比,促进计算机仿真技术的发展

随着纳米微细加工技术趋于成熟,微电子集成器件将得到进一步发展,同时光电子集成器件与生物器件一旦成为现实,计算机的运算速度便可提高几个数量级。随着非冯·诺依曼式计算机的研究与发展、新型计算机体系结构的出现、计算机辅助技术和新兴工艺技术的应用,计算机仿真系统性能价格比必将大幅度提高,计算机仿真技术将获得长足的发展。

4. 新技术将大大提高计算机仿真软件的功能与性能,解决计算机仿真系统开发中的软件瓶颈问题

随着以智能化、集成化、自动化、并行化、开放化以及自然化为标志的计算机仿真软件新技术的深入研究、开发与利用,不仅使仿真软件的功能与性能迅速提高,而且有可能从根本上解决仿真软件生产率低下的问题。结合软件工程实践,探讨软件理论,有可能从理论上弄清软件开发的复杂度,进而采取有效措施进行控制,从理论与实践两方面来解决计算机仿真系统开发中的软件瓶颈问题。

5.信息安全保密成为计算机仿真技术领域的重大课题

在全球联网的趋势下,为保证信息资源共享,计算机系统与网络的互操作性、开放性和标准化将受到高度重视。同时由于计算机进入千家万户,成为人人可以利用的设施,使用的简明化、自然化和信息安全保密等将成为计算机仿真技术领域中的重大课题。计算机仿真技术已应用于各行各业,但应用于军事部门、军工部门、关键部门更多一些,因此,信息安全保密显得更为重要。

6.计算机仿真技术产业化

计算机仿真技术产业化不属于本书重点阐述范围,但其非常重要。计算机仿真技术的研究开发成果只有通过产业的商品转化进入市场,才能产生价值与社会经济效益,同时反馈市场需求与资源,促进计算机仿真技术的更大发展。而计算机仿真产业也只有紧密依靠计算机仿真技术提供新思想、新方法、新技术、新工艺,才能更新产品,拓宽市场,增加竞争力。二者相辅相成,从而构成整个计算机仿真事业发展的良性循环。计算机仿真产业包括计算机仿真制造业与计算机仿真服务业。计算机仿真制造业从事计算机仿真系统的生产制造。属于计算机仿真制造业的企业有各种系统制造厂、外围设备和终端设备制造厂、记录媒体制造厂以及提供专用的仿真应用系统的厂家等。有些大型公司兼营多种制造业与服务业。计算机仿真制造业是节省能源和资源、具有高附加价值的知识和技术密集型产业。它可为国民经济和社会各方面带来巨大的经济效益和社会效益,其规模和水平已成为衡量国家经济实力和军事实力的重要标志。计算机仿真服务业是为满足使用计算机仿真或信息处理的需要而提供软件和服务的行业,是一种不消耗自然资源、无公害、附加价值高、知识密集的新型行业。

⇨ 思考题

1.试说明计算机仿真方法在物流系统中应用的必要性。

2.在物流系统研究中系统仿真技术的应用主要有哪些方面?

3.举例说明物流系统仿真的主要步骤。

4.说明确认物流系统仿真模型的一些方法。

第6章

物流仿真软件

🖙 **本章要点**

　　本章选择介绍 Arena、AutoMod、eM-Plant、Extend、Flexsim、RaLC、Mat-lab、Witness 八个在物流系统分析中常用的仿真软件。介绍相关物流仿真软件发展概述、不同软件之间的异同，并引导有兴趣的读者对这几种软件进行初步的学习，了解其基本功能和应用。对于各种软件的详细了解和深层次的应用，需要读者参考有关软件提供的教程和帮助文件进行更深入的学习。

6.1　仿真软件发展概述

　　随着日益增长的技术需求，提供功能强大、方便、灵活、可靠的决策支持工具成为物流仿真软件商的时代使命。自 1955 年第一个仿真软件问世以来，目前市面已经涌现了多样化的仿真软件。

6.1.1　仿真软件发展的四个阶段

　　数字仿真软件泛指一类面向仿真用途的应用软件。它的特点是面向问题和面向用户。它的功能包括模型描述的规范及处理、仿真实验的执行与控制、仿真结果的分析与演示、模型和数据的存储与检索。根据功能划分，仿真软件可以分为仿真程序包、仿真语言及仿真环境三大类。仿真软件的发展是离不开计算机软件尤其是计算机程序设计语言的发展的。随着计算机从电子管到晶体管再到大规模集成电路不断地发展和进步，计算机的运算速度和存储能力都有显著的提高，因此也就有了计算机程序设计语言从机器语言到汇编语言再到高级程序设计语言的发展历程，而这一切又为仿真软件的产生与发展提供了必要的条件。

历史上第一个仿真软件是由塞尔弗里奇在 1955 年开发的。他完成了利用辛普森方法进行数值积分的仿真程序设计工作。从那之后,仿真软件的发展大致经历了四个阶段。

1. 第一阶段:20 世纪 50 年代到 60 年代初期

该阶段是以 Fortran 语言为代表的通用程序设计语言阶段。Fortran 语言是第一种成熟的高级程序设计语言。当时几乎所有用于求解数学表达式的程序都是用 Fortran 语言编写成的,即使在目前,还有许多大型的通用仿真语言是基于 Fortran 语言编制的。

2. 第二阶段:20 世纪 60 年代到 70 年代

该阶段出现了多种仿真程序包及初级仿真语言。这个时期仿真软件主要解决的问题是利用数字仿真方法求解常微分方程组。例如,1961 年由贝尔实验室开发的用于实现数据采集系统仿真的面向框图的程序 BLODI(Block Diagram Compiler);1962 年为了工业动力学系统仿真专门开发的语言 DYNAMO(DYNAmic Model);1983 年发表的用于求解常微分方程组的仿真程序 MIDAS(Modified Integration Digital Analog Simulator);等等。

直到 1967 年,为了促进已有的几十种数字仿真语言的标准化,美国计算机仿真学会提出了 CSSL(Continuous System Simulation Language)标准,后来开发的仿真语言大都遵循这个标准。在此阶段的仿真语言中,比较典型的还有 1964 年由 IBM 公司的戈登开发的高度结构化的利用进程交互法进行排队问题仿真的通用仿真语言 GPSS(General Purpose Simulation System)。

3. 第三阶段:20 世纪 70 年代到 80 年代初期

该阶段出现了高级完善的商品化仿真语言。这个阶段仿真语言的特点是在以下几个方面比早期的仿真语言更加成熟和全面:①模型的表达能力;②数值性能和算法;③语言的结构特征;④模型验证;⑤程序执行方式;⑥数据管理和处理能力;⑦输入输出特性。

这一阶段仿真软件主要有:20 世纪 70 年代中期推出的算法全面、功能强大的求解常微分方程和差分方程问题的仿真语言 CSSL-IV 和 ACSL(Advanced Continuous Simulation Language),1971 年推出的用于离散事件仿真的可以用类似自然语言自由格式描述系统模型的仿真语言 Simscript 1.5 和应用广泛的随机网络建模的 SLAM 仿真语言。

4. 第四阶段:20 世纪 80 年代中期开始的一体化建模与仿真环境研究

该阶段的背景是:①随着建模与仿真工作要求的提高,已开发的各种仿真软件经常不能协调地工作;②对仿真语言的要求越来越复杂;③存在大量的数据处理及文档化工作;④不同的用户(建模者、仿真实验人员、决策者)对仿真工具有不同的要求;⑤计算机网络技术和数据库技术有较大的发展。

一体化建模与仿真环境的主要性能表现在:①支持建模与仿真的全寿命周期活动;②集成化程度高;③方便友好的用户接口;④初步的知识处理能力;⑤模型与仿真的质量保证措施;⑥开放性。

在当今市面上,仿真可采用专用软件来实现。下面列举了一些仿真软件:20-Sim、Arena、AutoMod、Awesim、Easy5、Idef、Intrax、Manufacturing Engineering、Matlab、Modsim、Promodel、Service Model、Medmodel、Prosolvia、Quest、Flexsim、SDI Supply Chain 以及 Witness 等。

6.1.2　数学软件包

数字计算机的出现给数值计算技术的研究注入了新的活力。在现代计算技术的早期发展中，出现了一些著名的数学软件包，如美国的基于特征值的软件包 EISPACK 和线性代数软件包 LINPACK、英国牛津数值算法研究组（Numerical Algorithm Group）开发的 NAG 软件包等，这些都是在国际上广泛流行的、有着较高声望的软件包。

美国的 EISPACK 和 LINPACK 都是基于矩阵特征值和奇异值解决线性代数问题的专用软件包。限于当时的计算机发展状况，这些软件包大都是由 Fortran 语言编写的源程序组成的。

例如，想求出 N 阶实矩阵 A 的全部特征值（用 WR、WI 数组分别表示其实虚部）和对应的特征向量矩阵 Z，则 EISPACK 软件包给出的子程序建议调用路径为：

```
CALLBALANC(NM,N,A,IS1,IS2,FV1)
CALLELMHES(NM,N,IS1,IS2,A,IV1)
CALLELTRAN(NM,N,IS1,IS2,A,IV1,Z)
CALLHQR2(NM,N,IS1,IS2,A,WR,WI,Z,IERR)
IF(IERR.EQ.0)GOTO99999
CALLBALBAK(NM,N,IS1,IS2,FV1,N,Z)
```

以上面的叙述可以看出，要求取矩阵的特征值和特征向量，首先要给一些数组和变量依据 EISPACK 的格式作出定义和赋值，并编写出主程序，再经过编译和连接过程，形成可执行文件，最后才能得出所需的结果。

英国的 NAG 和美国学者的 Numerical Recipes 工具包则包括了各种各样数学问题的数值解法，二者中 NAG 的功能尤其强大。NAG 的子程序都是以字母加数字编号的形式命名的，非专业人员很难找到适合自己问题的子程序，更不用说能保证以正确的格式去调用这些子程序了。这些程序包使用起来极其复杂，谁也不能保证不发生错误，NAG 光数百页的使用手册就十几本。

Numerical Recipes 一书中给出的一系列算法语言源程序也成立一个在国际上广泛应用的软件包。该书小的子程序有 C、Fortran 和 Pascal 等版本，适合于科学研究者和工程技术人员直接应用。该书的程序包由 200 多个高效、实用的子程序构成，这些子程序一般有较好的数值特性，比较可靠，为各国的研究者信赖。

具有 Fortran 和 C 等高级计算机语言知识的读者可能已经注意到，如果用它们去进行程序设计，尤其当涉及矩阵运算或画图时，则编程会很麻烦。比如说，若想求解一个线性代数方程，用户得首先去编写一个主程序，然后编写一个子程序去读入各个矩阵的元素，之后再编写一个子程序，求解相应的方程（如使用 Gauss 消去法），最后输出计算结果。如果选择的计算子程序不是很可靠，则所得的计算结果往往可能会出现问题。如果没有标准的子程序可以调用，则用户往往要将自己编好的子程序逐条地输入计算机，然后进行调试，最后进行计算。这样一个简单的问题往往需要用户编写 100 条左右的源程序，输入与调试程序也是很费事的，并无法保证所输入的程序 100% 的可靠。求解线性方程组这样一个简单的功能需要 100 条源程序,其他复杂的功能往往要求有更多条语句,如采用双步 QR 法求取矩阵特征值的子程序则需要 500 多条源程序,其中任何一条语句有毛病,甚至调用不当(如数组维数不匹配)都可能导致错误结果的出现。

用软件包的形式编写程序有如下的缺点:

1. 使用不方便

对不是很熟悉所使用软件包的用户来说,直接利用软件包编写程序是相当困难的,也是容易出错的。如果其中一个子程序调用发生微小的错误则可能导致最终得出错误的结果。

2. 调用过程烦琐

首先需要编写主程序,确定对软件包的调用过程和连接过程,再经过必要的编译和连接过程,有时还要花大量的时间去调试程序以保证其正确性,而不是想得出什么马上就可以得出的。

3. 执行程序过多

想求解一个特定的问题就需要编写一个专门的程序,并形成一个可执行文件,如果需要求解的问题很多,那么就需要在计算机硬盘上同时保留很多这样的可执行文件,这样,计算机磁盘空间的利用不是很经济,对其的管理也将十分困难。

4. 不利于传递数据

调用软件包的方式会针对每个具体问题形成一个孤立的可执行文件,因而在一个程序中产生的数据无法传入另一个程序,更无法使几个程序同时执行以解决所关心的问题。

5. 维数指定困难

在很多数学问题中最重要的变量是矩阵,如果要求解的问题维数较低,则形成的程序就不能用于求解高阶问题。所以有时为使得程序通用,往往将维数设置得很大,这样在解小规模问题时会出现空间的浪费,而更大规模问题仍然求解不了。在优秀的软件中往往需要动态地进行矩阵定维。

此外,这里介绍的大多数早期软件包都是由 Fortran 语言编写的,由于众所周知的原因,以前使用 Fortran 语言绘图并不是轻而易举的事情,它需要调用相应的软件包作进一步处理。当时在绘图方面比较实用和流行的软件包是 GINO-F,但这种软件包只给出绘图的基本子程序,如果要绘制较满意的图形则需要用户自己用这些低级命令编写出合适的绘图子程序来。

除了上面指出的缺点以外,用 Fortran 和 C 等程序设计语言编程还有一个致命的弱点,那就是因为 C 语言本身的原因,致使在不同的机器平台上,扩展的 C 源程序代码是不兼容的,尤其在绘图及界面设计方面更是如此。例如在 PC 机的 Microsoft Windows 操作系统上编写的 C 语言程序不能立即在 SUN 工作站上直接运行,而需要在该机器上对源程序进行修改、编译后才可以执行。

尽管如此,数学软件包仍在继续发展,其发展方向是采用国际上最先进的数值算法,提供更高效的、更稳定的、更快速的、更可靠的数学软件包。例如在线性代数计算领域,全新的 LAPACK 已经成为当前最有影响的软件包,但它们的目的似乎已经不再为一般用户提供解决问题的方法,而是为数学软件提供底层的支持。如现在流行的数学软件工具 Matlab 已经抛弃了一直使用的 LINPACK 和 EISPACK,采用 LAPACK 为其底层支持软件包。

6.1.3　物流仿真软件包介绍

目前市面上流行的各种物流仿真软件有通用仿真软件(General-purpose Simulation Software)和面向应用的仿真软件(Application-Oriented Simulation Software)两类。从仿真软件发展之初,就有从通用软件向专用软件发展的趋势,强调软件使用的易用性。开始主要是程序库,使用过程语言编写针对仿真应用的子程序库,后来便发展成为通用目的的仿真语言。随后,这些通用语言逐渐获得了界面和菜单系统的形式,使得实际的编程过程在界面和菜单系统中完成,而隐藏了编程过程。随着软件的用户群的发展,仿真软件根据不同的专业应用进行界面裁剪,例如面向制造,或者医疗与远程通信的服务业等。仿真软件的专业性越高,意味着越多的细节和专门的信息可以建立到模型中去。例如,COMNET 包括了特定传输电缆和协议的预定结构,而 MEDMODEL 则提供了医疗服务设施的典型实体的逻辑和动画图标。

功能界面化已经成为仿真软件的一个发展特征。很多仿真软件都具有将其建模功能集成在其界面中的特征,例如 AweSim(基于 SLAM)、Witness、Promodel、Taylor Ⅱ 和 AutoMod 等,都将建模功能集成到界面中,强调各自的易用性和全面而强大的功能。

在建模技术上,有些软件采用层次建模结构。例如 Arena 和 Slx 就是具有层次建模结构的软件。最底层的单元可以用来建立在模型中,或代表一般的单元组合(如在制造装置中,表示输入传送带、缓冲站、服务机,以及可能的检验站的组合),或者代表特定应用领域中的特定模块(如一个加工单元及其动作)。这样的层次结构为应用导向的仿真器带来了优势,较低层次的模型允许其与通用仿真语言相关联。有些软件则同时具有两种方式,通过层次设计,在顶层允许用户与程序互动,似乎专门为其专业应用所做;而同时又提供了从最基本的层面使用语言的机制,这样就使软件具有全面的灵活性。

与其他计算机软件一样,物流仿真软件越来越多地与其他应用软件共享信息。许多软件能够从不同类型的电子表格和数据库格式接收数据,并同时向它们输出数据。绝大多数产品都提供程序语言(如 C、VB 等语言),可以与仿真代码连接,以获取特定的信息资源或者进行专门的计算,如仿真系统内的调度和决策计算等。

物流仿真软件包的集成度越来越高。通过软件商提供的附加软件,在能力规划、排程调度、输入建模和运行控制等方面的功能越来越全面。对于那些没有包括输入建模的软件,用户往往通过其他的工具来对观测数据进行拟合,从而生成输入数据模型。这种分析工具如 ExpertFit 和 StatFit 等,都可以进行观测数据拟合,提供多种分布,并且还提供了与部分仿真软件的接口。

目前已经发布的仿真软件有几十种,根据 James J. Swain 的广泛调查,在台式电脑上运行的离散事件仿真软件产品就有四五十种。这些软件有不同的应用目的和应用背景,各有侧重。软件商与他们的用户通过产品邮件、定期的产品时事通信和年会保持联系和沟通,这也进一步促进了软件的不断发展。

这些软件可谓各有特点,各有所长。人们通常选择三维实体效果比较好的软件进行物料搬运和物流机械的仿真分析;选择适合做系统分析和流程分析的软件进行供应链网络的系统分析;而选择能嵌入优化算法的扩展功能较好的软件来进行复杂物流系统的调度问题的研究。

未来的仿真软件将在以下几个方面得到进一步的发展:

①采用新的建模仿真方法学、人工智能等新技术改善建模仿真功能;

②增强对建模仿真全生命周期活动的支持功能;

③基于标准及基于软总线的开放的体系结构;

④注重面向专业领域、面向用户,扩大应用领域;

⑤支持复杂系统虚拟样机的开发;

⑥开发及完善支持分布仿真工程的支撑框架。

目前几个应用较多的大型仿真套件有英国 Lanner 公司推出的 Witness,美国 Brooks Automation 公司开发的 AutoMod,美国 System Modeling 公司开发的 Arena 和美国 I-magine That 公司开发的通用仿真平台 Extend,美国 3i 公司设计开发的 SIM Animation,美国 Flexsim Software Products 公司开发的 Flexsim,日本 AIS 公司开发的 RaLC 等。在仿真领域,交通运输仿真又往往有专门的仿真软件,如美国 TransCAD 公司开发的专门用于交通的物流系统仿真软件 TransCAD,以及世界各科研单位或机构自行开发的仿真软件等。

本章选择介绍 Arena、AutoMod、eM-Plant、Extend、Flexsim、RaLC、Matlab、Witness 八个在物流系统分析中常用的仿真软件,其目的在于给读者一个关于物流仿真软件的概观,了解不同软件之间的异同,并引导有兴趣的读者对这几种软件进行初步的学习,了解其基本功能和应用。对于各种软件的详细了解和深层次的应用,需要读者参考有关软件提供的教程和帮助文件进行更深入的学习。

6.2 Arena

6.2.1 Arena 概述

Arena 是美国 System Modeling 公司于 1993 年开始基于仿真语言 SIMAN 及可视化环境 CINEMA 研制开发的可视化交互集成式商业化仿真软件,为不同需求的用户开发了多种产品类型。

作为通用的可视化仿真环境,Arena 的应用范围十分广泛,几乎覆盖可视化仿真的所有领域。在物流领域,Arena 的应用涉及从供应商到客户的整个供应链,包括供应商管理、库存管理、制造过程、分销物流、商务过程以及客户服务等。

在制造过程仿真应用中,Arena 常用来进行四个方面的仿真分析:

①生产过程中的工艺过程计划、设备布置等；

②生产管理中的生产计划、库存管理（如库存规划、库存控制机制）等；

③制造过程的经济性、风险性分析，降低成本或辅助企业投资决策等；

④各种先进制造模式如虚拟组织与敏捷供应链管理的可视化仿真等。

在分销物流仿真应用中，Arena 常用来进行配送中心选址规划、运输方法选择、承运商地点选择以及调度规则的仿真等。

在服务系统应用中，Arena 常用来进行医疗系统的医院临床设备，医生、护士的配备方案选择和医疗改善的仿真；交通运输中的高速公路的交通控制，出租车的管理和路线控制；港口运输计划模型、车辆调度的仿真；公共服务的紧急救援系统的仿真等。

6.2.2 Arena 的基本功能

Arena 提供了建模、仿真、统计分析优化和结果输出的基本功能。

1. 建模功能

Arena 支持图形化建模。Arena 提供了多个称为"模块"的可视化建模单元，并依照层次化的体系结构组合封装成不同类型的面板和模板。用户可以在其图形建模窗口中，通过对模块的拖放、链接等操作，构建单层或多层级的模型。

2. 仿真功能

Arena 支持独立多次自动运行，可通过仿真运行参数设置来完成仿真过程。在仿真显示方面，Arena 支持二维动画和动态图像。系统成分的可视化图形动画会随着模型的运行而变换，且可显示统计指标的即时变化信息。

3. 统计、分析及优化功能

Arena 提供专门的输入分析器（Input Analyzer）、输出分析器（Output Analyzer）辅助用户进行各种类型的输入、输出数据的处理和分析。Opt Quest for Arena 则是 Arena 专用的优化工具包，可以为用户决策最优化的绩效参数提供参考。

4. 报告和图表输出功能

Arena 可以生成基于一次或多次仿真运行的标准报告或用户自定义的分类评价报告，并可经由输出分析器生成多样的显示图表，还可以控制和定制用户化的输出报表。

5. 客户支持和文档

Arena 为用户提供客户支持和文档资源。Arena 提供软件学习教程，通过官方网站 http://www.arenasimulation.com/进行 Arena 的产品和技术支持，介绍学术项目等方面的详细情况，并设有用户讨论专区。

6.2.3 Arena 的特点

1. 应用方案模板

Arena 将一些常用的仿真逻辑封装在 Block（块，模块）中，相关的 Block 集成在 Template（模板）中（应用方案模板，AST）。模板有不同的级别，越高级的模板功能越丰

富,构建模型的效率也越高,但是越不灵活;越低级的模板功能越单一,构建模型的效率
也越低,但是越灵活。有些高级 Block 可以通过低级 Block 组合而成。一般应用高级模
板即可方便快捷地构建仿真模型,对于非常复杂的仿真模型才需要用到低级模板。Are-
na 不同版本的模板划分不尽相同,目前 Arena 9.0 版本包含的模板中常用的有:

①"Basic Process"基本处理模板。包括实体、队列、资源、变量、数组、创建实体、加工
实体、释放实体等各个模块。

②"Advanced Process"高级处理模板。包括表达式、文件、统计、存储、延迟、匹配、信
号等各个模块。

③"Advanced Transfer"高级传输模板。包括工艺路线、传送带、距离、进入、离开、路
径等各个模块。

④"Blocks"模块模板。包含各个低级模块。

⑤"Elements"元素模板。包含各个更低级的模块。

⑥"Flow Process"流处理模板。用于构建连续系统。具体包括容器、传感器、流、规
则器等模块。

⑦保留的旧版本中的"Support"支持模板。包括大量比"Blocks"模板中的模块稍高
级的模块。

Arena 中的模板有近 20 个,封装好的仿真逻辑模块有两三百个,可以直接用于构建
仿真模型。

2. 模板开发环境

Arena 提供了用户自定义模板的开发功能,用户可以根据需要自己定制 Block 和
Template,从而解决了仿真过程中相同或相似流程的重复建模,极大地增强了模板的可
重用性和实用性。模板开发环境拉近了模型与实际系统之间的距离,使仿真模型具有直
观性和易理解性,而且整个仿真模型的开发具有更高的可扩充性,为仿真大型、复杂系统
提供了极为方便的手段。

3. 面向仿真过程的开发

基于面向对象的思想和结构化的建模概念,将专用仿真语言的灵活性和仿真器的易
用性很好地融合到一起,直接面向实际业务流程构建仿真模型,符合常规的思维习惯。

4. 分层建模

Arena 通过使用层次化的建模体系以保证灵活地进行各个水平上的仿真建模。
Arena 建模体系的第一层是各种过程语言(如 VB、C/C++),常用于复杂建模过程。第
二层是基础模板即 SIMAN 模板,包括 Blocks 模板和 Elements 模板。它们由 SIMAN 语
言编写,继承了 SIMAN 语言灵活建模的特点。第三层是最新开发的通用模板即 Arena
模板,包括 Advanced Process 模板、Advanced Transfer 模板和 Basic Process 模板。第四
层是应用方案模板(简称 ASTs),应用这些模板可以使用户在特定领域进行更加合理的
仿真建模。Arena 建模体系的最高层是根据企业自身的需求进行用户自定义模板的开
发。Arena 正是通过可视化的仿真环境将各层次的建模方法交替使用,获得不同的建模
能力。由此可见,Arena 提供了一个可以适用于各种建模水平的仿真环境,兼具易用性和
灵活性两方面的优点。

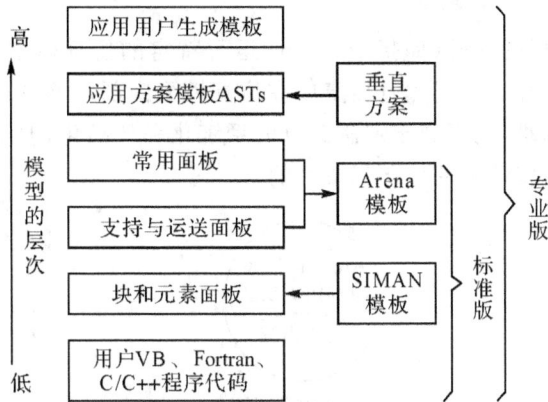

图 6-1 Arena 的层次建模结构

对于大型复杂系统,Arena 可以从宏观到微观、从抽象到具体,逐层建立相应的仿真子模型,然后再组合成一个完整的仿真模型。这给大型复杂系统的建模带来了极大的方便。

5. 外部接口和定制技术

Arena 提供与过程语言的接口。使用 Arena 专业版(Professional Edition),在最低层,用户可以使用 VB,Fortran 或 C/C++等过程语言来建立模型,可用来满足一些复杂需求,如决策规则或外部数据的选取等,也可以通过这些编程语言实现对桌面程序如 Microsoft Office、AutoCAD 及 Visio 等桌面程序的控制,还可以定制用户个性化的模块和面板。

Windows 技术,实现了与 Microsoft Office 的兼容。因此,Arena 的操作具有 Windows 风格。Arena 可通过对象连接与嵌入(OLE)使用其他应用程序的文件和函数,如在 Arena 的模型中放入 Word 文件,添加声音文件等。可以将 Excel 编辑的数据对象导入模型,还可以驱动 Visio 绘制的流程图。

Arena 定制的方式一般有三种:

(1)内部定制

所有的功能都在 Arena 内部实现,定制内容也是作为仿真模型的一个组成部分,通过 VBA 嵌入在 Arena 模型中,Arena 是唯一的运行环境。这种定制方式下仿真和定制彼此融合,设计起来较为困难,也不利于定制部分的系统化和产品化,但是运行效率较高。

(2)外部定制

定制系统和仿真系统是两个不同的物理系统,定制系统可以通过 VB、VC 等其他开发环境设计完成,通过在定制系统中引用 Arena 类库来实现定制的目的,并能从外部驱动 Arena 运行。在这种定制方式中,定制系统和仿真系统划分明确,设计起来更加清楚明了,有利于定制部分的系统化和产品化(Arena 的第三方优化软件 OptQuest 就是采用这种定制方式实现的),但要在两个不同的系统之间来回切换,所以运行效率较低。

（3）混合定制

将需要在外部完成的任务（如指定 Arena 运行特定的仿真模型）设计成一个独立的系统，定制部分的核心和主体仍然直接集成在仿真模型内部。该方式下仿真和定制彼此融合，设计起来较为困难，也不利于定制部分的系统化和产品化，但是保持了较高的运行效率，同时可以实现一些特定的外部集成目的。

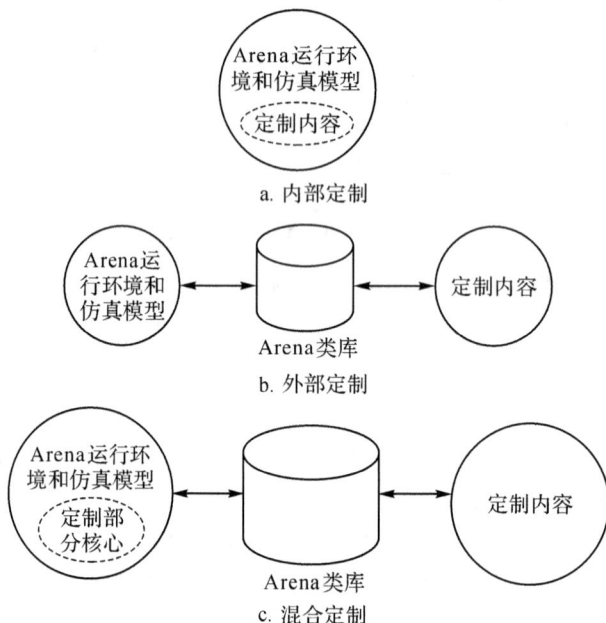

图 6-2　Arena 的定制技术

6. 其他特点

Arena 的其他特点包括：

①学术性强，表现在全面深入地体现了系统仿真的有关理论，且学术界应用较广。

②简单易用，采用可视化建模和运行环境，这一点和多数仿真软件类似。

③友好稳定，相对于其他一些仿真软件的友好性体现在数据输入、输出及模型调试等方面；由于软件很成熟，而且模型中不能直接使用指针，所以系统更加稳定，且 Arena 提供二维图形制作功能和录制仿真动画功能。

7. 不足之处

Arena 的不足之处包括：

①仿真动画和仿真逻辑相分离，构建动画模型具有一定的工作量；

②仿真模型不是预编译的，因此运行速度不够快（对于大型复杂系统而言）；

③仿真模型无法脱离 Arena 仿真环境而独立运行。

6.3　AutoMod 软件

6.3.1　AutoMod 软件概述

　　Brooks 公司在复杂协作生产运营的软件仿真领域可谓世界领先,其产品、解决方案与全球服务基础设施为众多全球 500 强制造企业带来了竞争优势,应用范围涵盖航空航天与国防、汽车、高科技、生命科学领域与世界范围内半导体生产商。世界上最大的原料处理设备供应商与物流/分销系统提供商使用 Brooks AutoModTM 软件后,结果表明系统运作能够达到设计要求。AutoMod 是目前市面上比较成熟的三维物流仿真软件,其主要包括了三大模块:AutoMod、AutoStat 和 AutoView。

　　AutoMod 主操作界面如图 6-3 所示。

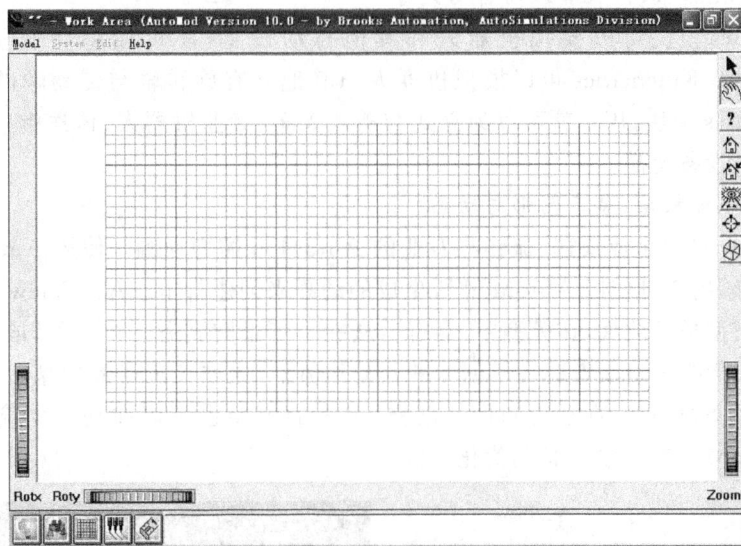

图 6-3　AutoMod 仿真软件主界面

　　AutoMod 模块提供给用户一系列的物流系统模块来仿真现实世界中的物流自动化系统,主要包括输送机模块(辊道、链式)、自动化存取系统(立体仓库、堆垛机)、基于路径的移动设备(AGV 等)、起重机模块等。图 6-4 是 AutoMod 软件在生产系统中的应用示例。

　　AutoStat 模块为仿真项目提供增强的统计分析工具,由用户定义测量和实验的标准,自动在 AutoMod 的模型上执行统计分析。主要功能是:基于发展策略运算法则的最优化分析,用户为得到更好的模型来定义输出审核,多 CPU 并行计算等。

　　AutoView 可以允许用户通过 AutoMod 模型定义场景和摄像机的移动,产生高质量的 AVI 格式的动画。用户可以缩放或者平移视图,或使摄像机跟踪一个物体的移动,如

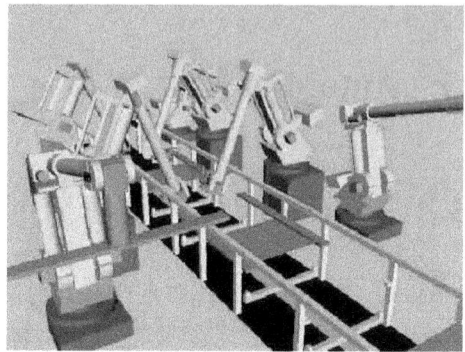

图 6-4　AutoMod 在生产系统中的应用

叉车或托盘的运动。AutoView 可以提供动态的场景描述和灵活的显示方式。

除了上述的三个主要模块，AutoMod 还有很多扩展模块用于动画、陈述、分析与交流，主要有以下一些模块。

1. Kinematics 模块（机器人与自动设备）

Kinematics 模块可以模拟机器人和其他自动设备，还可以将它们整合成一个 AutoMod 模块。Kinematics 可以模拟机器人与其他含有旋转轴与传动轴的运动装置。有了 Kinematics 模块，用户就可以为立式与剪式叉车、专业机器人、传送带插入器/抽出器或任何其他设备建模。

2. AutoView 模块（展示图形与动画）

AutoView 可以生成快速、流畅与专业的 AutoMod 模型动画。使用 AutoView 就像导演一部电影，用户可使用 AutoMod 所生成的动画来创建脚本。AutoView 的摄像头可以让用户对模型进行放大，在模型中"穿行"，从一个场景转到另一个场景，或者在时空中来回穿梭。摄像头也可以安装在模型中的移动物体上，比如叉车或者货盘。AVI 标准的电影格式使用单帧捕获的方式制作。这样，最大的模型也可以在动画中流畅地显示。图 6-5是 AutoMod 软件的分析与优化界面。

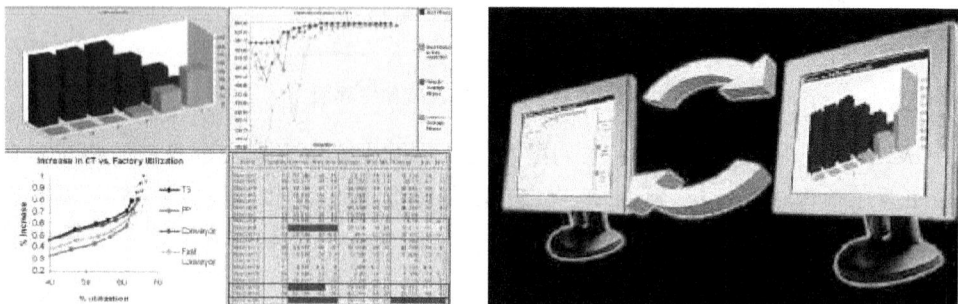

图 6-5　AutoMod 的分析与优化

3. AutoStat 模块（执行分析与优化）

AutoStat TM 模块能在仿真项目的实验阶段提供增强的统计分析功能。通过点选 Windows 界面，AutoStat 很容易确定需要做的实验，并执行必要操作。AutoStat 能分析所有的模型结果,提供容易阅读的表格或者将其导入到电子表格,同时提供描述性的统计数字,比如取样平均值(通过多次复制)。AutoStat 提供前期决策、单一或对比信赖区间、因素/响应分析与实验设计。AutoStat 的基于演变战略的优化功能会帮助人们从多种可能的收入因素组合中找到最佳的解决方案。

4. Model Communication 模块(交换系统数据)

Model Communication 模块可以让信息在模块与控制系统之间、多个模型之间以及模块与其他应用之间进行传输。仿真模块与物料传输控制系统之间的通信让用户可以在控制系统实施前对其设计进行测试。使用仿真情境比现场实地试运行过程中的系统测试要快并且节省成本。Model Communication 模块也可以让用户独立地建造两个或多个模型,并且在仿真过程中容易在模型之间发送和接收数据。多个模型可以单独运行或者它们可以共享信息形成一个完整的系统,使用多处理器硬件或者一个网络中的多台机器来并行模拟。最后,Model Communication 模块使模型与第三方应用程序(比如电子表格或者 VB 程序)之间的通信变得容易。

6.3.2　AutoMod 软件的功能与特点

AutoMod 建立搬运机器设备等对象物体,对各个作业流程都要建立过程语言,通过编程序才能做出作业流程。全部配置结束后,由编译源程序来执行模型。作为物流仿真器,为多数用户所采用,其功能十分强,如果能灵活使用的话,就能够实现相当高难度的仿真,并且多个数模型之间可以进行通信。AutoMod 的独特功能有以下一些。

1.3D 虚拟现实动画

AutoMod 提供比例真实的 3D 虚拟现实动画,使仿真模型易于理解,这对新理念或新方法的交流具有极高的价值。当经营场所的方方面面都以 3D 动画模型来观看时,管理层、生产部与工程部之间的交流就会大大改善。在模型运行时项目团队可以从任何角度以任何比例对模型进行检查。AutoMod 包含与 CAD 一样的功能,可以精确地确定制造、原料处理与传输系统的实际布局。AutoMod 拥有强大的图形界面,可以精确地获取 3D 图像中距离与大小上的约束条件。图 6-6 是 AutoMod 的 3D 画面输出结果。

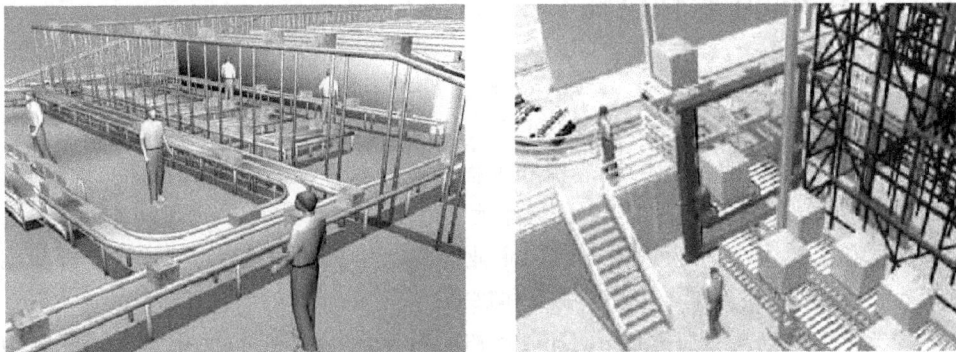

图 6-6　AutoMod 的 3D 画面输出

2. 互动建模

AutoMod 是基于进程交互仿真策略的软件。在 AutoMod 所建立的仿真模型系统中,流动实体是模型的主动成分,整个系统的运行是靠流动实体驱动的。系统将流动实体所发生的事件及活动按时间顺序进行列表组合,形成相对每个流动实体的进程,当一个流动实体进入某个进程时,系统试图将该进程执行下去,直到进程结束,或者进程被时间延迟或者其他条件所阻止中断。系统对不同类型的进程规定了不同的优先级,以使得当不同进程在时间上处于同时并发时,系统能够按照确定的次序分别执行这些进程。

3. 原料运送模板

AutoMod 提供给用户一套物料搬运系统模板,这些模板大多来源于 Brooks Automation 公司工业自动化实践经验。AutoMod 将其定义为几种不同的子系统,用户可以方便地引入模型中,使得很多部分可以自动建立起来,用户只需要修改图形并输入参数来完成对模型的建模定义,大大加快了建模速度。此外,AutoMod 提供了专门的子系统模块,Tanks(容器)和 Pipes(管道)可对流体和散货(如粮食、橡胶颗类等)物料的存储和流动进行仿真,从而可以处理具有连续生产过程特性的系统的建模与仿真。

4. 易于理解的语言

AutoMod 自动输出统计报告与图表。这些信息提供了方方面面的系统信息,比如设备利用率、库存水平与部件在某设施中的总时间,可以用表格或者内置业务图形的方式来查看统计报告。图表有利于增强对系统的理解以更好地展示效果。

虽然如此,但由于该系统建模操作十分复杂,且由于对全部机器设备等对象物都需要程序命令语言,所以其缺点也是显而易见的。首先是要求操作人员必须具备相当的编程知识,其次是软件的购买价格相对较昂贵。

6.4 eM-Plant

6.4.1 eM-Plant 软件概述

以色列 Tecnomatix 公司 eMPower 软件工具 eM-Plant,又称为 SiMPLE＋＋。Tecnomatix公司是一个跨国公司,在以色列、德国、美国和荷兰都有其研发中心。eM-Plant 是用 C＋＋实现的关于生产、物流和工程的仿真软件,它是面向对象的、图形化的、集成的建模和仿真工具,系统结构和实施都满足面向对象的要求。eM-Plant 可以对各种规模的工厂和生产线,包括大规模的跨国企业,建模、仿真和优化生产系统,分析和优化生产布局、资源利用率、产能和效率、物流和供需链等。

eM-Plant 使用各类控件来表示工位,及物流转运设备和道路;使用"方法"控制物料转运逻辑,并通过"单元"或者时间触发器触发"方法",达到对物流进行仿真的效果。

eM-Plant 几乎考虑到了实际工程领域中的各个方面,并带有强大的编程语言

SimTalk，完全可以仿真出实际模型，所以其得出的分析结果对现实有直接的指导意义，可以广泛运用于码头、车间等许多复杂的场合里。

6.4.2　eM-Plant 特点

eM-Plant 是 Tecnomatix 公司开发的主要用于生产系统与生产过程的建模与仿真的软件系统。用户可在 eM-Plant 环境下分析和优化生产系统的各种性能指标：生产率、在制品水平、设备利用率、工人负荷平衡情况、物流顺畅程度等，它具有如下一些特点：

①提供了典型生产设备对象库，包括上下料工位、生产工位、物料运输设备、物料存储设备、托盘、工人等，并且可自定义设备参数，例如生产时间、故障率、维修时间等。

②用户可在 eM-Plant 提供的典型设备对象库的基础上，根据实际情况自定义的符合要求的生产设备对象，通过向库中加入自己的对象（object）来扩展系统库，用户可以获取被实践证实的工程经验用于进一步的仿真研究。

③提供了 SimTalk 编程语言，使用户可通过编程实现对仿真流程的控制。它通过内置的编程语言"SimTalk"进行过程的定义、参数的输入和控制策略的调整，也能够建立完整的仿真模型。

④使用 eM-Plant 分析工具可以轻松地解释仿真结果，统计分析图、表可以显示缓存区、设备、劳动力（personnel）的利用率。用户可以创建广泛的统计数据和图表来支持对生产线工作负荷、设备故障、空闲与维修时间、专用的关键性能等参数的动态分析。

eM-Plant 软件中包括自动瓶颈分析器、Sankey 图和 Gantt 图，使用它们可以很轻松地分析产量、瓶颈等现象。依此可以评估不同的生产线的生产控制策略并验证主生产线和从生产线（sub-lines）的同步。由 eM-Plant 可以生成生产计划的 Gantt 图并能被交互地修改。eM-Plant 能够定义各种物料流的规则并检查这些规则对生产线性能的影响。从系统库中挑选出来的控制规则（Control Rules）可以被进一步地细化以便应用于更复杂的控制模型。

⑤提供用于系统参数优化一些通用算法。优化的方法很多，针对优化的对象不同而选择不同的优化方法。eM-Plant 主要对离散事件系统进行仿真，比如该软件中有遗传算法优化工具，使用也比较方便，几乎不需要编程，输入相应的参数就可以了。使用该工具可以对单一目标进行优化，例如经典的旅行商问题（TSP），可以在软件中较轻松实现；同时也可以对多目标进行优化，例如在一条生产线中要求总时间最短同时要求机器充分利用（无空闲）等综合优化；最终将输出优化结果并有相应的报表。

⑥具有开放的系统结构，提供多种相关软件接口，例如 CAD、ERP、ORACLE、SQL、ODBC 等，实时的信息交流促进了企业信息系统的集成。

6.5 Extend 软件

6.5.1 Extend 软件概述

Extend 系统仿真软件是由美国 Imagine That 公司开发的通用仿真平台。全球用户超过 1 万多个,是使用用户最多的系统仿真软件。Extend 仿真环境为不同层次的建模者提供了多种工具,用这些工具可以高效地建立精准、可信、有用的模型。Extend 的设计方式能够使仿真项目从建模、校验、确认到建立用户界面的每一步简化、方便。系统工具的开发者可以使用 Extend 内嵌的编译语言 MODL(类 C 语言)来创建可以重复使用的建模模块。所有这些都是在自成一体的集成环境中完成的,不需要外部接口、编译器和代码产生器。

Extend 模型是用基于模块库的图标模块来搭建的。每一个模块代表处理过程的一个计算或一个步骤。每一个模块提供对话框用来输入模型参数,并将模块自动计算的一些运行结果在对话框中显示出来。模块保存在模块库里。每一个模块库包含特性相似的一组模块,例如离散事件、制造、连续、绘图、电路设计、商业流程重组等。模块可以通过拖拉的方式从模块库窗口中移到工作表上,模块之间形成了逻辑关系流。

Extend 包含了当代仿真软件必须包含的特色:可以重复使用的建模模块、终端用户界面开发工具、灵活的自定义报告图表生成机制和与其他应用系统集成的方法。此外,Extend 包含一个基于消息传递的仿真引擎,提供一种迅速的模型运行机制和灵活的建模机制。Extend 的模块可以很容易地搭建并组合在一起,这一点使得 Extend 在众多行业得到广泛认可,包括通信、制造、服务、卫生、物流和军事等。

形象的动画、有效的调试工具和建模的透明性能够帮助我们校验、确认模型。Extend 建模的透明性可以使建模者非常容易地看到模型是怎样运行的。这里包括交互式的模型运行方法、能够显示模块和其他模块之间相互关系的交互式调试工具。开放的源程序能够使建模者看到模型运行的每一个细节,包括事件触发、资源分配甚至还可以更细微到每个事件的时间分配是如何解决的。这些工具缩短了确认模型所需要的时间。

建模者通过拖拉的方法可以非常容易地创建完全交互式的界面模块,这些可以被保存到自己创建的模块库中,可以在将来任何建模的过程中重复使用。Extend 提供了 600 多个系统函数,可以实现和数据库、Excel 和其他数据源的集成,充分利用 Windows 操作系统的资源,可以和 Delphi、C++ Builder、Visual Basic、Visual C++代码链接。

以下介绍主要基于 V6 版本。

6.5.2 Extend 软件的功能与特点

Extend 提供了输入建模、运行仿真模型、数据分析等基本功能。Extend 提供了模块化的建模功能，用户可以采用软件提供的基本模块，或者自己建立的模块搭建模型。此外，Extend 包含一个基于消息传递的仿真引擎，提供迅速的模型运行机制和灵活建模机制。Extend 采用 2D 的建模与仿真显示功能，建立的模型和仿真运行都显示二维的画面。Extend 的仿真运行支持及时的参数修改，能够即时看到修改参数后的运行情况。Extend 也提供了专门的 StatFit 数据拟合功能，辅助用户进行各种类型的输入数据的处理和分析。Extend 主要功能体现在以下几个方面：

①用于构建块的全部数组，有助于快速建模；

②通过动画模型，增强表现力；

③定制的图形化接口展现了建模系统的各种关系；

④无约束的层次分解使得复杂系统的构建和理解变得简单；

⑤对话框和文本文件用来改变模型参数，因此可以很快地试验假设条件和测试模型；

⑥完全图形化的操作平台简化了建模过程和增强了互动性；

⑦在仿真时能调整设置；

⑧迭代优化、蒙特卡罗法，批处理模式，敏感度分析；

⑨可产生用户报告和深入分析；

⑩基于作业成本法的核算方法；

⑪与其他程序和平台完全的连通性和交互性，包括复制/粘贴、导入/导出、文本文件（ASCII）、发布/订阅（Mac 操作系统）、XCMDs 和 Apple 事件（Mac 操作系统），或者动态链接库（DLL）和动态数据交互（DDE）、OLE/COM/ActiveX（仅限于 Windows）；

⑫多功能仿真——Extend 是一个多领域环境，因此用户可以动态构建连续和离散事件、非线性和线性、非线性和混合模式系统；

⑬嵌入式的 C 语言和对话框编辑器——修改 Extend 模块或者构建用于特殊应用的自定义模块，还可以在模型中构建自定义动画；

⑭脚本支持——可以从 Extend，或者从另外的应用程序都可以远程构建和运行模型；

⑮整合对其他语言的支持——使用 Extend 内嵌的 API 可以访问 Delphi、C＋＋Builder、Visual Basic、Visual C＋＋等各种代码；

⑯基于库的重复使用的模块——构建的模块能保存在库中，很便捷地在其他模型中被调用；

⑰600 多个函数——包括综合、统计、队列、动画、IEEE 数学、矩阵、声音、数组、快速傅氏变换算法（FFT）、调试、XCMDs、动态链接库（DLL）、字符串和位操作、输入/输出等，这些函数都可以直接访问，也可以自己定义所需要的函数；

⑱复杂数据传输的能力——传输值、数组或其他数组的组合结构；

⑲巨型模型——Extend 优秀的可扩展意味着模型的大小只受用户系统的限制；

⑳跨平台兼容性——在 Windows 和 Mac 操作系统上运行模型,模型和库文件是跨平台兼容的,因此就为跨平台的合作提供了方便。

Extend 所具有许多独特的特点和功能,使得建模者能够把精力集中在建模的过程中并且迅速地建立容易理解容易沟通的模型。这些特点主要包括以下一些。

1. 交互性

即使在模型运行过程中,Extend 参数和模型逻辑也可以在线修改。Extend 方便的交互性可以快速回答和重新分析各种问题,主要体现在能够方便地修改模型参数与即时看到修改后运行结果两个方面。它的记事本和"克隆"功能使用户能够把所有模型的参数和运行结果集中到一起,即使在模型运行过程中,Extend 参数和模型逻辑也可以即时修改,并可以立即显示修改的效果。Extend 方便的交互性还体现在可以快速回答和重新分析各种问题。

2. 可扩展性

(开放式)Extend 的模块是用 Extend 的编译语言和集成开发环境来开发的。公开的体系结构、公开的源代码和自带的集成开发环境(Integrated Development Environment)使得 Extend 具有极强的扩展能力。用户只要懂得 C 语言,就可以改写所有的模块、逻辑和动画,因此,用户不局限在软件所提供的模块和算法之内。这推动了建模技术的进步,因为用户能够完善并开发自己特有的模块。

3. 可重复使用性

Extend 的可扩展性和分层次建模功能使得用户可以开发自己的模块,并将 Extend 模块(组件模块和分层子模型)保存在模块库里,重新被其他模块甚至被其他的建模者所使用。这一特点增加了模型设计的效率和连续性。

其内嵌的编译语言 MODL(类 C 语言)能够使系统工具的开发者便捷地创建可重复使用的建模模块。所有这些都是在自成一体的集成环境中完成的,不需要外部接口、编译器和代码产生器。

4. 规模性

由于 Extend 的分层结构是无限制的,所以可以用来创建含有成千上万个模块的企业模型,使模型条理更加清晰、逻辑更加分明。

5. 可视性

Extend 的模块图标是专门为了表达模型的结构和行为而设计的。

6. 连接性

Extend 支持 ActiveX/OLE 控件和 ODBC 数据源。和其他仿真软件不同的是,这些技术在 Extend 里被当作模块来使用,所以都是以拖拉的方式来完成而没有必要编程。

7. 得到第三方开发支持

相比其他仿真软件,因为 Extend 的集成开发环境,使得第三方应用更多地选择 Extend 作为仿真引擎。

6.6 Flexsim 软件

6.6.1 Flexsim 软件概述

Flexsim 由位于美国犹他州奥勒姆市的 Flexsim Software Products 公司出品,是一款商业化离散事件系统仿真软件,是目前市面上唯一拥有 C++ IDE 接口及编译器的图形仿真环境的软件,其主要操作界面如图 6-7 所示。

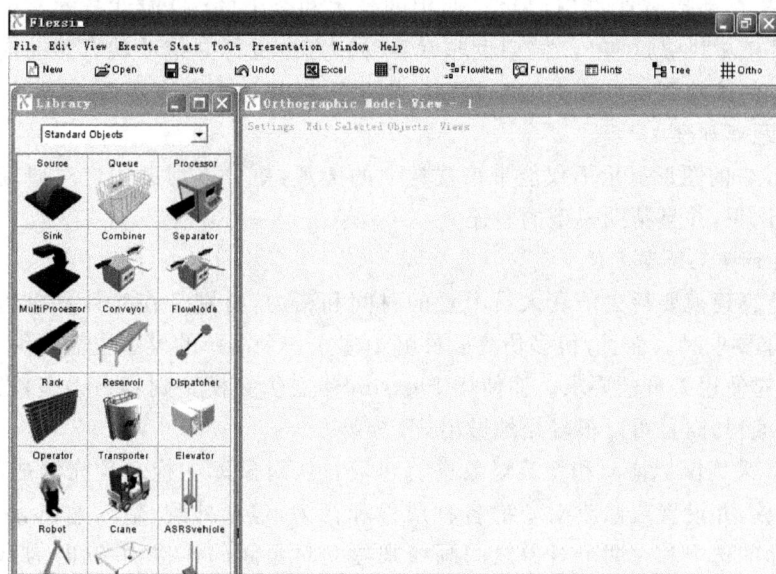

图 6-7　Flexsim 软件主要操作界面

6.6.2 Flexsim 的功能与特点

Flexsim 是用来对生产制造、物料处理、物流、交通、管理等离散事件系统进行仿真的软件产品,也可以使用 Flexsim 进行 Emulation(模型中含有真实的物理实体)仿真研究。Flexsim 采用面向对象技术,并具有 3D 显示功能。建模快捷方便和显示能力强是 Flexsim仿真软件的重要特点。该软件提供了原始数据拟合、输入建模、图形化的模型构建、虚拟现实显示、运行模型进行仿真实验、对结果进行优化、生成 3D 动画影像文件等功能,也提供了与其他工具软件的方便的接口。

Flexsim 仿真软件的特点主要体现在采用面向对象技术、突出的 3D 显示效果、建模和调试简单方便开放、模型的扩展性强、易于和其他软件配合使用等方面。

1. 基于面向对象技术建模

Flexsim 中所有用来建立模型的资源都是对象,包括模型、表格、记录、库、GUI(图形用户界面)等。用户可以使用 Flexsim 提供的对象库,实现对现实世界的对象、过程和系统的建模。同时,Flexsim 的对象库可以扩展,用户可以使用 C++语言或者软件自带的 Flexscript(一个 C++代码的预编译库)来修改这些对象。面向对象的建模技术使得 Flexsim 建模过程生产线化了,为一个模型所建立的对象可以用于其他模型,减少了建模工作人员消耗大量时间的重复劳动,其可扩展性为不同用户提供了方便,用户可以根据自己的行业和领域特点,扩展对象,构建自己的对象库。

2. 突出的 3D 图形显示功能

第一次接触 Flexsim,首先会被其色彩鲜艳的 3D 显示效果所吸引。Flexsim 仿真环境中所有的模型都是逼真的 3D 模型,使用的技术和今天的 3D 游戏技术是一样的。此外,在仿真环境中操纵这些 3D 模型也非常容易。点击鼠标并拖动就可移动或者旋转图形,转动鼠标的滚轮则可以放大缩小画面。图形可以从各个角度观看,也可以在模型中作虚拟的近距离观察。

Flexsim 中的图形显示不仅能带来视觉上的美观,更可以帮助用户对研究的模型有一个直观的认识,并且帮助模型的验证。

3. 建模和调试简单方便

通常,仿真建模要耗去仿真人员大量的时间和精力,特别是在对计算机仿真模型提出 3D 可视化要求时。而且,很多仿真软件哪怕建立一个简单的模型也需要编写程序,这无疑提高了对使用人员的要求。而使用 Flexsim 建立仿真模型则容易得多,没有特殊要求一般不用编程,而且可以很轻松地做出 3D 模型。

Flexsim 采用鼠标拖动和释放对象进行建模。从对象库中拖动预先制成的对象,在工作区中释放,并设置或修改对象的各种属性和行为,包括外观、输入输出、速度等。之后,通过鼠标的选中和在两个对象之间画线来建立对象间的连接,并同时为这些连接关系设定属性。按照这种方法,就可以很简单地把整个模型逐步建立起来。在拖动建模方式中,以灵活性和可用性为导向,但降低了对尺寸和位置精度的关注。

4. 建模的扩展性强

Flexsim 支持建立用户对象,融合 C++编程,体现了其可扩展性。但其扩展性,还远不止这些。用户不但可以直接使用 Flexsim 来建模和运行模型,还可以在其之上利用 C++语言、软件提供的接口和函数开发一定的仿真应用程序,而这些应用程序一般用来对特定行业建模并进行仿真。

5. 开放性好

Flexsim 中提供了与 Microsoft Excel 的直接接口。通过 Flexsim 提供的函数,可以动态地读写 Excel 的数据。此外,Flexsim 还可以完成与一般数据库的连接等。在 Flexsim 3.0 以后版本都提供了与 Visio 的直接连接,为建模提供了很大的便利。

开放性和与其他软件的方便接口是 Flexsim 结构上的特点。Flexsim 完全支持 C++,所以用户可以通过使用 C++语言在 Flexsim 内编程,甚至修改 Flexsim 来实现特定的要求。所有的动画都是 OpenGL,支持工业标准的 3DS、DXF、WRL 或者 STL 图形对象,这些都体现了 Flexsim 的开放性。同时,Flexsim 可融合第三方软件,例如 OptQuest、Visio、ExpertFit 等,为用户使用增添了很多便利。此外,Flexsim 可以容易地连接到任何 ODBC 数据库(如 Oracle),具有通用数据结构(如文本、Excel、Word 等)。易于和其他软件配合使用也是 Flexsim 的一大特点。

6.7 RaLC 软件

6.7.1 RaLC 软件概述

"RaLC(乐龙)"系列软件,是日本 AIS 公司以任何人都可以通过简单的操作就能构筑可在电脑上运行的三维立体模型物流中心为目标,独立研发成的三维虚拟物流中心模型构筑工具。

"RaLC(乐龙)",该名称是从意为"可迅速开发(建模)"的"Rapid"中取了前两位字母"Ra",并由于该软件专门针对物流中心,所以又从"Logistics Center"中取出"LC"两个字母组合而成,即"RaLC = Rapid Virtual Model Builder For Logistics Center Verification"。顾名思义,这是一套迅速构筑三维动画物流中心模型的系列工具软件总称。中文音译名称便成为"乐龙"。

乐龙系列软件是在电脑中建立三维立体动画物流中心模型,以进行各种工程验证操作为目的的模型构筑工具软件。根据它们的不同用途,可分成如下三个种类:建立演示模型的"RaLC-Pro"、建立模拟模型的"RaLC-Brain"和建立仿真(器)模型的"RaLC-Emu"。

RaLC-Pro(Rapid Logistics Center Proposal Model Builder)是适用于物流中心设计方案的三维立体动画模型构筑工具。过去用设计图纸以及图片所不能传输的富有临场感的形象效果,如今通过三维立体动画模型,就可以充分感受到了。

RaLC-Brain(Rapid Logistics Center Model Builder for Brainwork)是适用于物流中心验证的三维立体动画模型构筑工具。通过该工具人们可以向用户提供独家搬运设备类的个性化编入(将用户个性化设备作为乐龙系列软件中的标准设备予以登录)服务。从此,根据实际单证数据进行的模拟变成现实;另外还提供英文版、日文版等不同版本。

RaLC-Emu(Rapid Logistics Center Emulation Model Builder)是与用户控制系统联动的物流中心模型构筑基本模块。请与解决方案服务结合使用。

RaLC-Fan 是建立没有使用许可证也可分发"RaLC"模型的工具,但原始模型仍需使用"RaLC(乐龙)"系列软件制作。图 6-8 是 RaLC 软件的一个简单示例。

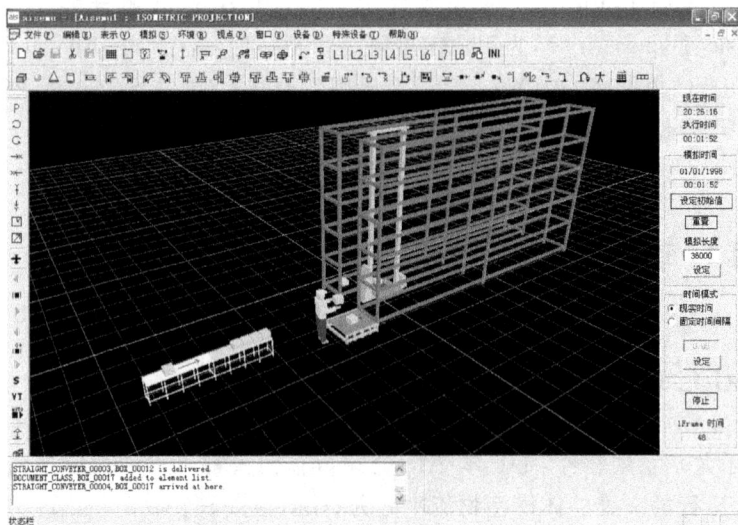

图 6-8　RaLC 软件的一个示例

6.7.2　RaLC 软件的功能与特点

1. 可操作性

作为乐龙系列软件的特点,应当首推它卓越的操作性。在物流仿真中,物流中心所使用的基本搬运机械设备(包括各种传送带、自动立体仓库、搬运平板车等)以及物流工人(装卸、分拣、叉车搬运等)全部以按钮的形式被注册在工具栏上。用鼠标选择想要设置的与该机械设备相对应的按钮,并仅仅指向三维动画空间中想要放置的位置,它就立刻出现在层面上。其后,沿着布局图一一摆放,并按照货物流水顺序依次对接下去即可。由于各个传送带之间可自动对接,因此连接作业不费时间,只要轻轻一按开始按钮,即可开始模型的模拟。

2. 可以组化设备来进行定义和复制

另外更令人惊讶的是,乐龙系列软件还可以组化设备来进行定义和复制。于是巨大规模的物流中心也可以轻而易举地构建"动态"三维物流中心模型。物流机械设备的长度、运行速度以及仓库货架数量等,即使模型在运行中,也能在属性窗口中更改其参数,并同步将变化结果反映到动作上。视点的变化也可以仅仅通过鼠标操作就能实现,用户可按照自己的兴趣爱好自由转换观看角度。

乐龙系列软件可以在笔记本电脑上运行。营业主管与客户交谈的同时,可一边建构模型一边当场演示"动态物流中心"给客户看,双方可通过商量,将各自的概念效果融入模型中。因此,仅仅通过这些操作和功能,也可以大大减少后期工程中的许多隐患。

3. 适应人工作业

"RaLC-Brain"软件还进一步强化了物流系统的详细仿真验证功能,特别是"任务管理器功能"是更加据实、更加简单地对工人作业活动完成验证操作的个性化功能,比如,对于"分拣、验货、包装、搬运"等一系列作业,用户既可以让多数人来分担,又可以使工人互相协助,或设定作业优先级别等。仅仅选择"画面上的任务管理器"并使其与"进行作业支援的任务管理器"连接,即可简单地完成这些复杂的作业运行,不需要任何复杂程序,如图6-9所示。

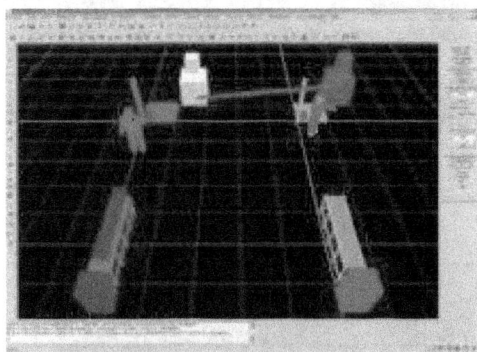

(a)各自进行自己的作业　　　　　　　　(b)由左边的任务管理器向右边发出"支援请求"

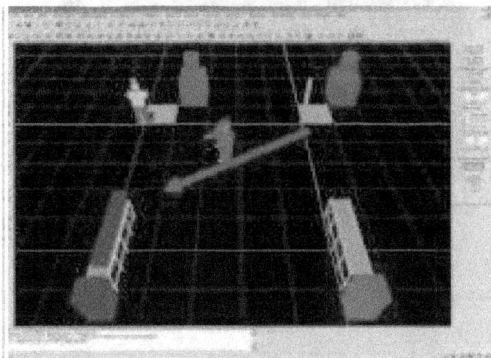

(c)自己无作业时,去帮助左边的作业　　　　　　　　(d)自己的作业优先

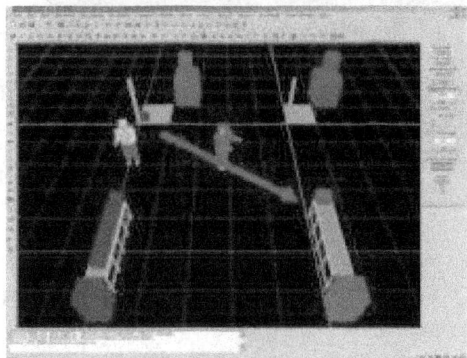

图6-9　任务管理器的运行(工作)

"作业管理器"所附带的"自动路径功能"更是自动生成最短行进路径的智能化功能,如图6-10所示。比如,只要给出存货位置数据和分拣指令,物流作业工人就会走向指令产品的放置位置去拣货。即使货位数据当场发生变化,作业员也能立即去适应。

每当布局和货位发生变化时,在行走路径的设置上不必花费太多时间就能极其简单地进行多方面的验证。基于此功能,也可以在没有传送带和自动立体仓库等机械设备的平置型仓库的人员模拟操作中灵活使用,其效果也非常好,如图6-11所示。

为降低产品研制费用,虽然没有配备各种表格化视图分析功能,但为了输出各个设备工作运行数据的记录,通过配用 Excel、Access 等文件格式,可以更加自由地进行多方面的分析。

4. 对应用户个性化服务

另外要说明的是,乐龙系列软件能灵活响应不同用户的要求。比如,人们将设备厂家独自制造生产的新产品作为乐龙系列软件的扩张设备,进行个性化注册。

厂家独有的特殊设备也将和其他普通的设备一样,仅仅点击其对应的按钮就能规划

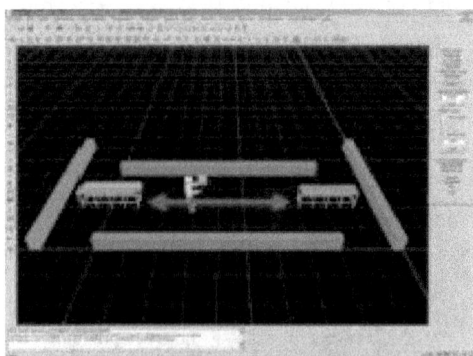

(a)左右传送带之间行进

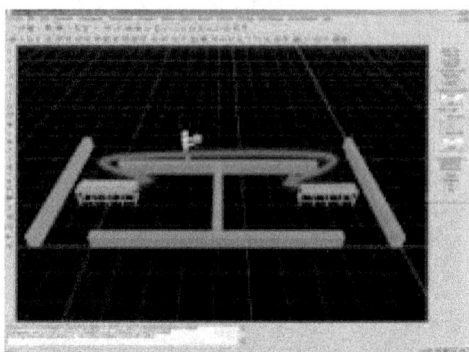

(b)碰到障碍物，会自动迂回

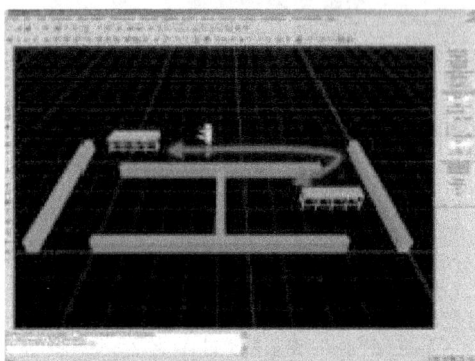

(c)即使目的地转移，也能判断最短路径

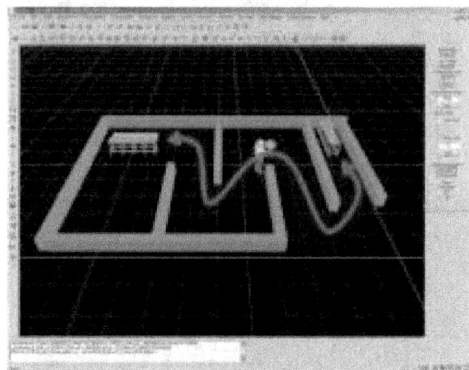

(d)可以自动设置复杂路径

图 6-10   自动路径生成功能

图 6-11   平置型仓库模型示例

和设计出物流中心模型的布局。因此，无论是厂家的设备引进提案，还是用户的现有生产线设备引进验证等,也都可以站在双方的立场上有效利用,如图 6-12 所示。

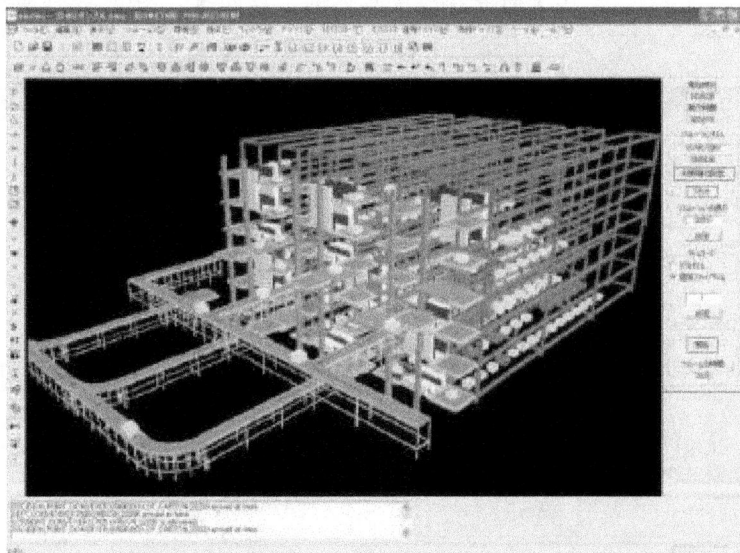

图 6-12 有设备的组装示例

如上所述,在所有的立场上,从不同阶段开始都能轻松地建构模型和进行验证。这样的模型,最终与现实系统对接在一起作为物流中心仿真器,逐次扩展到虚拟实验空间,甚至还被利用到更广泛的领域。

6.8 Matlab/Simulink 软件

6.8.1 Matlab 软件概述

Matlab 是 MATrix Laboratory("矩阵实验室")的缩写,是由美国 Mathworks 公司开发的集数值计算、符号计算和图形可视化三大基本功能于一体的,功能强大、操作简单的语言,是国际公认的优秀数学应用软件之一。

20 世纪 80 年代初期,Cleve Moler 与 John Little 等利用 C 语言开发了新一代的 Matlab 语言,此时的 Matlab 语言已同时具备了数值计算功能和简单的图形处理功能。1984 年,Cleve Moler 与 John Little 等正式成立了 Mathworks 公司,把 Matlab 语言推向市场,并开始了对 Matlab 工具箱等的开发设计。1993 年,Mathworks 公司推出了基于个人计算机的 Matlab 4.0 版本,到了 1997 年又推出了 Matlab 5.X 版本(Release 11),并在 2000 年又推出了最新的 Matlab 6 版本(Release 12)。

Matlab 是当今国际上公认的在科技领域方面最为优秀的应用软件和开发环境。在欧美各高等院校,Matlab 已经成为应用线性代数、自动控制理论、数据统计、数字信号处理、时间序列分析、动态系统仿真、图形处理等高级课程的基本数学工具,是攻读学士的大学生、硕士生、博士生必须掌握的基本技能。在设计研究单位和工业部门，Matlab 已经超越实验室的界限，被广泛用于研究和解决具体的工程问题。图 6-13 是 Matlab 软件的主界面。

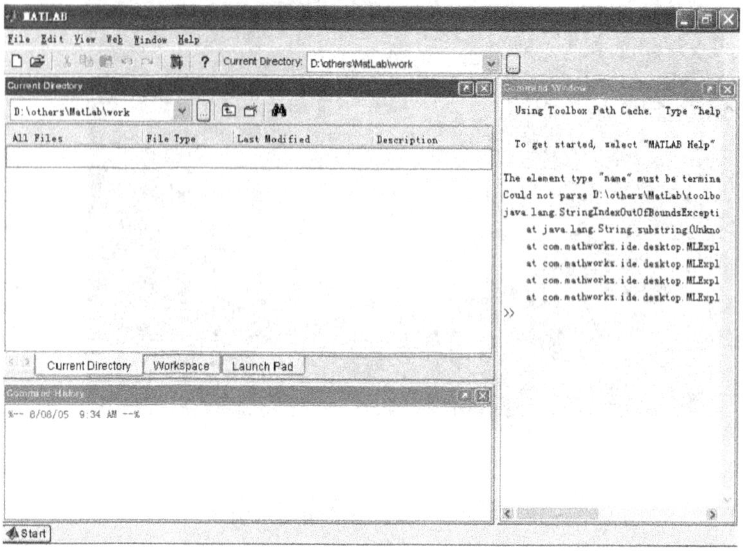

图 6-13　Matlab 软件的主界面

6.8.2　Matlab 的基本组成

Matlab 主要由 Matlab 主程序、Simulink 动态系统仿真和 Matlab 工具箱三大部分组成。其中 Matlab 主程序包括 Matlab 语言、工作环境、句柄图形、数学函数库和应用程序接口五个部分；Simulink 是用于动态系统仿真的交互式系统，允许用户在屏幕上绘制框图来模拟一个系统，并能动态地控制该系统，目前的 Simulink 可以处理线性、非线性、连续、离散、多变量及多系统；工具箱实际就是用 Matlab 的基本语句编写的各种子程序集和函数库，用于解决某一方面的特定问题或实现某一类的新算法，它是开放性的，可以应用也可以根据自己的需要进行扩展。Matlab 工具箱大体可分为功能性的工具箱和学科性的工具箱两类。功能性的工具箱主要用于扩展 Matlab 的符号计算功能、图形建模功能、文字处理功能和与硬件的实时交互过程，如符号计算工具箱等；学科性的工具箱则有较强的专业性，用于解决特定的问题，如信号处理工具箱和通信工具箱。

Matlab 的主要产品构成有以下一些。

1. Matlab

所有 Mathworks 公司产品的数值分析和图形基础环境。Matlab 将 2D 和 3D 图形、Matlab 语言能力集成到一个单一的、易学易用的环境之中。

2. Matlab Toolbox

系列专用的 Matlab 函数库，解决特定领域的问题。工具箱是开放的、可扩展的，可以查看其中的算法，或开发自己的算法。

164

3. Matlab Compiler

将 Matlab 语言编写的 m 文件自动转换成 C 或 C++文件,支持用户进行独立应用开发。结合 Mathworks 提供的 C/C++数学库和图形库,用户可以利用 Matlab 快速地开发出功能强大的独立应用程序。

4. Simulink

Simulink 是结合了框图界面和交互仿真能力的非线性动态系统仿真工具。它以 Matlab 的核心数学、图形和语言为基础。

5. Stateflow

与 Simulink 框图模型相结合,描述复杂事件驱动系统的逻辑行为,驱动系统在不同的模式之间进行切换。

6. Real-Time Workshop

直接从 Simulink 框图自动生成 C 或 Ada 代码,用于快速原型和硬件在回路仿真,整个代码生成可以根据需要完全定制。

7. Simulink Blockset

专门为特定领域设计的 Simulink 功能块的集合,用户也可以利用已有的块或自编写的 C 和 Matlab 程序建立自己的块。

6.8.3 Simulink 介绍及建模方法

Simulink 环境是 1990 年前后由 Mathworks 公司推出的产品,是用于 Matlab 下建立系统框图和仿真的环境。该环境刚推出时的名字叫作 Similab,由于其名字很类似于当时一个很著名的语言——Simulab 语言,所以次年更名为 Simulink。从名字上看,立即就能看出该程序有两层含义:首先,"Simu"一词表明它可以用于计算机仿真,而"link"一词表明它能进行系统连接,即把一系列模块连接起来,构成复杂的系统模型。可以利用这一有效的工具用图形的方式描述各种各样的微分方程,从而求解相应的微分方程。正是由于它的这两大功能和特色,使得它成为仿真领域首选的计算机环境。

Simulink 的功能远不止微分方程的求解,它提供了各种可用于控制系统仿真的模块,支持一般的控制系统仿真。此外,还提供了各种工程应用中可能使用的模块,如电机系统、机构系统、通信系统等的模块集,直接进行建模与仿真研究。

Simulink 的功能十分强大,可以借用其本身或模块集对任意复杂的系统进行仿真。早在 Simulink 出现之前,仿真一个给定框图的连续系统是件很复杂的事,当时 Matlab 虽然已经支持较简单的常微分方程求解,但用语句的方式建立起整个系统的状态方程模型还是比较困难的事,所以需要借助于其他的仿真语言工具,如 ACSL 语言,来描述系统模型,并对之进行仿真。当时采用这样的语言建立模型需要很多的手工编程,很不直观,对复杂的问题来说出错是难以避免的,结果经常令人难以相信;另外,由于过多的手工编程,使得解决问题的时间浪费很多,很不经济,最致命的是因为它们毕竟属于不同的语言,相互之间传送数据不方便,这很大程度上限制了 ACSL 和 Matlab 语言的联合使用。所以从 Simulink 一出现起,很多惯用 ACSL 的用户纷纷弃用该语言,改用 Simulink

作为主要的仿真工具。

在 Simulink 类软件出现之前,为了考核各类控制系统 CAD 软件的建模难易程度、算法的精度等指标,本领域有影响的专家提出了一些测试基准问题(Benchmark Problems),由于 Simulink 的出现,使得原来的基准问题能够轻而易举地解决了。

Simulink 是 Matlab 最重要的组件之一,它提供一个动态系统建模、仿真和综合分析的集成环境。在该环境中,无须书写大量的程序,而只要通过简单直观的鼠标操作,就可构造出复杂的仿真模型。Simulink 的主要优点如下:

①适应面广。该系统包括线性、非线性系统,离散、连续及混合系统;单任务、多任务离散事件系统。

②结构和流程清晰。它外表以方块图形式呈现,且采用分层结构,既适于自上而下的设计流程(概念、功能、系统、子系统,直至器件),又适于自下而上逆程设计。

③仿真精细、贴近实际。它提供大量特种函数模块(包括非线性在内),为用户摆脱理想化假设的无奈提供了途径。

Simulink 使得 Matlab 的功能得到了进一步的扩展。Simulink 由模块库、模型构造及指令分析和演示程序组成,是一个模块化、模型化的系统动态仿真环境。用户应用 Simulink 对系统进行建模、仿真和分析时如同堆积木一样简单方便,只需要在模型窗口中单击或是拖动鼠标即可。Simulink 不能脱离 Matlab 而独立运行,但是它借助 Matlab 在科学计算上得天独厚的优势以及可视化的仿真模型窗口,弥补了传统软件工具的不足。同时,Simulink 也是众多仿真软件中功能最强大、最优秀的一种。它使得动态系统仿真的实现相当方便,对系统的非线性因素和随机因素的研究也十分便捷、直观。通过 Simulink 还可以对电气、机械、通信等的连续、离散或是混合系统进行深入的系统建模、仿真与分析研究。正是因为 Matlab/Simulink 具有众多其他同类软件不具备的优点,所以才受到国内外学者和工程师的广泛关注,得以不断地扩充和迅速发展,成为当今世界在科学计算和系统仿真领域里首选的软件工具。

Simulink 这一名字的含义是相当直观的,因为它较明显地表明此软件的两个显著功能:simu(仿真)与 link(连接),亦即可以利用鼠标器在模型窗口上"画"出所需的控制系统模型,然后利用 Simulink 提供的功能来对系统进行仿真或线性化分析。一般而言,对控制系统进行计算机仿真,首先应建立系统模型。

Simulink 建模的步骤是:

①开始准备。要按 Simulink 格式输入一个系统模型,则应该首先启动 Simulink 程序。我们可以在 Matlab 命令窗口的提示符下键入"simulink"命令来启动 Simulink 程序,这时会将 Simulink 模型的模块窗口显示出来(若 Simulink 已经启动,则会自动将之调到前台),同时还将自动打开一个空白的模型编辑窗口来建立新的系统模型。

②画出系统的各个模块。打开相应的子模块库,选择所需要的模块,拖动到模型编辑窗口的合适位置。

③给出各个模块的参数。各个模块中已给出默认的模型参数,要修改模块默认的参数,则需用鼠标双击该模块图标,这样就会出现相应的对话框,进一步提示用户如何修改模块的参数。

④画出连接线。当所有的模块都画出来之后，则可以接着画模块间必要的连线，构成完整的系统。模块间的连线很简单，只需用鼠标点按开始模块的输出端（三角符合）再拖动鼠标，到终止模块的输入端处释放鼠标键，则会自动地在两个模块间画出带箭头的连线。

⑤指定输入和输出端子。在 Simulink 下允许两类输入输出的信号，若用户提取系统的线性模型，则需要打开 Simulink 模块库中的"connection"（连接模块库）图标，从中选取相应的输入输出端子，若只想对系统进行仿真分析，则需从"source"（输入源模块库）图标中取输入信号端子，从"sink"（输出源模块库）图标中取输出端子即可。

6.8.4　Matlab 软件的功能与特点

Matlab 语言有不同于其他高级语言的特点，它被称为第四代计算机语言。

正如第三代计算机语言像 Fortran 语言与 C 语言等使人们摆脱了对计算机硬件的操作一样，Matlab 语言使人们从烦琐的程序代码中解放出来。它的丰富的函数使开发者无须重复编程，只要简单地调用和使用。Matlab 语言最大的特点是简单和直接。Matlab 语言除了具有强大的数值计算和图形功能外，还有其他语言难以比拟的功能，此外，它和其他语言的接口能够保证它可以和各种各样的强大计算机软件相结合，发挥更大的作用。

利用 Matlab 可以轻易地绘制二维、三维曲线和三维曲面，并可进行图形和坐标的标识、坐标控制、图形的叠加、视角和光照设计、色彩精细控制等及动画的绘制。

Matlab 的绘图是十分方便的，它有一系列绘图函数（命令），例如线性坐标、对数坐标、半对数坐标及极坐标，均只需调用不同的绘图函数（命令），在图上标出图题、XY 轴标注，格（栅）绘制也只需调用相应的命令，简单易行。

除内部函数外，所有 Matlab 主包文件和各工具包文件都来自可改的源文件。用户通过对源文件的修改，或加入自己编写的文件去构成新的专用工具包。

高版本的 Matlab 已逐步扩展到科学及工程计算的其他领域。因此，不久的将来，它一定能名副其实地成为"万能演算纸式的"科学算法语言。

概括地讲，整个 Matlab 系统由两部分组成，即 Matlab 内核及辅助工具箱，两者的调用构成了 Matlab 的强大功能。Matlab 语言以数组为基本数据单位，包括控制流语句、函数、数据结构、输入输出及面向对象等特点的高级语言。Matlab 具有以下主要特点：

①运算符和库函数极其丰富，语言简洁，编程效率高。Matlab 除了提供和 C 语言一样的运算符号外，还提供广泛的矩阵和向量运算符。利用其运算符号和库函数可使其程序相当简短，两三行语句就可实现几十行甚至几百行 C 或 Fortran 的程序功能。

②既具有结构化的控制语句（如 for 循环、while 循环、break 语句、if 语句和 switch 语句），又有面向对象的编程特性。

③图形功能强大。它既包括对二维和三维数据可视化、图像处理、动画制作等高层次的绘图命令，也包括可以修改图形及编制完整图形界面的、低层次的绘图命令。

④功能强大的工具箱。工具箱可分为两类：功能性工具箱和学科性工具箱。功能性工具箱主要用来扩充其符号计算功能、图示建模仿真功能、文字处理功能以及与硬件实时交互的功能。而学科性工具箱是专业性比较强的，如优化工具箱、统计工具箱、控制工具箱、小波工具箱、图像处理工具箱、通信工具箱等。

⑤易于扩充。除内部函数外，所有 Matlab 的核心文件和工具箱文件都是可读可改的源文件，用户可修改源文件和加入自己的文件，它们可以与库函数一样被调用。

6.9　Witness 软件

6.9.1　Witness 软件简介

英国 Lanner 公司的 Witness 供应链仿真软件功能强大，既可以用于工业规划的离散系统仿真，同时又可以用于连续流体（如液压、化工、水力）系统的仿真。Witness 目前已被成功运用于国际 3000 多家知名企业的解决方案项目，如 Airbus 公司的机场设施布局优化、BAA 公司的机场物流规划、BAE SYSTEMS 电气公司的流程改善、Exxon 化学公司的供应链物流系统规划、Ford 汽车公司的工厂布局优化和发动机生产线优化、Trebor Bassett 公司的分销物流系统规划等、Motorola 和 Nokia 公司在手机生产线上工艺流程的改进、高速"空中客车"大型客机的 CAD 设计、Nissan 的仿真生产的改进，以及在石油、天然气、零售业、餐饮、银行、保险、金融、社会园区的警力配备和犯罪的预防控制等领域的解决方案。

6.9.2　Witness 软件的主要功能与特点

1. 工业（商业）系统流程的动态建模与运行仿真

Witness 提供了大量的描述工业系统的模型元素，如生产线上的加工中心、传送设备、缓冲存贮装置等，以及逻辑控制元素，如流程的倒班机制、事件发生的时间序列、统计分布等，用户可方便地使用这些模型元素建立起工业系统的运行的逻辑描述。通过其内置的仿真引擎，可快速地进行模型的运行仿真，展示流程的运行规律。在整个建模与仿真过程中，用户可根据不同阶段的仿真结果，随时地修改系统模型，如添加和删除必要的模型元素，动态地提高模型的精度；可方便地设计与测试新设计的工厂和流程方案，平衡服务与花费，简化换班模式，评测可选的设计方案。

2. 流程的仿真动态演示

Witness 提供了直观的流程运行的动态的动画展示，使用户清楚和直观地了解系统的运行过程，通过其 Fastbuild 功能，可快速生成系统模型元素的三维立体表示，可展示系统模型在三维空间的运行效果。

3.流程环节的灵敏度分析

Witness 内置强大的仿真引擎,及模型元素运行状态的多种表示方法,如饼图、柱图等,可使用户实时地看到系统模型各个部分的运行状态,如忙闲等,清楚地展示出流程中的拥堵环节,找出问题所在,为系统的优化设计提供重要的依据。

4.方便的图形界面操作功能

①多窗口显示,"Drag & drop"便捷的拖拉建模方法,多种仿真结果的报表及图示。

②强大的建模功能模组,层次建模策略,可定制的模型组件库。

③Witness 提供的系统建模元素主要有:属性元素(Attributes)、缓冲与库存元素(Buffer)、运送设备元素(Carrier)、传送设备元素(Conveyors)、描述时间发生规律的统计分布元素(Distributors)等 30 多个。Witness 还允许用户定制自己领域独特的建模元素。

5.Witness 是采用面向对象的建模机制

为了使用户更方便和细致地建立和描述自己的系统模型和模型的行为,提供了丰富的模型运行规则和属性描述函数库。Witness 提供了 1000 多个描述模型运行规则和属性描述函数,其中包括系统公用的函数,与建模元素行为有关的规则与属性函数,与仿真时间触发特性相关的函数等。考虑到用户领域问题的独特性,Witness 还专门提供了用户自定义函数的描述功能,使得用户可方便地定制自己的系统。

6.与其他系统相集成的功能

由于用户的流程数据往往存储在数据库或其他文件系统中,为了能方便地引用这些数据,Witness 提供了与其他系统相集成的功能,如直接读写 Excel 表,与 ODBC 数据库驱动相连接,输入描述建模元素外观特征的多种 CAD 图形格式文件,如 jpg、gif、wmf、dxf、bmp 等。

与 FactoryCAD 系统的集成。在 FcatoryCAD 中以 SDX(Simulation Data eXchange)的文件格式输出系统工艺流程的属性数据,如加工中心的加工循环时间、物料搬运设备的使用效率经济性指标等。Witness 的 SDX 功能可使用户从 FactoryCAD 系统里输出的信息转化为 Witness 仿真模型,包括在 Witness 里自动建立布局图表,使用这些数据建立 Witness 路径选择,选项包括部件类型图标的设置、机床类型和传送带表示和改变颜色、缩放比例、改变位置等,这个重要的预设置也允许一套自动报告选项位置被定义。因此,从 SDX 文件,一个完整的工作模型被建立。

6.10 仿真软件比较分析

6.10.1 仿真软件的简单比较

随着动画技术和计算机处理能力的发展,仿真软件被更多地使用在可视化、研发、决策以及培训等领域,不管是生产流水线还是物流配送网络,通过仿真人们能对其进行研究分析,比较可选用的各种方案,也可以找出其中存在的弊病,以保障系统能够正常地按着期望运作。

目前,市面上与物流相关的仿真软件相当丰富,本章选择介绍的 Arena、AutoMod、eM-Plant、Extend、Flexsim、RaLC、Matlab、Witness 仿真软件仅仅是其中极少数。如何在仿真软件的汪洋大海中找到适合自己企业,适合自己专业,或者如何对仿真软件的发展作出自己的判断,那么人们就有必要对目标软件进行分析比较。

一般来说,软件的分析比较主要集中在两个主要方面。首先是基本信息,如开发商、软件的相关应用及对操作系统的要求。一个好的开发商往往决定了仿真软件潜在的功能、相关的培训和后期的服务等,以及软件自身的针对性。此外,软件对操作系统的要求也是决定因素之一。其次是软件的功能。软件的功能决定采用该软件后可能实现的用途以及效果。

下面就其中的 AutoMod、Flexsim、Extend、Arena 仿真软件作一个简单的比较,希望能帮助读者进一步了解这些仿真软件。

表 6-1　软件开发商、应用、目标市场及系统环境需求表

软件	软件开发商	软件的主要应用	软件的目标服务市场	系统环境需求	
				内存	操作系统
AutoMod	Brooks Automation	物料搬运系统、仓储、包装与制造业	自动化、航空业、机场运作、制造业、仓储配送	512 MB 或以上	Windows OS
Flexsim	Flexsim Software Products, Inc	制造业、物料搬运、仓储、配送、实时监控/分析、供应链、库存评价系统	制造业、物料搬运、仓储、配送、实时监控/分析、供应链、集装箱运输、库存评价系统	最小 128 MB,推荐 256 MB	Windows 2000 及 XP
Extend Industry	Imagine That, Inc	大规模仿真项目(包括一个内部关联数据库和仿真模块)	如配送物流、大容量呼叫中心及包装生产线等大规模基频系统	最小 64 MB,推荐 128 MB	Windows 98, ME, NT, 2000 及 XP, Power Macintosh OS X 及 9.1+
Extend OR		基于消息的离散事件构架以对包含实物或逻辑位移对象进行建模	制造业与商贸建模、通信系统、医疗系统、运输、动态供应链等		
Extend Suit		连续离散事件或离散率处理,及相关数据管理系统的建模	大规模基频系统、制造业、物流、包装生产线、运输、商贸、呼叫中心、工程、科研		
Arena	Rockwell Software	制造业、供应链、顾客管理、医疗系统、军事、仓储与物流改进	制造业、供应链/物流、商业流程、军队、医疗系统	最小 64 MB,推荐 128 MB	Windows 95,98, ME, NT, 2000 及 XP

表 6-2 建模能力比较(a)

软件	建模能力				
	图形模块	使用程序模块	运行时间漏洞	输入分配配对	输出分析支持
AutoMod	是	是	是	是（使用 ExpertFit 分配配对软件）	是（AutoStat 模块在仿真实验阶段提供统计分析）
Flexsim	是	是	是	是（支持 29 种不同分配；捆绑有 ExpertFit 软件）	是
Extend Industry Extend OR	是	是	是	是	是（通过点击计算置信区间）
Extend Suit	是	是	是	是（内含 State Fit 软件）	是
Arena	是	是	是	是	是

表 6-2 建模能力比较(b)

软件	建模能力				
	批处理测试	优化	代码重复使用	模块打包	支持打包工具
AutoMod	是（由 AutoStat 实现批处理测试）	是（采用进化算法）	是	是	是（使用实时许可或使用 AutoView）
Flexsim	是	是（通过设计测试模块多路多方案显示）	是	是	是（不需外部软件，使用 Flexsim 的 Presenter 模块）
Extend Industry Extend OR Extend Suit	是（支持不同方案的自动执行）	是（内有开放性资源进化优化工具）	是	是	是（可从主页获取相关服务）
Arena	是	是	是	是	是

表 6-3 动画及价格比较

软件	动画性能				参考价格（美元）	
	动画	实时显示	动画输出	兼容动画软件	标准版	学习版
AutoMod	是	是	是	是	平均:24000	25
Flexsim	是	是	是	是	19500	教学:250～500,学生:免费
Extend Industry	是	是	否	是	2295	教学:1150,学生:125
Extend OR	是	是	否	是	1595	教学:795,学生:125
Extend Suit	是	是	否	是	3995	教学:1995,学生:125
Arena	是	是	否	是	495～25000	免费

注：各类软件因升级等原因，功能及相关特性与上述各表所列可能有所不同，同时价格随时也会有变化，本表所列数据仅供参考。

6.10.2　仿真软件的选择因素

当选择仿真软件的时候,会有太多的因素需要考虑,归纳来说,需要考虑以下几类。

1. 整体能力(包括建模的灵活性和简易性)

①建模灵活性和可编程功能。没有任何一个仿真软件的预制模块可以涵盖所有情形,有限模块而没有可编程的扩展功能只能意味着有限的灵活性和有限的功能。同时,灵活性还要求软件可以定义物件的属性、全局变量和决策逻辑;可以方便调用数学函数和算法;可以方便构建新的模块、改变现有模块。

②使用简易。拖拉式图形界面可以帮助快速建模,软件需要具有复杂程度适中的模块库;模块参数可以灵活配置。仿真软件使用的难易程度并不相同,复杂烦琐的软件并不意味着功能的优越,简单便捷的软件更不意味着功能的缺失。

③分层建模。一般实际仿真模型比较复杂,分层建模可以允许用户将多个模块合并成一个更高层次的模块,可以放到模块库中被随时调用。这样做突出的好处就是整个模型脉络清晰、层次分明、规划合理,以及模块可再利用。

④调试功能。功能强大的交互式调试功能可以帮助建模人员追踪物件的路径和各种事件触发时系统的状态。

⑤模型快速运行。模型的执行速度快。

⑥友好的前台处理功能。可以让建模人员设计适合终端用户使用的友好的界面,让不熟悉仿真的人员也可以方便地改变参数和观测结果。

⑦Run-time 版本。以更低价位运行仿真试验。

⑧数据导入导出功能。和 Excel 及一些主流数据库有接口。

⑨参数调节自运行功能。允许模型对某个参数的多种可能数值自动进行多次循环仿真,并记录结果,绘制图表。

⑩离散仿真和连续仿真混合。现实离散仿真中需要调用很多连续仿真的功能。

⑪初始化到特定状态。并不是所有的仿真都要从"空"的系统状态开始,这需要仿真软件可以方便地初始到特定状态,减少达到稳态的时间。

⑫状态保存和重调用。允许保存某次仿真的状态,并在下一次启动时可以调出。

⑬低价位。仿真软件价格差别极大,要整体考虑。

2. 硬件和软件的要求

平台兼容性,如果一个软件具有多个平台上的版本,一般就具有平台兼容性。

3. 动画和动态图形

①具有直观形象的动画功能。

②标准图标库。

③动画平滑可控。

④并行动画和事后播放。

⑤三维动画(可选)。有些软件提供三维动画,用于演示和建模对立体高度要求高的场合。

⑥输入 CAD 图纸。

⑦动态实时参数和图形显示,可以将模型中的参数和统计数据实时显示出来。

4. 数理统计功能

①好的随机数发生器。随机数发生器的有效性需要经过理论证明,一般商用仿真软件的随机数发生器都是经过证明的。

②多种分布函数供选。包括离散和连续分布函数。

③可以方便地进行独立多次的重复性随机试验。在相同试验条件下的不同随机数试验。

④被理论证明的产生确信区间的方法。

⑤可以指定暂态周期和稳态周期。

⑥方便指定需收集数据。

⑦试验设计(可选),支持 Statistical Experimental Design 等。

⑧有限优化功能,可以实现一定的优化寻优功能。

5. 客户支持和文档

①销售商提供培训。

②好的技术支持。

③良好的文档。文档本身可以解决大部分仿真概念、原理、使用、编程等需要。

④范例,软件提供大量案例。

⑤免费演示软件。

⑥用户交流平台,提供所有用户交流信息、问题、体会和心得的机会。

6. 输出图表功能

①标准报表。

②可定制报表。

③动态和静态图形。

④数据输出到第三方软件。

思考题

1. 试说明仿真软件的发展的四个阶段。

2. 当选择仿真软件的时候,主要会考虑哪些因素?

3. 调研你身边的企业或学校是否有购买使用物流仿真软件,并尝试进行使用效果分析。

第 7 章

Flexsim 应用基础

⑦ **本章要点**

目前随着研究系统的不断复杂化和计算机技术的不断发展,仿真技术被越来越多地运用到系统研究与优化的工作中。运用仿真技术可以有效地缩短试验周期、降低成本、优化系统参数,在系统优化中发挥着越来越重要的作用。掌握一个或几个仿真软件是使系统仿真这一技术真正发挥效能、进入实用的必要过程,本章开始将介绍 Flexsim 软件的基础知识和相关应用。

7.1 Flexsim 基本建模思想

7.1.1 面向对象的思想

相对于目前的一些仿真软件(如 Witness,eM-Plant 等),Flexsim 是采用面向对象思想和技术开发的,其本身更是用 C++语言实现。严格地说,该仿真软件包括了两部分,仿真软件和后台支持环境 VC++.NET。由于 C++是一种面向对象的语言,所以使用 Flexsim 软件,从用户用于系统建模,或是做一些二次开发,这些工作都有面向对象思想的体现。可以这样说,没有领会面向对象的思想,就不能完全发挥 Flexsim 软件本身的特点,也就不能用其实现用户的目的。使用 Flexsim 软件的用户需要对 C++语言比较熟悉。本节主要是解释 Flexsim 中所特有的一些面向对象思想,而不涉及面向对象语言的解释(关于 C++语言的知识请查看相关书籍)。

对象(Object)的概念在 Flexsim 软件中无处不在,我们先直观地感受一下。软件的运行界面左边是一个常用的对象库,如图 7-1 所示。库中的各种部件就是有特定功能的对象,这些对象是软件本身自带的,使用这些基本的部件对象用户可以完成大多数的仿真工作。我们使用 Processor 来解释一下对象的概念:我们日常所见的任何具体事物都可看作是对象,这里 Processor 就是一种设备,它的作用就是对经过它的物件进行一些加工,即改变物件的状态。这里我们可以将其当作现实中的设备,如机床等。

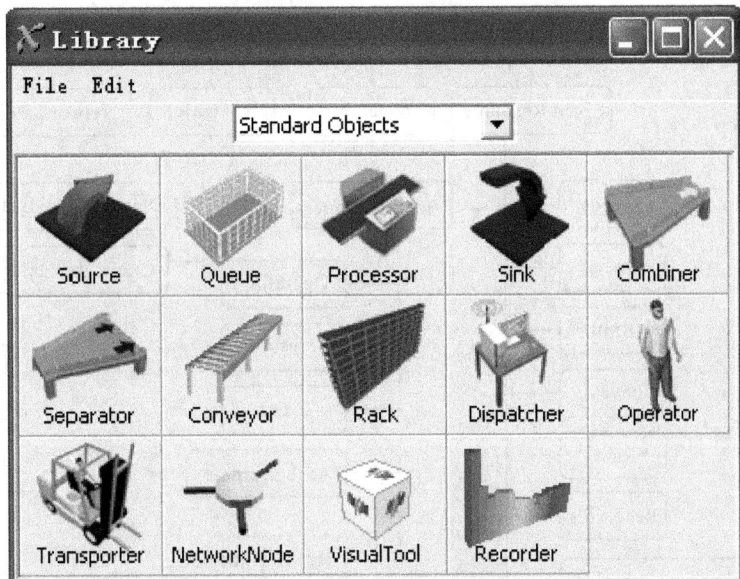

图 7-1　Flexsim 的常用对象库

这里我们借用 C++程序设计语言中的对象的概念。对象是类的实例,类是对现实对象的抽象。类中包含了对象的数据(相当于现实对象的状态),以及对象的方法(相当于现实对象用来处理外界所给信息的方法)。对象封装了属性和方法,进一步到 Flexsim 中,对于软件中可用的库对象,它们本身有自己的属性(如颜色、尺寸、位置等),还有处理物件的方法。在使用软件的过程中,我们完全可以以人们平时的思维方式来思考,而无须过多地抽象化,这也就是面向对象方法的优点。

深入使用面向对象的 Flexsim 大大简化了建模的过程。在一个模型中开发的对象可以立即被储存在对象库中以便用于其他模型,减少了重复劳动所消耗的时间。Flexsim 自带有一个应用范围广泛的对象库,包含了功能强大、易于使用的各种对象。用户可以使用软件自身的对象编辑框方便地修改这些对象,或者可以使用 C++或是强大的 Flexsim 脚本(一个预编译的 C++函数库,它事实上可以控制程序的方方面面)创建它们自己的对象。

7.1.2　Flexsim 的对象层次结构

面向对象方法的一个优点是类与类之间可以有继承关系,对象的继承性给我们提供了更大的柔性来扩展我们自己的对象,即衍生出新的对象。在 Flexsim 中我们可以充分利用继承性来开发我们自己的对象,而软件本身也给用户提供了这样的机制。Flexsim 本身的库对象是高度抽象化的,具有很强的通用性,几乎涵盖了仿真中可能遇到的所有对象。这些对象之间有一定的继承关系,它们之间存在着逻辑关系。Flexsim 中对象的层次结构如图 7-2 所示。

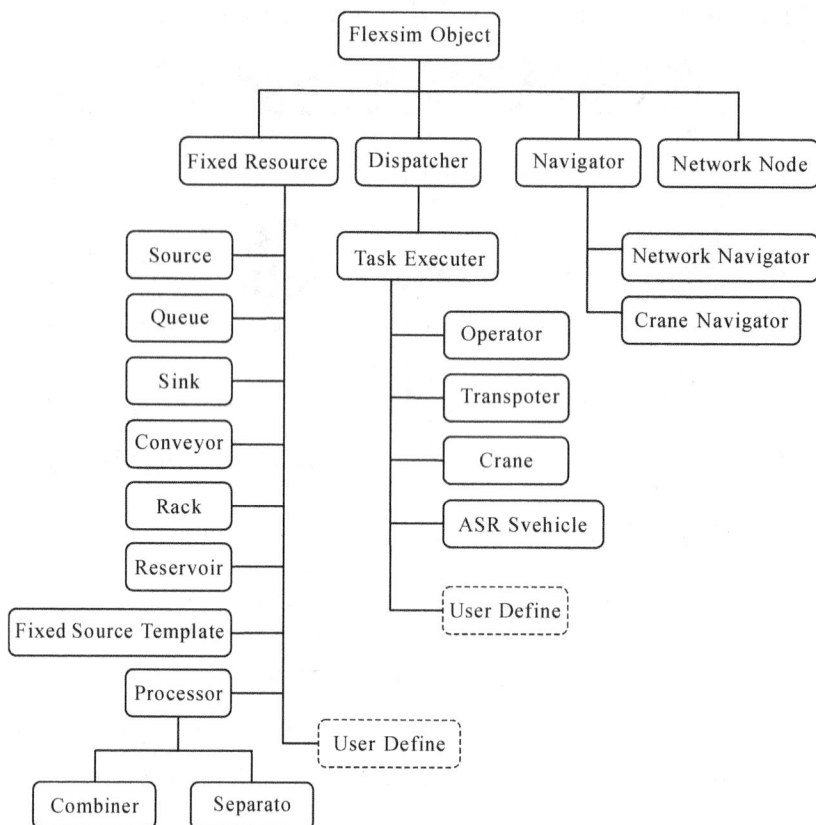

图 7-2　Flexsim 中对象的层次结构

从类的派生关系图中我们可以对 Flexsim 中各种对象的逻辑关系一目了然。对象库中的对象分为两种,一种是从 Fixed Resource 中派生出来的,另一种是从 Task Executer 中派生出来的。通过分析我们不难发现,从 Fixed Resource 中派生出来的对象有一个共同的特点,其本身是不会运动的,它们的作用只是产生或消除物件、存储物件、加工物件等;从 Task Executer 中派生的对象,其本身是可以运动的,其作用是将物件从一个地点运送到另一个地点。

当现有的库对象不能满足用户的需要时,用户就需要创建自己的对象。Flexsim 为用户提供了这样一种机制——用户可以定制自己的库对象。在对象层次图中,我们看到有两个虚线框,这表示用户可以从 Fixed Resource 和 Task Executer 中派生出自己的对象。Flexsim 的早期版本中从这两个类中派生新的对象比较复杂,最新的 3.06 版中增加了 Basic FR 和 Basic TE 类,使用户的开发工作更容易。后面的章节中将具体介绍怎样来实现一个新对象的定制。

7.1.3　Flexsim 基本建模对象分类

Flexsim 基本建模对象可分为两类,即离散类(Discrete Objects)和连续类(Fluid Objects)。

1. 离散类

在工程和管理领域仿真中,离散仿真更为常见。如图 7-1 所描述的 Flexsim 对象层次结构(又称 Flexsim 的对象家族树),离散类对象包括四小类。

(1)资源类(Fixed Resource)

Fixed Resource 类对象一般是离散仿真模型中的主干对象,此类对象决定了模型的流程。主要有:

- Source(发生器)
- Queue(暂存区)
- Processor(处理器)
- Sink(吸收器)
- Combiner(合成器)
- Separator(分解器)
- MultiProcessor(复合处理器)
- Conveyor(传送带)
- MergeSort(分类输送机)
- FlowNode(流结点)
- Rack(货架)
- Reservoir(储液罐)

(2)执行类(Task Executer)

Task Executer 对象可从 Fixed Resource 对象中获取并执行任务,如物料搬运或生产操作等。一个 Task Executer 对象可以向其他 Task Executer 对象指派任务,或者管理模型中所有的 Task Executer 对象。Task Executer 对象不参与模型中的流程指派。

- Dispatcher(分配器)
- Operator(操作员)
- Transporter(运输机)
- Elevator(升降机)
- Robot(机器人)
- Crane(起重机)
- ASRSvehicle(堆垛机)

(3)网络类(NetworkNode)

NetworkNode 对象一般用来设定 Task Executer 对象的行动路线。

- NetworkNode(网络结点)
- TrafficControl(交通控制)

（4）图示类（Visual Object）

图示类对象可用在仿真模型中显示各种信息、标识、图片或图表等，VisualTool 和 Recorder 对象可用来提高仿真模型的直观感，同时可用来实时显示和搜集模型的输出数据。

- VisualTool（可视化工具）
- Recorder（记录器）

2．连续类（Fluid Objects）

连续类的对象主要是用于设计具有流体类的系统仿真，但它又不仅仅局限于流体，事实上它能够仿真的具有连续属性的事件，如测量重量、容量的变化。作为连续类的 11 个对象中提供了两个 ItemToFluid、FluidToItem 具有连续与离散之间接合功能的对象。具体包括：FluidTank，FluidGenerator，FluidTerminator，FluidMixer，FluidBlender，FluidSplitt-er，FluidPipe，FluidProcessor，ItemToFluid，FluidToItem and TheTicker 等。

7.2　Flexsim 术语

在开始前，首先了解一些 Flexsim 软件的基本术语和这些术语在常规仿真概念中如何运用，这将很有帮助。

7.2.1　Flexsim 实体

Flexsim 的实体在仿真中模拟不同类型的资源。Queue 实体就是一个例子，它在仿真中扮演存储或缓冲区的角色。Queue 可以代表一队人、CPU 中一队空闲处理程序、一个工厂中的地面堆存区或客户服务中心的等待传叫的队列等。另一个 Flexsim 实体的例子是 Processor 实体，它模拟一段延迟或处理时间。它可以代表工厂中的一台机器、一个为客户服务的银行出纳员或者一个分拣包裹的邮政员工等。

Flexsim 实体可在实体库中找到。这些实体被分为几组，默认状态下显示最常用的实体。

1．临时实体

临时实体是那些在模型系统中移动通过的实体。临时实体可以代表零件、托盘、组装部件、纸张、集装箱、人、电话呼叫、订单或任何移动通过正在仿真的过程的对象。临时实体可被加工，也可以被物料运输资源携带通过系统。在 Flexsim 中，临时实体产生于一个 Source 实体。一旦临时实体从模型中通过，它们就被送至 Sink 实体。

2．临时实体类型

临时实体类型是置于实体上的一个标签，可以代表条形码、产品类型或工件号。Flexsim 可通过区分临时实体类型来进行临时实体路径的设置。

3．端口

每个 Flexsim 的实体都可有多个端口，端口数没有数量限制。实体通过端口与其他实体进行通信。端口有三种类型:输入、输出和中间端口。

输入和输出端口用于设定临时实体在模型中的流动路线。例如,一个邮件分拣器,根据包裹的目的地不同,把包裹放置在几个输送机中的一个上。要在 Flexsim 中模拟这个过程,你需要将一个 Processor 实体的多个输出端口连接到几个 Convayor 实体的输入端口,这表示一旦 Processor(或邮件分拣器)完成对临时实体(或包裹)的处理,将把它送到输送机。

中间端口用来建立一个实体与另一个实体的相关性。中间端口通常的应用是建立固定实体与可移动实体之间的关系,这些固定实体包括机器、暂存区、输送机,可移动实体包括操作员、叉车、起重机等。

端口的创建和连接操作方法是,按住键盘上不同字母,点击一个实体不放,并拖动至第二个实体。如果在点击和拖动过程中按住字母"A"键,将在第一个实体上生成一个输出端口,同时在第二个实体上生成一个输入端口,这两个新的端口将自动连接。如果按住"S"键将在这两个实体上各生成一个中间端口并连接这两个新的端口。当按住的是"Q"键或"W"键时,输入输出端口之间或中间端口之间的连接被断开,端口被删除。表7-1给出了用来建立和断开两类端口连接的键盘字母。

表 7-1 建立和断开两类端口连接的键盘字母

	输出—输入	中间
断开	Q	W
连接	A	S

7.2.2 实体属性和参数

现在详细地介绍一下实体属性和参数视窗。每个 Flexsim 实体都有一个属性视窗和一个参数视窗。作为一个建模人员,你需要理解实体属性和实体参数的不同。要修改查看实体属性,右键点击模型视窗中的一个实体并选择 Properties,如图 7-3 所示。

1. 实体属性

每个 Flexsim 实体的属性都是相同的。在属性中有 4 个分页:Visual(外观)、General(常规)、Labels(标签)和 Statistics(统计)。每个分页包含所选的 Flexsim 实体的附属信息。

(1)General 属性

General 属性分页包含实体的常用信息,如名称、类型、位置、端口连接、显示标记和描述,如图 7-4 所示。

(2)Visual 属性

Visual 分页允许建模人员指定实体的外观特性,如 3D 形状、2D 形状、3D 纹理、颜色、位置、尺寸、旋转角度和用户自定义代码。位置、尺寸和旋转角度反映实体的当前属性,如图 7-5 所示。建模人员可在相关字段中修改这些属性值,也可以在模型界面视窗中用鼠标来改变这些属性。

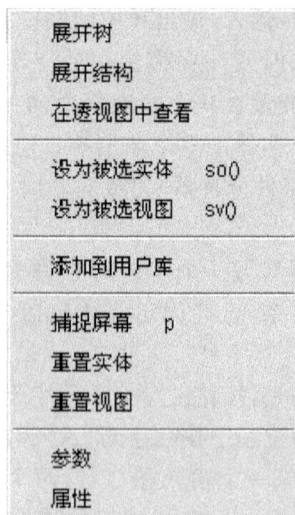

图 7-3　右键点击模型视图中的一个实体时出现的菜单

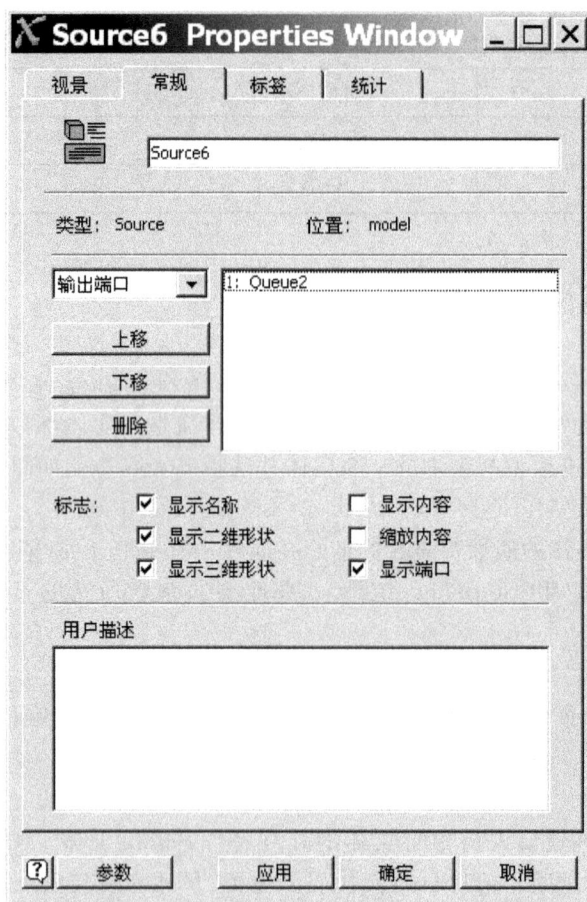

图 7-4　常规属性

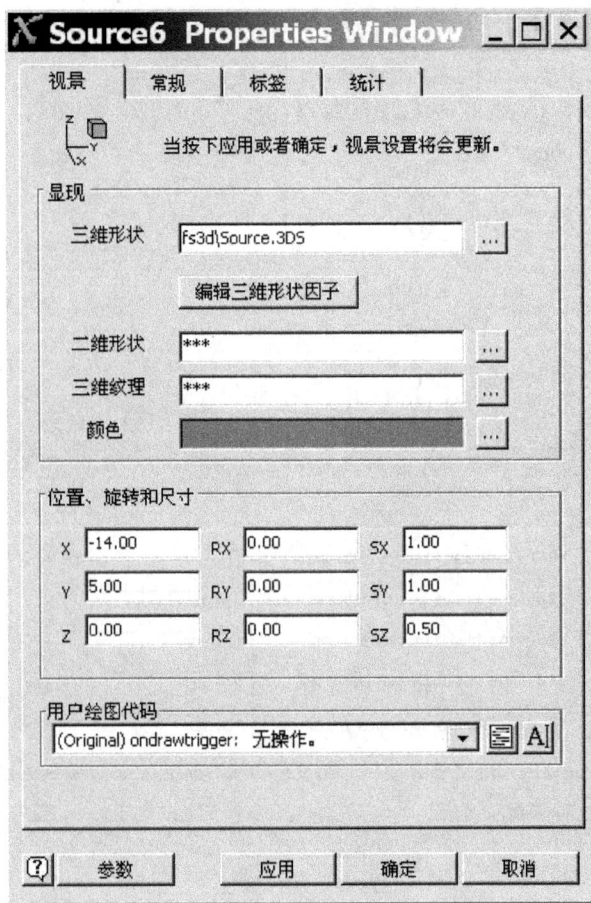

图 7-5　视窗属性

（3）Labels 属性

Labels 分页显示用户定义的标签。标签是建模人员用来存放临时数据的。一个标签有两部分：名称和标签值。名称可以任意命名，标签值可以是数字或文本（包含文字和数字的字符串）。如需添加一个纯数字标签，点击底部的"Add Number Label"按钮。同样地，如果需要一个标签保存文本，则点击"Add Text Label"按钮，然后可用该表修改此标签的名称和标签值。

也可以在模型运行中动态地更新、创建或删除标签。此分页将显示所有标签和它们的当前值。所有信息都将在模型运行中实时显示。这些信息对建模人员测试模型逻辑、调试模型很有帮助。

（4）Statistics 属性

Statistics 分页显示实体上收集到的统计信息。此信息在模型运行中动态地更新显示。当选择此分页时，将出现 4 个不同的标签页，如图 7-6 所示。

1）General 标签

显示实体的当前容量、流动时间的停留时间、状态和吞吐量等基于时间的统计结果。

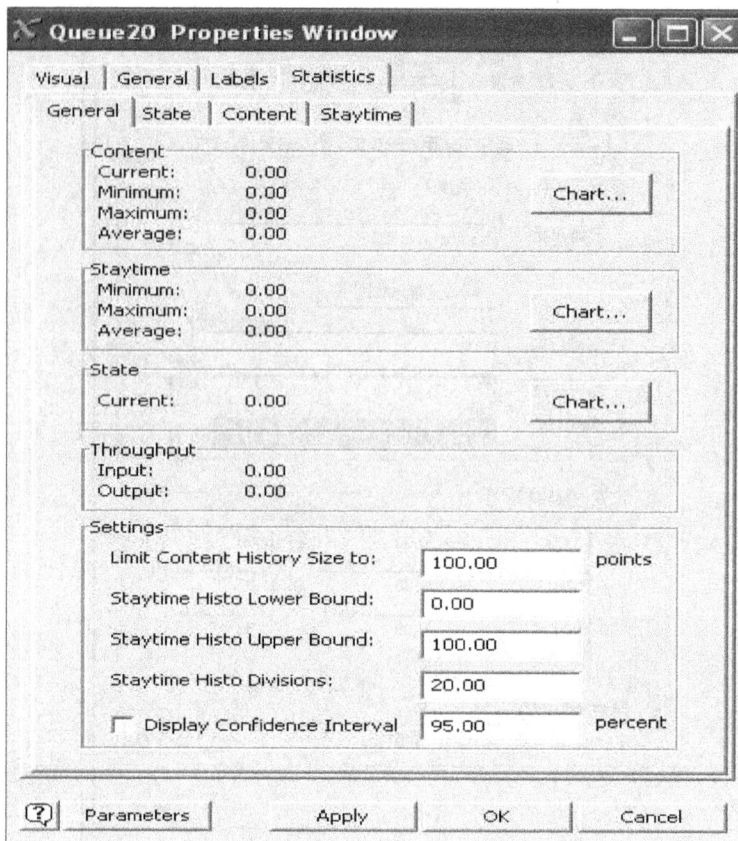

图 7-6　统计属性

"Settings"选项允许用户设置显示在 Content 和 Staytime 两栏中的数据个数。

2）State 标签

状态属性图表显示实体的各种状态占总时间的百分比。

状态图表在模型运行中动态地更新，也可选择常规属性统计分页中的图表按钮，即可显示带有图表视图的独立视窗。

3）Content 标签

Content 标签图表显示当前实体容量随时间的变化。要生成此图表需打开"Stats collecting"。

当前容量图表在模型运行中时时更新。从 General 标签中选择 Chart... 按钮，将显示带有此图表视图的独立视窗。

4）Staytime 标签

Staytime 标签显示有一个流动实体在该实体中停留时间的柱状图。要生成此柱状图需打开"Stats collecting"。

在模型运行中 Staytime 柱状图动态更新。在 General 标签中选择 Chart... 按钮，将显示一个带有图表的独立窗口。

要查看仿真报告、Content 图表和 Staytime 柱状图,建模人员必须打开该实体的"Stats collecting"选项。由于历史数据储存需要大量硬盘空间,因此数据统计记录功能——"Stats collecting"选项默认状态下是关闭的。

2. 实体参数

实体的参数根据所选的实体不同将稍有区别。由于每个实体在模型中都有特定的功能,因此必须使参数个性化以允许建模人员能够尽可能灵活地应用这些实体。所有实体的有些分页是相似的,而另一些分页对该实体则是非常特殊的。关于每个实体所有参数的特定定义可参见 Flexsim 实体库。双击一个实体可访问该实体的参数。参数的版面如图 7-7 所举示例。

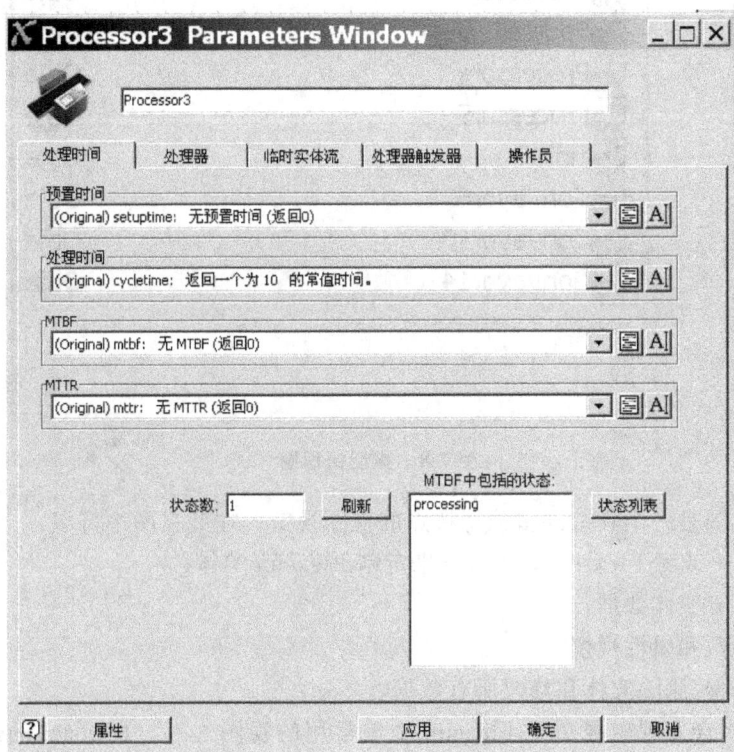

图 7-7 实体参数

7.2.3 模型视图

1. 正投影视图,透视视图

Flexsim 采用 3D 建模环境。默认的建模视图是正投影视图。你还可以在一个更真实的透视视图中查看模型。通常在正投影视图中搭建模型布局更容易,而透视视图更多地用于展示之用。不过,你尽可以使用任一个视图来建立和运行模型。在 Flexsim 中,你可尽你所需打开多个视窗,但请记住,随着打开视窗的增加,对电脑资源的要求也会增加。

2.树视图

在 Flexsim 中使用模型树视图来详尽地显示模型结构和实体。选择工具栏中的

▤ Tree 按钮可以打开模型树视图,如图 7-8 所示。

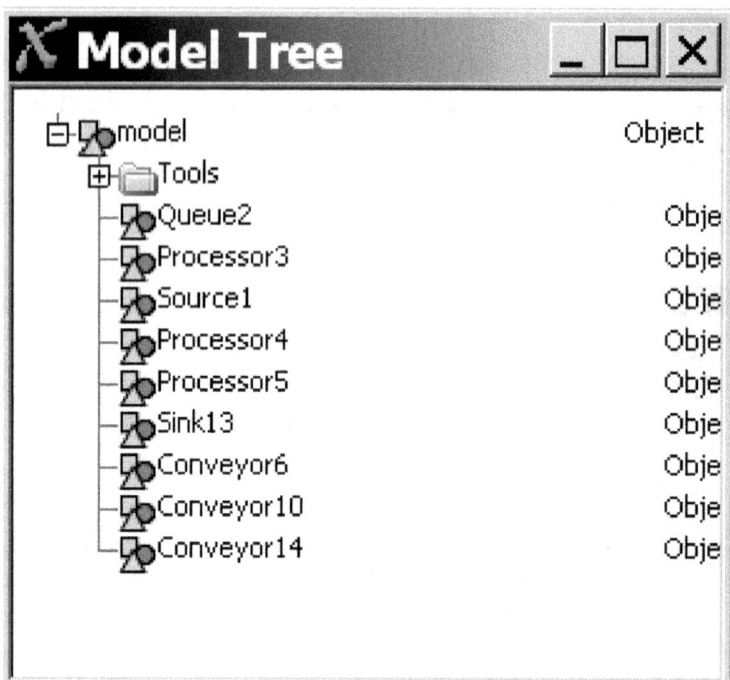

图 7-8　模型树视图

模型树视图是一个具有许多独特特点的视图视窗。在此视图中可以:

①用 C++或者 Flexsim 脚本语言来定制 Flexsim 实体;

②查看所有实体数据;

③打开参数和属性视窗;

④编辑模型、删除实体和修改所有数据。

很快,你将会发现树视图是 Flexsim 中最常用的视图之一。Flexsim 的底层数据结构包含在一个树中。Flexsim 中的许多编辑视窗只不过是从树中过滤出来的一些数据的图形用户界面(GUI)。由于 Flexsim 中所有树视图的工作方式相同,只要理解了树视图如何工作,就可以理解并充分利用树结构了。

Flexsim 的设计将所有数据和信息都包含在一个树结构中。这个树结构是面向 Flexsim 实体设计的核心数据结构。熟悉 C++面向对象编程的人员将会立即把 Flexsim 的树视图认作面向对象数据管理的 C++标准。

在树视图中有几个符号能够帮助理解树的结构。

整个主树被称为一个项目。一个项目包含库和实体。一个视图树包含所有的视图和 GUI 定义。当保存一个 Session(整体)时,就是将主树和视图树一起保存。

文件夹图标▱表示一个完整项目的主要组件。模型是一个主项目的一个组件,库是

主项目的另一个组件。在树视图中,实体图标用来表示 Flexsim 实体。

节点图标○用来指定一个实体内的节点数据。数据节点可以在它们内部包含附加的节点数据。如果一个数据节点的图标左侧有一个⊞,表示它有一个或更多的附加数据节点。数据节点可以包含数字的或者字母数字的值。

一些特定的数据节点被指定为 C++数据节点©,它们包含 C++代码。可以从一个 C++数据节点直接键入 C++代码。当按下 Compile 按钮时,此代码将被编译。

数据节点也可以被指定为“Flexscript(Flexsim 脚本)”节点。这样的节点可以包含 Flexsim 脚本语言代码,并在运行模型时自动编译。Flexsim 脚本语言命令是预编译的 C++函数。Flexsim 脚本语言命令可以在工具栏中选择相应按钮加以查看。大多数 Flexsim 脚本语言命令也可以在 C++代码中使用。

当在树视图中用鼠标点击一个图标、选中一个实体时,树视图将显示实体如图 7-9 所示。

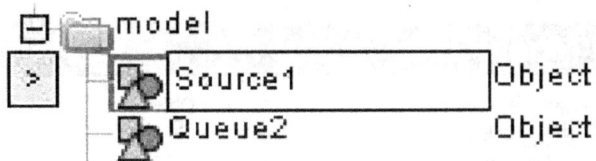

图 7-9　树视图中选中实体

此时将在实体图标周围显示一个高亮方框,并且在实体图标左边出现一个展开树符号>。单击这个展开树符号后,相应实体的数据节点将显示为如图 7-10 所示。

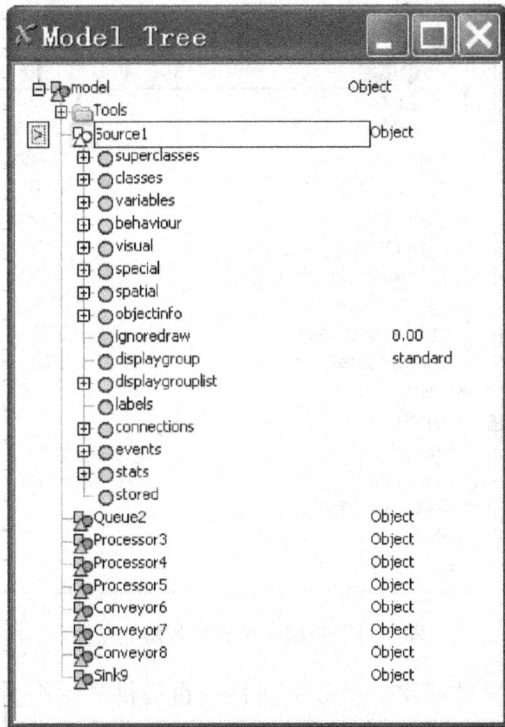

图 7-10　展开的视图树视图

　　随着实体和数据节点的展开，树视图将很快延伸到该视窗的可见窗口之外。Flexsim 允许使用鼠标在窗口中随意移动树。如要在视窗中随意移动树，只要在树的左边单击不放并拖动鼠标，或者使用鼠标滚轮上下滚动即可。

　　点击节点图标左边的⊞，可以展开数据节点。数据节点可以包含数值或者文本，在节点右边可以看到这些文本信息或者数据的值。

　　如果你选中了某个实体或者数据节点，就可能无法移动树。此时点击视图中的空白区域，按住鼠标不放，然后拖动鼠标就可以移动树了，也可以使用鼠标滚轮或者 PageUp/PageDown 按钮来上下移动树。

　　单击选中想要编辑的节点可以直接编辑数据。如果是一个数字数据节点，可以在这个域段中直接进行编辑，如图 7-11 所示。如果是一个文本数据节点，将会在视窗的右边看到一个文本编辑域段，用来编辑文本，如图 7-12 所示。

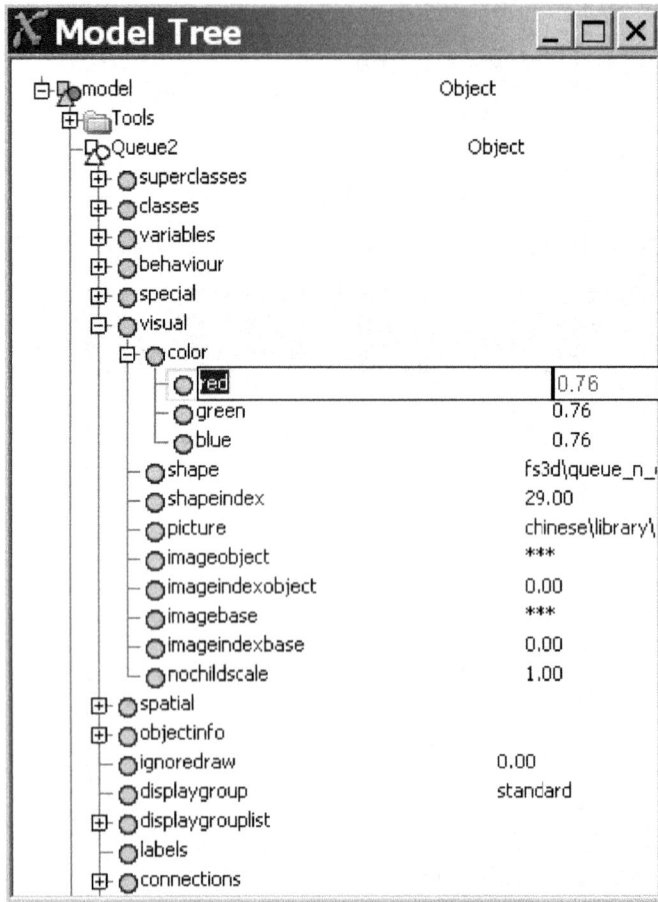

图 7-11　编辑一个数字数据节点

　　树是模型所有数据的贮藏室。参数和属性视窗提供了一个更友好的方式来操作树中的数据。虽然可以通过树来完成对模型的编辑，但还是建议用户使用参数和属性视窗，这样可以避免不小心删除模型数据。像在正投影视窗中那样，右键点击或者双击实体图标,可以在树视图中打开参数和属性视窗。

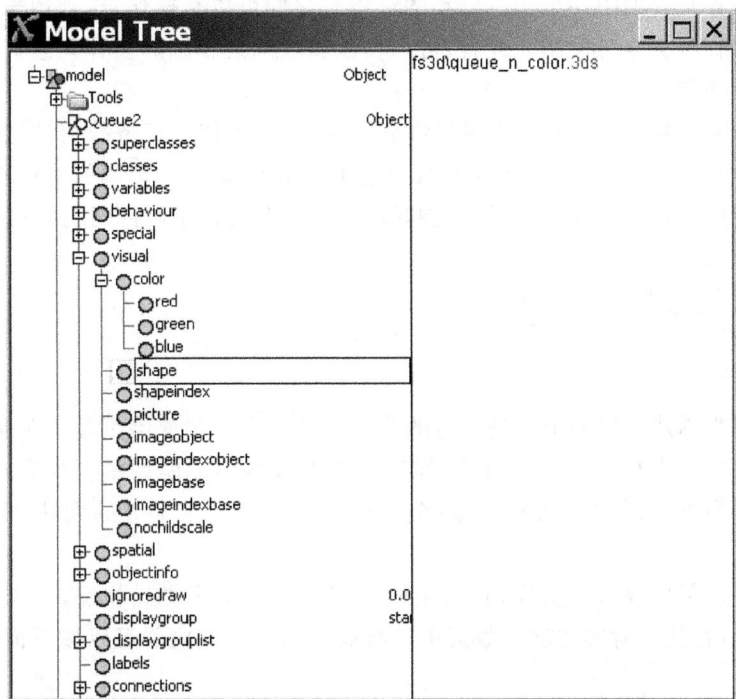

图 7-12　编辑一个文本数据节点

7.3　Flexsim 实体库与实体

7.3.1　实体库

　　Flexsim 库由实体组成,这些实体之间可进行方便易懂的交互。这些实体是采用面向对象的方法构建的,具有父类/子类的层次结构。子类实体继承父类实体的属性和默认行为,同时又特别指定了适用于特定情形的行为。在 Flexsim 中,库中的大多数实体都是由两个通用实体类,或者说是父类之一创建的。这里所说的两个通用类是固定实体(Fixed Resources)和任务执行器(Task Executers)。

　　1. 固定实体(资源类离散实体)

　　固定实体是模型中固定不动的实体,可以代表处理流程的步骤,如处理站或存储区域。临时实体中从头到尾穿过模型,经历进入、被处理、完成各个处理步骤的过程。当一个临时实体在模型中某一步被处理完成,就被发送到下一步,或者说是发送到下一个固定实体。

2.任务执行器

任务执行器是模型中共享的可移动的资源。它们可以是操作员,被用来在某给定步骤中处理一个临时实体时使用。或者,可以在步骤之间运输临时实体。它们还可以执行许多其他仿真功能。

随着 Flexsim 的应用经验积累用户将会发现,固定实体和任务执行器之间的差别有时会变得非常模糊。在模型中,任务执行器能够仿真类似固定实体的处理步骤,而固定实体也能配置用来像共享资源一样行进和操作,唯一差别在于看待问题的角度。

7.3.2 固定实体类

1.生成器

生成器用来创建在模型中行进通过的临时实体。每个生成器创建一类临时实体,并能够为它所创建的临时实体分配属性,如实体类型或颜色。模型中至少有一个生成器。生成器可以按照每个到达时间间隔、每个到达时间表或一个定义的到达序列创建临时实体。

尽管生成器不接收临时实体,它也是固定实体的一个子类。相反,它创建并释放临时实体。因此,在其临时实体流参数页中没有输入部分。生成器可以按下面三种模式之一进行操作。

(1)到达时间间隔模式

在按时间间隔到达模式中,生成器使用到达时间间隔函数。此函数的返回值是直到下一个临时实体到达需要等待的时间。生成器等待这么长的时间,然后创建一个临时实体并释放。临时实体一离开,它再次调用间隔到达时间函数,并重复这一过程。注意,到达间隔时间定义为一个临时实体离开与下一个临时实体到达之间的时间,而不是一个临时实体到达与下一个临时实体到达之间的时间。如果想要将到达间隔时间定义为两次到达之间的真实时间,则在下游使用一个容量很大的暂存区,确保生成器在生成临时实体后立即将其释放。还可以指定间隔到达时间是否在第一个到达事件上使用,或者说,第一个临时实体是否在零时刻创建。

(2)到达时间表模式

在到达时间表模式中,生成器遵循一个用户定义的时间表来创建临时实体。此表的每一行指定了在仿真中某给定时间的一次临时实体的到达。对每个到达进入,可以指定到达时间、名称、类型、要创建的临时实体数目,以及这次到达附加的临时实体标签。到达时间应在时间表中正确排序,意思是每个进入时间应大于或等于先前进入的到达时间。如果将发生器设定为重复时间表,则在完成最后一个到达时立即循环回到第一个到达,导致第一个进入到达与最后一个进入到达发生在完全相同的时刻。这里提醒一下,当重复时间表时,第一个进入到达时间适用于第一次的时间表循环。这使得一个初始到达时间只执行一次,而不被重复。如果需要生成器在最后一次到达后和重复的第一次到达之间等待一段给定的时间,则在表的末尾添加一个进入,给它指定一个大于先前进入到达时间的到达时间,但是将那个新的进入的到达临时实体数量设为零。

（3）到达序列模式

到达序列模式与到达时间表模式相类似，只不过这里没有相关联的时间。生成器将创建给定表格行的临时实体，然后当那个进入的最后一个临时实体一离开，就立即转到表的下一行，也可以重复使用到达序列。

2. 吸收器

吸收器用来消除模型中已经完成全部处理的临时实体。一旦一个临时实体进入吸收器，就不能再恢复。任何涉及即将离开模型的临时实体的数据收集，都应在它进入吸收器之前或在吸收器进入触发器中进行。

吸收器是固定实体的一个子类。它将持续接收临时实体，并在它们进入之后立即消除这些临时实体。由于它消除所有接收到的临时实体，所以吸收器在临时实体流分页里就没有任何送往逻辑。

有时需要循环利用临时实体而不是消除掉。这样可以提高模型的性能。要实现这点，不要使用吸收器，而代之为一个暂存区。进入暂存区的临时实体可以被移进模型中的其他部分而实现重新进入。

3. 暂存区

暂存区用来在下游实体尚不能接收临时实体时暂时存储它们。暂存区的默认工作方式是先进先出式，意思是，当下游实体变为可用时，等待时间最长的那个临时实体首先离开暂存区。暂存区设有分批选项，可以积累临时实体到一个批次再释放它们。

暂存区是固定实体的一个子类。它将持续接收临时实体直到达到其最大容量。如果设定不分批，暂存区将会在临时实体到达之后立即释放它，并在释放每个临时实体之前调用收集，结束触发器。

（1）关于分批功能

如果激活了分批功能，则暂存区将会等待直到接收到的临时实体个数达到目标数量，然后作为一批同时释放所有的临时实体。最大等待时间默认值为零。最大等待时间为零意味着没有最大等待时间，或者暂存区将无限等待下去以收集一批临时实体。如果最大等待时间是非零值，则当第一个临时实体到达，暂存区就开始计时。如果计时已经到达最大限制而一个批次还未收集到，则暂存区停止收集，并全部释放已经收集的临时实体。在释放临时实体前调用收集结束触发器，将一个指向本批次中第一个临时实体的引用作为函数的 item 参数传递，并将收集到的临时实体的数量作为 parval(2) 传递。如果将暂存区设置为"清空后接受下一批"，则当它一结束收集一个批次就立即关闭其输入端口，并一直等到整个批次离开才再次打开输入端口。如果暂存区不"清空后接受下一批"，则它在结束收集每个批次后立即就开始收集下一个批次。这意味着，在任何给定时间，暂存区中都可以有几个完成的批次在等待离开。

（2）暂存区的几种状态

①空：暂存区是空的。

②收集：暂存区在收集批量临时实体。

③释放：暂存区已完成批量的收集，正在释放这些临时实体。同样，如果暂存区不分批，而在其队列中有临时实体，则它将处于此状态。

④等待运输机:暂存区中有已经释放并准备好向下游移动的临时实体,但是正在等待一个运输机到达来拣取临时实体。

4.处理器

处理器用来在模型中模拟对临时实体的处理过程。处理过程仅被简单地模拟为一段强制的时间延迟。总延迟时间被分成预置时间和处理时间。处理器一次可以处理多个临时实体。处理器可以设置中断停机,并且经过随机或定期的时间间隔之后恢复在线状态。处理器可在其预置、处理及维修时间内调用操作员。当处理器中断停机时,所有正在处理的临时实体都会被延迟。

处理器是固定实体的一个子类。它还是合成器和分解器的父类。它持续地接收临时实体直到达到其最大容量。每个进入处理器的临时实体都将经过一段预置时间和随后的处理时间。这两个过程结束后,释放临时实体。如果最大容量大于1,则并行处理多个临时实体。

(1)预置/处理操作员

如果设定处理器在预置或处理期间使用操作员,则在每个操作开始时,它都将使用Request Operators命令调用用户定义的几个操作员,在此函数中,处理器作为站点,临时实体作为相关实体。这将导致处理器停下来等待,直到操作员到达。请留意一个Request Operators任务序列是如何构建的,可以参见Request Operators命令的文档中所描述。还要了解Stop Object命令是如何工作的,可以参见命令集中的解释。一旦所有的操作员到达,处理器就恢复其操作。一旦操作完成,处理器就释放它所调用的操作员。如果处理器被设定为使用相同的操作员来完成预置和处理过程,则处理器要等到预置和处理操作都完成后才会释放操作员。

(2)MTBF/MTTR(平均故障间隔时间/平均修复时间)

如果MTBF函数返回一个非零值,则处理器会模拟停机和维修时间,可以指定在MTBF时间里应用哪种状态。尽管可以指定不是预置和处理状态的MTBF状态,但是处理器却只有在预置或处理操作中才可能中断停机。这意味着,虽然停留在其他状态的时间将会正确地累计,但即使累计的时间到达处理器要中断的适当时间,处理器实际上并不会中断停机,直到它又接收到一个产品并开始计时其预置时间。处理器在一次预置和一次处理过程中,最多只执行一次停机。对于处理时间很长的情况,了解这点很重要。

如果将处理器配置为使用操作员进行维修,则处理器将使用Request Operators命令调用用户定义的几个操作员来对站点进行维修。在命令中,处理器既作站点,也作涉及实体。维修操作一结束,就用Free Operators命令释放操作员。

(3)处理器的几种状态

①空闲:实体是空的。

②设置:实体处于建模人员定义的预置时间内。

③处理:处于建模人员定义的处理时间内。

④阻塞:实体已释放临时实体,但是下游实体没有准备好接收。

⑤等待操作员:实体在等待操作员到达来进行维修或者处理。

⑥等待运输机:实体已释放了临时实体,且下游实体也已准备好接收,但是运输机还

没有拣取临时实体。

⑦停机：实体停机。

5.输送机

输送机用来在模型中沿一系列路径移动临时实体。通过创建输送机的不同分段来定义路径。每个分段可以是直段，也可以是弧段。弧段用转过的角度和半径定义。直段用长度定义。这样可以使输送机具有其所需要的弯曲度。输送机可以是可积聚的，也可以是非积聚的。

输送机是固定实体的一个子类。它有两种操作模式，可积聚模式与非积聚模式。在可积聚模式下，输送机像辊道输送机一样运作，即使输送机末端被阻塞，临时实体也可以在上面积聚。在非积聚模式下，输送机像皮带传送机一样运作，如果输送机被阻塞，则输送机上的所有临时实体都会停下。

当临时实体到达输送机时，先是它的前端到达输送机的起始端。然后开始沿着输送机的长度方向向下输送。一旦临时实体的全长被输送通过了输送机的起始端，输送机就重新打开其输入，可以接收另一个产品了。当临时实体的前端碰到输送机的末端时输送机就释放掉此临时实体。

输送机一次只接收一个临时实体，且一次只释放一个临时实体。意思是说，如果使用一个任务执行器将临时实体运入或运出输送机，一次只能有一个临时实体被运进来，一次也只能有一个临时实体等待一个输送机来从输送机上将其拣取。当同时有多个操作员拣取临时实体并将其运送到输送机上时，这一点很重要。为了实现同时操作，需要在输送机前端设置一个暂存区，因为暂存区可以同时接收多个临时实体。

6.分类输送机

分类输送机是一种非积聚式输送机，允许沿着输送机有多个输入位置，同时也有多个输出位置。每个输入/输出端口都有一个用户定义的输入/输出位置。

分类输送机是输送机的一个子类，而输送机又是固定实体的一个子类。分类输送机的每个输入端口都在沿着输送机长度方向上有一个关联入口位置。每个输出端口都有一个关联离开位置和一个阻塞参数。

7.合成器

合成器用来把模型中行进通过的多个临时实体组合在一起。它可以将临时实体永久地合成在一起，也可以将它们打包，在以后某个时间点上还可以再将它们分离出来。合成器首先从输入端口 1 接收一个临时实体，然后才会从其他输入端口接收后续的临时实体。用户指定从输入端口 2 及更大序号的端口接收的临时实体的数量。只有当用户要求的后续临时实体全部到达后，才开始对预置/处理时间计时。可以把合成器设置为在其预置、处理和维修时间期间需要操作员。

合成器是处理器的一个子类，而处理器又是固定实体的一个子类。在操作中，合成器首先从它的第一个输入端口接收一个临时实体。合成器将一直等待直到从输入端口 1 接收到一个临时实体，然后才允许其他临时实体进入。然后，它根据组成列表收集一批临时实体。组成列表指定了合成器每一批次从其他每个输入端口接收的临时实体的数量。组成列表的第 1 行是从输入端口 2 接收的临时实体数量，第 2 行对应输入端口 3，依此类推。

合成器有三种操作模式：装盘、合并与分批。在装盘模式下，合成器将从输入端口2与更高序号的输入端口接收到的所有临时实体全部移入到由输入端口1接收的临时实体中，然后释放此容器临时实体。在合并模式下，除了从输入端口1接收到的那个临时实体，合成器将破坏掉其余所有的临时实体。在分批模式下，合成器仅在收集到本批次的临时实体并完成了预置和处理时间后释放所有临时实体。

8. 分解器

分解器用来将一个临时实体分成几个部分。分离可以通过拆分一个由合成器装盘的临时实体，或者复制原始实体的多个复本来实现。在处理时间完成后进行分解/拆盘。可以设置分解器在其预置、处理和维修时间内需要操作员。

分解器是处理器的一个子类，而处理器是固定实体的一个子类。它接收一个临时实体，然后执行预置和处理。如果分解器是去托盘模式，则当预置和处理时间一结束，分解器就把去托盘数量的临时实体从临时实体移入到自身内部，然后释放拆出的所有临时实体，当所有拆盘分离出的临时实体全部离开分解器时，就释放容器实体。如果分解器是分解模式，则当预置和处理时间一结束，分解器就复制此临时实体，得到总数等于分隔数量的临时实体，然后释放所有的临时实体。对于去托盘和分解两种模式，一旦所有的临时实体离开分解器，分解器将立即接收下一个临时实体。

9. 流节点

流节点用于将临时实体从一个位置移动到另一个位置，其移动过程伴随时间的消耗。使用"A"键点击拖动的简单连接方式，就可以使用流节点引导临时实体流。例如，如果需要产品花费一定时间从一个暂存区移动到一个处理器，则在两者之间放置一个流节点，并连接暂存区的输出端口与流节点的输入端口，然后连接流节点的输出端口与处理器的输入端口。

流节点是固定实体的一个子类。它将持续接收临时实体直到达到其最大容量。临时实体一进入流节点，流节点就对它执行送往函数。接着执行速度域段会找到临时实体的速度。然后将临时实体的位置设为自身的位置，并开始向送往函数返回的下游实体移动临时实体。临时实体一到达目标实体的位置，流节点就释放它。

流节点用来对临时实体的行进网络进行仿真，也可以用输送机来仿真行进网络。用输送机建模是从创建和连接行进网络路径的角度来进行描述，而使用流节点是从创建和连接行进网络的节点的角度来进行描述，在某些情况下能使建模相对更容易。然而，与输送机不同，流节点模式不提供沿路径积聚临时实体的功能，只允许用一个最大容量值来限制网络上的交通。因此，如果有一块行进区域需要定义更灵活的交通控制，则采用输送机而不要用流节点。还可以使用网络节点行进网络来代替流节点来实现，方法是：使用任务执行器临时实体，选中一个上游固定实体的"使用运输机"复选框，这个上游固定实体是用户想要临时实体从那里开始行进的实体，并从下列请求运输机下拉菜单中选中"Flow Item as Task Executer（临时实体作为任务执行器）"。

10. 复合处理器

复合处理器用来模拟对临时实体的顺序的有序操作过程。用户对每个复合处理器实体定义一系列的处理过程。每个进入复合处理器的临时实体都将按顺序经历这些处理过程。复合处理器可能在处理过程中调用操作员。

复合处理器是固定实体的一个子类。它接收一个临时实体,将此临时实体放入其处理过程序列中,逐个经过,然后释放此临时实体。一旦临时实体离开此复合处理器,它又接收一个临时实体,再经过这样的处理过程。复合处理器中同一时刻只能有一个临时实体。

如果有一个站点,涉及多个操作,各有不同的处理时间,并且/或者有不同的资源,则应该使用复合处理器,也可以将复合处理器当作不同类型操作的共享站点使用。例如,临时实体 1 需要经过操作 A、B、C、D,临时实体 2 需要经过操作 E、F、G、H,但是两种类型必须共享一个站点来进行处理。给复合处理器设定 8 个处理过程:A—H。对于临时实体类型 1,将 E—H 的处理过程的处理时间设定为 0;对临时实体类型 2,将 A—D 的处理过程的处理时间设定为 0。

11. 货架

货架用来像在仓库货架上一样存储临时实体。货架的列数和层数可以由用户定义。用户可以指定位置来放置进入货架的临时实体。如果使用一个运输机实体来从一个货架拣取或传递临时实体,运输机将行进到货架中分配给那个临时实体放置的特定货格。货架也可以用来当作一个仓库的地面堆存,使用列号来指定在地面上放置临时实体的 X 位置,用层来指定放置临时实体的 Y 位置。

货架是固定实体的一个子类。它将持续接收临时实体直到达到其最大容量。每当一个临时实体进入货架时,则对那个临时实体执行最小停留时间函数。此函数返回此临时实体的最小停留时间,货架为那段时间启动一个计时器。当计时到时,货架就释放此临时实体。

12. 储液罐

储液罐用来存储临时实体,而使模拟效果仿佛是在一个液体罐或池槽中存储一样。用户可以定义储液罐的流入流出速率。当液面上升或下降到用户定义的特定值时,可以触发某些事件。

储液罐是固定实体的一个子类。它将持续接收临时实体直到达到其最大容量。每当进入一个临时实体,它首先执行进入流速函数,改函数设定临时实体的体积,同时返回接收下一个临时实体之前所需的时间。如果还有空间再接收一个临时实体,储液罐将在上述函数返回的时间点创建一个事件来接收下一个临时实体。然后,如果此临时实体是储液罐的第一个临时实体,它将调用流出流速函数,并将在返回的时间点创建一个事件释放临时实体。

13. 基本固定实体(BFR)

基本固定实体(BFR)是为开发人员提供的用来建立用户库的固定实体。它把固定实体的几乎所有可继承逻辑传递给拾取列表函数,这样,用户库开发人员就能够切实地指定固定实体的所有功能。

BFR 是固定实体的一个子类。它用来指定重置、进入、离开以及消息触发器的逻辑,同时也包括停止/恢复实体、拣取/放置偏移、运输输入通知/完成、运输输出通知/完成及其他高级功能。

7.3.3 任务执行器类

1. 操作员

实体可以调用操作员在预置、处理或者维修过程中使用它。操作员将与调用它们的实体待在一起直到被释放。一旦被释放，如果又被调用，它们就可以去为另一个实体工作。它们也可以用来在实体之间搬运临时实体。如果要操作员沿着特定的路径行走，可以将它们置于一个网络中。

操作员是任务执行器的一个子类。它根据是否有一个相关临时实体需要执行偏移操作来决定如何执行偏移行进。如果没有临时实体，它将和任务执行器完全一样执行偏移。它行走到使得其 x/y 中心与 z 基面到达目的地位置上。如果存在一个相关的临时实体，则操作员只沿 x/y 平面行走。它只行走到使它的前边界到达临时实体边界的位置点上，而不是 x/y 中心。这通过将总行进距离减去（x 尺寸（操作员）$/2 + x$ 尺寸（临时实体）$/2$）来得到。

2. 运输机

运输机主要用来从一个实体到另一个实体搬运临时实体。它有一个货叉，可以在向货架中拣取或放下临时实体时抬升到相应的高度。如果需要，它可以一次搬运多个临时实体。

运输机是任务执行器的一个子类。它实现偏移行进的方式有两种：第一，如果此行进操作有一个涉及的临时实体，则它自身将行进到使其货叉前沿位于 x/y 目的位置，并抬升其货叉到 z 目标高度的位置；第二，如果此偏移行操作没有涉及临时实体，则它行进到使其 x/y 中心和 z 基面到达目的地的位置。

3. 堆垛机

堆垛机是一种特殊类型的运输机，专门设计用来与货架一起工作。堆垛机在两排货架间的巷道中往复滑行，提取和存入临时实体。堆垛机可以充分展示伸叉、提升和行进动作。提升和行进运动是同时进行的，但伸叉运动只在堆垛机完全停车后才进行。

堆垛机是任务执行器的一个子类。它通过沿着自身 x 轴方向行进的方式来实现偏移行进。它一直行进直到与目的地位置正交，并抬升其载货平台。如果偏移行进是要执行装载或卸载任务，那么一完成偏移，它就会执行用户定义的装载/卸载时间，将临时实体搬运到其载货平台，或者从其载货平台搬运到目的位置。

由于堆垛机的主要特性是它只沿着它的 x 轴和 z 轴运动且不转动，所以此实体可用来模拟任何不做旋转，只前后和上下往复运动的情形。在一些模型中，它被当作一辆简单的中转车使用，或者当作两个或多个运输机之间的中转运输机使用。

4. 起重机

起重机与运输机的功能类似，但它的图形经过了修改。起重机在固定的空间内工作，沿着互相垂直的 x、y 和 z 三个方向运动。它用来模拟有轨梁导引的起重机，如门式、桥式和悬臂式起重机。在默认情况下，起重机吊具在拣取或放下临时实体，移动到下一个位置前，会上升到某一个高度。要想更进一步地控制吊具从一次拣取到下一次拣取的运动,可以使用网络节点来定义所需要的路径。

起重机是任务执行器的一个子类。它实现偏移行进的方式非常类似于任务执行器。它行进到使它的 x/y 中心和 z 基面到达目的地位置。如果此偏移行进任务有一个涉及临时实体,则起重机行进使其 x/y 中心和 z 基面到达临时实体的顶部,换句话说,它通过增加临时实体的 z 尺寸来提高到达 z 的位置。

起重机使用一个起重机导航器。对于行进任务,起重机导航器使用一个简单的机制让起重机到达正确的位置。起重机直线加速到其起重提升高度。一旦到达起重机提升高度,就以最高速度运动到目标实体的 x/y 位置。它一旦到达目标实体的 x/y 位置,行进操作就完成了。余下的操作是下降到适当的 z 位置,由一个后续的装载/卸载任务的偏移行进来完成。

默认的起重机导航器采用一种简单的方式执行行进,它只使用一组加速度、最大速度、减速度来使得起重机到达正确的位置。许多起重机使用多个马达,每个都有自己的加速度、减速度和最大速度属性。更灵活的起重机功能未来将发布,目前可以使用协同任务序列和层次结构组织的任务执行器进行组合使用,以达到设定复合实体内部的多个加速度、减速度和最大速度的目的。

5.升降机

升降机是一种特殊的运输机,可以上下运输移动临时实体。它自动移动到需要拣取或放下临时实体的高度,可以动画显示临时实体在进入或离开升降机的过程。这使得升降机的装载和卸载时间感觉更逼真。

该垂直起重设备是任务执行器的一个子类。它只执行偏移位置的 z 轴方向的偏移量来实现偏移行进。如果偏移行进是为了一个装载或卸载任务进行的,则偏移一完成,它就采用用户定义的装载/卸载时间将临时实体移到载货平台上,或者从载货平台移到目的地位置。在移出或移入升降机时,临时实体沿升降机的 x 轴方向运动。

6.机器人

机器人是一种特殊的运输工具,它从起始位置提升临时实体并将其放到终止位置。通常,机器人的基面不会移动,而机器人的手臂在搬动临时实体时进行转动。机器人的手臂由两段组成,伸出手臂向着要移动的临时实体或是目的地运动。用户可以设定手臂的长度,也可以设定机器人手臂转动和伸展的速度。

机器人是任务执行器的一个子类。它通过伸展其手臂到目的位置来实现偏移行进。注意,在偏移行进时,机器人的 $x/y/z$ 位置根本不会改变。在它向目的地行进的过程中,只是其 y、z 方向的旋转和手臂伸展发生改变。如果目的位置超出了机器人手臂的最大伸展范围,那么机器人只将伸展手臂到最大伸展长度。机器人使用 y/z 旋转速度和手臂伸展来执行偏移行进以到达目的地。偏移行进时间就是伸展手臂、绕 z 轴转动和绕 y 轴转动的时间的最大值,它不使用标准的任务执行器最大速度、加速度和减速度值。

7.基本任务执行器(BTE)

基本任务执行器(BTE)是为开发人员提供的用来创建用户库的任务执行器。它把任务执行器的几乎所有可继承逻辑传递给拾取列表函数,这样用户库开发人员就可以切实地指定任务执行器的所有功能。

BTE 是任务执行器的一个子类。它用来指定偏移行进功能的逻辑,同时也包括停止/恢复实体、拣取/放置偏移和其他高级功能。

7.3.4 其他类实体

1. 分配器

分配器用来控制一组运输机或操作员。任务序列从一个实体送到分配器,分配器将它们委派给与其输出端口相连的运输机或操作员。最终接收到请求的可移动资源将执行此任务序列。

分配器实体对任务序列实施排队和寻径逻辑。根据建模人员的逻辑,任务序列一旦传递给一个分配器,则可能进行排队,也可能被立即分配。

当分配器接收到一个任务序列时,dispatchtasksequence( )命令触发,首先调用其"Pass To(传递给)"函数。此函数返回一个端口号,它是要把此任务序列发送给的端口号。分配器将立即把任务序列传送给与那个端口相连的实体。如果函数返回 0 而不是一个端口号,则任务序列在分配器任务序列队列中进行排队。这是通过调用任务序列的排队策略函数完成的。排队策略返回一个与此任务序列相关联的值,代表在队列中对此任务序列进行排序的优先级。高的优先级值排在队列的前面,低的排在后面。通常会简单地返回任务序列的优先级值,但是如果需要,排队策略函数允许动态地改变任务序列的优先级。在对队列中的任务序列进行排序时,实际上分配器多次调用排队策略函数,队列中的每个任务序列都调用一次,从而将每个优先级的值与新的任务序列的优先级值进行比较。一旦发现可放置新的任务序列的正确位置,就对它进行相应的排序。

分配器是所有任务执行器的父类,换句话说,所有任务执行器都是分配器。这意味着所有的操作员或者运输机都可以扮演分配器或者团队指挥的角色,给组中其他成员安排任务序列,同时自己也执行任务。

2. 记录器

记录器用来在模型中以图形的形式记录和/或显示信息。更特殊一些的用法是用记录器来捕获表数据、标准数据和用户定义的数据。模型中所有数据类型都可用图形显示,并在 Flexsim 中写入表中,导出到 Excel、Access 或任何 ODBC 数据库中。由于记录器实体是一个强大的数据表达工具,在软件的教程部分中提供了一个如何使用记录器的例子。

记录器用来控制一个交通网络上给定区域的交通。连接网络节点与交通控制器可以建立一个交通控制区域。这些网络节点就变成交通控制区域的成员。同一个交通控制器实体中的任意两个网络节点之间的路径都是交通控制路径。行进物只有在获得交通控制器许可的情况下才能到那条路径上去,这条路径在给定时间只允许一定数目的行进物进入区域,或者可以使用非时间模式,只允许行进物立即到给定的路径段上去。

记录器用来在模型中以图形的形式记录和/或显示信息。更特殊一些的用法是用记录器来捕获表数据、标准数据和用户定义的数据。模型中所有数据类型都可用图形显示,并在 Flexsim 中写入表中,导出到 Excel、Access 或任何 ODBC 数据库中。由于记录器实体是一个强大的数据表达工具,在此手册的教程部分中提供了一个如何使用记录器的例子。

4.网络节点

网络节点用来定义运输机和操作员遵循的路径网络。通过使用样条线节点来增加路径弯曲部分从而修改路径。在默认情况下,在网络上行进的实体将沿着起始位置和目标位置之间的最短路径行进。连接行进网络有如下三个步骤:①将网络节点相互连接。②将网络节点连接到扮演网关的实体上。③将任务执行器连接到某些网络节点,在仿真开始时,任务执行器将待在那些网络节点上。

5.可视化工具

可视化工具采用道具、风景、文字和展示幻灯片来装饰模型空间,目的是给模型更逼真的外观。它们可以是简单的如彩色方框、背景之类的东西,或者是精细的如 3D 图形模型、展示幻灯片之类的东西。可视化工具的另一种用法是用作模型中其他实体的容器实体。当用作容器时,可视化工具就成为一个分级组织模型的便利工具。容器也可以保存在用户库中,作为将来开发模型的基本建模模块。可视化工具在模型中的使用方式有多种。比如作为一个容器或子模型,作为平面、立方体、柱形或球形,作为导入形状,作为文本,作为展示幻灯片以及其他设置等。

7.3.5 小 结

利用 Flexsim 实体库中的这些基本实体对象,可以完成许多仿真工作,如可以仿真实现不同类型的物流系统,如辊道输送机、自动化存取系统(立体仓库、堆垛机)、各种搬运设备(操作员、机器人等),用户可根据建模的需要,选择适当的对象并使用建模单元来组建自己的模型。同时,开发者也可利用 Flexsim 提供的面向对象技术及现有资源,来开发适用特定问题需求的用户实体,构建自己的模型以进行仿真。

⯈ 思考题

1.说明 Flexsim 软件的主要特点。
2.试描述 Flexsim 的面向对象层次树结构。
3.简述 Flexsim 的实体类型及实体库中的主要实体。

第8章

Flexsim 仿真应用初步

⤷ **本章要点**

　　本章主要介绍 Flexsim 仿真建模的基本组成、基本的建模步骤,并通过具体的实例对建模过程给予详细的描述。

8.1　Flexsim 基本建模步骤

8.1.1　Flexsim 仿真建模基本组成

1. 对象

　　Flexsim 采用对象对实际过程中的各元素建模。比如暂存区实体就是一个对象,它在仿真中扮演存储或缓冲区的角色。它可以代表一队人,一个工厂中的地面堆存区或客户服务中心的等待传叫的队列。图 7-2 显示的是 Flexsim 的"对象库"。Flexsim 采用先进的模型构造技术,把每个对象封装为操作方便、功能强大的可视化控件,但每个对象又不是封闭的,用户可以在原有基础上,自由地开发对象的功能,也可以开发新对象。

2. 连接

　　Flexsim 中通过对象之间的连接定义仿真模型的流程,模型中对象之间是通过端口来连接的,每个对象通过端口与其他对象进行通信。每个 Flexsim 的对象都可有多个端口,没有数量限制。端口可分为输入端口、输出端口和中心端口三种类型。

3. 方法

　　方法是用来完成一项任务的一系列规则集。Flexsim 采用一系列方法集来完成所建模型的作业。Flexsim 方法集包括到达方法、触发方法、流方法、导向方法、临时实体库方法等。

8.1.2 Flexsim仿真建模的基本步骤

Flexsim仿真建模的基本步骤为五大步。

1. 构建模型布局

设置布局:根据建模前设计好的物理系统,用鼠标单击将对象从"对象库"中拖拽到仿真视图窗口中的适当位置,仿真视图使用三维视角。把对象拖到视窗后,用户可以沿 x,y,z 轴任意旋转对象或改变其在 z 轴上的高度,直到位于满意的位置。

2. 定义物流流程

根据对象之间的逻辑关系,将仿真视图中的对象按顺序连接,每个对象有一个输入端口、输出端口和中间端口。如果一个对象需要连接到多个对象,用户只需用鼠标在两个对象间单击,并拖出一条线,Flexsim就能自动增加连接端口。对象连接是为了实现模型中所有可能的路由选择,构建仿真模型的逻辑流程。

3. 参数设定

对象连接好后,根据每个对象所要描述的物理系统的特征,设定对象的参数,把逻辑与数据赋值给对象。这只需在仿真视图中用鼠标双击对象就能完成。诸如循环周期、容量、速度、行程逻辑、停工时间、统计数据、供选图表都能够进入对象GUI,使用脚本语言或C++都能直接进行定义或复杂逻辑输入。所有对象输入区域和用户定义输入都有选择列表。因为对象可以默认或手动创建,对象描述非常简洁和灵活。

4. 编译和运行模型

先编译模型,然后可以根据设定条件在压缩的时间里运行仿真模型。Flexsim将获取和比较每次运行产生的数据。除单次运行外,模型还能进行反复多次的运行或根据不同的设定条件来运行。

5. 仿真结果输出

每次运行结果可以用2D、3D或可视化实时动画来显示。Flexsim的动画包括一个navigator浏览器,可以同步在多个窗口中显示模型、扫描模型、进行缩放、在3D视图中旋转模型的角度。所有这些模型显示操作并不影响模型运行速度。

除模型动画外,每个模型运行的结果能够通过访问预定的报告、用户定义报告、预定表格和用户自定义表格来查看。结果也可以通过DDE,DLL,ODBC,SQL或视窗连接端口报告给外部软件程序。

Flexsim是一个实时的仿真软件,在仿真过程中,用户可以对每个对象进行操作,检测其当前的状态。

①仿真之前通过菜单 Statistics→Object Graph Data→Selected Objects On 进行选择;

②仿真时在对象属性对话框 Statistics 选项卡中可实时查看相应对象的统计数据和图表;

③仿真运行结束,可以通过菜单 Statistics→Reports and Statistics 生成数据统计报告。

8.1.3 仿真必要性问题

完成仿真研究的基本步骤将建立研究成功的基础。虽然了解仿真研究的基本步骤至关重要,但是意识到并不是任何问题都应该使用仿真来解决也是同样重要的。在过去,大型的、复杂的仿真项目是由受过专门训练的程序员和分析员来开发的。现在,由于涌现出大量软件,仿真不时被一些缺乏足够培训和经验的人员不恰当地使用在各种项目中。一旦仿真运用不恰当,其研究也就不能够产生有意义的结果。于是,不能获得希望目标的仿真造成的失败,导致了人们对仿真方法自身的谴责,而事实是:失败原因是仿真的不恰当应用。

要认识到,要想仿真能够正确地解决问题,在决定进行仿真研究之前,要对以下四个项目进行正确评估,包括:问题类型、资源的可获得性、费用和数据的可获得性。

1.问题类型

如果一个问题能够由常识或简单分析来解决,就没有必要使用仿真。另外,使用算术和数学等式比仿真解决问题要快,而且费用较低。假如是可以在被评估系统上直接做实验就能够解决的问题,就不如直接做试验,而不要进行仿真。如最近学校的运输部门为了研究校园班车的增开问题,使用自己的人力和交通工具在周末进行实验。与此相对比,开发一个研究校园班车系统的仿真将要花费一个学生几周的时间来完成。但是,在系统上直接做实验时,也要考虑到实验对实际系统的影响。如果对系统的干扰过大,就要考虑使用别的途径。真实系统自身对仿真也起到一定的决定作用。如果系统过于复杂,不能够被定义,或不易于理解,仿真将不能够产生有意义的结果。当一个系统包含有人的活动时,通常就不能够进行很好的仿真。

2.资源的可获得性

进行仿真研究的决定性资源是人员和时间。有经验的分析师是非常重要的资源,因为他们具有判断模型该达到的具体程度和怎样去检验和确认模型的能力和经验。同时,缺少了训练有素的模型开发人员,将可能导致开发出错误的模型,以及该错误模型产生不可靠结果。另外,时间的分配不能够太少,否则可能导致开发人员被迫在设计时,对模型进行压缩处理。要想获得有益的结果,时间进度表的安排里应该有足够的时间允许必要改动的实施以及检验和确认活动。

3.费用

在仿真过程中的每一步都要预算费用,如购买仿真软件和计算机硬件等。很明显,如果替换现有系统的费用超过了潜在收益,就不应做仿真。

4.数据的可获得性

必要的数据应当被识别并被定位,假如数据不存在,就需要去收集。如果数据既不存在,又不能够收集到,后续的仿真研究最终将只能产生不可信和无用的结果。仿真输出就不能够同实际系统性能相对比,而这一点对检验和确认模型至关重要。

一旦仿真被识别作解决特定问题的首选方法,对由仿真研究结果所建议的行动程序作出实施决策并不是说研究结束,正如1.3节的图1-16所示。根据对真实系统经历的变异的反应,模型需要相应的维护。但是,模型维护的范围和深度主要取决于模型的柔性和模型设计之初始目的。

8.2　一个简单的仿真示例

8.2.1　示例模型描述

在这个模型中,我们来看看某工厂制造三种类型产品的过程。在仿真模型中,我们将为每种产品关联一个临时实体类型的数值。这三种类型都间隔地从工厂其他部门到达。模型中还有三台机器,每台机器加工一种特定类型的产品。产品在它们各自的机器中完成加工后,所有三种类型的产品必须在一个共享的检验站中检验其正确性。如果它们的制造完好,就被送到工厂的另一部门,离开仿真模型。如果发现制造有缺陷,则必须送回到仿真模型的起始点,被各自的机器重新处理一遍。仿真的目的是找到瓶颈的所在:该检验设备是否导致其他三台加工机器前实体的堆积,或者是否会因为三台加工机器不能跟上它的节奏而使之空闲等待?两机器间的缓冲空间是否必要?

8.2.2　建立模型

为验证 Flexsim 软件已被正确安装,双击桌面上的 Flexsim 图标打开应用程序。一旦软件安装好你应该看到 Flexsim 菜单和工具条、实体库和正投影模型视窗。

1. 第 1 步:在模型中生成一个实体

从左边的实体库中拖动一个发生器到模型(建模)视窗中,具体操作是:点击并按住实体库中的实体,然后将它拖动到模型中想要放置的位置,放开鼠标键。这将在模型中建立一个发生器实体,如图 8-1 所示。一旦创建了实体,将会给它赋一个默认的名称,例

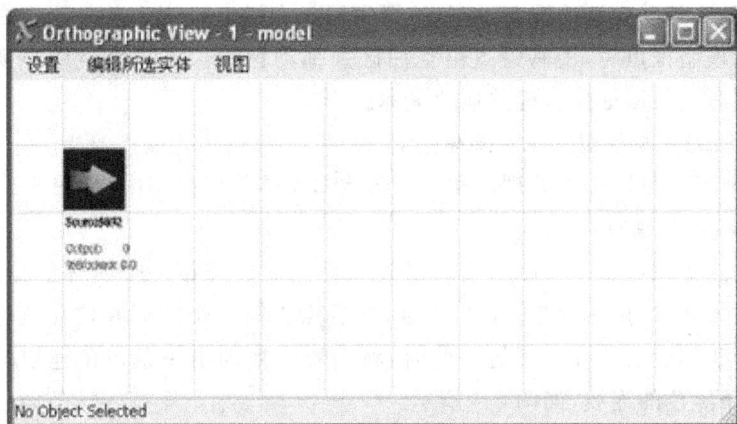

图 8-1　拖动一个发生器到模型视窗

如 Source#,数字#为自从 Flexsim 应用软件打开后所生成的实体数。在以后定义的编辑过程中,可以对模型中的实体进行重新命名。

2. 第 2 步:在模型中生成更多的实体

从实体库中拖动一个暂存区实体放在发生器实体的右侧。再从库中拖动 3 个处理器实体放在暂存区实体的右侧,如图 8-2 所示。

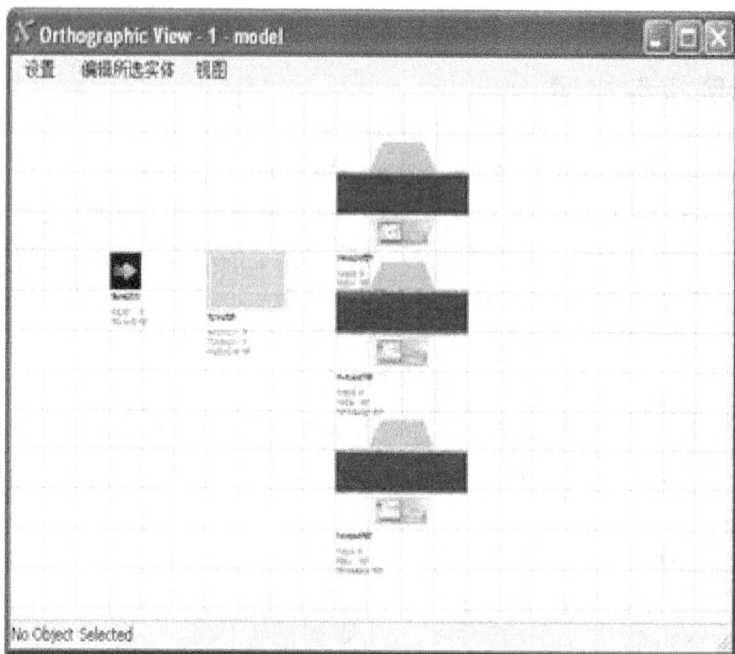

图 8-2 拖动 3 个处理器到模型视图

移动实体:要在模型中移动实体,则用鼠标左键点住该实体,并拖动至你需要的位置。你还可以右键点击并拖动鼠标来旋转此实体,也可以使用鼠标滚轮,或同时按住鼠标左右键点住该实体并拖动鼠标,可沿 z 轴方向上下移动该实体。

移动视窗:要移动模型的视窗观察点,可用鼠标左键点击视窗的一个空白区,并拖动鼠标。要旋转模型视点时,用右键点击空白区并拖动鼠标。要放大或缩小视图时,使用鼠标滚轮或同时按住鼠标左右键并拖动鼠标。

3. 第 3 步:完成在模型中生成实体

再拖出一个暂存区、一个处理器和一个吸收器实体放到模型中,如图 8-3 所示。

4. 第 4 步:连接端口

下一步是连接端口来安排临时实体的逻辑路径。要连接一个实体的输出端口至另一个实体的输入端口,按住键盘上的"A"键,然后点击第一个实体并按住鼠标左键,拖动鼠标到下一个实体然后放开鼠标键。此时,将会看到拖动出一条黄色连线,放开鼠标键时,会出现一条黑色的连线,如图 8-4 所示。

首先,连接发生器到第一个暂存区,然后连接此暂存区和每个处理器,再连接每个处理器到第二个暂存区,接着连接第二个暂存区到检验处理器。然后连接检验处理器到吸

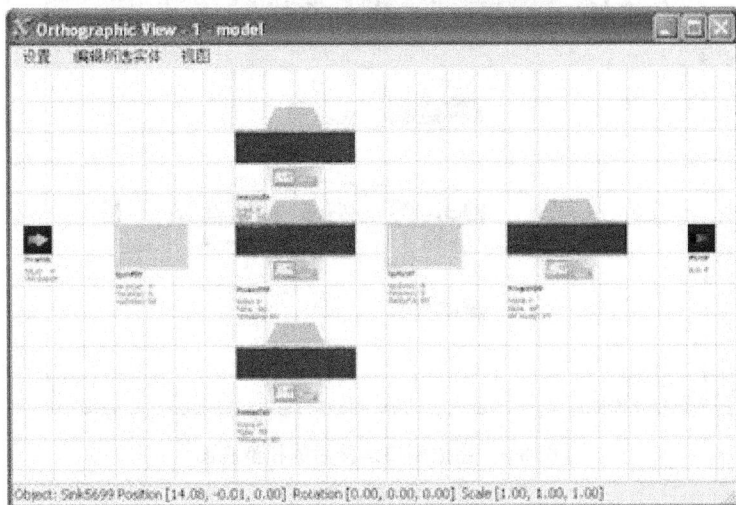

图 8-3 完成实体拖动后的模型视图

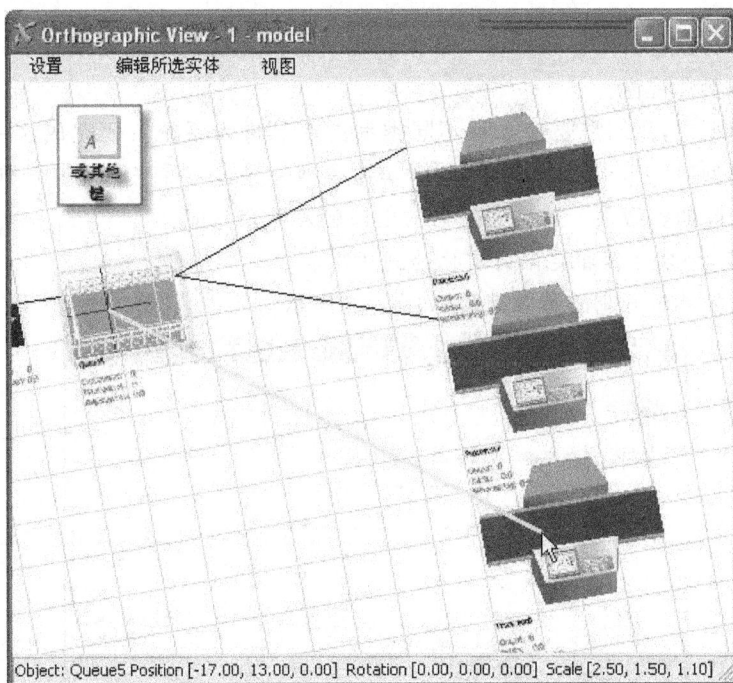

图 8-4 连接端口

收器，并连接到模型前端的第一个暂存区。先连接检验处理器到吸收器，然后到第一个暂存区。现在此模型的连接应如图 8-5 所示。

下一步是改变各实体的参数，以使它们按模型的描述来工作。这里从发生器开始一直到吸收器为它们逐个修改参数。

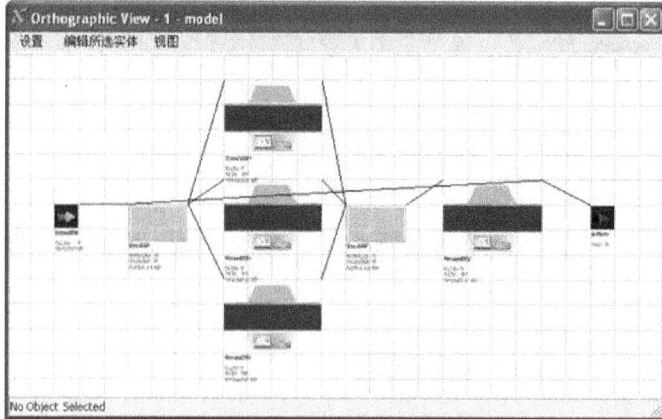

图 8-5　完成端口连接后的模型视图

8.2.3　详细设计模型

每个实体有它自己的参数视窗。数据和逻辑会由此视窗添加到模型中,双击一个实体进入该实体参数视窗。

在这个模型中,我们需要让 3 种不同类型的产品进入系统。要完成这一要求,每个临时实体的类型(见 Flexsim 术语中"临时实体类型"的描述)将按照均匀分布被随机分配一个 1 到 3 之间的整数值。这由发生器的出口触发器来完成。

1. 第 5 步:给发生器指定临时实体的到达速率

双击该发生器打开它的参数视窗,如图 8-6 所示。

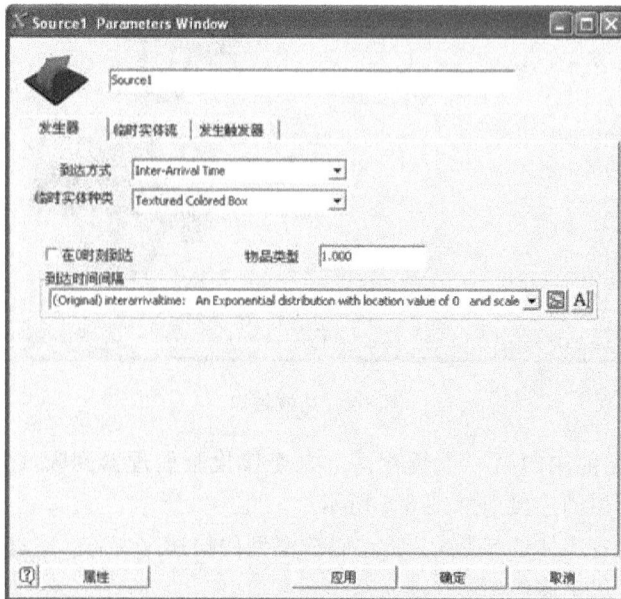

图 8-6　发生器的参数视窗

　　所有 Flexsim 实体都有多个分页(标签页)来代表变量和信息,建模人员可根据模型要求来改变它们。在这个模型中,我们需要改变到达间隔时间和临时实体类型以产生 3 种类型的产品。在此模型中,产品每 5 秒到达,按指数分布。发生器默认使用一个指数分布的到达时间间隔,但需要改变其均值。诸如指数分布这样的各种随机分布将被仿真过程采用,可用来对现实系统中发生的变化进行建模。Flexsim 提供了一个叫作 Expert-Fit 的工具来帮助你确定何种随机分布与你的实际数据最匹配。在后面的文档中有对分布和如何使用它们的详细解释。在发生器分页里的到达时间间隔下拉菜单中,点击按钮,如图 8-7 所示。

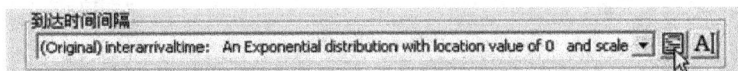

图 8-7　发生器的到达时间间隔下拉菜单

　　将打开第二个视窗,来解释其选项,并可编辑该选项的参数。所有以棕色显示的内容都可以改变,如图 8-8 所示。

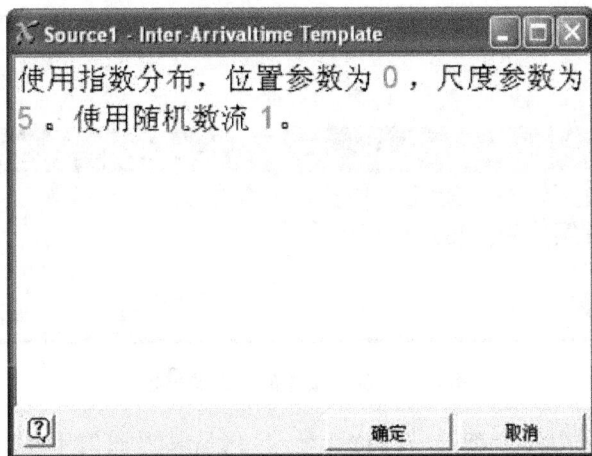

图 8-8　编辑模板中的参数

　　使用此模板你可以改变数值以调整分布,甚至也可以插入一个表达式。对于这个模型,将形状参数值从 10 改为 5。对于一个指数分布,形状参数值就是均值,按确定按钮返回参数页。

　　2. 第 6 步:指定临时实体的类型和颜色

　　接下来要做的是,在临时实体进入系统时为其指定一个类型值。此类型值在 1 到 3 之间均匀分布,意思是进入系统的产品类型 1、类型 2 或类型 3 的可能性都一样。完成该指定的最好的方式是在发生器的离开触发器中改变其临时实体类型。

　　选择发生器触发器分页。选择离开触发器下拉菜单选择。在下拉菜单中选择"Set Itemtype and Color(设定临时实体类型和颜色)"选项,如图 8-9 所示。

　　选择并改变了临时实体的类型和颜色后,选择模板按钮,可看到如下信息,如图

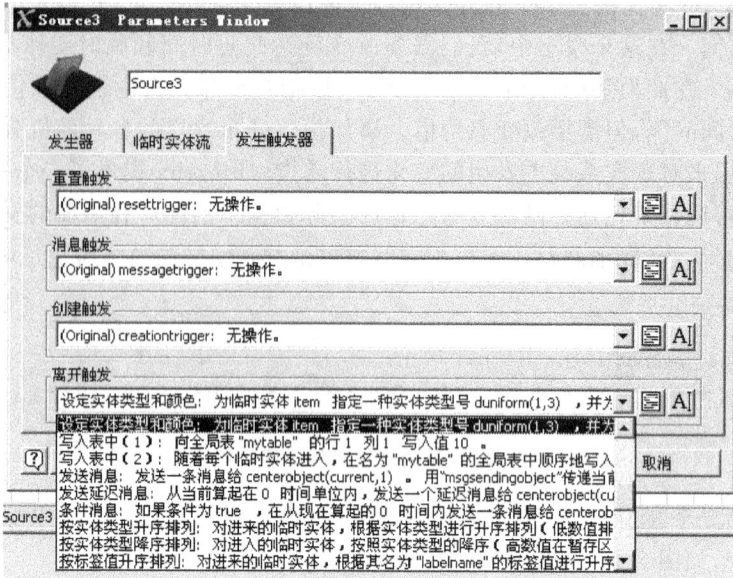

图 8-9　发生器触发器的离开域

8-10 所示。

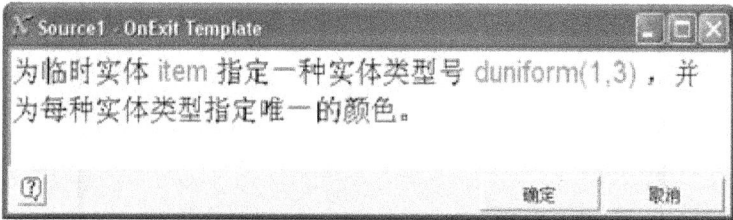

图 8-10　临时实体的推出域模板

离散均匀分布是均匀分布的一种特殊形式,只是其返回值不是所给参数之间的实数,而是一个整数。

我们现在完成了发生器的参数编辑,所有默认的棕色内容已经完全如我们所需要的了。点击确定按钮即可接受参数设置并关闭该视窗。

3. 第 7 步:设置暂存器容量

下一步是详细设置第一个暂存区。这里有两项内容需要设定:第一,设定暂存区的容量;第二,希望暂存区的分配方式是将临时实体中所有类型 1 送至处理器 1,类型 2 送至处理器 2,以此类推。

双击第一个暂存区,就会出现其参数视窗,如图 8-11 所示。

将最大容量改为 1 万,这实际上将得到一个无限容量的暂存区。按

应用 按钮。

4. 第 8 步:指定暂存区的路径分配

选择"临时实体流"分页来设置该暂存区的实体流选项。

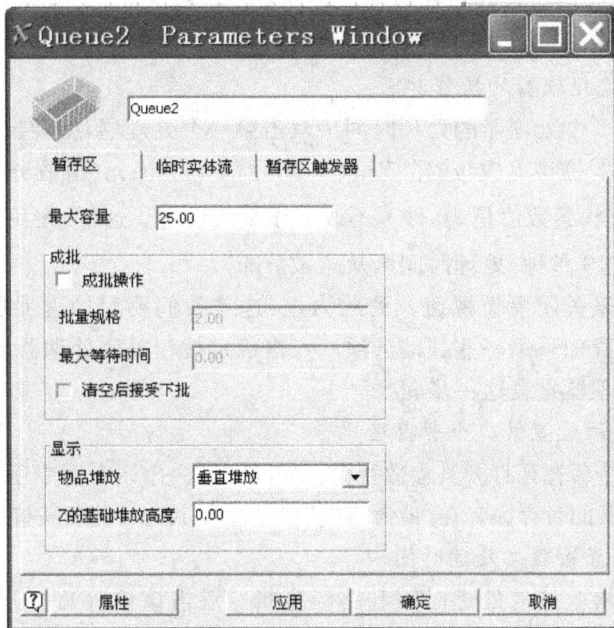

图 8-11 暂存区的参数视窗

在"输出"面板中,在"送往端口"下拉菜单中,选择"By Itemtype(direct)(按临时实体类型(直接))"选项,如图 8-12 所示。

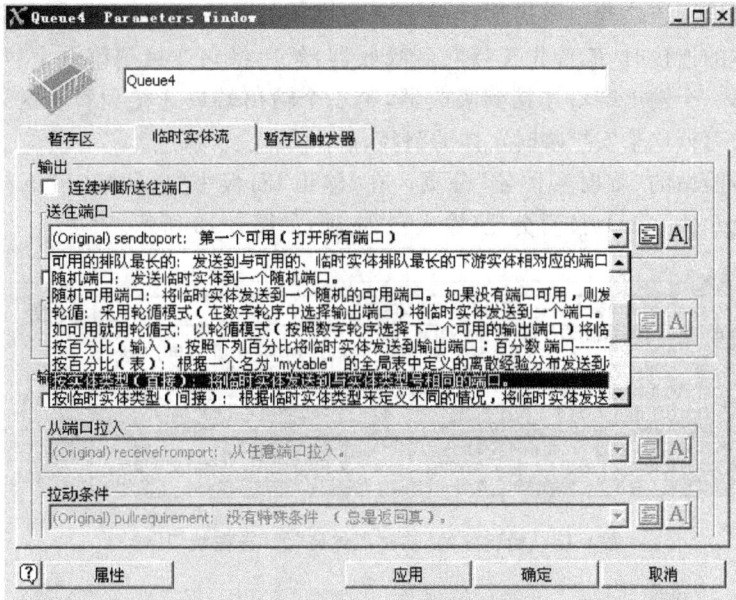

图 8-12 暂存区的实体流选项"送往端口"域

由于已经指定了一个临时实体的类型参数等于 1,2 或 3,我们现在可以用临时实体的类型来选定临时实体要通过的端口号。处理器 1 应被连接至端口 1,处理器 2 应被连接至端口 2,处理器 3 应被连接至端口 3。

选择了"By Itemtype (direct)"选项后,按确定按钮关闭该暂存区的参数视窗。

5. 第 9 步:指定处理器的操作时间

下一步是设置 3 个处理器的处理时间。双击第一个处理器,就会出现其参数视窗。

在"处理时间"下拉菜单中,选择"Exponential Distribution(指数分布)"选项,然后按 ▤ 按钮。默认的形状参数值是 10 秒。不改变该默认设定。这样,在我们的模型中,每个产品将被平均处理 10 秒钟,处理时间服从指数分布。

点击确定按钮来关闭模板视窗。到此为止,这是我们要对处理器所做的唯一改变。我们将在后面的课程中采用一些其他选项。点击确定按钮关闭处理器的参数视窗。

对其他两个处理器重复这一步骤。

6. 第 10 步:详细设置第二个暂存区

现在双击第二个暂存区打开其参数视窗。如同在第一个暂存区中所做的一样,我们需要模拟一个无限容量的暂存区。在"最大容量"域段输入 10000,然后按确定按钮关闭视窗。

7. 第 11 步:设置检验站处理时间

现在需要指定检验站的处理时间和路径逻辑。双击该检验站打开其参数视窗。在"处理时间"分页中"处理时间"菜单下,按 ▤ 按钮。这将又一次打开解释处理时间的当前选项的模板视窗。改常数时间 10 为 3。这样,在模型中,它将持续 3 秒(恒值不变)时间来检验产品是否有加工缺陷。

8. 第 12 步:设置检验站的路径分配

现在需要设置该检验站将劣质产品送回到模型的开始端,将合格产品送到吸收器。在建立该实体的连接时,应首先连接它到吸收器,然后将它连接到第一个暂存区。这个顺序可以使第一个输出端口连接到吸收器,第二个输出端口连接到暂存区。现在,我们想按照确定的百分比来安排临时实体的路径。

点击该检验站的"临时实体流"分页。在"输出"面板中"送往端口"下拉菜单,选择"By Percentage (inputs)(按百分比(输入))"选项,如图 8-13 所示。

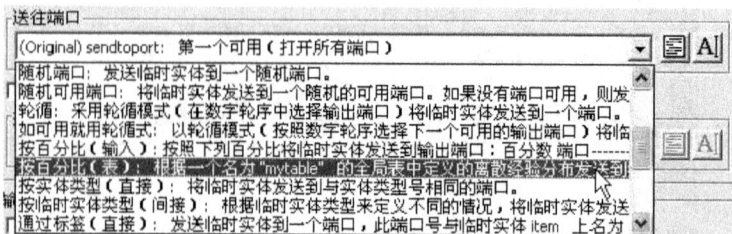

图 8-13　检验站的"临时实体流"的"送往端口"域

然后按模板 ▤ 按钮。这将再次打开选择流经路径策略的视窗。为端口 1 输入 80%,端口 2 为 20%,意思是,将 80%的产品,或者说制造合格的产品,从输出端口 1 输出到吸收器;而将 20%的产品,或者说,有制造缺陷的产品,从端口 2 送回第一个暂存区,如图 8-14 所示。

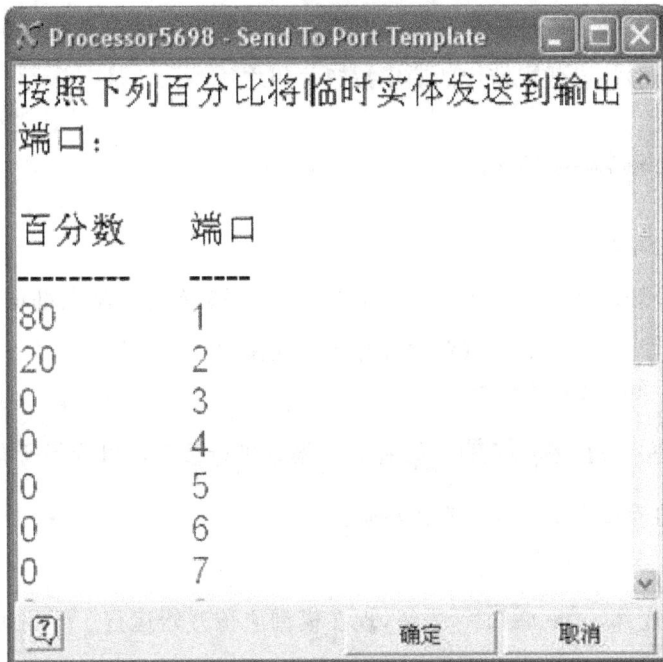

图 8-14　选择流经路径策略模板

按确定按钮关闭模板视窗。

还有一件可能想要做的事，就是对已通过检验站并已被送回第一个暂存区的实体进行可视化。点击检验站的参数视窗中的"处理器触发器"分页。在离开触发器下拉框中选择"Set Color(设定颜色)"选项，如图 8-15 所示。

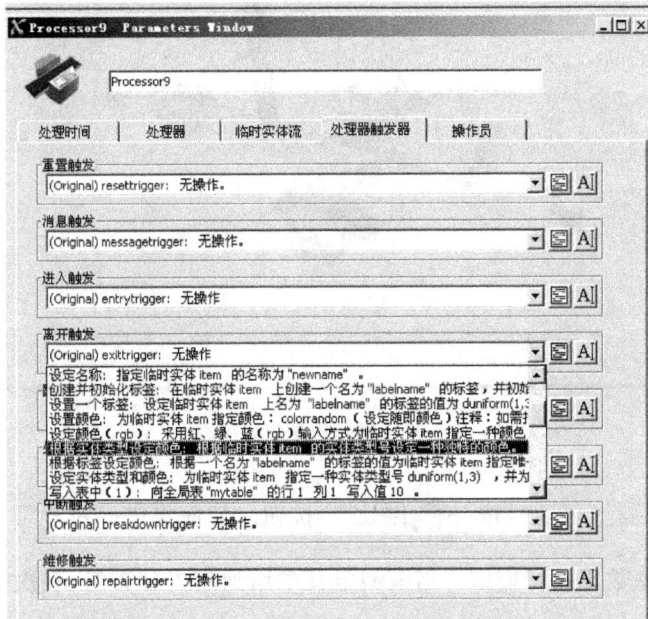

图 8-15　检验站的离开触发器域

按 ▣ 按钮并输入 colorblack 作为临时实体要改变成的颜色。按确定按钮关闭此模板视窗,然后按检验站参数视窗中的确定按钮关闭之。

8.2.4　模型编译与运行

1. 第 13 步:编译

到此,已准备好编译,然后可以运行此模型了。选择主视窗底部的 编译 按钮。一旦编译过程完成,就准备重新设置并运行此模型。

2. 第 14 步:重新设置该模型

点击主视窗左下角 重置 按钮。对模型进行重置可以确保所有系统变量被设置回初始值,并将模型中所有临时实体清除。

3. 第 15 步:运行此模型

选择主视窗底部 运行 按钮,现在模型应该开始运行了。临时实体应该从第一个暂存区开始移动,进入 3 个处理器中的一个,然后到第二个暂存区,再进入检验站,并从这里进入吸收器,也有一些被重新发送回第一个暂存区,被发回的实体将变成黑色,如图 8-16 所示。

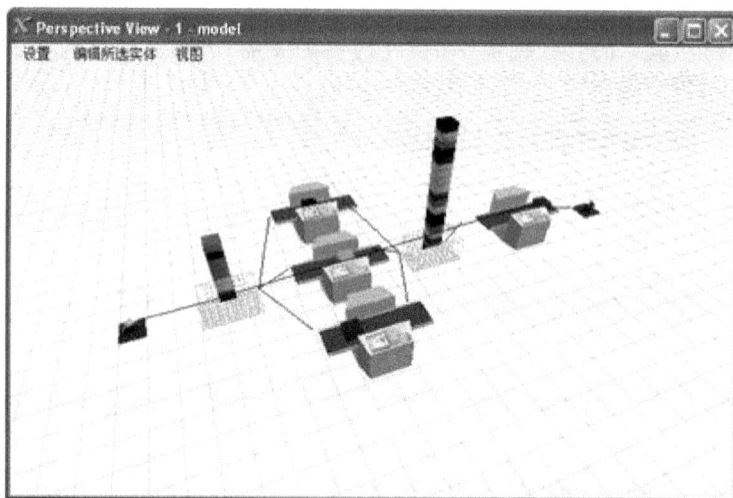

图 8-16　模型运行

要停止模型运行,可随时按 停止 按钮。后面将进一步学习如何按特定时间长度和特定重复次数来运行模型。当模型定义中用到随机分布时,多次运行模型是很重要的。

要加快或减慢模型运行速度,可左右移动视窗底部的运行速度滑动条,如图 8-17

所示。

图 8-17 加快或减慢模型运行速度

移动此滑动条能改变仿真时间与真实时间的比率,但它完全不会影响模型运行的结果。

现在已经完成了建模过程。来看一看这个模型产生的一些统计数字。

8.2.5 模型实验

1.发现瓶颈

在描述系统时通常希望知道系统的瓶颈在哪里。这里有几种途径。首先,你可以简单地观察暂存区的长度。如果模型中的一个暂存区一直有很多的产品堆积,这是一个有用的迹象,表明流程在该位置造成了系统的瓶颈。运行该模型时,将注意到第二个暂存区会经常有些产品等待加工,而第一个暂存区的容量通常是 20 或更少,正如图 8-18 所看到的。

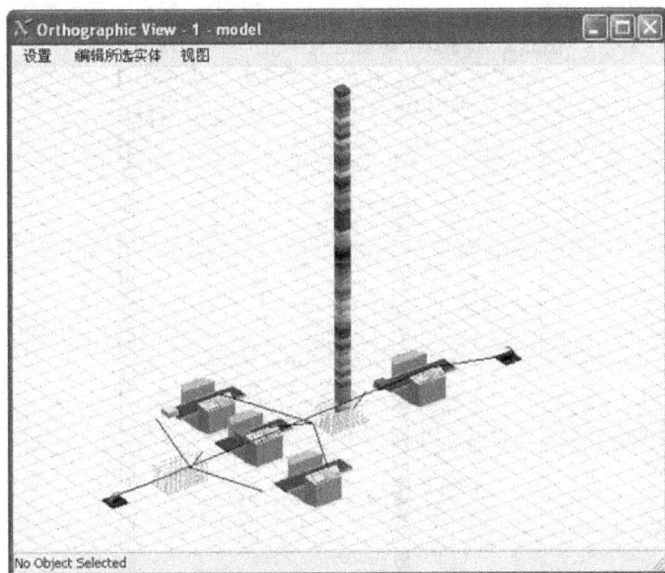

图 8-18 运行图中发现瓶颈

另一种发现瓶颈的方法是查看每个过程的统计报表。如果上游的 3 个处理器总是繁忙,而检验位常常空闲时,瓶颈很可能在 3 个处理器上。反之,如果检验站总是很忙,上游的处理器总是空闲,则瓶颈可能是在检验站上。

运行此模型至少 5 万秒,然后停止模型,右键点击并选择属性来打开 3 个处理器中第一个的属性视窗,如图 8-19 所示。

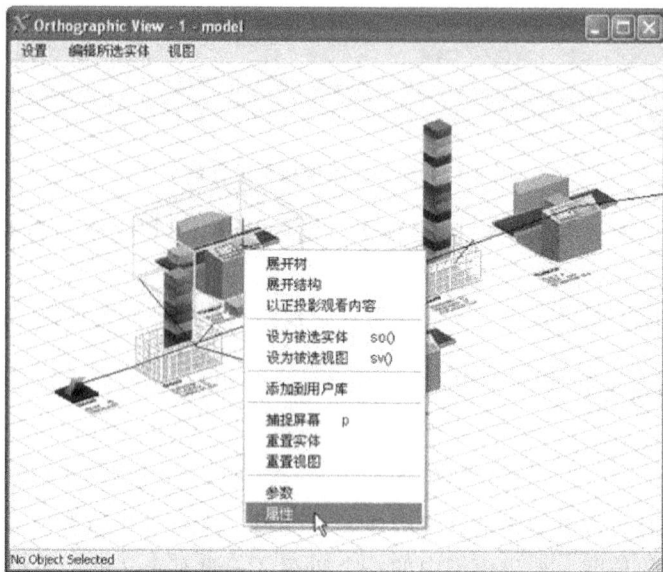

图 8-19　查看过程的统计报表方法

选择统计分页,然后选状态分页。这将显示出实体的时间处于每个状态的百分率的饼图,如图 8-20 所示。

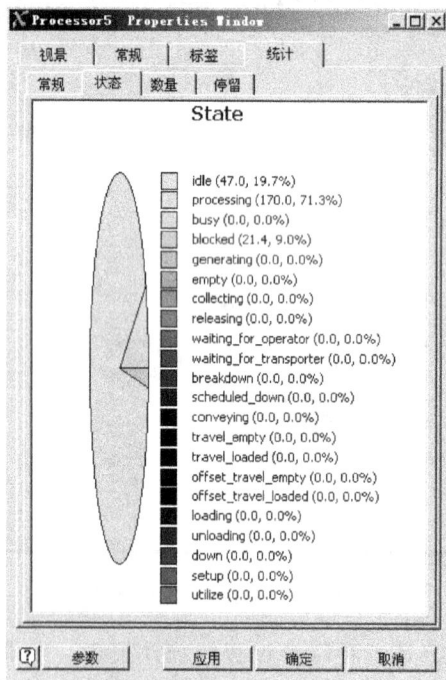

图 8-20　查看统计饼图

饼图表明这一工序的空闲时间占仿真时间的 17.3%,而处理时间占 82.7%。关闭这一视窗,然后右键点击另两个处理器中的一个,再次进入它们的属性视窗,它们将有类似的结果。

在检验站点击右键，打开它的属性视窗。检验站的状态饼图如图 8-21 所示。

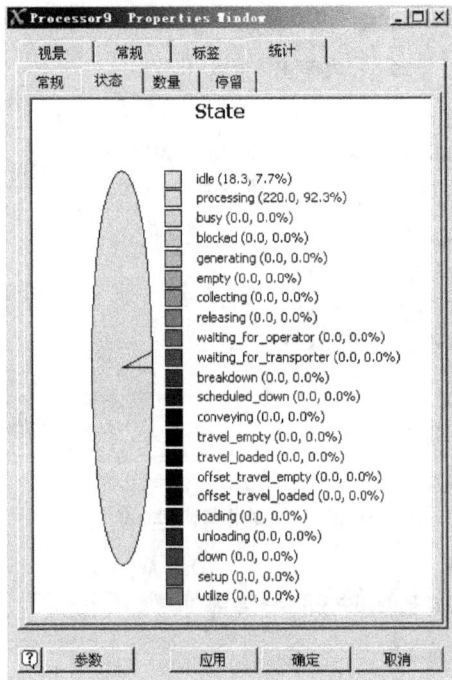

图 8-21　检验站的状态饼图

可以注意到，在仿真运行过程中，98.8％的时间检测器是在工作。由这些不同状态的图可以得知，很明显瓶颈为检验站，而不是这 3 个处理站。

现在已经图示出瓶颈的位置了，问题是下一步应该怎么办呢？这取决于一些有关成本与获利的对比因素，还有设施的未来目标。在将来，是否这些设备需要具备以更快的速度处理更多产品的能力？在模型中，平均每 5 秒制造一个产品。检测器平均每 5 秒送一个成品到吸收器。这个平均 5 秒的值，是可以通过 4 秒的检验周期和 80/20 的发送策略来计算得到的。这样，在全部时间中，模型的总能力下降。如果工厂要开始在这部分设备中处理更多的产品，也就是说发生器有更高的到达速率（更低到达时间间隔）。那么如果不改变检测器，模型将持续积聚更多的部件，暂存区的容量将持续增加，直到没有剩余空间。所以要修改这里，必须增加第二个检验站，因为它是模型的瓶颈。

如果检验站的暂存区大小很重要，这成为另一个再增加一个检验站的原因。如果检验站暂存区积聚很高的数量意味着成本很大，那么增加第二个检验站将是明智的，这将确保暂存区大小，以及每个产品在该暂存区中的等待时间不会太高。下面来看一下该暂存区的统计数据。

右键点击该检验站暂存区，并选择属性。点击统计分页，并查看常规页，如图 8-22 所示。

继续运行此模型，将会注意到这些数值随着仿真运行而改变。查看平均当前数量和平均逗留时间数值。逗留时间指临时实体在暂存区中停留的时间。在此仿真的前期，暂

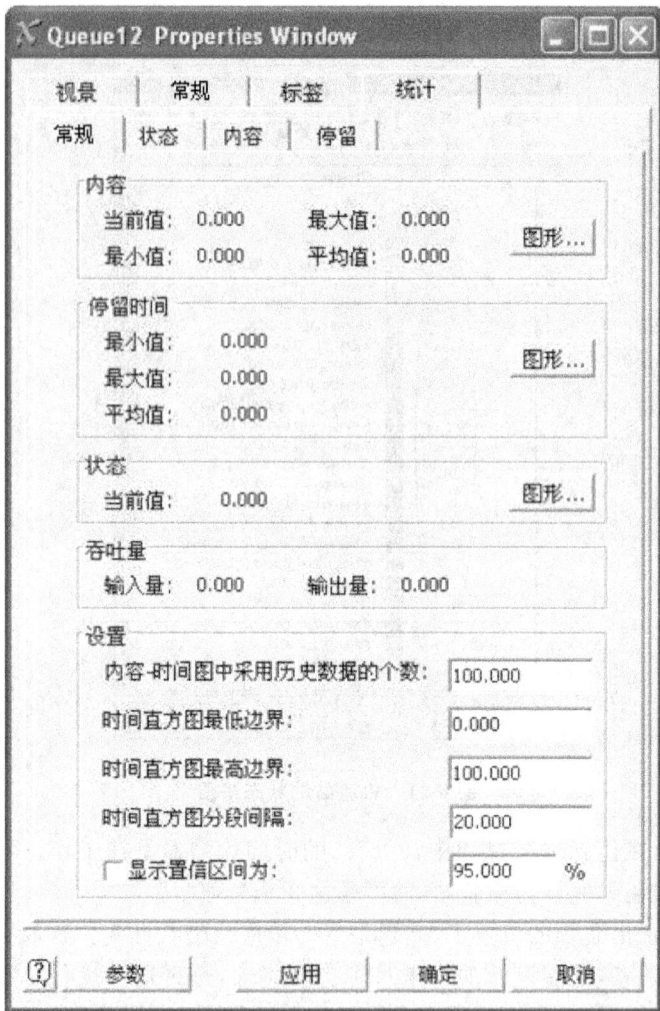

图 8-22　检验站暂存区的属性统计常规页

存区的平均数量通常较低,但随着仿真继续,它将达到较高的数值,如 200 或 300。如果 200 或 300 的平均暂存区大小是无法承受的,那么就有必要增加第二个检验站。

2.随机性

在决定增加另一个检验站之前,先来做一些测试。既然一个来自发生器的产品平均每 5 秒到达,而且平均每 5 秒一个产品到达吸收器,那么为什么暂存区会有的产品积聚呢? 产品以其到达的速度离开,这样在系统中似乎不应该有任何积聚。

暂存区堆积的原因是系统的随机性。平均每 5 秒到达一个产品,但这个到达率是基于指数分布的。指数分布中 5 为平均值,在多数时间里产品实际将以比每 5 秒更快的速度到达,但每隔一会都会有一段较长的时间没有产品到达。最后平均计算的到达率为 5 秒,但通常产品到达得更快,这样将会堆积在检验站的暂存区中,因为检验站为瓶颈。

假如,在设备中,产品实际不是以指数分布,而是以更加平稳的速度到达,暂存区大小是否将会停留在一个较低的级别？让我们来测试一下。

双击发生器打开它的参数视窗。在到达时间间隔下拉菜单中，选择正态分布，如图 8-23 所示。

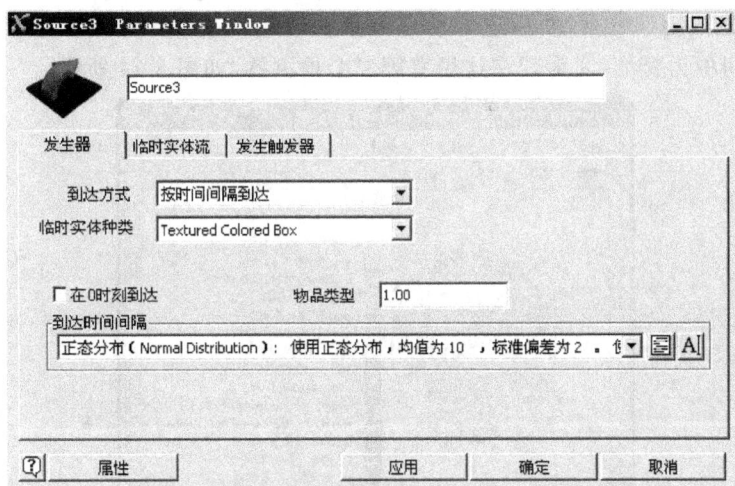

图 8-23　发生器参数视窗的到达时间间隔时间选项

点击模板 ▦ 键打开一个视窗来编辑此功能。输入一个均值为 5，标准偏差为 0.5 的正态分布。按 ▦ 编译 键来再次编译此模型，重置并再次运行该模型。

如果仍未打开暂存区的属性视窗，右键点击暂存区来再次打开它并选择属性。继续运行此模型，你将注意到暂存区的平均容量和平均逗留时间不会很高。现在通常它们不会高过 50 或 60，而以前它们有时候会高至 200 或 300。这是一个显著的改进，而且它只是由改变模型的随机性而引起的。

3. 更高的吞吐量

现在如果设施的确需要增加 15% 的系统产出率，这相当于改变一个发生器的平均到达时间间隔从 5 秒到 4.25 秒。由于检测器被 100% 的利用，我们明显需要在系统中增加第 2 个检测器来进行改变。

再次双击发生器来打开它的参数视窗。点击模板 ▦ 键选择到达时间间隔。改变正态分布的平均值从 5 到 4.25，在模板视窗中点击确定，在发生器参数视窗中点击确定。

现在我们将生成第二个检测器。拖拽另一个处理器实体进入模型，放在第一个检测器下面。双击它并设置它的处理时间为持续 4 秒，就像原先的检测器一样。然后用"A"拖拽连接检测器暂存区的输出端口至新的检测器，然后连接新检测器输出端口至吸收器和上游暂存区。

在新检测器的临时实体流页中，在发送至端口选项中选择百分率（输入），然后用 ▦ 键打开模板视窗。输入 80% 至端口 1，20% 至端口 2。

现在我们已经完成所作的改变，我们可以编辑、重置，并再次运行模型。

4.评估新的配置

现在运行此模型至少5万秒。首先注意到检验站暂存区现在几乎总是空着,而3个处理器的暂存区却经常堆积。现在让我们看看原检测器的饼形图。右键点击原检测器并选择属性,进入统计分页,然后进入状态分页。这应该显示出原先的检测器现在仅仅在67%的时间中为繁忙,因为现在这里有第二个检测器,如图8-24所示。

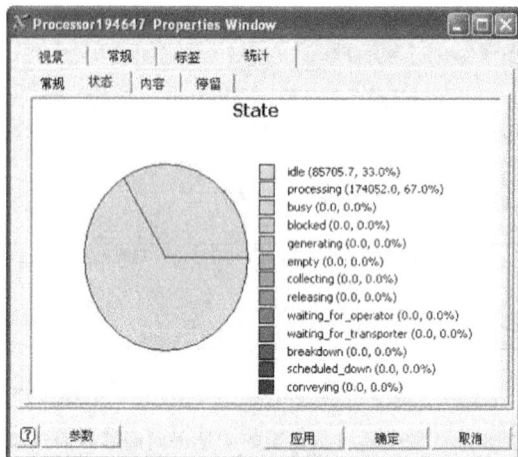

图 8-24　原检测器的饼图

点击确定来关闭属性视窗。现在点击新检测器并进入它的状态饼形图。它仅在50%的时间内繁忙,比原检测器少,如图8-25所示。

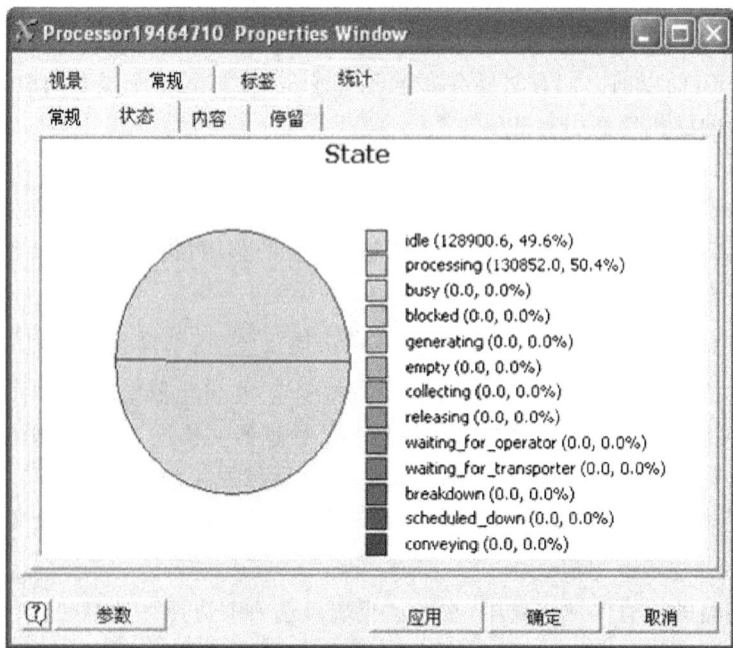

图 8-25　新检测器的状态饼图

区别的原因是检验站暂存区发送至第一个空闲的检测器。无论何时两个检测器均为空闲,产品将总是进入原先的检测器,因为它是首先空闲的。产品只在原先检测器已经繁忙时才进入第二个检测器。这样,原先的检测器的利用率比第二个更高。

在第二个检测器的属性视窗中点击确定。现在进入 3 个上游处理器中的一个,右键点击它并选择属性,进入它的状态饼图。注意到该处理器的利用率现在已经几乎达到100%,如图 8-26 所示。

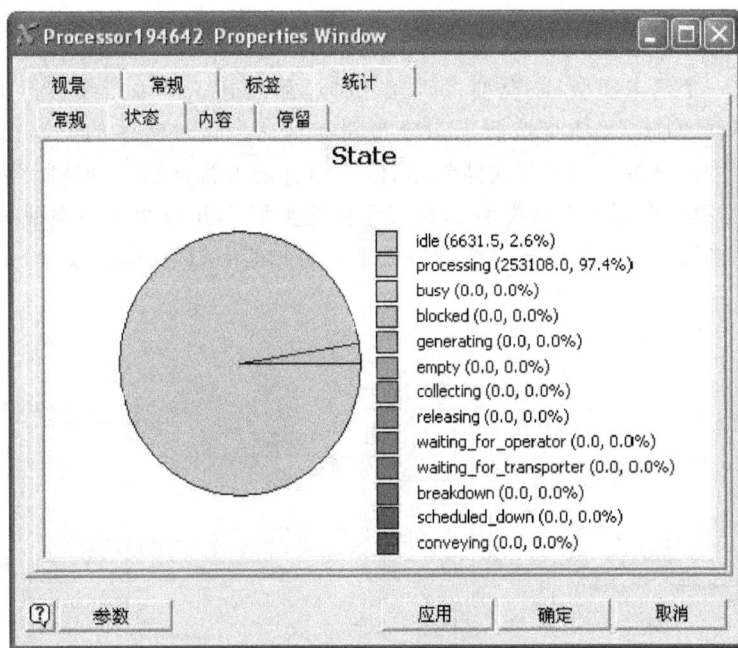

图 8-26 检测器的状态饼图

现在已经有效地把系统的瓶颈从检测器移动到 3 个处理器。并且,通过利用增加15%的产量和加入第二个检测器,已经显著地降低了每个检测器的利用率。此决策是否是一个合理的决策,很大程度上取决于增加第二个检测器的花费。现在,由于瓶颈在 3个处理器中,为了将来增加产量,并由此增加每个检测器的利用率,可能需要增加更多的处理器。当然,这再一次取决于花费和获益的分析。

5.结果

通过生成一个模型来仿真系统,已经明确如何对系统作出有效的决定。现在可以使用从仿真中收集的这些信息来对工厂的将来作出更好的决定。

对于这个简单模型,从数学模型和公式中也可以作出许多相同的结论。然而,真实的模型经常会比我们建立的模型复杂得多,并超出数学模型的范围。使用 Flexsim 仿真,我们可以和上面的例子一样模拟这些实际生活中的复杂性问题,并测试结果。

8.3 引入更多实体的模型仿真

8.3.1 基本模型

1.基本模型流程

首先建立一个基本模型,该模型将研究三种产品离开一个生产线进行检验的过程。有三种不同类型的临时实体将按照正态分布间隔到达。临时实体的类型在类型1、2、3三个类型之间均匀分布。当临时实体到达时,它们将进入暂存区并等待检验。有三个检验台用来检验,第一个用于检验类型1,第二个检验类型2,第三个检验类型3。检验后的临时实体放到输送机上。在输送机终端再被送到吸收器中,从而退出模型。图8-27是流程的框图。

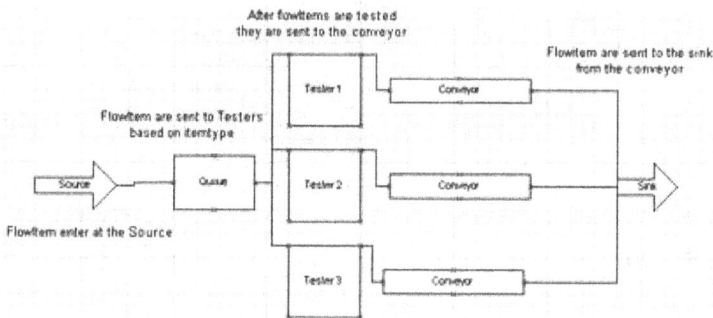

图8-27 模型的流程框图

2.模型数据

①发生器到达速率:normal(20,2)秒。

②暂存区最大容量:25个临时实体。

③检验时间:exponential(0,30)秒。

④输送机速度:1米/秒。

⑤临时实体路径:类型1到检验台1,类型2到检验台2,类型3到检验台3。

3.建模步骤

具体建模过程提示:

步骤1:从库里拖出一个发生器放到正投影视图中。

步骤2:把其余的实体(1个发生器、1个暂存区、3个处理器、3个输送机和1个吸收器)拖到正投影视图视窗中。

步骤3:连接端口,如图8-28所示。

步骤4:详细定义模型。

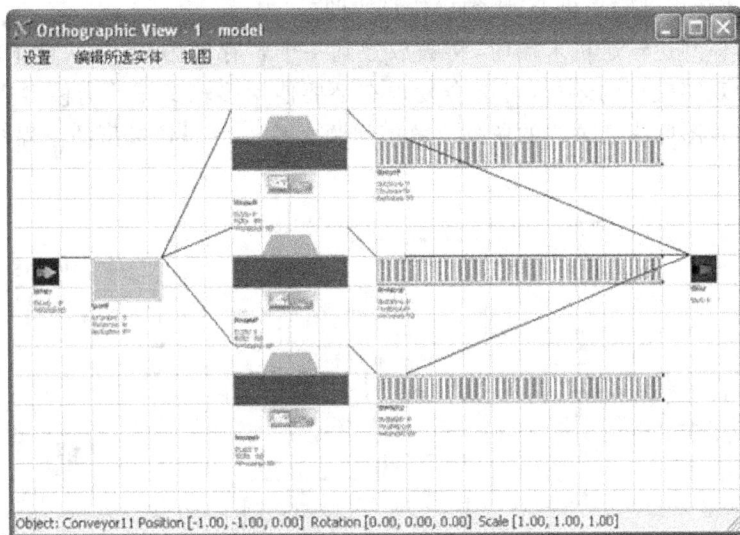

图 8-28　完成端口连接

对于这一模型,我们想要有三种不同的产品类型进入系统。为此,将应用发生器的"离开触发器"为每个临时实体指定一个 1 到 3 之间的均匀分布的整数值,来作为实体类型。

步骤 5:指定到达速率。

步骤 6:设定临时实体类型和颜色。

步骤 7:设定暂存区容量。

步骤 8:为暂存区指定临时实体流选项。

步骤 9:为处理器指定操作时间。

步骤 10:编译。

按主视窗的 **編译** 按钮。完成编译过程后就可以运行模型了。

步骤 11:重置模型。

为了在运行模型前设置系统和模型参数的初始状态,总是要先点击主视窗底部的

重置 键。

步骤 12:运行模型。

步骤 13:查看简单统计数据。

步骤 14:保存模型。

8.3.2　加入更多实体的模型

进一步的模型中将采用一组操作员来为模型中的临时实体的检验流程进行预置操作。检验工作需要两个操作员之一来进行预置。预置完成以后,就可以进行检验了,无须操作员现场操作。操作员还必须在预置开始前将临时实体搬运到检验地点。检验完

成后,临时实体转移到输送机上,无须操作员协助。

当临时实体到达输送机末端时,将被放置到一个暂存区内,叉车从这里将其拣取并送到吸收器。观察模型的运行,可能会发现有必要使用多辆叉车。当模型完成后,查看默认图表和曲线图并指出关注的瓶颈或效率问题。图 8-29 是该模型的流程图。

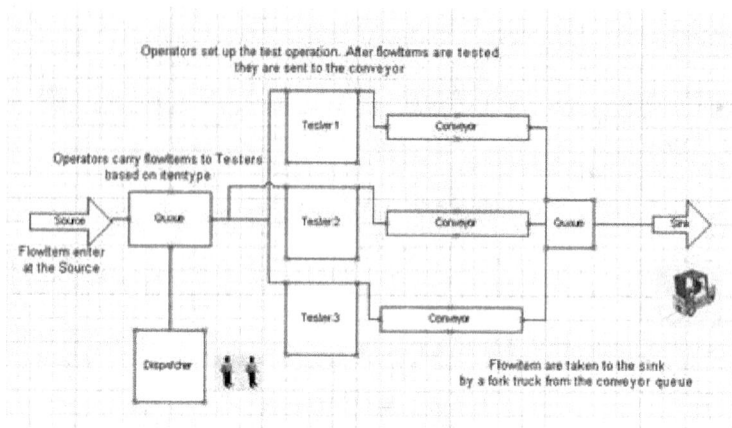

图 8-29 新模型的流程图

新模型的数据如下:

①检测器的预置时间:常数值为 10 秒。

②产品搬运:操作员从暂存区到检测器,叉车从输送机末端的暂存区到吸收器。

③输送机暂存区:容量＝10。

步骤 1:装载模型 1 并编译。

选用工具条上的 📂打开 按钮来装载前一节已经建立起来的模型(存储的模型为 .fsm文件)。装载后,按下工具条上的编译按钮。切记,在运行模型前必须进行编译。

步骤 2:向模型中添加一个分配器和两个操作员。

分配器用来为一组操作员或运输机进行任务序列排队。在该例中,它将与两个操作员同时使用,这两个操作员负责将临时实体从暂存区搬运到检测器。从库中点击相应图标并拖放到模型中,即可添加分配器和两个操作员。

步骤 3:连接中间和输入/输出端口。

步骤 4:编辑暂存区临时实体流设置使用操作员。

步骤 5:编译、保存模型和测试运行。

步骤 6:为检测器的预置时刻配置操作员。

步骤 7:断开输送机到吸收器的端口间连接。

步骤 8:添加运输机。

步骤 9:调整暂存区的临时实体流参数来使用叉车。

步骤 10:运行模型完成实体布局的模型如图 8-30 所示。

步骤 11:输出分析。

使用在前面课程中讲到的如何打开统计收集的说明,在属性视窗中查看实体的统计

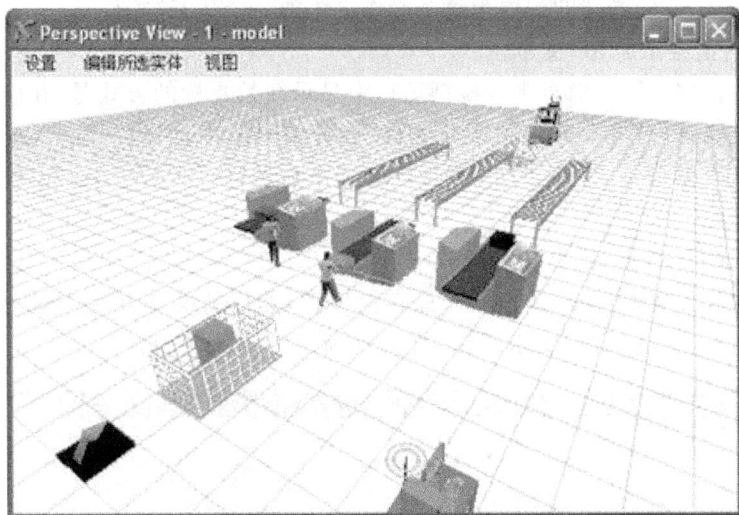

图 8-30 完成实体布局的模型

数据。通过观察动画显示和图表,判断此模型是否有瓶颈。

8.3.3 显示模型运行数据和信息

步骤 1 和步骤 2:首先装载刚刚建立的新模型并编译,并将模型另存为"Model 2 Extra Mile",并打开统计收集选项。

找到菜单选项"文件→另存为"将模型用一个新名称保存。在开始进行修改前,确保已经采用菜单选项"统计→统计收集→所有实体打开"为所有的实体打开了统计收集选项。要显示柱状图和当前数量图就必须打开统计收集选项。

步骤 3:添加一个记录器来显示暂存区的当前数量,从库中拖出一个记录器放到发生器实体的左上方。

步骤 4:调整记录器的参数来显示暂存区的满意的曲线图。

步骤 5:设定记录器的显示选项。

现在,在记录器视窗上选择显示选项按钮。在"图形名称"域段中,键入名称"Queue Content Graph(暂存区当前数量曲线图)"。这是一个用户定义的域段,用来定义图形的标题,可以在这里键入任意想要的名称,完成后按完成按钮。

步骤 6:调整图形的视窗属性。

图形的视窗属性可以在属性视窗中进行编辑,右键点击记录器并选择属性选项可以打开属性视窗。

步骤 7:添加一个记录器来显示暂存区的停留时间柱状图。

按照和添加当前数量曲线图一样的步骤,往模型中添加一个记录器作为停留时间柱状图。

步骤 8:为每个操作员添加一个状态饼图。

按照步骤 3—5 的同样的程序为每个操作员添加一个状态饼图。

步骤 9:给模型添加 3D 文本。

另一种往模型中添加信息来在模型运行中显示绩效指标的方式是,在模型布局的某些战略点上放置 3D 文本。采用可视化实体,在视窗显示中选择"文本"选项就可以实现此操作。在这个模型中,将要添加一个 3D 文本来显示"Conveyor Queue"中的临时实体的平均等待时间。

步骤 10:编译、重置、保存和运行。

在模型中放置文本,并编译、重置、保存该模型,然后就准备好可以运行模型并查看刚刚添加的图形、图表和 3D 文本了,如图 8-31 所示。

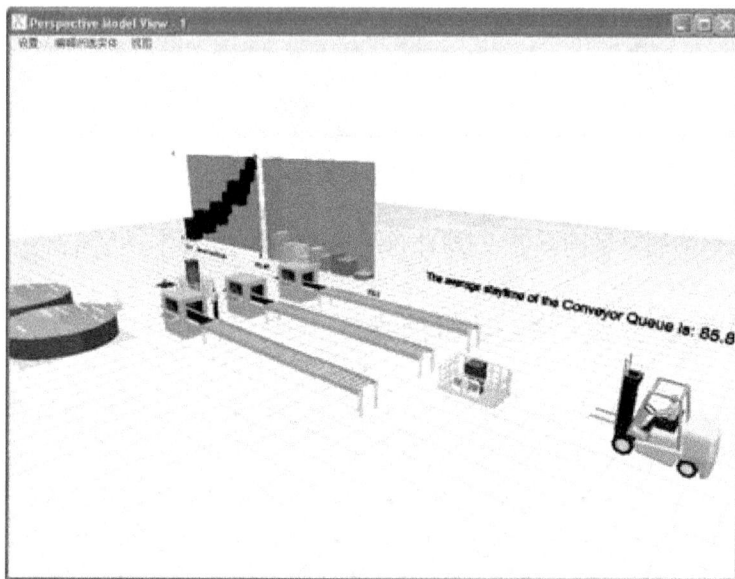

图 8-31　运行中的模型

思考题

1.试述 Flexsim 仿真建模的基本步骤。

2.举例说明 Flexsim 模型中实体的参数及属性的设置及修改方法。

3.模型运行数据和信息的方法主要有哪几种?

第9章

生产物流系统仿真应用

🗗 **本章要点**

　　本章首先介绍了生产物流系统的特征与仿真需求、作用、目标与仿真内容等,并通过离散单一产品流水作业系统仿真的实例介绍 Flexsim 的生产物流系统仿真应用。

9.1 生产物流系统概述

9.1.1 生产物流系统定义与特征

1. 生产物流的含义

企业生产系统是以企业生产过程为对象的系统,它由系统的硬件和软件两部分组成。

生产物流是将原材料、半成品、燃料、外购件投入生产后,经过下料、发料,运送到各加工点和存储点,以及在制品形态从一个生产单位流入另一个生产单位,按照规定的工艺路线进行加工、存储,借助一定的运输工具在某个点内流转,又从某个点流出,物料始终处于实物形态的流转过程。

通常,根据物流连续性特征从低到高,产品需求特征从品种多、产量少到品种少、产量多而把生产过程划分成五种类型:项目型、单件小批量型、多品种小批量型、单品种大批量型和多品种大批量型。

企业生产物流是企业物流的关键环节,认识并研究生产物流管理的基本原理,将有利于优化企业物流,有利于提高企业竞争力。从物流的角度看,企业的生产过程实际上是物料输入—转化—输出的物料流程系统。因此,企业生产类型有差异,其物流就表现出不同的特征。

2. 生产物流的特征

制造企业的生产过程实质上是每一个生产加工过程"串"起来时出现的物流活动,因此,一个合理的生产物流过程应该具有以下基本特征,才能保证生产过程始终处于最佳状态。

(1)连续性

它是指物料总是处于不停的流动之中,包括空间上的连续性和时间上的流畅性。空间上的连续性要求生产过程各个环节在空间布置上合理紧凑,使物料的流程尽可能短,没有迂回往返现象。时间上的流畅性要求物料在生产过程的各个环节的运动,自始至终处于连续流畅状态,没有或很少有不必要的停顿与等待现象。

(2)平行性

它是指物料在生产过程中应实行平行交叉流动。平行是指相同的在制品同时在数道相同的工作地(机床)上加工流动;交叉是指一批在制品在上道工序还未加工完时,将已完成的部分在制品转到下道工序加工。平行交叉流动可以大大缩短产品的生产周期。

(3)比例性

它是指生产过程的各个工艺阶段之间、各工序之间在生产能力上要保持一定的比例以适应产品制造的要求。比例关系表现在各生产环节的工人数、设备数、生产面积、生产速率和开动班次等因素之间相互协调和适应,所以,比例是相对的、动态的。

(4)均衡性

它是指产品从投料到最后完工都能按预定的计划(一定的节拍、批次)均衡地进行,能够在相等的时间间隔内(如月、旬、周、日)完成大体相等的工作量或稳定递增的生产工作量,很少有时松时紧、突击加班现象。

(5)准时性

它是指生产的各阶段、各工序都按后续阶段和工序的需要生产,即在需要的时候,按需要的数量,生产所需要的零部件。只有保证准时性,才有可能推动上述连续性、平行性、比例性和均衡性。

(6)柔性

它是指加工制造的灵活性、可变性和调节性。即在短时间内以最少的资源从一种产品的生产转换为另一种产品的生产,从而适应市场的多样化、个性化要求。

9.1.2 生产物流管理

1. 影响生产物流的主要因素

无论是制造业还是流程式企业,生产物流管理都是整个供应链管理工作的重要组成部分。它主要考虑的是在优化资源、能力的基础上,以最低的成本和最快的速度生产出最好的产品,快速地满足用户对产品品种、质量、数量、交货期的要求,以提高企业反应能力和效率,减少不增值的业务。具体从企业接受订货开始,包括合同处理、组织原材料申请、生产作业计划编制、制造命令的制订与下达、生产过程的控制与调整、生产实绩的收集与整理,直至组织产品出厂为止等过程。影响生产物流的主要因素有以下一些。

(1)生产的类型

不同的生产类型,它的产品品种、结构的复杂程度、精度等级、工艺要求以及原料准备不尽相同。这些特点影响着生产物流的构成以及相互间的比例关系。

(2)生产规模

生产规模是指单位时间内的产品产量,通常以年产量来表示。生产规模越大,生产过程的构成越齐全,物流量越大。反之生产规模小,生产过程的构成就没有条件划分得很细,物流量也较小。

(3)企业的社会专业化与协作水平

社会专业化和协作水平提高,企业内部生产过程就趋于简化,物流流程缩短。某些基本的工艺阶段的半成品,如毛坯、零件、部件等,就可由厂外其他专业工厂提供。

2. 企业生产物流管理应满足的要求

为了保证生产稳定、协调地进行,缩短生产周期、提高产品质量、降低产品消耗,生产物流管理应满足如下要求。

(1)连续性生产

产品按其固有工艺流程连续通过各环节,不发生或很少发生不必要的中断。

(2)生产能力匹配性

生产过程各阶段、各工序之间,在生产能力上保持适当的比例关系,当能力出现不平衡时,要采取措施予以调整或协调。

(3)均衡生产

即生产的各个环节在相同时间内生产出大体相等或逐步递增数量的产品,保持各工作环节负荷相对稳定。

(4)生产过程的平行性

即物料在各工序之间平行地作业,以充分利用设备,提高劳动生产率。

生产物流管理应该从规范企业基础管理数据入手,建立和完善生产和物流优化指标体系,以基础数据为基础,合理制订生产经营计划,优化生产作业计划,强化生产和物流控制,同时加强在制品库存和厂内运输的管理,才能实现上述生产物流管理的目标。

3. 生产企业物流现状分析

在普遍意义上讲,我国大部分企业的生产物流管理状况存在很大的问题,具体表现在如下几个方面。

(1)设施布局

从工厂整体布局上看,我国部分早期建成的厂矿本身从生产工艺上布局不大合理,工序间的衔接性差,厂内交叉物流现象比较严重,这无疑增加了生产的复杂性和生产物流成本。合理的厂区布置可使企业能从其提供的服务中获得最大的效益,具体有:在满足生产工艺过程的要求下,达到最短的运输路线,尽可能减少或没有交叉物流;有最大的灵活性,以使企业能对将来的发展变化有快速响应能力;最有效的面积利用;最良好的工作环境;最合理的发展余地,对一个企业来说,生存和发展是它的两大目标,因此,合理的厂区平面布置应能为企业的发展提供适当的余地。上述物流问题的改善耗时长、投入大,但改进后会对整体物流的改善起到重要的作用。

（2）生产物流计划管理

从生产物流计划管理上看，生产物流计划制订缺乏基础数据和预测信息，计划的执行率偏低。企业生产计划是企业生产管理的依据，也是生产物流管理的核心内容。生产计划工作的内容就是要在企业生产计划策略的指导下，根据生产预测和优化决策来确定企业的生产任务，将企业的生产任务同各生产要素进行反复的综合平衡，从时间上和空间上对生产任务作出总体安排，并进一步对生产任务进行层层分解，落实到车间、班组，以保证计划任务的实现。编制一个科学的生产计划，除了要掌握国家宏观经济政策和企业经营的环境外，还要使用有关企业生产活动的许多基础资料，如生产工序能力、工序的作业率、生产效率、产品收得率、主要原燃料和能源单耗、副产品的发生量等。充分而准确的信息资料是编制生产计划的基础。因此，编制生产计划前收集和整理各方面的资料是一项必做的工作。这些资料可分为两大类：一类是反映企业外部环境和需求的，如宏观经济形势、国家方针政策、竞争者情况、原材料及其他物资的供应情况、国家计划及订货合同协议、市场需求等；另一类是反映企业内部条件和可能的，如企业发展战略、生产经营目标、劳动力及技术力量水平、生产能力水平、各种物资的库存水平、流动资金和成本水平、服务销售水平及上期计划完成情况等。在这些资料中，尤其重要的是反映外部需要的市场需求量和反映内部可能的生产能力两方面的资料，而它们必须通过生产预测和生产能力核算取得。

（3）库存管理方面

大部分企业在制品和产成品库存没有合理的定额依据，在制品和产成品库存较高。就生产过程的角度而言，库存可分为原材料库存、在制品库存和产成品库存。库存管理的目的是在满足顾客服务要求的前提下通过对企业的库存水平进行控制，力求尽可能降低库存水平、提高物流系统的效率，以增强企业的竞争力。库存水平的高低，直接影响着企业的生产经营，必要的库存量是防止供应中断、交货误期、保证生产稳定和连续的重要条件，它有利于提高供货柔性、适应需求变动、减少产销矛盾。但库存同时也需要占用资金、支出库存费用，过量的库存会掩盖生产中的各种问题，因此，合理压缩库存已经引起各企业普遍重视。

（4）生产调度

在生产调度方面，调度机构设置比较臃肿，调度手段较为落后，信息反馈不实时等。

（5）工序能力匹配

工序能力匹配方面，大部分生产企业生产过程中各工序生产能力不匹配现象较为严重，要么能力不足，要么能力过剩。

（6）信息系统建设

大部分企业信息系统整体上比较滞后，企业内信息孤岛现象比较严重。物流和信息流是密不可分的，物流是信息流的载体，而信息流反映着物流的运行。因此，利用以网络为依托的信息技术构建企业信息平台，实现物流领域及时、透明的信息传递和数据交换，这是企业生产和物流管理现代化的基本要求。

9.2　生产物流仿真系统仿真简介

　　生产系统仿真是人们针对生产系统需要解决问题的特征,在一定的管理策略影响下,借助仿真平台来描述生产系统的运行过程,从而对生产系统或生产系统的管理及控制方法作出评价。这一过程实际上就是一个抽象和简化的过程,需要建立一个反映生产系统研究特征、简明扼要的模型。因此我们可以这样说,模型就是人们对现实问题的认识。

　　生产系统仿真的目的就是为了对生产系统的运行特征及其控制和调度方法预测,使其能更好地指导生产系统的建设、运行。而生产系统是一个复杂的系统,系统中诸多因素均呈现不确定的特征,对于一个不确定的系统,要对未来的状态进行预测,则影响系统的各个因素都必须假设其为各态历经的,也就是说,对影响系统运作的各个不确定因素需要作如下假设:

　　①系统的各个参数都是随机的,即系统的各个参数具有统计特征;

　　②系统的各个参数都是各态历经的,即系统参数的统计特征值是不随时间的变化而改变的;

　　③系统的各个参数都是独立的。

9.2.1　生产物流仿真的作用与目标

　　1. 生产物流系统仿真的作用

　　生产物流系统仿真最大的作用在于:管理人员或工程师可以清楚地了解一个变量的改变对系统的影响。若某一特定工作点(Work Station)的某一变量发生变化,它对该工作点绩效的影响是可以预测的,但是它对整个系统的影响却是很难甚至是不能预测的。假设一个只有一台机器的工作点,它的加工率小于工件的到达率,增加一台机器可以缓解其生产率不足的状况。但是,这样会同时提高这个工作站的出产率,也就是提高下游工作站的工件到达率,则可能带来新的生产率不足问题。此外,生产物流系统仿真还有其他潜在作用,其中包括:

　　①提高生产率(单位时间内生产的零部件数量);

　　②缩短生产周期;

　　③降低在制品库存;

　　④提高机器利用率和人员效率;

　　⑤提高准时送达率(产品到顾客的及时配送);

　　⑥降低资本需求量(土地、建筑物、设备等)或操作费用;

　　⑦能够保证所设计的系统在实际运用中达到预期效果;

　　⑧建立仿真模型时采集的信息可加强对系统的认识;

　　⑨对所设计系统进行仿真通常促使系统设计者提前考虑某些重要的问题(如系统控

制逻辑等)。

2.生产物流系统仿真的目标

仿真能够成功地解决生产物流系统发生的许多特定问题,按照仿真目标的不同,这些问题可分为三大类。

(1)生产物流系统所需设备和工作人员的数量

①特定目标下(如每周生产计划为 1460 个零部件),设备的数量、种类及布局;

②物料搬运系统及其辅助设备(如托盘和容器)的需求量;

③缓存区的位置和规模;

④产品生产规模成结构改变的评估(如新产品的影响);

⑤新设备(如机器人)的使用对已存在的生产线的影响评估;

⑥资本投资评估;

⑦劳动力需求规划;

⑧班次。

(2)生产物流系统绩效评估

①生产率分析;

②系统逗留时间分析;

③瓶颈分析,即确定资源约束发生的位置。

(3)生产物流系统操作流程评估

①生产调度(Scheduling),即从各方面对调度策略进行评估,如订单的分派、订货批量的选择、各工作站的装载零部件、零部件进入各工作站的先后次序等;

②零部件或原材料库存水平决策;

③控制策略,如传送带系统或自动导向车系统(AGVS);

④可靠性分析,如定期检修的效果;

⑤质量控制政策;

⑥准时制(JIT)策略。

3.生产物流系统仿真研究的绩效评价指标

由仿真研究可得到生产物流系统一些共同的绩效评价指标,包括:

①生产能力;

②系统逗留时间;

③零部件排队时间;

④零部件等待运输时间;

⑤零部件运送时间;

⑥准时送达率,如延期订单比例;

⑦在制品库存率;

⑧设备和员工利用率,如繁忙时间(Busy Time)所占比例;

⑨机器故障时间、等待时间(即等待上游工作站工件时间)、阻塞时间(Blocked Time)所占比例,其中,阻塞时间包括等待运送加工完工件的时间以及维修维护时间;

⑩返工或废弃的零部件所占比例。

9.2.2　生产物流系统仿真的主要内容

1.流程仿真

生产物流系统的主要活动是生产和组织生产,其所涉及的流程仿真问题分为工艺流程仿真和业务流程仿真。

(1)工艺流程仿真

工艺流程也称加工流程或生产过程,是从原材料投入到成品生产顺序地、连续地通过设备或管道进行的加工过程。工艺流程的合理安排对物流成本及整个生产线的运行效益有着重要的影响。在整个生产系统中,它是生产能力平衡和生产计划安排的计算依据,并可提供计算加工成本的标准工时数据,同时还可跟踪在制品。

对工艺流程的仿真是指将生产过程中的一个工艺环节看作一个事件,采用事件驱动的方法对生产过程进行仿真。仿真的目的有工艺流程设计、诊断和优化。将各项工艺按照不同的工序输入到模型中,通过运行仿真模型发现生产流程的瓶颈所在;也可以通过方案模拟和比选得到能耗小、生产率高的工艺流程方案。

(2)业务流程仿真

业务流程与工艺流程在流程管理思想上具有较大的相似性。生产物流系统中除工艺流程的管理之外,还有涉及生产组织、采购、销售等业务流程的管理。这是因为企业经营过程是可以分解成为一系列的业务流程,而业务流程是一系列逻辑相关的、产生特定企业输出的活动。进行业务流程的过程建模是经营过程分析和经营过程重组的重要基础。过程建模的主要目的是解决如何根据过程目标和系统约束条件,将系统内的活动组织形成适当的经营过程。其作用体现为:

①准确描述企业的经营过程供流程分析和优化使用;

②不同的组织和信息系统间共享经营过程知识,便于实现基准工程以及企业动态联盟等;

③用于企业信息系统实施,根据设计的企业过程模型进行相应的功能构件配置。

2.生产节拍仿真

生产节拍(Tasks Time),是指流水线(Assemble Line)上连续生产两个相同在制品的间隔时间,是流水线最重要的工作参数。Tasks是指流水线上的工作站,每一工作站要完成的工作由许多基本作业单元(或基本工序)组成,每一工作站的节拍时间不仅包括加工时间,还包括生产工件等待、移动等时间。

3.生产计划优化仿真

生产计划仿真就是在计划层面,通过对企业生产系统和生产流程的抽象,建立与企业生态的生产计划模型,在这个模型的基础上进行仿真实验,以揭示生产流程中各变量之间的关系。通过生产计划仿真,可以知道某个变量的改变对全局的影响,避免决策失误,预测发生的问题,达到提高效率、控制生产的目的;或者改进不够理想的生产计划,如对输入参数进行修改,比选获得最佳的生产计划。仿真技术现已成为生产计划制订与优化的一种重要辅助方法,一些成熟的模拟系统得以广泛应用。由于各个产业生产流程不同,许多行业也因此出现一些专用的模拟软件。

4. 生产能力仿真

生产能力简称产能,是指企业的固定资产或作业人员,在一定时期内和一定的技术组织条件下,经过综合平衡后所能生产一定种类产品的最大数量。在制造企业中常采用工时法和产品法来计算产能。

5. 物料搬运系统仿真

物料搬运系统是仿真应用的一个重要领域,通过仿真可以帮助企业设计搬运系统以及对已存在的系统进行优化。企业在设计物料搬运系统时,物料搬运方式的选择通常是一个比较突出的决策问题。一种物料有可能适用于几种搬运方式,企业可以对不同的搬运方式建立仿真模型,通过模拟物料在不同方式中的搬移,得到各个搬运方式的效率,从仿真结果中分析得到最优结果。

而对于一个已存在的物料搬运系统,所搬运物料的形状、包装以及所采用的搬运方法和搬运工具等,都会对整个搬运系统的效果产生不同的影响。此外,在生产系统中,很可能只要把现有设备更新布置一下,就能提高生产率,也可能在某一关键地方添置一台输送机或提升机,就可以进一步提高生产率,也可能某一生产环节为薄弱环节,影响了后续环节的产量。对于此类问题,企业可以对物料搬运系统进行动态仿真,模拟出各个具体环节的运行结果,综合分析得出搬运过程中可能存在的薄弱环节或可以进行改进的地方,进而在现存系统的基础上进行部分重新设计或完全重新设计,重新设计的方案可能不止一个,应该对所有可选方案进行仿真,通过它们相互间及与现存系统仿真结果的对比,获得最优的改进方案。

搬运设备的仿真是物料搬运系统仿真的主要内容,它是利用现实模拟技术和仿真技术描述搬运的过程,通过建立装卸搬运设备的三维模型,为其显示搬运、装卸、提升、下降、转向和翻转等动作,运行仿真模型,观察其搬运过程中的瓶颈并进行调整,以提高装卸搬运设备的工作效率。

6. 工厂布局仿真

设施布局的优化是指根据企业的经营目标和生产纲领,在已确认的空间场所内,按照从原材料的接受、零件和产品的制造到成品的包装、发运的全过程,力争将人员、设备和物料所需要的空间作最适当的分配和最有效的组合,以获得最大的经济效益。对于设施布局仿真的主要目标就是:

①符合工艺过程的要求;

②最有效地利用空间;

③物料搬运费用最少;

④保持生产和安排的柔性;

⑤适应组织结构的合理化和管理的方便。

9.3　离散单一产品流水作业系统仿真

9.3.1　问题描述

1.基本概念

流水线是指劳动对象按照一定的工艺路线,顺序地通过各个工作地,并按照统一的生产速度(节拍)完成工艺作业连续的、重复的生产过程。

流水生产是把高度的对象专业化生产和劳动对象的平行移动方式有机结合起来的一种先进的生产组织形式。

单品种流水线又称不变流水线,指流水线上只固定生产一种制品。要求制品的数量足够大,以保证流水线上的设备有足够的负荷。

2.仿真问题描述

某制造车间有 5 台不同的机器,加工一种产品。该种产品都要求完成 7 道工序,而每道工序必须在指定的机器上按事先规定好的工艺顺序进行。

假定在保持车间逐日连续工作的条件下,仿真在多品种标准化中生产,采用不同投产计划的工作情况。在不同投产计划组合中选出高生产效率、低流动库存方案,来减少占用资金。

如果一项作业在特定时间到达车间,发现该组机器全都忙着,该作业就在该组机器处排入一个 FIFO 规则的队列,如果有前一天没有完成的任务,第二天继续加工。

3.相关的系统数据

①产品的计划投产批量方案:10,20,30

②产品的计划投产间隔:10,20,30,40,50,60

③仿真时间:1 天(即 24×60＝1440 秒)

4.加工工序说明

仿真离散单一产品流水作业系统的加工工序共有 7 个,每一工序需使用的加工机器名称和时间以及加工的批量如表 9-1 所示。

表 9-1　加工工序

工序	机器名称	平均加工时间/min	加工批量
1	Waterclean	7	5
2	DSDcoat	14	5
3	Greenfire	5	5
4	DSDcoat	15	5
5	TCPprintfire	30	10

续表

工序	机器名称	平均加工时间/min	加工批量
6	Laping	20	10
7	Waterclean	10	5

5. 工序流程

该问题的加工工序流程如图 9-1 所示。

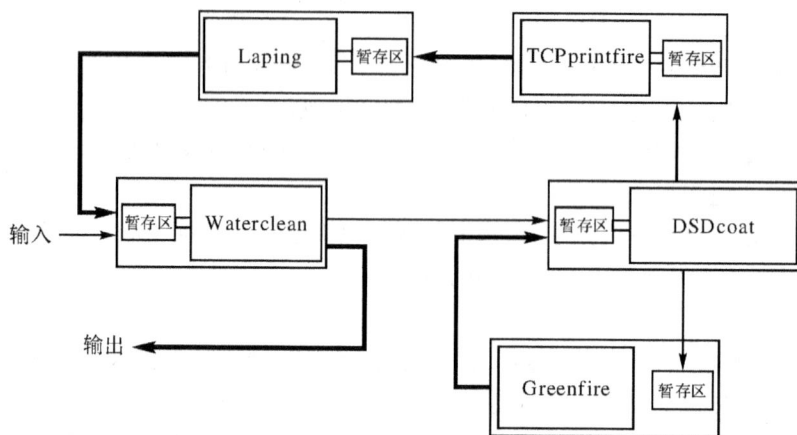

图 9-1 加工工序流程

9.3.2 建立模型

1. 模型实体设计

应用 Flexsim 建立问题的仿真模型,其中所使用的实体及目的如表 9-2 所示。

表 9-2 仿真模型的实体集合

模型元素	系统元素	备　注
Flowitem	原料	默认生成类型 1 的原料
Processor	机器	进行不同的参数定义以表征不同机器组中的机器
Queue	机器组暂存区	
Conveyor	传送带	
Source	原材料库	原材料的始发处
Sink	成品库	原料加工后的最终去处

2. 建模步骤

(1)生成实体并进行布局

从左边的实体库中依次拖拽出所有实体(1 个 Source,5 个 Queue,5 个 Processor,1 个 Conveyor,1 个 Sink)放在右边模型视图中,并如图 9-1 所示,调整至适当的位置。

（2）修改实体名称

为了模型便于理解，通常修改实体的名称，以符合实际问题背景。通过实体属性的对话框的名称栏里修改成相应的名称。

（3）连接端口

根据流动实体的路径来连接不同固定实体的端口。

（4）调整 Conveyor 的布局

由于最后加工完成的流动实体是从 Waterclean 流出，通过传送带 Conveyor。在已完成的模型视图中，为了视觉上更贴近于实际，可修改 Conveyor 的布局，通过改变 Conveyor 的布局参数来完成。

（5）修改相应的实体参数

1）给 Iutput 指定流动实体流到达参数

具体方法：在名为 Iutput 的发生器的属性窗口里，将"FlowItem Class"下拉菜单选择"Arrival Schedule"，把 Number of Arrivals 改成 2，点击 Apply 后会出现两栏 Arrival，为了要每隔 10 分钟生成一批次 10 的货物，把 Arrival 1 的 Quantity 改成 10，Arrival 2 的 Quantity 改成 0，Arrival 1 的 ArrivalTime 改成 10。最后把 Repeat Schedule/Sequence 勾上，这是为了让实体批次循环产生。修改后如图 9-2 所示。

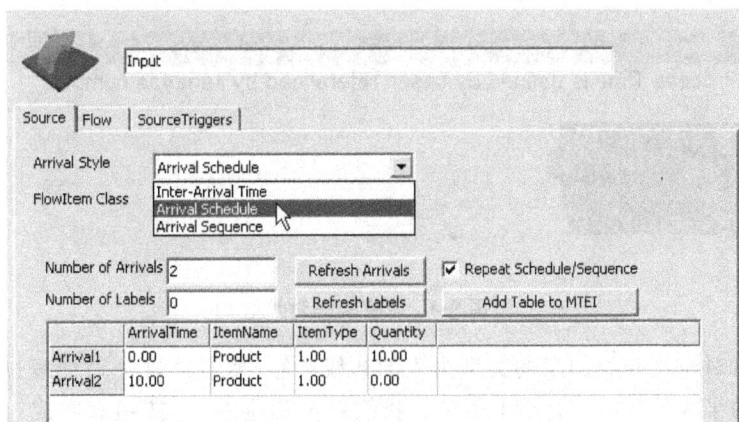

图 9-2　修改 Input 的到达参数

同时，为了和后面的经过 Greenfire 处理后的产品区分开来（因为经 Greenfire 加工后的产品再送往 DSDcoat 加工，时间是不一样的），在 SourceTriggers 栏中选择 OnExit 下拉菜单中的 Set Color by Itemtype。

2）给暂存区 Queue1 设定参数

为了研究各个暂存区（Queue）的库存，我们需假定各个暂存区的容量都是足够大，比如把各 Queue 的容量改成 10 万。

3）给各处理器定参数，参照问题描述，修改处理器的加工时间、加工批量、加工产品类型前后的变化等。

操作过程示例：比如，在 Waterclean 处理器的参数设定时，其加工时间为类型 1 产品为 7 分钟，类型 2 产品为 10 分钟，加工批量为 5 件。那么在进行参数设定前，需要先明确

Waterclean 设定的两个关键点:首先,Waterclean 处理两种不同工序的产品,因而加工时间有所不同;其次,两种不同工序的产品经过加工后送往的端口也不一样,一种初期加工产品送往 DSDcoat,一种完全加工后的成品直接送往传送带 Conveyor 离开系统。

因此先设定加工时间。修改 Waterclean 属性菜单里的 Process Time,设为 By Itemtype(indirect),如图 9-3 所示。

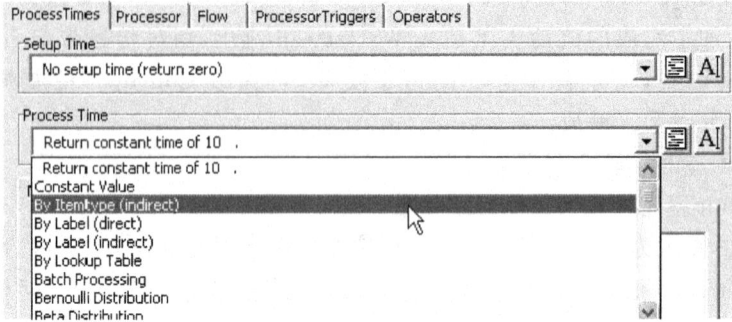

图 9-3　设为 By Itemtype(indirect)

然后点击右边的编辑按钮 ▤ ,将弹出一个窗口,将其改成如图 9-4 所示的设置。

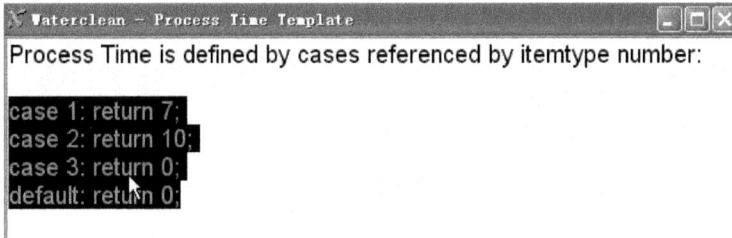

图 9-4　改变处理时间

上图表示对于刚开始加工的类型为 1 的初级产品,加工时间为 7;而经过 6 道工序后的类型为 2 的半成品,加工时间则为 10。我们点击相应的 ok 按钮后完成对加工时间的设置。接下来我们设定不同类型的产品加工完后送到不同的出口接收。点击属性窗口里的 Flow,如图 9-5 所示。

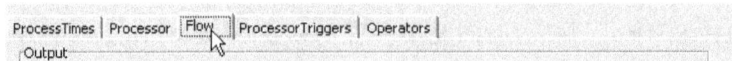

图 9-5　选择 Flow 栏

按照图 9-6 进行设置,选择 By Itemtype(indirect)。

然后点击 By Itemtype,在弹出的菜单里进行端口的设置,如图 9-7 所示。

完成后点击相应全部的 ok 按钮,完成设置。

3.设定 Experimenter 参数

首先,我们用鼠标左键单击编译窗口右下方的 🚩 Experimenter 按钮,如图 9-8

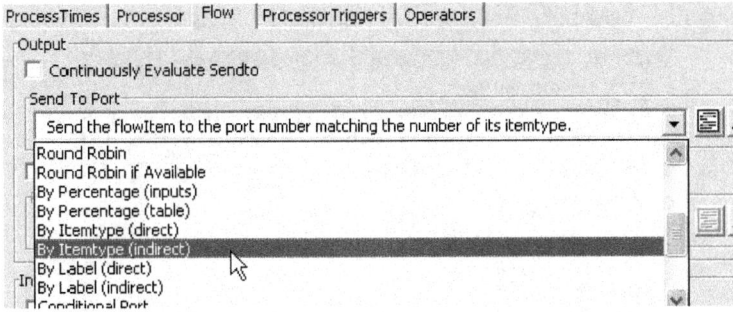

图 9-6　选择 By Itemtype(indirect)

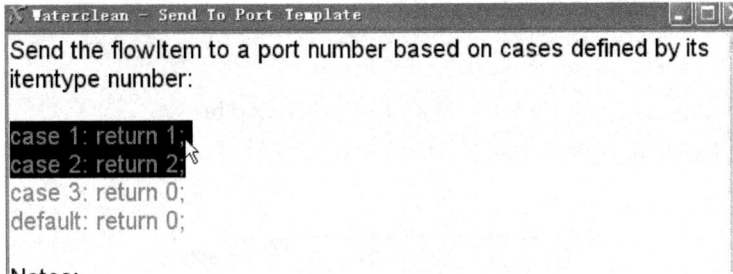

图 9-7　设定输出接口

所示。

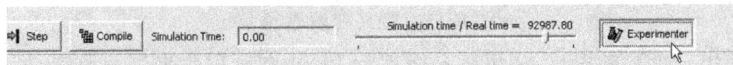

图 9-8　点击 Experimenter

弹出 Experimenter 的编辑窗口,如图 9-9 所示。

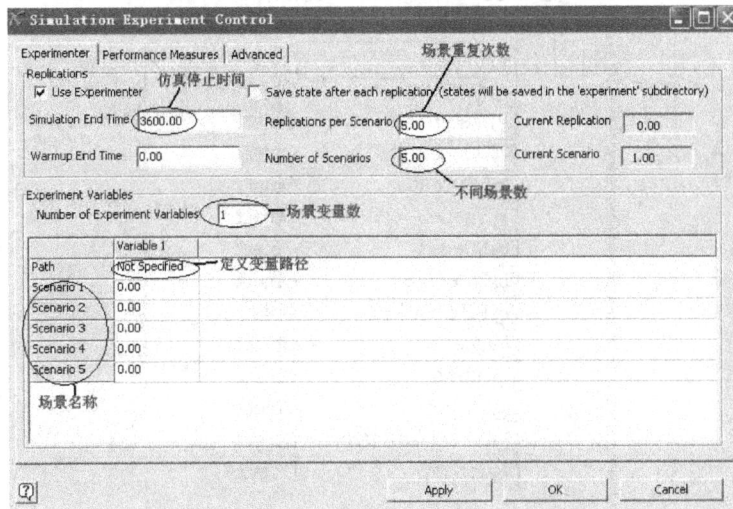

图 9-9　Experimenter 窗口

我们把上图中的仿真时间改为 1440,场景重复次数改为 1,不同场景数改为 18,场景变量数改为 2,点击　Apply　应用后,如图 9-10 所示。

图 9-10　Experimenter 修改示意图

左键点击上图中鼠标所在的位置,定义变量 1 的路径。将弹出一个下拉菜单,如图 9-11 所示。

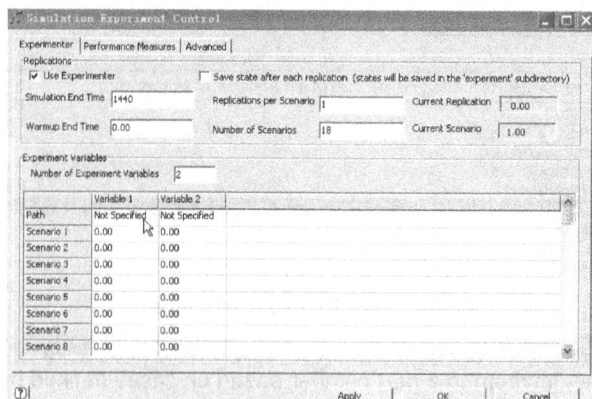

图 9-11　定义变量路径

选中后,弹出一个新的窗口,用鼠标左键单击 Input 图标后会出现一黄框,如图 9-12 所示。

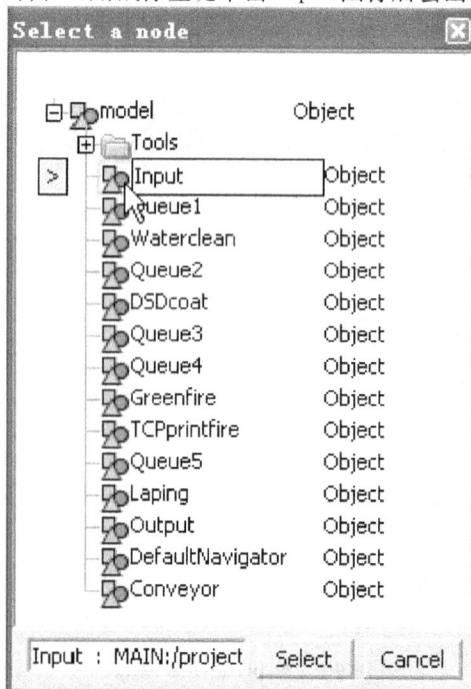

图 9-12　弹出树状结点图

我们再用鼠标左键单击上图中的▷,打开 Input 栏,会出现如图 9-13 所示的结构。

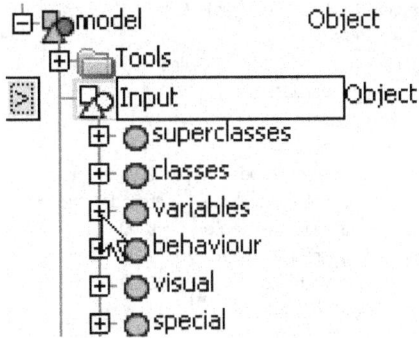

图 9-13　选择 Input

用鼠标左键单击上图中 variables 前面的⊞,打开 variables 栏下的具体属性,如图 9-14所示。

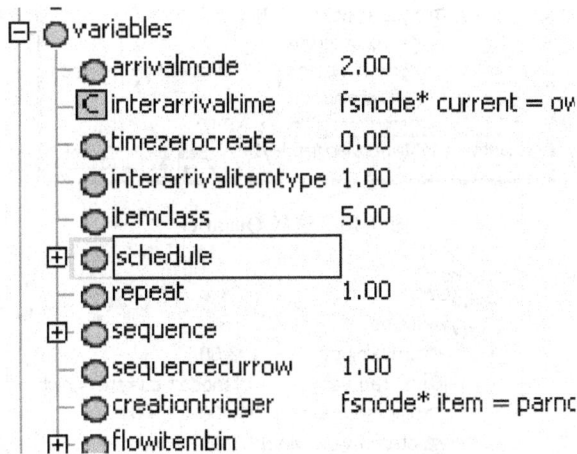

图 9-14　variables 栏下的具体属性

然后依次点击 schedule 前的⊞,以及 Arrival 1 前的⊞,选中 Quantity 出现黄色高亮框,如图 9-15 所示。

点击上图中鼠标所在的 Select 按钮后完成对变量 1 的路径选择,则我们只需要填写变量 1 那一列的数值,就可以让各个场景按照变量 1 不同的数值进行仿真。

对于变量 2,我们进行同样的操作,先选中 ule/Arrival2/1 中的 Browse Path ,在弹出的窗口中打开 Input 的栏目,选中 Arrival 2 的第一项后,点击 Select 按钮后完成对变量 2 的路径选择,如图 9-16 所示。

接着在各个场景中填写可能发生的情况,如图 9-17 所示。

点击 Apply 确定对场景的修改。

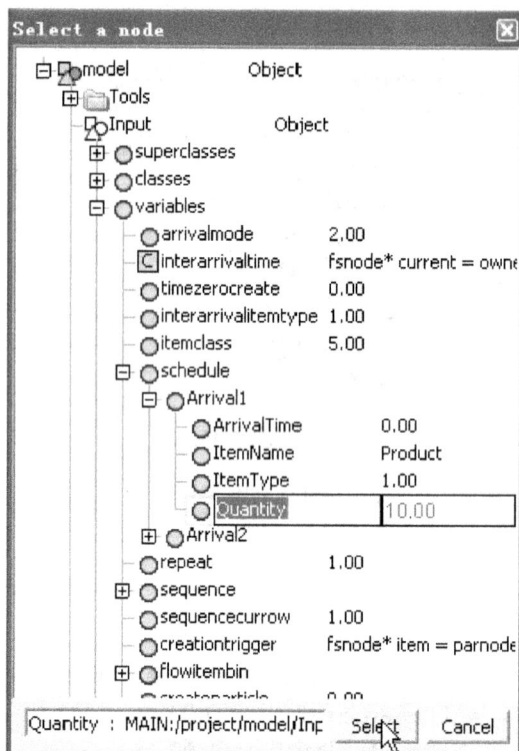

图 9-15　选择 Quantity

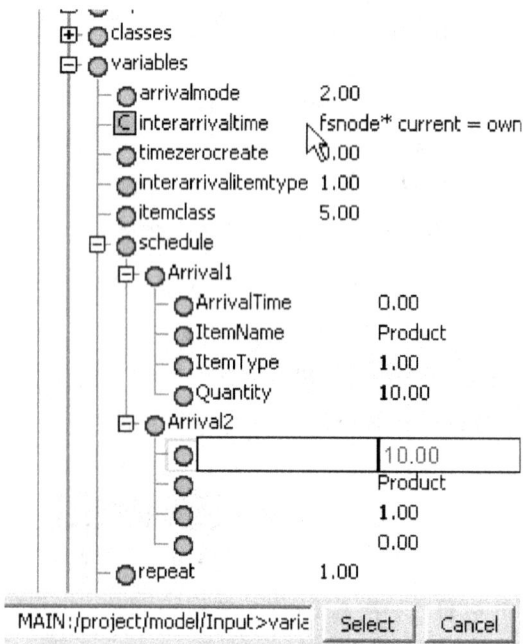

图 9-16　选择变量 2 的路径

	Quantity	
Path	MAIN:/project/r	MAIN:/project/r
Scenario 1	10.00	10.00
Scenario 2	10.00	20.00
Scenario 3	10.00	30.00
Scenario 4	10.00	40.00
Scenario 5	10.00	50.00
Scenario 6	10.00	60.00
Scenario 7	20.00	10.00
Scenario 8	20.00	20.00
Scenario 9	20.00	30.00
Scenario 10	20.00	40.00
Scenario 11	20.00	50.00
Scenario 12	20.00	60.00
Scenario 13	30.00	10.00
Scenario 14	30.00	20.00
Scenario 15	30.00	30.00
Scenario 16	30.00	40.00
Scenario 17	30.00	50.00

Number of Experiment Variables 2

Apply   OK   Cancel

图 9-17　填写所有 18 种可能组合

接着我们设定不同场景所需要对比的数据。点击 **Performance Measures** 栏,把所需要比较的数值改为 2(这里我们只研究 Input 的输出产品数和 Output 的接收产品数即成品数),点击 **Apply** 后如图 9-18 所示。

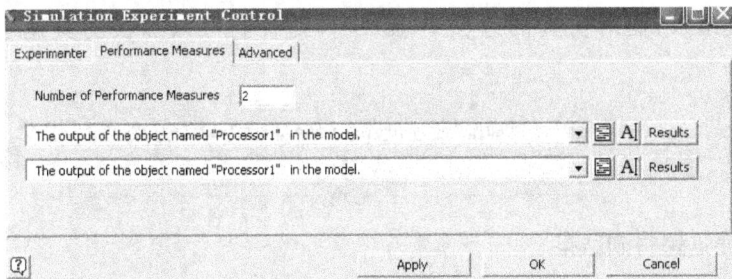

图 9-18　把比较数值改成 2

点击第一个栏里的 [icon],把弹出的窗口里的浅色字改成 Input,如图 9-19 所示。

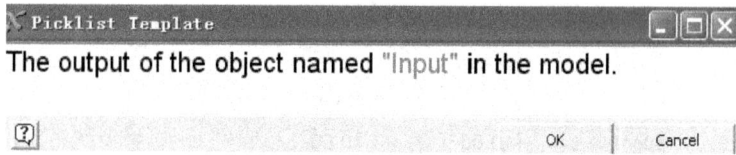

图 9-19　把浅色字改成 Input

点击 OK 完成设置。

在第 2 栏里我们点击▼选择下拉菜单里的"The input of the object named 'Sink1' in the model"，然后点击 🔄，把弹出的窗口里的浅色字体改成 Output，点击 OK 完成设置。全部设置完成后如图 9-20 所示。

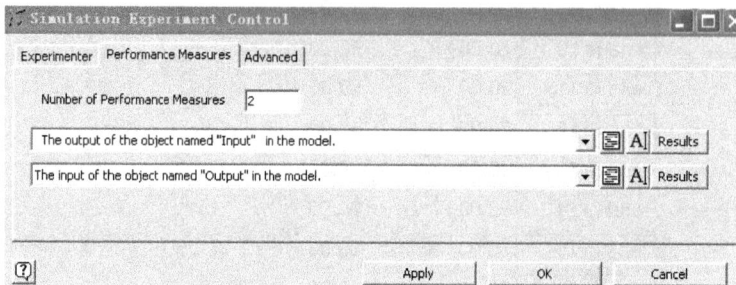

图 9-20　完成设置视图

点击 OK 后完成对 Experimenter 的全部设置。

9.3.4　模型运行

经过模型的编译，即可运行模型，同时为了在运行模型前设置系统和模型参数的初始状态，总是要先点击主视窗底部的 🔄 Reset 键来重置模型。另外，如果我们只是关心仿真结果，而对仿真的过程不感兴趣，则我们可以加快仿真速度，迅速得到结果。

鼠标左键一直按住 Simulation time / Real time = 6573.17，移动到合适的比例位置，以便迅速得到结果。

9.3.5　数据分析

仿真结束后，单击 🐝 Experimenter，然后点击进入 Performance Measures 栏，再点击

第一栏的 Results ，弹出窗口如图 9-21 所示。

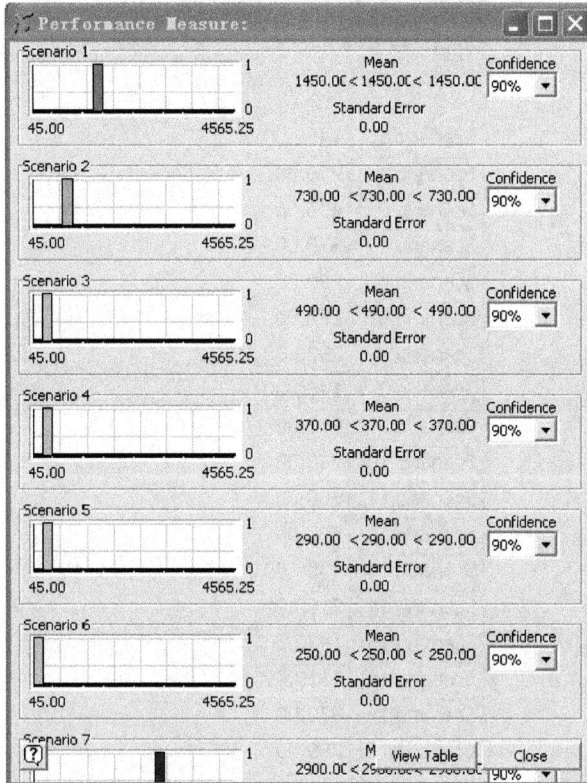

图 9-21　柱状对比窗口

Mean 下面的数字表示相应的输出产品数目。

我们也可以以表格的方式输出数据，点击上图中右下角的 View Table ，会出现如图 9-22 所示的表格。

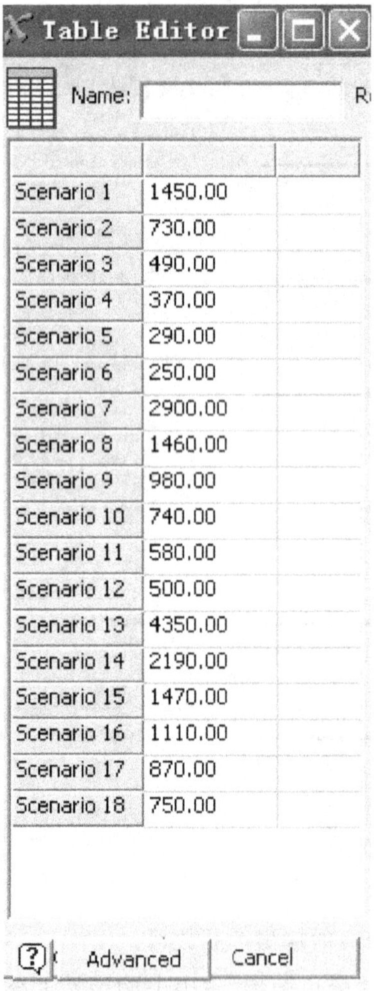

X Table Editor		
Name:		R
Scenario 1	1450.00	
Scenario 2	730.00	
Scenario 3	490.00	
Scenario 4	370.00	
Scenario 5	290.00	
Scenario 6	250.00	
Scenario 7	2900.00	
Scenario 8	1460.00	
Scenario 9	980.00	
Scenario 10	740.00	
Scenario 11	580.00	
Scenario 12	500.00	
Scenario 13	4350.00	
Scenario 14	2190.00	
Scenario 15	1470.00	
Scenario 16	1110.00	
Scenario 17	870.00	
Scenario 18	750.00	

图 9-22　表格对比窗口

我们可以在这个表格里很明确地观察到一天内 Input 的产品输出数量。

同样的，我们点击 Experimenter 里的 Performance Measures 栏中的第二栏的 Results，会弹出一天内加工完的成品数目窗口，如图 9-23 所示。

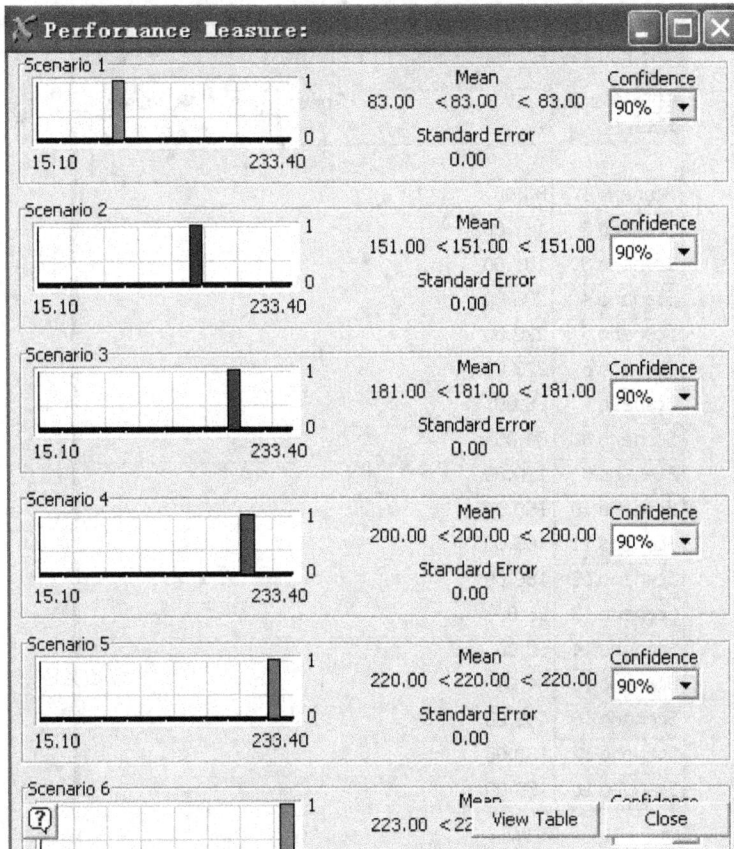

图 9-23　柱状对比窗口

点击右下角的　View Table　，会以表格形式显示相应信息，如图 9-24 所示。

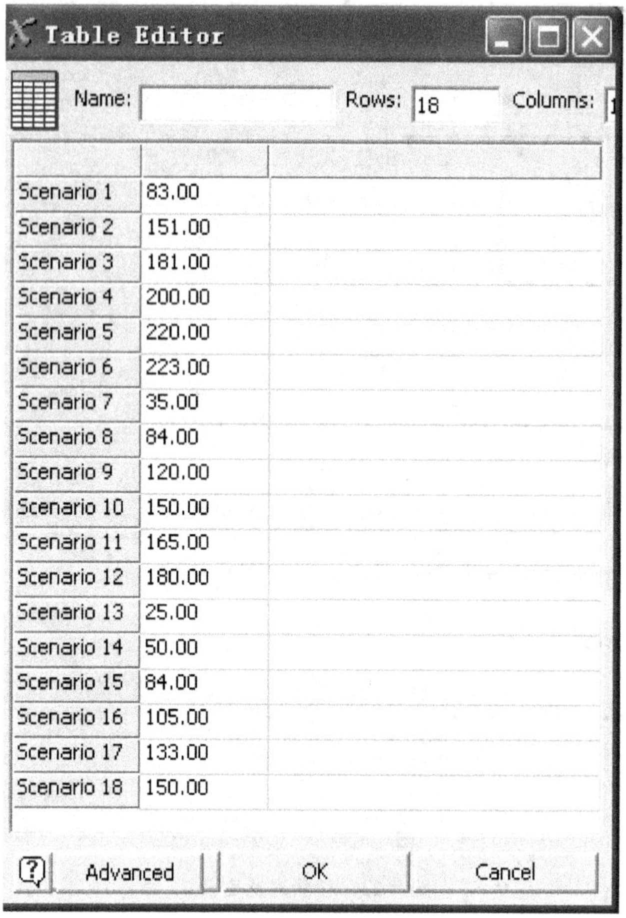

Scenario 1	83.00
Scenario 2	151.00
Scenario 3	181.00
Scenario 4	200.00
Scenario 5	220.00
Scenario 6	223.00
Scenario 7	35.00
Scenario 8	84.00
Scenario 9	120.00
Scenario 10	150.00
Scenario 11	165.00
Scenario 12	180.00
Scenario 13	25.00
Scenario 14	50.00
Scenario 15	84.00
Scenario 16	105.00
Scenario 17	133.00
Scenario 18	150.00

图 9-24　表格对比窗口

我们可以把两个表格放在一起进行比较，如图 9-25 所示。

不难发现 Scenario 6　250.00　Scenario 6　223.00，是最佳的输入输出数目。生成的成品数最多，而且所使用的库存最少。

图 9-25　比较两个表格

➡ 思考题

1.试对以下产品检测问题进行仿真建模并进行分析。

某工厂车间对三类产品进行检验。这三种类型的产品按照一定的时间间隔方式到达。随后,不同类型的产品被分别送往三台不同的检测机进行检测,每台检测机只检测一种特定的产品类型。其中,类型 1 的产品到第一台检测机检测,类型 2 的产品到第二台检测机检测,类型 3 的产品到第三台检测机检测。产品检测完毕后,由传送带送往货架区,再由叉车送到相应的货架上存放。类型 1 的产品存放在第 2 个货架上,类型 2 的产品存放在第 3 个货架上,类型 3 的产品存放在第 1 个货架上。主要的系统数据如下:①产品到达速率:产品到达间隔时间服从均值为 20 秒、方差为 2 的正态分布;②暂存区最大容量:25;③检测机时间参数:准备时间是 10 秒,加工时间服从均值为 30 秒的指数分布;④传送带参数:传送速度是 1 米/秒,传送带上同时最多传送 10 个产品。

基本系统流程的概论模型如下:

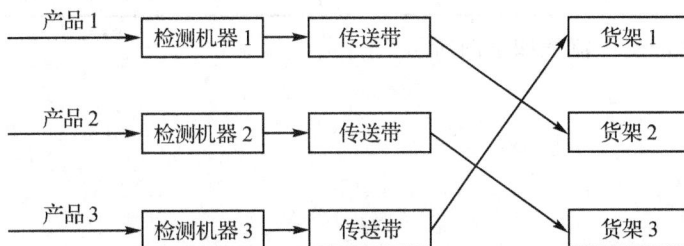

试通过仿真说明这个检测流程的效率如何？是否存在瓶颈？如果存在,怎样才能改善整个系统的绩效呢？

2.试建立以下关于混合流水线系统问题的仿真模型并进行分析。

多对象流水线生产有两种基本形式。一种是可变流水线,其特点是:在计划期内,按照一定的间隔期,成批轮番生产多种产品;在间隔期内,只生产一种产品,在完成规定的批量后,转生产另一种产品。另一种是混合流水线,其特点是:在同一时间内,流水线上混合生产多种产品。按固定的混合产品组组织生产,即将不同的产品按固定的比例和生产顺序编成产品组,一个组一个组地在流水线上进行生产。需要仿真的问题描述如下。

假设一个工厂有5个不同的车间(普通车间、钻床车间、铣床车间、磨床车间、检测车间),加工3种类型产品。每种产品都要按工艺顺序在5个不同的车间完成5道工序。

假定在保持车间逐日连续工作的条件下,仿真在多品种标准化生产中采用不同投产顺序来生产给定数量的3种产品。通过改变投产顺序使产量、品种、工时和负荷趋于均衡,来减少时间损失。

如果一项作业在特定时间到达车间,发现该组机器全都忙着,该作业就在该组机器处排入一个FIFO规则的队列的暂存区,如果有前一天没有完成的任务,第二天继续加工。

该仿真问题所涉及的数据如表1、表2、表3所示。

表1 车间配备(单位:台)

	普通车间	钻床车间	铣床车间	磨床车间	检测车间
机器数量	3	3	2	3	1

表2 加工时间(单位:min)

	普通机床	钻床	铣床	磨床	检测
产品1	5	5	4	4	6
产品2	4	4	3	4	3
产品3	4	5	3	4	1

表3 产品数量

	总数(个)	每批量(个)	时间间隔(min)
产品1	1000	10	3
产品2	500	5	3
产品3	200	2	3

该仿真问题的工序流程如下图所示。

毛坯 → 普通机床 → 钻床 → 铣床

成品 ← 检测 ← 磨床

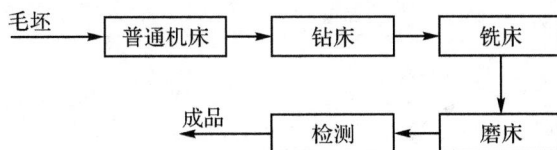

（1）请按照上述描述进行建模仿真，输出相应的仿真报告，对比各项相关数据，从中选出最佳方案。

（2）分析系统的主要瓶颈，并指出系统存在的可以改善的地方并说明理由。

第 10 章

配送中心系统仿真

⟐▷ **本章要点**

本章首先介绍了配送中心特点与仿真需求以及基本的业务流程,并通过运用 Flexsim 对配送中心的流程进行可视化仿真,通过仿真结果分析配送中心中各设备的实用效率,同时也对配送中心库存系统进行了仿真分析。

10.1 配送中心与仿真概述

国内现代化物流配送中心相继设立,有助于提升竞争优势,并使得企业物流系统能提供更好的顾客服务水准同时降低物流成本。配送中心运作中存在很多的决策分析问题,现在的相关研究多致力于采用"解析方法",如简单启发式法、数学规划法、人工智能算法等来加以求解,而利用"系统仿真"的方法无疑也是非常有效和有优势的一个途径。

10.1.1 配送中心的定义与发展

1. 配送的含义

配送中心的建立与配送活动密切相关,因为配送是物流管理的基本职能,配送中心是进行配送活动的组织保证。

配送由"配"与"送"组合在一起,也就是说配送是"配"与"送"的有机结合。我国于2001 年 4 月公布的国家标准《物流术语》将配送定义为:在经济合理区域范围内,根据客户的要求,对物品进行拣选、加工、包装、分割、组配等作业,并按时送达指定地点的物流活动。由国家标准的定义可见,配送不是简单送货,而是一种综合的物流活动形式,它包含了物流中的若干功能要素。

2. 配送中心的含义

配送中心兴起的时间不长,还在不断发展与演变,因此,关于配送中心的定义,也尚在发展和完善之中,至今还没有统一的表述。

我国的国家标准《物流术语》将配送中心定义为:从事配送业务的物流场所或组织,应基本符合下列要求:主要为特定的用户服务;配送功能健全;具有完善的信息网络;辐射范围小;多品种、小批量,以配送为主,储存为辅。

日本的《物流手册》和《市场用语词典》的定义是比较权威的。《物流手册》把配送中心定义为:配送中心是从供应者手中接受多种大量货物,进行倒装、分类、保管、流通加工和情报处理等作业,然后按照众多需要者的订货要求备齐货物,以令人满意的服务水平进行配送的设施。《市场用语词典》把配送中心定义为:配送中心是一种物流节点,它不以贮藏仓库这种单一形式出现,而是发挥配送职能的流通仓库。

综上所述的几种定义,我们发现配送中心就是发挥多种功能的物流组织,是物流运动的枢纽。配送中心与传统的普通仓库相比,性质和职能已经有所不同:配送中心除了储存货物外,还要采取各种方式去组织货源,还必须按照用户的要求及时分拣和配备各种货物。配送中心在服务内容上从商流、物流分离发展到商流、物流、信息流的有机结合。它是一种经营手段,而不是一种单纯的物流活动。

3. 配送中心的形成与发展

(1)国外配送中心的形成与发展

第二次世界大战以后,人类开发利用自然资源的规模迅速扩大,货物运输量急剧增加,西方工业发达国家为了满足日益增加的运输需求,打破了传统仓库的格局,逐步发展了以配送中心为主的物流配送体系。国外发达国家因各国国情的不同,配送中心的发展略有不同,但都随着世界经济的发展大致经历了三个阶段。

1)配送中心雏形出现期

这一时期为 20 世纪 50 年代至 60 年代末期,以美国的配送中心发展最为典型。在第二次世界大战后,美国的军事后勤供给系统的技术人才把他们在军队中进行后勤管理的经验创造性地应用在工业企业的管理领域,加上社会分工的细化,人们的思想观念开始转变,物流发生了巨大变革。在硬件上,美国于 20 世纪 50 年代开始大力兴建高速公路,与铁路、港口和空运一起,形成了四通八达的交通网络;同时引进电脑网络管理,将传统的仓库改造成配送中心,对一些物流作业实行标准化操作。20 世纪 60 年代末期,配送中心开始兴起和发展。

2)配送中心整体发展期

20 世纪 70 年代初期至 80 年代末期,受各种因素的影响,企业和社会开始越来越重视物流这个"利润的第三源泉",大量投入与高科技技术手段的支持相结合,使得配送中心有了长足发展,配送中心的集约化程度和服务水平明显提高,进入了整体化全面发展阶段。在这一时期,美日等国的大公司为了在竞争中获胜,认识到了降低物流成本、加速商品周转的重要性,纷纷建立了自己的大型物流配送中心,如美国的沃尔玛商品公司建立了建筑面积为 12 万平方米,投资 7 千万美元,有 1200 多名职工的配送中心。大型公司成了推动配送中心发展的主体。除此之外,各级政府为了扩大企业的服务范围也纷纷开始建立物流基地。

3) 配送中心专业化

20世纪90年代以后,随着政府建立物流基地工作的继续深入,物流配送中心开始向专业化发展。企业逐渐意识到配送中心分散建设、各自为政带来的巨大的资源浪费,把部分业务开始转向政府建设的物流基地;与此同时,出现了配送成本低、增值服务能力强的专业物流公司,配送的社会化和物流配送共同化的趋势日益显著。配送不再是一种纯粹的物流手段,配送中心也开始向经营主体转变。

(2) 我国配送中心的发展

配送中心是在市场经济的基础上出现并随着经济的发展而发展的,新中国成立之初,在计划经济体制下,人们没有认识到物流的重要性,我国物流发展较为缓慢,配送中心起步和发展的步伐更是远远落后于发达国家。

从1992年开始,我国开始了物流配送中心的试点工作,原商业部在1992年发文部署全国物流配送中心的试点建设,标志着我国配送中心建设正式起步,但是由于当时我国正处于市场经济的启动阶段,制约了物流配送中心的建设,配送中心的发展缓慢。

近年来,随着市场经济的快速发展,特别是连锁商业和电子商务的出现与发展,各种形式的配送中心迅速发展起来。尽管我国的配送中心信息化、社会化和现代化尚不完善,基本上处于配送中心的初级阶段,但可喜的是,社会各方面都很关注和重视配送中心的发展,全国有许多地区都纷纷加强物流园区、物流中心、配送中心及相配套的物流服务网络的建设,专业的配送中心也伴随着大规模、集约化的连锁经营的崛起而发展起来。在社会各界的努力下,中国的物流配送中心一定会沿着新型配送中心的方向发展。

10.2　配送中心作业系统分析

在配送中心的运作中,不论是人力化、机械化的物流系统,或是自动化、智能化的物流系统,若无正确有效的作业方法配合,则不论是多先进的系统、设备,也未必能达到最佳的效果,因而本部分即针对此一首要目的,将配送中心各作业系统作初步的分析,配送中心的作业系统如图10-1所示。

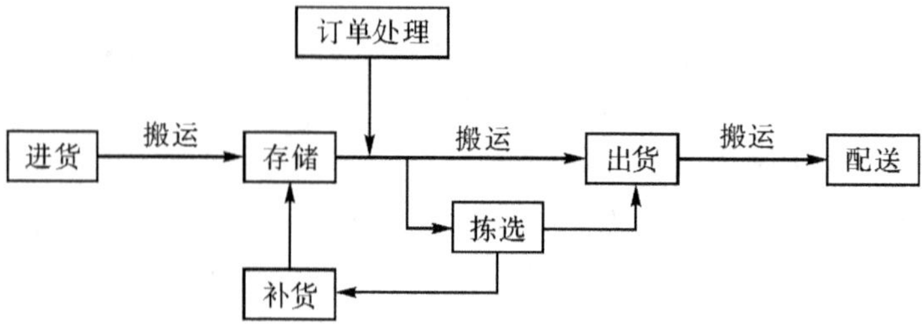

图10-1　配送中心的作业系统

从供应商货车到达配送中心的月台开始,通过"进货"流程确认商品后,依序将商品"储存"入库。对客户的订单依其性质作"订单处理",之后就可进行"拣选"流程,即根据处理后的订单信息执行将客户订购的商品从仓库中取出。拣选流程完成后,若发现拣选区商品的存量过低,则由存储区来进行"补货"流程。若发现存储区的存量低于标准库存量,便向上游供应商进行采购进货。而从仓库拣出的商品经整理后即可准备"出货"流程,等到一切出货动作就绪,司机便可将商品装上配送车,将商品"配送"到各个客户点交货。另外,在所有作业的进行中,发觉只要牵涉到物的流动的作业,其间的过程就少不了搬运的动作,所以我们亦将"搬运"当作一必要动作来讨论。

10.2.1 进货作业

进货作业主要包括:实体货物的接收,即从货车将货物卸下,并核对该商品的数量及状态(数量检查、品质检查、开箱等),然后将必要信息给予书面化或电子化等。

为让搬运者安全有效地卸货,使物流中心能迅速正确地收货,需注意以下原则:

①尽可能平衡停泊配送中心的配车,依进出货需求状况制订配车排程,或转移部分耗时的进货避开高峰时间。

②将月台至存储区的活动尽量保持直线流动。

③依据相关性安排活动,达到距离最小化或距离小到无须人的行走即可完成操作。

④安排人力在高峰时间使商品能维持正常速率的移动。

⑤使用可流通的容器,以省去更换容器的动作。

⑥为方便后续存取及能随时应付确认查询的需求,详细记录进货资料。

⑦在进出货期间尽可能省略不必要的商品搬运及储存。

在考察完整的配送中心系统时,在进货流程方面需要考虑的因素很多,包括供应商数量、一日内供应商数量、一日内进商品项数、进货车辆车种、车辆台数/日、每一车进货时间、一日进货的总重或总体积、进货形式、进货距离、进货时间带分布等。

10.2.2 储存作业

储存作业的主要任务在于把将来要使用或者要出货的商品进行保存,不仅要善用空间,亦要注意存货的管理,更要注意空间运用的弹性及存量的有效控制。

选择储位的原则:

①依照商品特性来储存。

②笨重、体积大的品项储存于较坚固的层架及接近出货区。

③轻量商品储存于有限的载荷层架。

④将相同或相似的商品尽可能地接近储放。

⑤不活泼的商品或小、轻及容易处理的品项使用较远的储区。

⑥周转率低的物品尽量远离进货、出货及仓库较高的区域。

⑦周转率高的物品尽量放于接近出货区及较低的区域。

存储的策略和储位指派法则:储存策略主要是指储位的指派原则,良好的储存策略可以减少出入库移动的距离、缩短作业时间,甚至能够充分利用储存空间。

储存策略只是储区规划的大原则,因而还必须配合储位指派法则才能决定储存流程实际运作的模式。而跟随着储存策略产生的储位指派法则,可与分类随机储存策略相配合。

①产品相关性法则:相关性大的商品应尽可能存放在相邻位置。

②产品类似性法则:将类似商品比邻保管。

③产品相容性法则:相容性低的商品绝不可放置在一起。

④先入先出的法则:商品的保质期限。

⑤面对通道的法则:商品面向通道来保管,拣选时可迅速识别标号、名称。

⑥产品尺寸法则:为一些特定商品留出不同大小空间的储位。

⑦重量特性法则:按照商品重量来决定储放商品的位置之高低。

良好的储存策略在与指派法则配合之下,可大量减少拣取商品所移动的距离,然而越复杂的储位指派法则,要求功能越强的电脑相配合。

10.2.3 拣选作业

每张客户的订单都包含一种或者一种以上的商品。根据客户订单上的要求,将不同种类数量的商品由配送中心取出集中在一起,这个过程称之为拣选。

拣选流程的目的及功能:在配送中心内部所涵盖的作业范围里,拣选作业是其中十分重要的一环,而其动力的产生来自于客户的订单,拣选作业的目的也就在于正确且迅速地集合顾客所订购的商品。

基本上,拣选单位可分成托盘、箱及单品三种。一般而言,以托盘为拣选单位的体积及重量最大,其次为箱,最小单位为单品,为了能够作出明确的判别,进一步作以下划分:

①单品:拣选的最小单位,单品可由箱中取出,可以用人手单手拣取。

②箱:由单品所组成,可由托盘上取出,人手必须用双手拣取。

③托盘:由箱叠栈而成,无法用人手直接搬运必须利用堆高机或拖板车等机械设备。

④特殊品:体积大且形状特殊,无法按托盘、箱归类,或必须在特殊条件下作业者,如大型家具、桶装油料、长杆形货物、冷冻货品等,都属于具有特殊的商品特性,拣选系统的设计将严格受限于此。

拣选单位是根据订单分析出来的结果而作决定的,如果订货的最小单位是箱,则不需要以单品为拣选单位。库存的每一品项皆须作以上的分析,以判断出拣选的单位,但一些品项可能因为需要而有两种以上的拣选单位,则在设计上要针对每一种情况作分区的考量。

10.2.4 出库作业

将拣选分类完成的商品做好出货检查,装入妥当的容器,做好标示,根据车辆趟次或订单指示将物品运至出货准备区,最后装车配送。这一连串过程即为出货作业的内容。

由配送中心的内容来看,在拣取方面一般有以托盘、箱、单品为单位的拣取。同理,出货的形式亦多以此三单位来运作,因此针对不同的拣选及出货形式,采用不同的作业方式。

在出货方面需要考虑的因素包括一日内出货车数、一日内出商品项数、配送车种与配送距离、每一车的装货(出货)时间、出货运送点数、每一品项的出货箱数、一日出货的总重或总体积、出货时间带等。

出库分类的原则,可参照前面的进货分类,另外出库分类大多以店铺或配送路线为依据来作分类。由于近年要求物流快速、正确,因而为顺应多品种、少批量订货的市场趋势,在拣取数量或分类数量众多时,要求分类更有效率,自动分类机兴起且正被广泛运用。

10.2.5 搬运作业

搬运作业是连接以上四个环节的中间过程。就配送中心系统而言,搬运流程包括将货物从运输设备装上或卸下,从卸货点搬运至配送中心、配送中心内的搬运和由配送中心取出货物等动作都属于搬运。

考虑商品搬运成本时,有两个很重要的基本原则:
①距离的原则:距离越短,移动越经济。
②数量的原则:移动的数量越多,每单位移动成本越低。

10.3 基于 Flexsim 的配送中心仿真实例

10.3.1 某配送中心问题需求

某配送中心是一个集仓储、运输、流通加工、配送、信息服务等一系列服务于一体的现代化大型第三方物流企业,公司主要业务部门为配送部、仓储部和财务部。根据配送中心的主要功能,将其设置为五个区域:收货理货区、货物储存区、拣货及流通加工区、管理控制区和发货理货区。

①收货理货区:主要负责收货、检验、贴标签、整理、装托盘等,均为入库前的准备工作。

②货物存储区:采用立体货架。设计10层货架,每层高1.5米。仓库分3个巷道,6个货架。货物从货存储区取出,去托盘后,进入出库理货区或者拣货流通加工区。

③拣货流通加工区:在货架上可安置电子拣选设备,作业人员根据电子表指示,完成分拣作业。旁边放置一台条码打印机,将分拣完的商品进行分装包装、贴标签等加工活动,然后送往发货理货区。

④发货理货区:将分拣完的物品,根据送往地装车配送。

⑤作业控制区:实现整个配送中心的管理控制和作业人员的定制管理。

10.3.2 某配送中心的流程图

如图 10-2 所示,配送中心的业务流程主要包括以下一些。

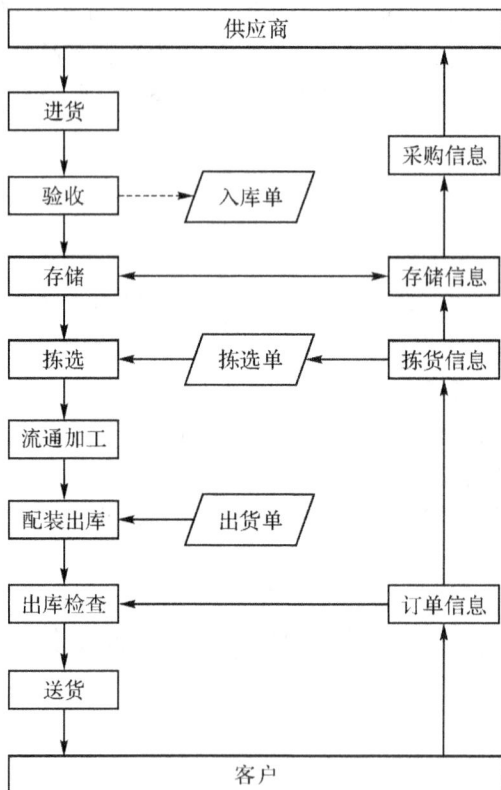

图 10-2 配送中心流程图

1.订单处理

配送中心具有明确的经营目标和服务对象。因此,在配送中心设计规划、展开配送活动之前,必须根据订单信息,对顾客分布、商品特征及商品种类数量、送货频率等资料进行分析,以此确定所要配送的货物的种类、规格、数量和配送时间等。订单处理是配送中心组织、调度的前提和依据,是其他各项作业的基础。

2.进货

配送中心的进货,主要包括订货、接货和验收入库三个环节。

(1)订货

配送中心收到并汇总用户的订单以后,首先确定配送商品的种类和数量,然后查询现有存货数量是否满足配送需求。如果存货数量低于某一水平,则必须向供应商发出订单、进货订货。配送中心也可以根据需求情况提前订货,以备发货。

（2）接货

当供应商接到配送中心或用户发出订单之后，会根据订单的要求组织进货，配送中心则必须及时组织人力、物力接收货物，有时还必须到站、码头接运货物。

（3）验收入库

货物到达配送中心，即由配送中心负责对货物进行验收，验收的内容包括质量、数量、包装三个方面。验收的依据主要是合同条款要求和有关质量标准。验收合格的商品即办理有关登账、录入信息及货物入库手续，组织货物入库。

3. 储存

货物被放置在存储地点的过程。存储区域可以分为两个部分：后方堆存区域和前方堆存区域。后方堆存区域是以最经济的方式存储货物的地方，而前方堆存区域则是确保最容易取得货物的堆存地方。在前方堆存区域，货物经常以较小的批量、比较容易存取的方式存储。比如，前方堆存区域的货物一般是存储在货架中，而后方堆存区域的货物一般是用托盘方式直接堆垛存储的。将货物由后方堆存区域搬运至前方堆垛区域的过程，一般称之为补货。在配送中心活动的运作过程中，配送中心的储存作业是为了给配送提供资源保证，配送中心可以集中整条供应链企业的需求，集中采购，储备一定数量商品，调整价格上的优惠。在储存阶段的主要任务是保证商品在储存期间质量完好，数量准确。

4. 分拣

分拣作业即拣货作业人员根据客户订单要求，从储备的货物中拣出用户所需要商品的一种活动。对于小体积多品种商品可以采取摘取式拣选，工作人员拉着集货箱在排列整齐的仓库货架间巡回走动，按照拣货单上标明的品种、数量、规格挑选出用户需要的商品放入集货箱内，再按一定方式进行分类，或采用人工作业配合自动传输系统拣选，也可以采取自动分拣设备拣取商品。而对大体积或大数量的商品出货，也可以采取播种的方式分拣。

5. 流通加工

配送中心所进行的加工作业主要有：初级加工活动，如按照用户的要求下料、套裁、改制等；辅助性加工活动，如给商品加贴条码、贴标签、简单包装等；深加工活动等。

加工作业不仅是一种增值性经济活动，而且完善了配送中心的服务功能。

6. 配装出货

为了充分利用运输车辆的容量和载重能力，提高运输效率，可以将不同用户的货物组合配装在同一辆车上，因此，在出货之前还需组配或配装作业。有效地混载与配装，不但能降低送货成本，而且可以减少交通流量、改变交通拥挤状况。

7. 送货

通常配送中心一般都使用各自的车辆进行送货作业，有时也借助于社会专业运输组织的力量，联合进行送货作业。此外，适应不同用户的需要，配送中心在进行送货作业时候，可以采取定时、定路、固定用户的送货方式，也可以不受时间、路线的限制，机动灵活地进行送货作业。

10.3.3　商品存储的 ABC 分析

配送服务率的确定如下：A 类是顾客订货即时配送的商品，零售店的有货率为 100%；B 类是即使零售店没有，配送中心库存所对应的商品可以在 12 个小时内到货的概率达到 90% 至 95% 的配送服务率的商品；C 类是在零售店没有货的场合，工厂库存或生产中所对应的商品，能够达到 80% 至 90% 随时到货的商品。

此外，以补充时间作为 A、B、C 类的区分标准。A 类商品是每天补充，B 类商品是每周补三次，C 类商品是每周补一次等的间隔进行配送。这种重要度的区分以商品的销售实绩来判断，新商品的促销或销售战略方面的重要商品是划入数量少的 A 类中。

商品等级的构成比率是 A 类占全部商品的 10%、B 类占全部商品的 30%、剩余为 C 类是 60%，如表 10-1 所示。分级的商品根据市场的动向、企业战略、商品构成、新产品状况，A 级商品每三个月调整一次。

确定不同商品的库存率。配送服务率以接受订货后 24 小时以内到货为前提，高额商品和重要商品等作为 A 类商品，采用定期订货方式；其他 B 类商品采用定量订货方式；C 类商品利用两拼方式。

表 10-1　ABC 库存表

商品类型	占货物总类型（%）	占总出库量（%）
A	10	44
B	30	35
C	60	21
A＋B＋C	100	100

根据实际情况及作业流程，我们得到配送中心的作业区域布置图，如图 10-3 所示。

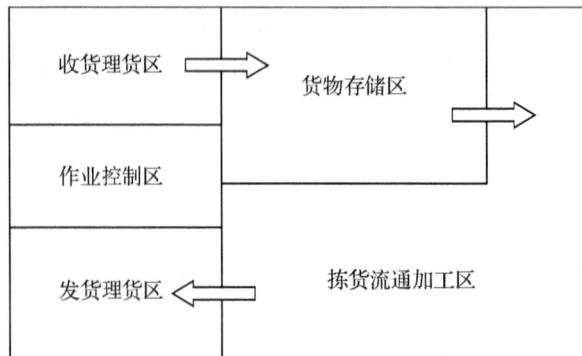

图 10-3　配送中心的作业区域布置图

10.3.4 仿真模型的建立

1.设置布局

根据前面的配送中心资料,构建可视化仿真模型。选择对象库里合适的独享,并拖曳到仿真视图窗口中的适当位置。图 10-4 为配送中心在 Flexsim 中的布局俯视图。

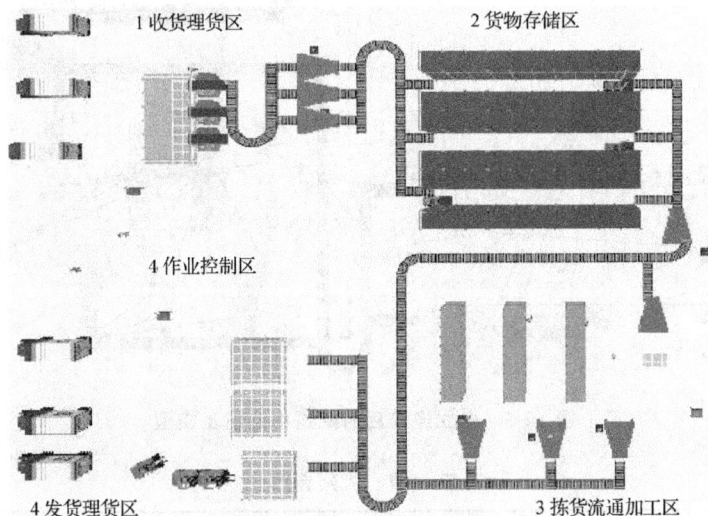

图 10-4 配送中心仿真俯视图

对装盘机、拆盘机、拆箱机的注释如下。

①装盘机:产生托盘,每四箱货物装一托盘,然后放入入库输送机。

②拆盘机区:去托盘,并回收托盘,货物按箱在输送机上传送。

③拆箱机:将整箱的货物拆开,把散货放入拣选货架中。

2.定义"流"

根据系统各对象之间的逻辑关系,连接相应的输入、输出和中间端口,构建可视化仿真的逻辑流程。如图 10-5 所示,各对象之间连接的黑线即为仿真模型的逻辑流程。

3.参数设置

根据每个对象所描述的物理系统的特征,设定对象的参数。设定仿真周期为 1 小时,因此其有效仿真时间为 $1 \times 60 \times 60 = 3600$ 秒。

表 10-2 堆垛机参数设置

运行速度	最大加、减速度	货叉初始高度	货叉升降速度	装、卸货时间	装载量
2 m/s	1 m/s²	1m	1 m/s	3s	1 个托盘

表 10-3 运输叉车参数设置

运行速度	最大加、减速度	装、卸货时间	货叉升降速度	最大装载量
2 m/s	1 m/s²	3s	1 m/s	4 个托盘

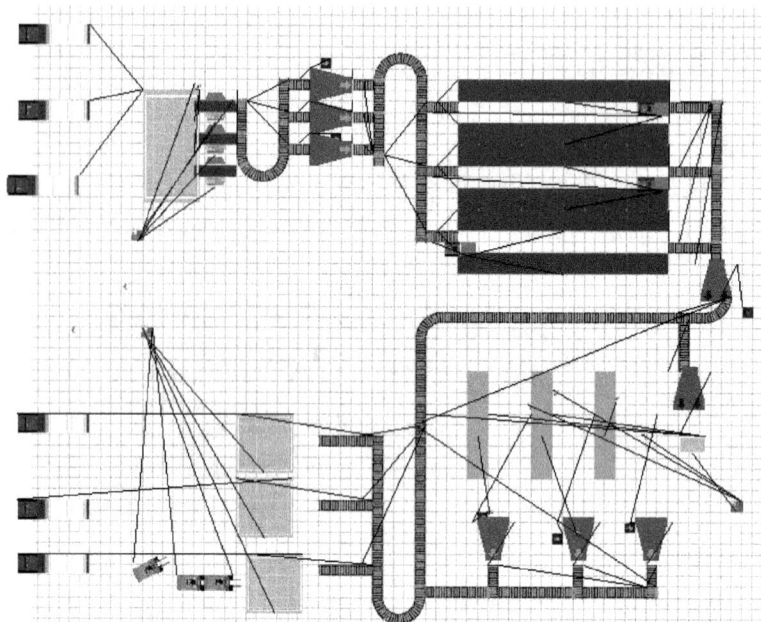

图 10-5　建立连接后的配送中心仿真模型

表 10-4　货架参数

货架列数	货架列宽	货架行数	货架行宽	每储位最大存储量
10	1.5m	10	1m	1个托盘

表 10-5　输送机参数设置

运行速度	间隔长度	最大装载量
1	1	

建立仿真模型需要用随机变量来描述模型的不确定性事件、变量等,因此需要确定系统的随机变量的分布类型以及参数,例如货物到达的时间间隔、打包机打包的时间、操作工人完成各种工作的时间等系统参数,可以用适当的理论分布来描述。

表 10-6　货物到达及各设备处理时间参数设置

事　件	分　　布		平均到达间隔时间	平均服务时间	方差
	到达分布	服务分布			
货物到达时间间隔	指数分布		10		3
处理机处理时间		正态分布		5	1
拣选人员拣选时间		正态分布		8	2
输送机输送时间		正态分布		5	1

配送中心往往是一个人机结合的系统,既有自动化设备操作,也有人工操作。操作人员的行为是指操作工人的数量、工作任务、工作程序、操作时间、与机械设备的关系等,

如表 10-7 所示。

表 10-7 人员的分配说明

人员类型	人员数	工作类型	工作地点	与设备的关系
入库检验员	3	贴标签	收货理货区	贴标签机
拣选搬运工人	3	搬运	拣选区	把货物搬上拣选架
拣选人员	3	拣选	拣选区	在拣选区拣选

4.编译运行仿真模型

进行实时仿真：设定好参数后，先编译模型，然后运行模型。图 10-6 所示为仿真系统运行图。

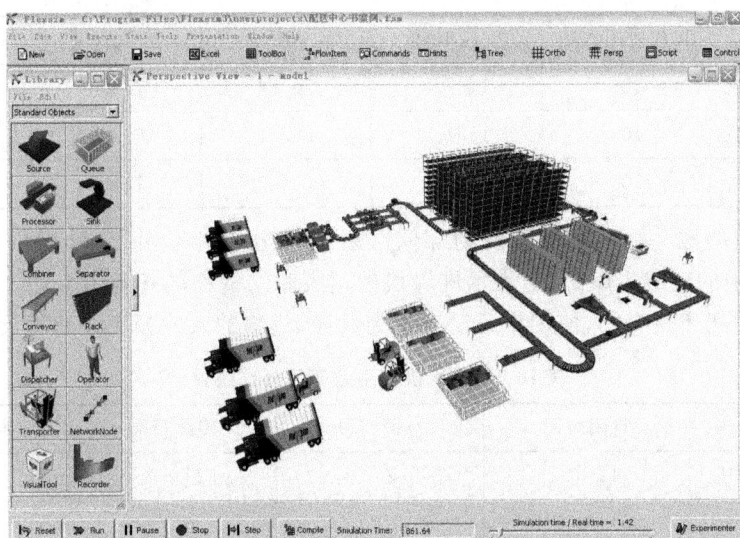

图 10-6　配送中心仿真系统运行图

10.3.5　仿真运行与结果分析

1.仿真试验分析

由于 Flexsim 是一个实时的仿真软件，在仿真过程中，可以对每个对象进行操作，检测其当前的状态。图 10-7 为货物存储区 1 号堆垛机在仿真的某时刻的状态图，从图上可以清楚地看出堆垛机的空闲时间、有效加工时间、装载货物时间以及它们各占的百分比等仿真结果。等仿真结束后，可通过导出状态报表即标准表，选取自己需要的数据导出成 Excel 表进行仿真实验数据的分析。

为了减小误差，实用重复法做多次独立的仿真试验，然后通过观察、统计分析实时状态图和导出的实验数据，得到最终的仿真结果。表 10-8 给出的是所有堆垛机和搬运车的作业状况仿真时间约为 3600 秒（系统总的仿真时间为 3600 秒，但每个设备并不是仿真系统一运行就马上启动，所以有些设备的总仿真时间达不到 3600 秒）。

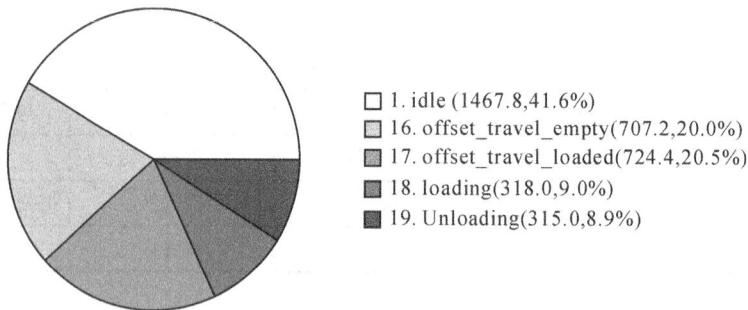

图例：
1. idle (1467.8,41.6%)
16. offset_travel_empty(707.2,20.0%)
17. offset_travel_loaded(724.4,20.5%)
18. loading(318.0,9.0%)
19. Unloading(315.0,8.9%)

图 10-7　1号巷道堆垛机在某时刻的状态图

表 10-8　堆垛机仿真实验数据统计

设备	装载入库次数	空闲时间	空载行驶	装载行驶	装卸时间
1 号巷道堆垛机	106	1467.8	707.2	724.4	318＋315
2 号巷道堆垛机	103	1567.5	662.1	692.0	309＋306
3 号巷道堆垛机	108	1435.1	715.3	741.8	324＋324

　　三个巷道的堆垛机分别负责货物存储区对应巷道的货架,每个堆垛机负责两个货架。表 10-8 中的装载入库次数,表示堆垛机搬运入库的货物的托盘数。表 10-9 表明,堆垛机的空闲时间还是有的,使用率还没有达到最高,货物的入库频率还有发展空间。

表 10-9　堆垛机使用效率百分比统计

设备	空闲时间	空载行驶	装载行驶	装卸时间
1 号巷道堆垛机	41.6%	20%	20.5%	17.9%
2 号巷道堆垛机	44.3%	18.7%	19.3%	17.6%
3 号巷道堆垛机	40.5%	20.2%	21%	18.3%

　　表 10-10 和表 10-11 是发货理货区的三辆搬运小车的仿真数据。每辆搬运小车的装载容量是 4 箱货物,而表 10-9 的平均装载量上,每辆小车的平均装载容量还不足 2 箱,所以有设备搬运能力的冗余现象。换句话说,若发货量加大,该配送中心完全有配送的能力。

表 10-10　搬运车仿真实验数据统计

设备	总装载数量	平均装载量	空闲时间	空载行驶、偏移	装载行驶、偏移	装、卸时间
1 号搬运车	207	1.55	396.6	469.0＋196.9	992.2＋282.1	621＋618
2 号搬运车	207	1.54	352.1	482.4＋205.7	985.5＋281.2	621＋618
3 号搬运车	201	1.51	364.1	484.1＋202.7	998.5＋292.2	603＋603

表 10-11 搬运车使用效率百分比统计

设备	空闲时间	空载行驶、偏移	装载行驶、偏移	装、卸时间
1 号搬运车	10.4%	18.8%	35.9%	34.9%
2 号搬运车	9.9%	19.4%	35.8%	34.9%
3 号搬运车	10.3%	19.4%	36.3%	34%

2. 拣选搬运优化

仿真 3600 秒仿真时间后,得到仿真结果并发现,在拣选的搬运区域出现了拥塞现象,如图 10-8 所示,即 3 个搬运工人无法完成分拣区货物按时上架,货物在暂存区出现积压现象。因此,在此处我们可对模型进行改进。

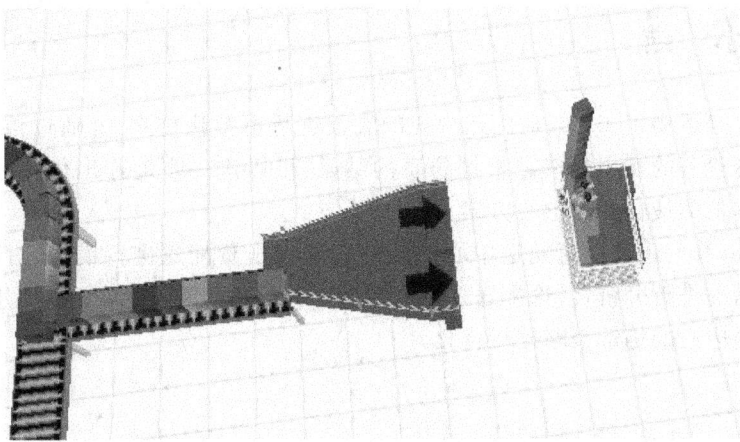

图 10-8 拣选搬运拥塞截图

解决方案:增加搬运工人,以达到按时上架的要求。

在原模型的基础上,再增加两个搬运工人,积压现象得到解决。改进前,传送带上的数据统计,如表 10-12 所示。

表 10-12 传送带的数据统计

	拥塞时间	空闲时间	运输时间	容量	平均输送量
改进前	61.6%	34.7%	3.7%	10	4.25 箱/s
改进后	1%	90.8%	8.2%	10	0.1 箱/s

虽然增加搬运工人能达到要求,但是从仿真的数据里面可以看出,搬运工人的装卸货时间占整个比例的大多数且搬运车行驶的速度比较慢,所以在时间成本上比较高。图 10-9 为改进后搬运人员的仿真结果分析饼图。

从上图可以看到,搬运人员有 65% 的时间是在装卸货物,所以我们可以考虑另一解决方案,即改用 AGV 小车替代搬运工人。本方案本文不详作阐述。

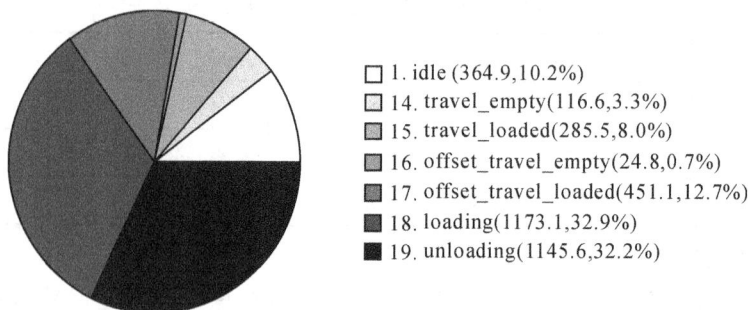

图 10-9 搬运人员的作业时间分布图

10.3.6 小 结

本节主要是运用 Flexsim 对配送中心的流程进行可视化仿真,并通过仿真结果分析配送中心中各设备的实用效率。根据仿真的结果,可以进一步地作出优化,以达到实用效率高而成本低的最佳配送中心方案。

除此之外,我们还可以对配送中心的装卸搬运和出货配送进行模拟,对配送中心内的货物搬运情况进行分析,讨论配送中心的搬运工具配备问题及 AGV 的应用,还可以运用仿真对配送中心的拣选策略进行优化。

10.4 配送中心库存系统仿真分析

10.4.1 系统概念模型

1. 问题描述

配送中心是从事货物配送并组织对用户的送货,以实现销售和供应服务的现代流通设施。它不同于传统的仓储设施,在现代商业社会中,配送中心已经成为连锁企业的商流中心、物流中心、信息流中心,是连锁经营得以正常运转的关键设施。

下面是一个典型的配送中心建模过程,该配送中心从三个供应商进货,向三个生产商发货。仿真的目的是研究该配送中心的即时库存成本和利润,并试图加以改善。

2. 系统数据

供应商(三个):当三个供应商各自供应的产品在配送中心的库存小于 10 件时开始生产,库存大于 20 件时停止生产。供应商一和供应商二分别以 4 小时一件的效率向配送中心送产品,供应商三提供一件产品的时间服从 3~6 小时均匀分布。

配送中心发货:当三个生产商各自的库存大于 10 件时停止发货。当生产商一的库存量小于 2 时,向该生产商发货;当生产商二的库存量小于 3 时,向该生产商发货;当生产商三的库存量小于 4 时,向该生产商发货。

配送中心成本和收入:进货成本 3 元/件;供货价格 5 元/件;每件产品在配送中心存货 100 小时费用 1 元。

生产商(三个):三个生产商均连续生产。生产商一每生产一件产品需要 6 小时;生产商二每生产一件产品的时间服从 3~9 小时的均匀分布;生产商三每生产一件产品的时间服从 2~8 小时的均匀分布。

3. 概念模型(如图 10-10 所示)

图 10-10 概念模型

10.4.2 建立 Flexsim 模型

1. 第 1 步:模型实体设计

模型实体设计的各元素如表 10-13 所示。

表 10-13 模型实体各元素

模型元素	系统元素	备 注
Flowitem	产品	
Source	发生产品	3 个 Source 发生产品的速度相同且快于供货商供应速度
模型前面的三个 Processor(按模型流程)	供货商	3 个 Processor 加工速率不同,按照模型的系统数据进行设定
Rack	配送中心	3 个 Rack 分别对应 3 个供货商
Queue	生产商仓库	3 个 Queue 订货条件不同,根据模型的系统数据进行设定
模型后面的三个 Processor(按模型流程)	生产商	3 个 Processor 加工速率不同,按照模型的系统数据进行设定
Sink	产品收集装置	产品的最终去处

2. 第 2 步:在模型中加入实体

从模型中拖入 3 个 Source、6 个 Processor、3 个 Rack、3 个 Queue 和 1 个 Sink 到操作区中,如图 10-11 所示。

3. 第 3 步:连接端口

根据配送的流程,对模型作如下的连接:每个 Source 分别连到各自的 Processor,再连到各自的 Rack,每个 Rack 都要与后面的每一个 Queue 进行连接(配送中心送出产品对三家生产商是均等的),每一个 Queue 再连接到各自的 Processor,最后 3 个 Processor

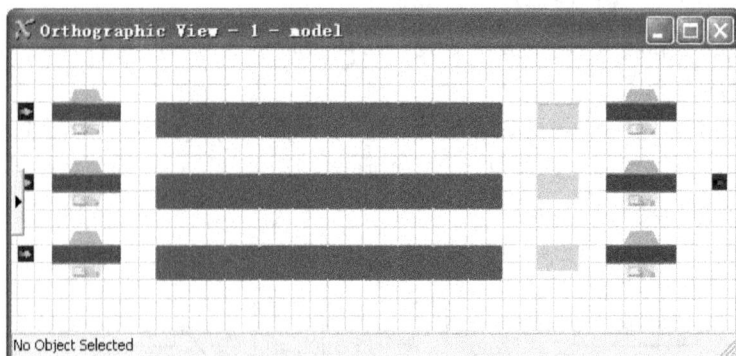

图 10-11　模型实体布局图

都连到 Sink,如图 10-12 所示。

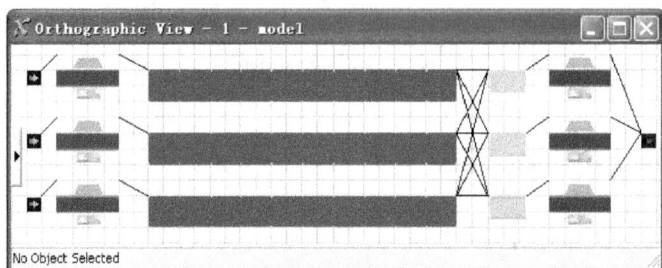

图 10-12　连接后的模型实体布局图

4. 第 4 步:Source 参数设置

因为 3 个 Source 在这里只是产生产品的装置,所以对 3 个 Source 作同样的设定。为了使 Source 产生实体不影响后面 Processor 的生产,应将它们产生实体的时间间隔设置得尽可能小。

5. 第 5 步:Processor(供货商)参数设置

6. 第 6 步:Rack 参数设置

双击一个 Rack 打开参数设置页。在 RackTriggers 项目下的 OnEntry 下拉菜单中选择 Close and Open Ports,如图 10-13 所示。

点击 OnEntry 下拉菜单后的参数编辑按钮🔲,在弹出的编辑框中进行如下编辑(粗体为改动部分)。

"If **content(current)==20** then **closeinput** ports of the **inobject(current,1)** object. "如图 10-14 所示。

这条指令的意思是,如果 Rack 的当前存储产品数增加到 20 的话就关闭与它的输入端口 1 相连的实体(即 Processor)的输入端口,这就相当于当供货商一提供的产品达到 20 的库存时配送中心就停止供货商一的供货。

说明:

①语句 **content(current)==20** 表示当前实体中临时实体的个数等于 20。

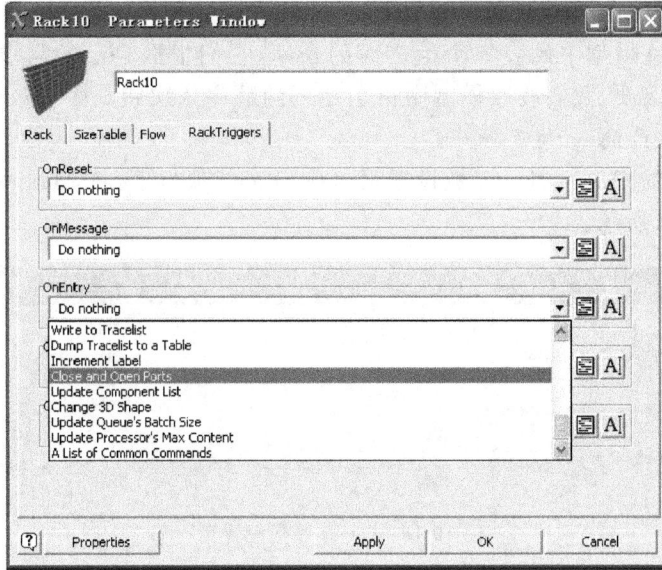

图 10-13　OnEntry 下拉菜单

图 10-14　Close and Open Ports 的参数编辑窗口

②语句 closeinput 表示关闭一个实体的输入端口；对应的 openinput 表示打开一个实体的输入端口，后面将会用到这个指令。

③语句 **inobject（current，1）**表示与当前实体输入端口 1 相连的实体。

类似的，在 RackTriggers 项目下的 OnExit 下拉菜单中选择 Close and Open Ports。点击 OnEntry 下拉菜单后的参数编辑按钮 ，在弹出的编辑框中进行如下编辑（粗体为改动部分）。

"If **content（current）**＝＝**10** then **openinput** ports of the **inobject（current，1）** object."如图 10-15 所示。

图 10-15　Close and Open Ports 的参数编辑窗口

这条指令的意思是，如果 Rack 的当前存储产品数减少到 10 的话就打开与它的输入端口 1 相连的实体（即 Processor）的输入端口，这就相当于当来自供货商一的产品小于10 个的时候供货商一就恢复对配送中心的供货。

我们对另外两个货架进行同样的设置。

7. 第 7 步:Queue 参数设置

3 个 Queue 在模型中代表 3 个生产商的仓库,它们根据自己的需求向配货中心订货。为了描述的需要,我们按照模型中由上至下的顺序依次将 3 个 Queue 和 Processor 看作生产商一、生产商二、生产商三。

双击最上面的 Queue 打开参数设置页。在 Queue 项目下,将 Maximum Content 改为 15,如图 10-16 所示。

图 10-16　Queue 参数设置页

点击 Apply 保存设置。

在 Flow 项目下的 Pull 选项前面点击打钩,如图 10-17 所示。

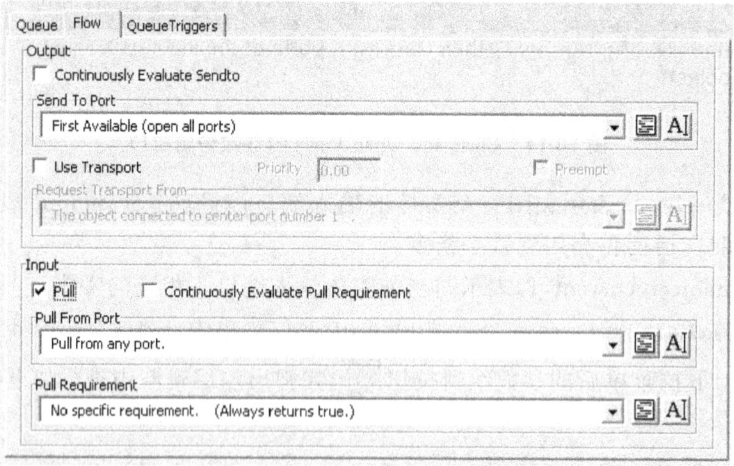

图 10-17　Queue 参数设置页的 Flow 项目

点击 Pull From Port 下拉菜单后面的代码编辑按钮 **AI**,对代码进行如下的编辑(粗体为更改部分)。

"return **duniform(1,3)**." 如图 10-18 所示。

说明:Pull 命令表示实体将按照自己的需求从它前面的输出端口拉入所需实体(而不是被动地接受前面端口送来的实体);return duniform(1,3)语句表示 Queue 从它前面的三个 Rack 概率均等地拉入实体;duniform(1,3)命令表示从 1 到 3 的均匀离散整数分布。经过这样的设置以后,配送中心的三个 Rack 将有均等的机会将自己的产品送到这个 Queue。

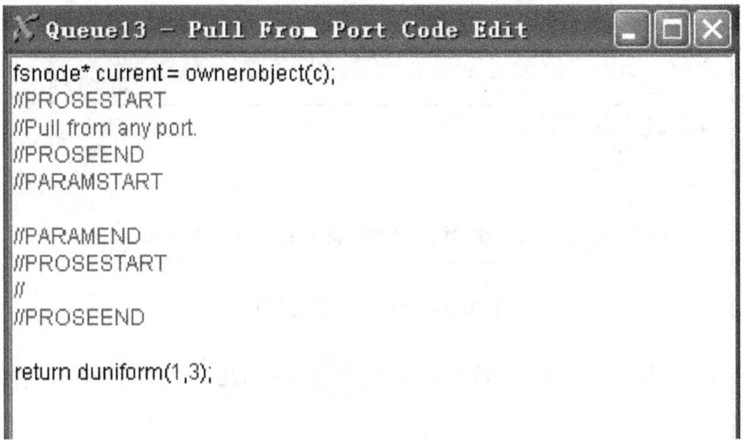

图 10-18 Pull From Port 代码设置页

在 QueueTriggers 项目下的 OnEntry 下拉菜单中选择 Close and Open Ports，如图 10-19 所示。

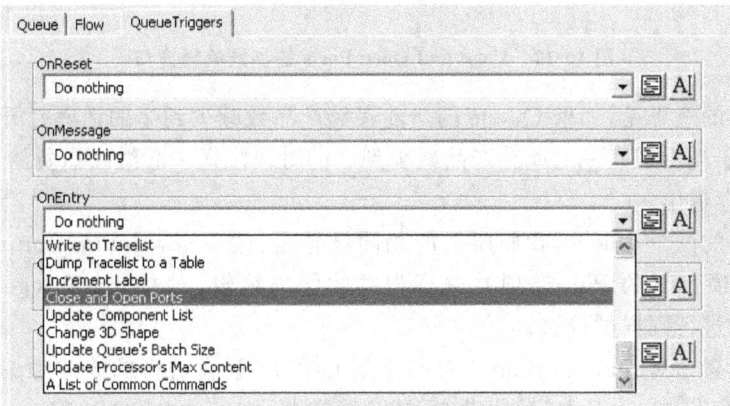

图 10-19 OnEntry 下拉菜单

点击 OnEntry 下拉菜单后的参数编辑按钮  ，在弹出的编辑框中进行如下编辑（粗体为改动部分）。

"If **content(current)** >= **10** then **closeinput** ports of the **current** object." 如图 10-20 所示。

图 10-20 Close and Open Ports 的参数编辑窗口

这条指令的意思是，如果 Queue 的当前存储产品数增加到 10 的话就关闭它的输入端口，这就相当于当生产商一的库存产品达到 10 的时候配送中心就不再送货给它。类似的，在 QueueTriggers 项目下的 OnExit 下拉菜单中选择 Close and Open Ports，如图

10-21 所示。

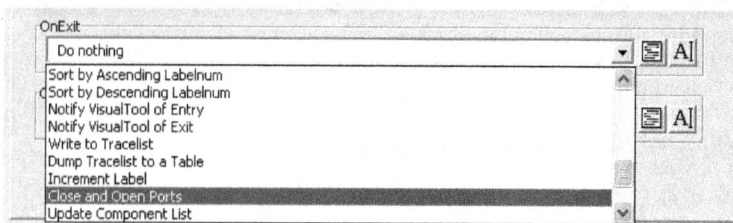

图 10-21　OnExit 下拉菜单

点击 OnExit 下拉菜单后的参数编辑按钮 ▣，在弹出的编辑框中进行如下编辑（粗体为改动部分）。

"If **content(current)**<=**2** then **openinput** ports of the **current** object." 如图 10-22 所示。

图 10-22　Close and Open Ports 的参数编辑窗口

这条指令的意思是，如果 Queue 的当前存储产品数减少到 2 的话就打开它的输入端口，这就相当于当生产商一的库存产品减少到 2 的时候配送中心继续送货给它。

然后，保存退出。

对于剩下的两个 Queue，我们所做的相同设置是：改变 Maximum Content 为 15，点选它们 Flow 项目下的 Pull 选项并进行相关的代码编辑，对 QueueTriggers 项目下的 OnEntry 触发进行同样的设置。

不同的设置是对 QueueTriggers 项目下的 OnExit 触发进行的修改和编辑。对于中间的 Queue，我们在 OnExit 下拉菜单中仍然选择 Close and Open Ports，然后点击 OnExit 下拉菜单后的参数编辑按钮 ▣，在弹出的编辑框中进行如下编辑（粗体为改动部分）。

"If **content(current)**<=**3** then **openinput** ports of the **current** object." 如图 10-23 所示。

图 10-23　Close and Open Ports 的参数编辑窗口

对于最下边的 Queue，我们在 OnExit 下拉菜单中仍然选择 Close and Open Ports，然后点击 OnExit 下拉菜单后的参数编辑按钮 ▣，在弹出的编辑框中进行如下编辑（粗体为改动部分）。

"If **content(current)**<=**4** then **openinput** ports of the **current** object." 如图 10-24

所示。

图 10-24　Close and Open Ports 的参数编辑窗口

可以发现，唯一改变的只是对需求产品的最低库存条件，其他并没有变化。

8. 第 8 步：Processor（生产商）参数设置

后面的 3 个 Processor 相当于 3 个生产商，根据预先设计好的数据对其进行设置。

9. 第 9 步：编译调试模型

10. 第 10 步：运行模型

模型运行时的截图如图 10-25 所示。

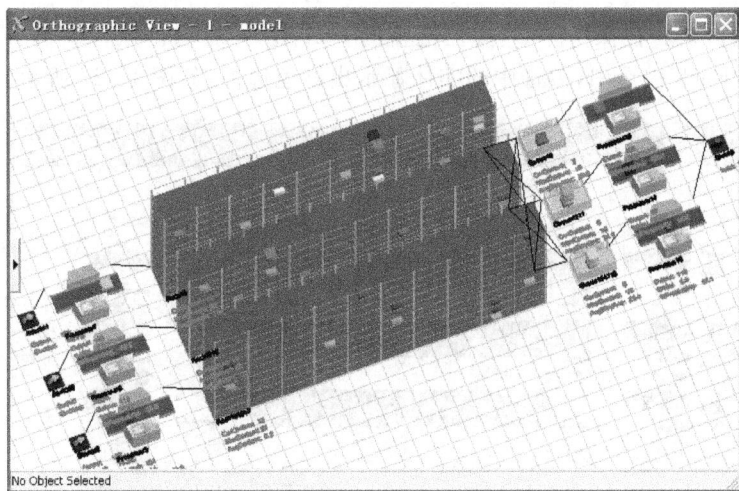

图 10-25　模型运行截图

10.4.3　数据分析

点击软件窗口右下角的 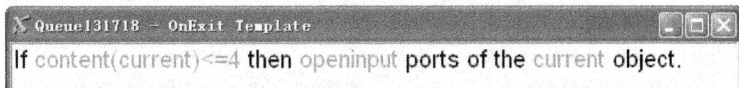 按钮（实验控制器）。在打开的窗口中做如下的设置：

将 Simulation End Time 值设为 8760.00（在该实验中，1 个单位时间代表 1 个小时，我们要对模型运行一年的数据进行收集，即让模型运行 24（小时）×365（天）＝8760 小时）。

将 Number of Scenarios 值设为 1。

将 Replications per Scenario 值设为 1，如图 10-26 所示。

保存设置并退出。

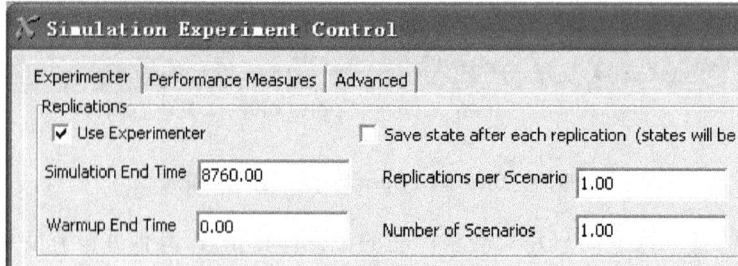

图 10-26　实验控制器编辑窗口

点击 ↰ Reset 按钮重置模型。

再次运行模型,可以适当地加快仿真运行的时间,这次当仿真时间到 8760 时模型会自动停止运行。

数据收集分析。在操作区中,按住键盘的 Ctrl 键,同时点击鼠标左键分别点击三个 Rack,则三个 Rack 被选中,被选中的实体显示出红色边框,如图 10-27 所示。

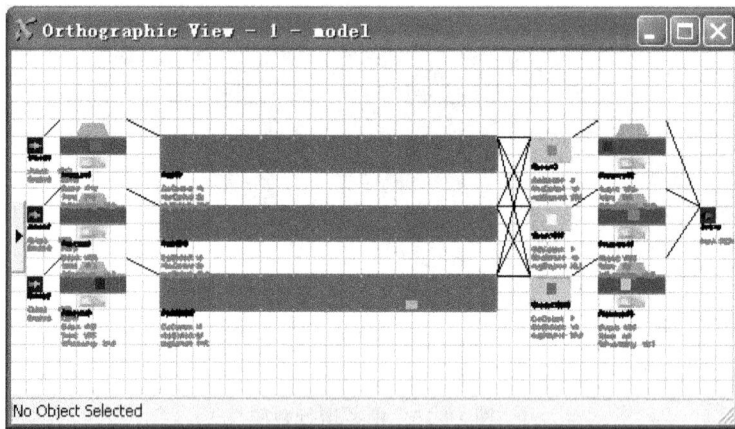

图 10-27　模型中 Rack 被选中的截图

点击软件菜单栏中的 Stats,在弹出的下拉菜单中选中 Stats Collecting,在右侧弹出的选项中点击选择 Selected Objects On,如图 10-28 所示。

这个操作打开了所选中实体的数据收集开关。

右键点击一个 Rack 选择 Properties 打开属性页,点击选择 Statistics 项目,如图 10-29所示。

在所显示的数据中,对我们的分析有帮助的数据是(每次运行模型所收集的数据会不相同,这里仅对这一次模型运行的数据结果进行分析):

①Content 下的 Average(该 Rack 每小时的平均库存),即 12.32;

②Throughput 下的 Input(该 Rack 在运行时间内的总输入),即 1751;

③Throughput 下的 Output(该 Rack 在运行时间内的总输出),即 1738。

由以上的数据和模型所预先设定的产品成本,可以得到配送中心这个 Rack 的收益

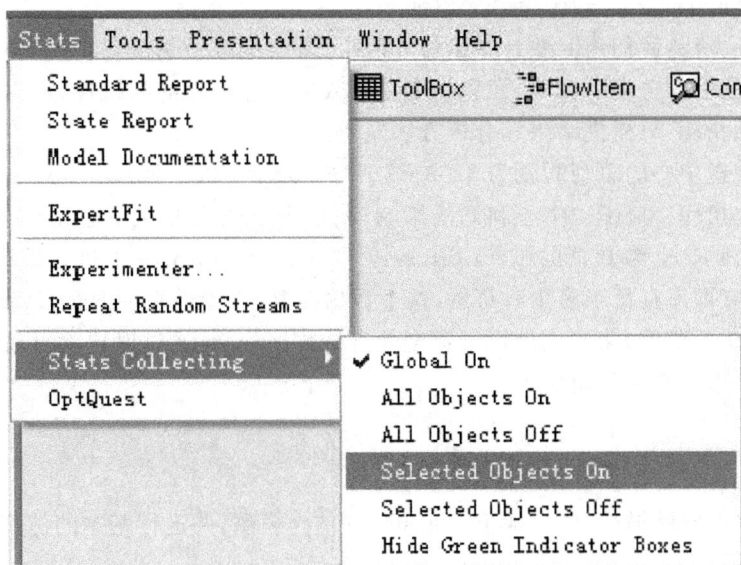

图 10-28　菜单栏中的 Stats 下拉菜单

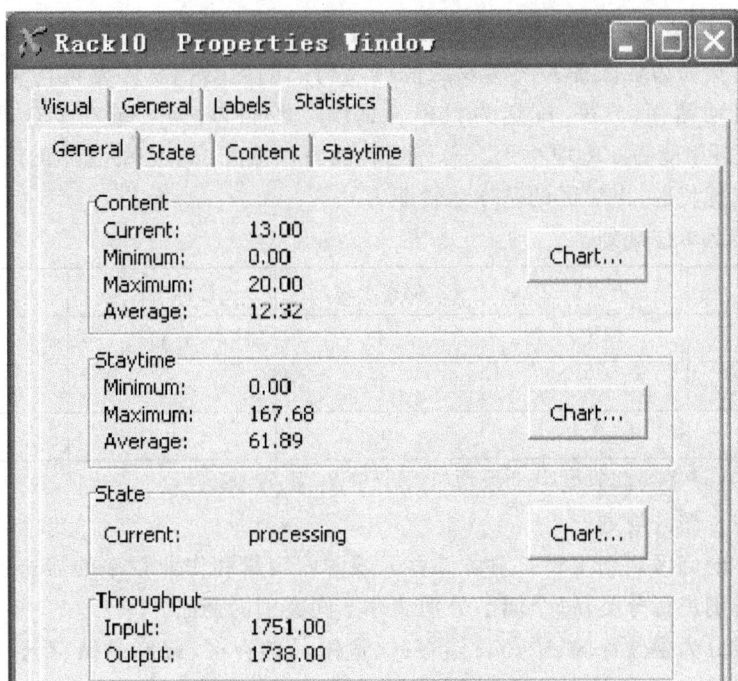

图 10-29　Rack 属性页中的 Statistics

情况：

　　①进货总成本：$1751 \times 3 = 5253$（元）；

　　②供货总收入：$1738 \times 5 = 8690$（元）；

　　③存货成本：$12.32 \times 8760/100 \times 1 = 1079.23$（元）；

④利润：$8690-5253-1079=2358$（元）。

用同样的方法，我们还需要计算出另外两个 Rack 的收益情况（这里就不再截图详细说明）。它们的利润分别是 2323 元和 2519 元（数据具有一定的随机性，所以这里就不再一一列举各项指标，只提供结果和分析方法）。

这样该配送中心的总利润就为 $2358+2323+2519=7200$（元）。

为了研究出库存对配送中心利润的影响，我们可以改变配送中心每个 Rack 的最大存储（该数据在 Rack 参数页的 RackTriggers 项目下的 OnEntry 下进行编辑）和对供货商的订货条件（即库存低于多少时订货，这个数据在 Rack 参数页的 RackTriggers 项目下的 OnExit 下进行编辑）来多次地运行模型并进行数据分析，通过对比就可以知道怎样的设置能使得配送中心的利润最大。

▷ 思考题

请根据以下问题描述，建立基于 Flexsim 的仿真模型，并进行基本的仿真分析。

1. 项目背景

某医药公司拟实施流通现代化技术改造，构建现代化的物流配送中心，以提高物流能力，加强企业的核心竞争能力。公司的主营业务，包括医药品的批发、调拨、零售。公司的营业范围，包括药品、药材、医疗器械、化学试剂、生化制品、保健品等。药品物流配送中心主要负责周边地区各大药房及医院所需药品的配送。总体方案构思以实现配送中心药品的自动储存、分拣、配送为目标。总体运转能力：储货量 39276 盘，库存容量 6197 盘，处理订单能力 1060 单/天。总体运转能力包括配送中心的总体配送能力以及进货区、仓储区、拣货区、出货区的基本运转能力。

2. 基本储运单位规划

区域	进货单位	储存单位	拣选单位	出货单位
AS/RS 区	C	P	P、C	C
托盘货架区	C	P	C	C
零货区	C、B	C	B	B

注：P：托盘，C：料箱或包装箱，B：拆零药品（销售单位：支、盒、包等）。

3. 配送中心储区规划

配送中心的储区规划主要是对各储存区域的库容量和作业频率的需求进行规划，首先根据物料类别进行分类，每个储区分别储存不同类别的药品。

储存区域分为主储存区、中药材储存区、危险品储存区、毒麻品储存区、贵重药品储存区和冷藏品储存区，每个储区分别储存不同类别的药品。另外，还设立了处理退货品和滞销品的储区、待处理品区、不合格品区和退厂品储区。配送中心的储区设置及功能定位如表 1 所示。

表1 配送中心储区及其定位

序号	储区	储存药品	储存条件	储存品种数	备注
1	主储区	通常品,包括片剂、胶囊剂、粉剂等	温度:0~20℃ 湿度:45%~75%	≥5000	AS/RS;托盘货架区;流动货架区;搁板货架区
2	器械库	医疗器械	温度:0~20℃ 湿度:45%~75%	200	二层
3	中药材储区	中药材	温度:0~20℃ 湿度:45%~75%	200	二层
4	危险品库	酒精等危险品	温度:0~20℃ 湿度:45%~75%	50	独立建筑
5	冷藏库	冷藏品	温度:-10~8℃ 湿度:45%~75%	300	二层
6	毒麻库	毒麻品	温度:0~20℃ 湿度:45%~75%	200	二层预留
7	贵重品库	贵重药品	温度:0~20℃ 湿度:45%~75%	200	二层预留
8	待处理区	退货等待处理的药品和滞销药品	温度:0~20℃ 湿度:45%~75%		二层
9	不合格品储区	失效、不合格的药品	温度:0~20℃ 湿度:45%~75%		二层
10	退厂品储区	不合格品	温度:0~20℃ 湿度:45%~75%		一层

4.配送中心主储区的区域划分与能力规划

主储区分为整货区和零货区,整货区包括 AS/RS 区和托盘货架区,零货区包括流动货架区和搁板货架区。

AS/RS 运转能力如下:

库容量/盘	出入库能力(次/天)	备注
≥5000	≥1000	

托盘货架区运转能力如下:

库容量/货位	拣选点	出货能力(箱/天)
≥1500	≥600	≥1600

流动货架区运转能力如下:

拣选点	储存量(箱)	每天进货量(箱/天)	每天出货量(个/天)
≥800	≥2400	≥680	≥55000

搁板货架区运转能力如下:

拣选点	库容量(货位)	储存量(箱)	每天进货量(箱/天)	每天出货量(个/天)
≥7000	≥10000	≥20000	≥118	≥9000

其他储区规划主要是根据各储区的储存药品的特性和品项数,确定各区的面积大小。

5.配送中心的物流路线

配送中心的物流路线包括进货、出货、补货、退货和空托盘回收与供给等几个方面。进货经过验收、卸载后入库,主要送往 AS/RS 区,同时也可以根据需要送往托盘货架区、流动货架区、搁板货架区。送往 AS/RS 区的货物经过堆垛机存储在高层货架中,同时由于 AS/RS 区要求以箱为单位的拣选功能,故在 AS/RS 出口设立循环输送,以便拣选后送回高层货架。AS/RS 区出来的货物送往托盘货架区,便于以箱为单位的分拣,也可以直接送往配送货车。托盘货架区的货物以箱为单位送往配送车,或对流动货架/搁板货架进行补货。托盘货架、流动货架、搁板货架拣选出来的货物统一在集货区暂存,统一装车进行配送。图1为一层物流路线图,图2为二层物流路线图。

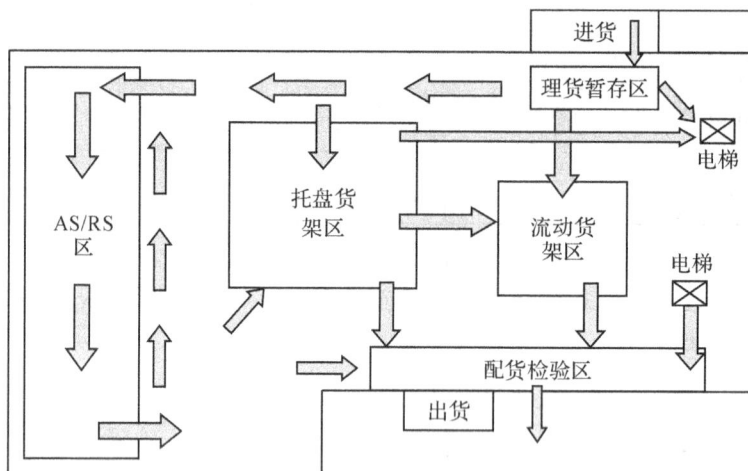

图 1　配送中心物流路线图(一层)

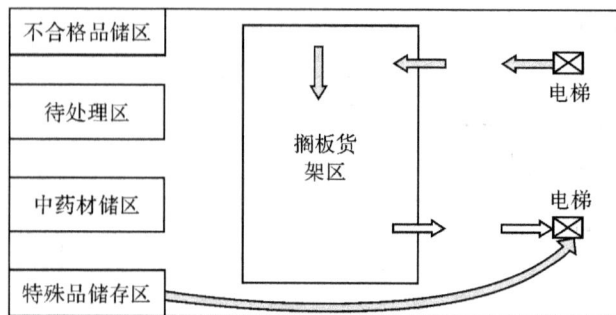

图 2　配送中心物流路线图(二层)

6. AS/RS 区设计

①确定货物单元规格。货物单元规格为 1000mm×1200mm×1300mm(包括托盘),单元货重量为 500kg(含托盘)。

②查阅相关资料,计算单位货架尺寸,如图 3(双货位)所示,图中单位为 mm。

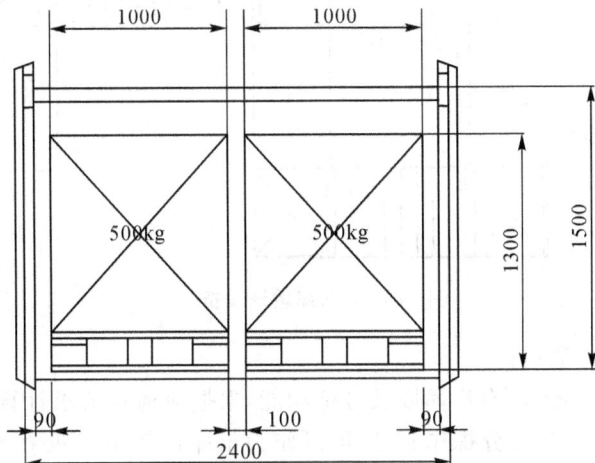

图 3　高层货架局部图

③根据 AS/RS 区出入库能力大于 1000 次/天,折合 125 次/h(工作 8h/天)。计算堆垛机标准出入库能力(指堆垛机在 60m 长、21m 高立体库 1h 内入库或出库的次数),适当考虑不均衡因素(系数 1.5),通过计算选定 4 台堆垛机,可以满足出入库能力要求。

④选用横梁双货位结构货架。根据复核计算,AS/RS 区规格如下:8 排×50 列×13 层,尺寸约 60m×16m×21m。共计 5200 个托盘货位。

⑤堆垛机。选用 21m 高规格,水平运行速度 5~150m/min,起升速度 5~40m/min,出叉速度 5~40m/min,变频调速、红外测距堆垛机,可联机自动、单机自动和手动控制。

⑥配套输送系统采用链条输送与辊道输送相结合的方式。根据项目要求:进出库能力大于 1000 次/天,考虑极端情况 1000 次全部入库;考虑 50% 占空比,经计算(工作 8h/天)需要 5m/min 的输送速度;综合考虑可能排队、堵塞情况,选用输送机速度为 0.25m/min,控制方式 PLC,检测元件、变频器采用进口产品。可以实现手动、单机联动和联机自动方式。

⑦入库口数量的计算。依据所提供资料出入库能力大于 1000 次/天,考虑工人、设备工作速度,应设置两个入库口,如图 4 所示。同时可以在直通道上加设入库口,为系统增容留有余地,扩展性好。

⑧在入库输送设备上安装有尺寸检测装置、称重装置、条码阅读器。尺寸检测装置检测托盘码垛是否符合要求,称重装置测量托盘总重是否超过 500kg,条码阅读器检查托盘条码能否读取(存在且可读),上述任意一项不满足要求,都返回到旁路整理段,整理完毕后自动重新送到入库辊道上进行检测。

⑨入库端到 AS/RS 库区间输送道上,往托盘货架区的方向设有一旁路满足直接向托盘货架区补货需求,该旁路由两台链条机构成,具有暂存功能,向托盘区直接补货时不

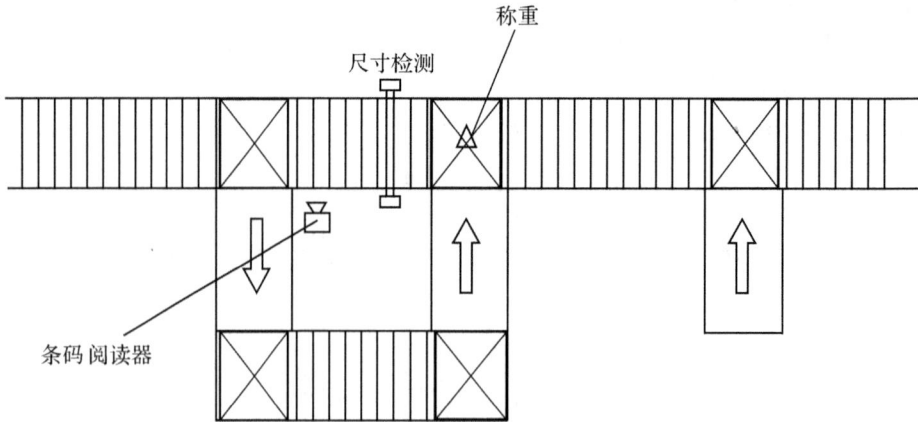

图4　入库输送设备

至于影响主通道的畅通运行。

⑩题目要求 AS/RS 区有出库以及分拣功能,根据流通量要求计算,在出库回流的输送道上设有一个分拣口(无分拣作业时,可以作为出库口使用),两个出库口(见图5),可以满足 AS/RS 区分拣、出库以及向托盘补货的要求。同时在回流输送道送入 AS/RS 库之前,重新进行条码扫描分配储位。

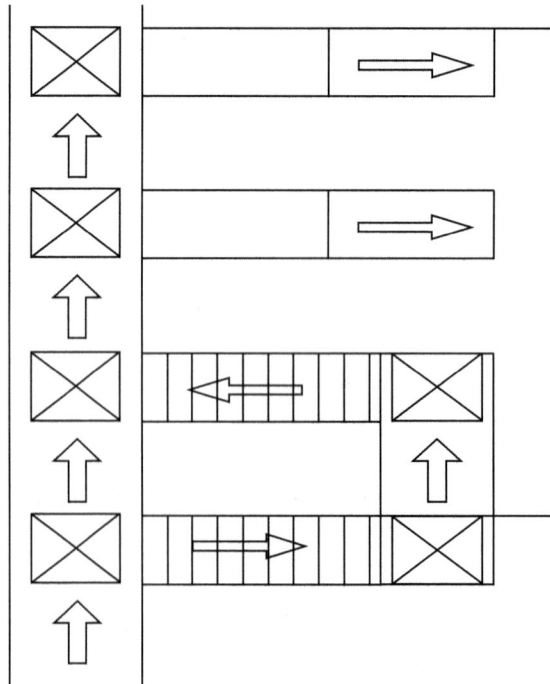

图5　出库输送设备

⑪各出库口配置 LED 显示屏装置,显示出库货物信息及拣选和抽样要求。

⑫在入库口和出库口各配置 RF 终端一台,入库口实现货物、条码、托盘的关联和入

库货物名称、数量等的校核。出库口对出库货物进行确认。

7. 托盘货架区设计

①托盘规格：1000mm×1200mm 单面托盘；材质：聚乙烯塑料（无毒）。

②确定货物单元规格：1000mm×1200mm×1300mm（包括托盘），单元货重量 500kg（含托盘）。

③经过计算考虑，选用 5 层货架结构，高度约为 8m。

④托盘货架区每天出货能力要求 1600 箱/天，平均 24 箱/托盘。折合托盘上货约 67 托盘/天（8.5 托盘/h，8h 工作制），选用一台叉车即可完成上货和补货。

⑤托盘货架区出货量 1600 箱/天，要完成约 200 箱/h 的拣选工作量，根据拣选效率考虑，需要两台拣选车。

⑥为了方便对流动货架、搁板货架的补货，以及方便出库药品的搬运，配置两台电动托盘车和两台手动托盘车完成此类工作。

⑦托盘货架区的上货、拣选工作采用 RF 辅助方式，信息实时快捷。根据配置的上货叉车、拣选车数量配置 3 台 RF 终端。

8. 流动货架区设计

储存单元是料箱，规格为 600mm×400mm×148mm。采用 RF 辅助拣选实现无纸化作业，配置 RF 终端设备 6 台，可以同时 6 个人参与拣选。如果拣选任务繁重，可以借用托盘货架区终端或者搁板货架区终端实现多人拣选。采用三层手推车作为拣选车，数量 12 台，适合多品种拣选。

9. 搁板货架区设计

考虑搁板货架区为出货频率低的零货储存与分拣，故设置在二楼。储存单位：原包装箱、料箱（供散货用，约 500 种），规格：400mm×300mm×148mm。采用 RF 辅助拣选方式实现拣选作业的无纸化，配置 RF 终端两台。采用三层结构手推拣选车，数量 6 台，能满足拣选频率和高效作业的要求。

第 11 章

Flexsim 高级仿真开发

⤷ 本章要点

    Flexsim 具有很强的二次开发能力,本章首先介绍 Flexsim 编码设计的一些基本知识,同时通过实例对 Flexsim 高级仿真开发过程进行了具体描述。

11.1　Flexsim 高级开发简介

11.1.1　Flexsim 的编程基础

1. Flexsim 的编码方法

    Flexsim 存在两种编码形式:Flexscript 和 C++。其中 Flexscript 具有 C++的结构、C++的语法,但又相对独立于 C++。在 Flexsim 自带的 Command 集中 C++和 Flexscript可以一样使用。相比较而言,Flexscript 更加便捷,调试运行无需编译,在安装 Flexsim 时不对 Visual C++. Net 作要求;C++调试运行必须首先进行编译,并且需要安装 Visual C++. Net,但其能力包含 Flexscript,但又超过它,功能更强大。

    在 Flexsim 里面,虽然可以使用所有 C++功能,但是作为一个 Flexsim 的建模者仅仅需要知道很少的一部分命令就可以用来创建出复杂的模型。因此,本部分通过对 FlexScript 的讲解来进行 Flexsim 编码部分的说明。

2. 基本数据类型

    在 Flexsim 建模过程中,通常需要使用到如表 11-1 所示的四组基本数据类型的变量。

表 11-1　Flexsim 常用的四种数据类型

变量名	类型说明
int	整数
double	双精度浮点数
string	字符串
fsnode * 或 treenode	Flexsim 节点或实体的指针（树节点变量）

同样,也可以在基本类似的基础上,构造数组类型,如:intarray 为整型数组变量,doublearray 为浮点数组变量,stringarray 为字符串数组变量,而 treenodearray 为树节点数组变量。

下面给出如何声明和设定变量的示例。

```
int counter = 1;
double size = xsize(current);
char letter = 'A';
char * tablename = "mytable";
string tablename = "mytable";
fsnode * nextobj = outobject(current,1);
```

3.运算符

(1)数值计算的各种数学运算符

数学运算符如表 11-2 所示。

表 11-2　数学运算符

运算符	浮点数示例(=结果)	整数示例(=结果)
+	1.6+4.2(=5.8)	2+3(=5)
-	5.8-4.2(=1.6)	5-2(=3)
*	1.2 * 2.4(=2.88)	3 * 4(=12)
/	6.0/4.0(=1.5)	20/7(=2)
%(整数取模)		34%7(=6)
sqrt()	sqrt(5.3)(=2.3)	
pow()	pow(3.0,2.2)(=11.2)	pow(3,2)(=9)
round()	round(5.6)(=6)	
frac()	frac(5.236)(=0.236)	
fmod()(浮点数取模)	fmod(5.3,2)(=1.3)	

注意,Flexsim 中默认数值为双精度浮点数,所以编写逻辑的时候通常要把运算符当作是适用于浮点数运算的。

（2）比较运算符

比较运算符如表 11-3 所示。

表 11-3　给出了比较两个数值或变量的运算符

运算符	示例(结果)
＞(大于)	1.7＞1.7(假)
＜(小于)	−1.7＜1.5(真)
＞＝(大于等于)	45＞＝45(真)
＜＝(小于等于)	45＜＝32(假)
＝＝(等于)	45＝＝45(真)
！＝(不等于)	45！＝35(真)
comparetext()	comparetext(getname(current)，"Processor5")

（3）逻辑运算符

几个常用的逻辑运算符如表 11-4 所示。

表 11-4　逻辑运算符

运算符	示例
&&(逻辑 AND)	$x＞5$ && $y＜10$
‖(逻辑 OR)	$x＝＝32$‖$y＞45$
！(逻辑 NOT)	！$(x＝＝32$‖$y＞45)$
min()	$\min(x,y)$
max()	$\max(x,y)$

4.变量的赋值与修改

变量的赋值与修改如表 11-5 所示。

表 11-5　变量的赋值与修改的常用方式

操作	示例
＝	$x＝x+2$;
＋＝	$x+＝2$;(same as $x＝x+2$)
−＝	$x-＝2$;(same as $x＝x-2$)
＊＝	$x*＝2$;(same as $x＝x*2$)
/＝	$x/＝2$;(same as $x＝x/2$)
＋＋	$x++$;(same as $x＝x+1$)
−−	$x--$;(same as $x＝x-1$)

5.Flexsim 的编码基本规则

下面是建立用户逻辑时需要知道的一般规则：

①语言对大小写敏感（A 不同于 a）；

②不需要特殊的格式（鼓励灵活运用空格、制表位以及语句换行）；

③如果不明确说明，数值都是双精度的浮点值；

④文本字符串通常用双引号引起来，如"mytext"；

⑤函数之后有圆括号，用逗号分隔函数的参数，如 moveobject(object1,object2)；

⑥函数或命令总是以分号结尾；

⑦圆括号可以在数学或逻辑表达式中自由应用生成组合；

⑧尖括号用来定义程序块，用"//"将一行的其余部分注释掉；

⑨在命名时不要使用空格或特殊字符；

⑩名称变量和明确的值可以在表达式中互换使用。

11.1.2　Flexsim 基本程序流程

Flexsim 程序主要也是由顺序、选择分支和循环三种基本流程结构组成的，这些基本程序结构可供用户修改自己的程序代码流程。

1. 逻辑 If 语句

If 语句用来在表达式为真时，执行某些代码，而表达式为假时，执行另一部分代码，如表 11-6 所示。

表 11-6　If 语句程序结构与示例

程序结构	示　　例

if(test expression)
{
　　代码块
}
else
{
　　代码块
}
	if (content(item) = = 2)
	{
	　　colorred(item);
	}
	else
	{
	　　colorblack(item);
	}

2. 逻辑 Switch 语句

Switch 语句用来在几种备选的代码段中选择一段执行，这要根据一个变量来切换。Switch 变量必须是整数。下面的例子给临时实体设定颜色，类型 1 设为黄色，类型 5 设为红色，其他类型都为绿色，如表 11-7 所示。

表 11-7　Switch 语句程序结构与示例

程序结构	示　　例

switch(switchvariable)
{
　　case casenum：
　　{
　　　　代码块
　　　　break；
　　　}
　　default：
　　{
　　　　代码块
　　　　break；
　　}
　}
	int type = getitemtype(item)；
	　　switch (type)
	　　{
	　　　case 1：
	　　　{
	　　coloryellow(item)；
	　　　　break；
	　　　}
	　　case 5：
	　　{
	　　　colorred(item)；
	　　　　break；
	　　　}
	　　default：
	　　{
	　　colorgreen(item)；
	　　　　break；
	　　　}
	　}

3. 逻辑 While 循环

While 循环将一直在其程序块内循环直到表达式为假时才停止,其程序结构与示例如表 11-8 所示。

表 11-8　While 语句程序结构与示例

程序结构	示　　例

while (test expression)
{
　　code block
}
	while (content(current) = = 2)
	{
	　　destroyobject(last(current))；
	}

4. 逻辑 For 循环

For 循环与 While 循环相似,不同之处在于 For 循环通常用于明确知道循环次数的情况。开始表达式只执行一次以初始化循环。在每次循环开始时执行测试表达式,如其为假则终止循环,这和 While 循环一样。在每次循环的最后执行记数表达式,通常是递增某些变量,来标记一次重复的结束。其程序结构与示例如表 11-9 所示。

表 11-9　For 语句程序结构与示例

程序结构	示　　例

for(start expression；
　　test expression；
　　count expression)
{
　　代码块
}
	for (int index = 1；
	　　index < = content(current)；
	　　index + +)
	{
	　　colorblue(rank(current,index))；
	}

11.1.3　Flexsim 命令与函数

1. Flexsim 命令构成

Flexsim 的程序是由命令与函数构成的,在 Flexsim 中执行命令分为如下的几步:首先键入命令的名称,后面跟前括号;然后键入命令的参数,用逗号隔开,每个参数都可以是变量、表达式,或者甚至也可以是另一命令;用后括号结束命令,并跟分号。参考命令集可获取有关命令的详细信息以及它们的功能和参数列表。参考基本建模函数那一节可快速获取常用命令信息。其语法与示例如表 11-10 所示。

表 11-10　Flexsim 语句程序结构与示例

语　　法	示　　例

commandname(parameter 1, parameter 2, parameter 3 ...);	coloryellow(current);
	setrank(item, 3 + 7);
	setitemtype(item,
	getlabelnum(current, "curitemtype"));

2. 脚本编辑器

脚本编辑器用来执行 Flexscript 命令以获得信息,同时也进行模型配置。点击执行按钮来执行代码。代码的返回值显示在底部方框中。如果执行的脚本有多行,可以使用双斜杠"//"来注释掉某些行,如图 11-1 所示。

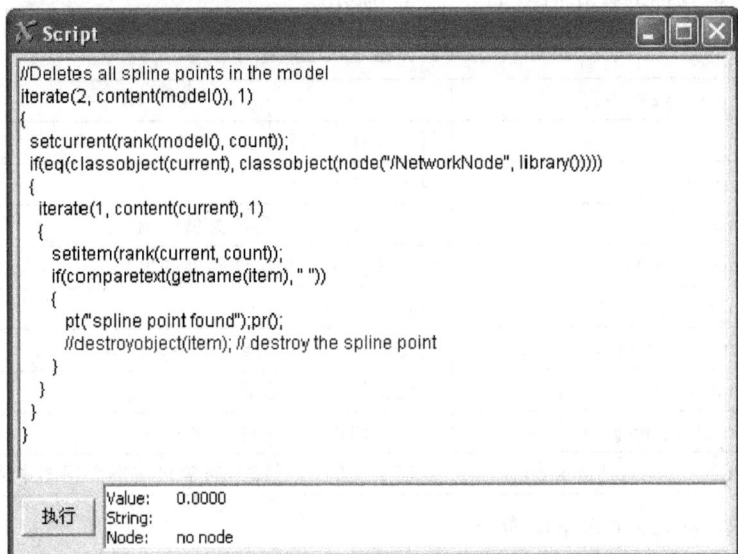

```
//Deletes all spline points in the model
iterate(2, content(model()), 1)
{
 setcurrent(rank(model(), count));
 if(eq(classobject(current), classobject(node("/NetworkNode", library()))))
 {
  iterate(1, content(current), 1)
  {
   setitem(rank(current, count));
   if(comparetext(getname(item), " "))
   {
    pt("spline point found");pr();
    //destroyobject(item); // destroy the spline point
   }
  }
 }
}
```

```
执行    Value:   0.0000
        String:
        Node:    no node
```

图 11-1　脚本编辑器

3. 实体引用命令

下列的命令和存取变量在 Flexsim 中被用作实体引用。

(1)变量 current 和 item

①current:变量 current 是当前资源实体的引用。通常可以是下拉菜单中的一个存取变量。

②item：变量 item 是某触发器或函数所涉及的临时实体引用。通常可以是下拉菜单中的一个存取变量。

（2）引用命令

引用命令如表 11-11 所示。

表 11-11　引用命令

命令（参数列表）	说　　明	示　　例
first(node)	返回的是所传递的实体中排序第一的对象的引用	first(current)
last(node)	返回的是所传递的实体中排序倒数第一的对象的引用	last(current)
rank(node,ranknum)	返回的是所传递的实体中某给定排序的对象的引用	rank(current,3)
inobject (object,portnum)	返回的是与所传递的实体的输入端口号相连的对象的引用	inobject(current,1)
outobject (object,portnum)	返回的是与所传递的实体的输出端口号相连的对象的引用	outobject(current,1)
centerobject (object,portnum)	返回的是与所传递的实体的中间端口号相连的对象的引用	centerobject(current,1)
next(node)	返回的是所传递的实体中排序下一个对象的引用	next(item)

4. 有关实体属性的命令函数

（1）对实体基本属性的操作命令

对实体基本属性的操作命令如表 11-12 所示。

表 11-12　对实体基本属性的操作命令

命令（参数列表）	说　　明
getname(object)	返回实体的名称
setname(object,name)	设定实体的名称
getitemtype(object)	返回实体中临时实体类型的值
setitemtype(object,num)	设定实体中临时实体类型的值
setcolor(object,red,green,blue)	设定实体的颜色
colorred(object)blue,green,white...	设定实体的颜色为红、蓝、绿、白等
setobjectshapeindex(object,indexnum)	设定实体的 3D 形状
setobjecttextureindex(object,indexnum)	设定实体的 3D 纹理
setobjectimageindex(object,indexnum)	设定实体的 2D 纹理，通常只在平面视图中使用

（2）对实体空间属性的操作命令

对实体空间属性的操作命令如表 11-13 所示。

表 11-13　对实体空间属性的操作命令

命令（参数列表）	说　　明
xloc(object)yloc(object)zloc(object)	这些命令返回实体 x、y、z 轴向的位置
setloc(object,xnum,ynum,znum)	此命令设定实体 x、y、z 轴向的位置

续表

命令（参数列表）	说　明
xsize(object)ysize(object)zsize(object)	这些命令返回实体 x、y、z 轴向的尺寸大小
setsize(object,xnum,ynum,znum)	此命令设定实体 x、y、z 轴向的尺寸大小
xrot(object)yrot(object)zrot(object)	这些命令返回实体围绕 x、y、z 轴向的旋转角度
setrot(object,xdeg,ydeg,zdeg)	此命令设定实体围绕 x、y、z 轴向的旋转角度

（3）对实体状态属性的统计操作命令

对实体状态属性的统计操作命令如表 11-14 所示。

表 11-14　对实体状态属性的统计操作命令

命令（参数列表）	说　明
content(object)	返回实体当前数量
getinput(object)	返回实体的输入统计
getoutput(object)	返回实体的输出统计
setstate(object,statenum)	设定实体的当前状态
getstatenum(object)	返回实体的当前状态
getstatestr(object)	以字符串返回实体当前状态
getrank(object)	返回实体的排序
setrank(object,ranknum)	设定实体的排序
getentrytime(object)	返回实体进入到当前所在实体中的时刻
getcreationtime(object)	返回实体的创建时刻

（4）对实体标签属性操作的命令

对实体标签属性操作的命令如表 11-15 所示。

表 11-15　对实体标签属性操作的命令

命令（参数列表）	说　明
getlabelnum(object,labelname) getlabelnum(object,labelrank)	返回实体的标签值
setlabelnum(object, labelname, value) setlabelnum(object, labelrank, value)	设定实体的标签值
getlabelstr(object, labelname)	获得实体标签的字符串值
setlabelstr(object, labelname, value) setlabelstr(object, labelrank, value)	设定实体标签的字符串值
label(object, labelname) label(object, labelrank)	返回一个作为节点的标签的引用,此命令常用在把标签当作一个表来使用的情况下

5.有关表操作的命令函数

有关表操作的命令函数如表 11-16 所示。

表 11-16　有关表操作的命令函数

命令（参数列表）	说　明
gettablenum(tablename/tablenode/tablerank，rownum，colnum)	返回表中特定行列的值
settablenum(tablename/tablenode/tablerank，rownum，colnum，value)	设定表中特定行列的值
gettablestr(tablename/tablenode/tablerank，rownum，colnum)	返回表中特定行列的字符串值
settablestr(tablename/tablenode/tablerank，rownum，colnum，value)	设定表中特定行列的字符串值
settablesize(tablename/tablenode/tablerank，rows，columns)	设定表的行列数大小
gettablerows(tablename/tablenode/tablerank)	返回表的行数
gettablecols(tablename/tablenode/tablerank)	返回表的列数
clearglobaltable(tablename/tablenode/tablerank)	将表中所有数字值设为 0

6.实体控制的命令函数

实体控制的命令函数如表 11-17 所示。

表 11-17　实体控制的命令函数

命令（参数列表）	说　明
closeinput(object)	关闭实体的输入端口
openinput(object)	重新打开实体的输入端口
closeoutput(object)	关闭实体的输出端口
openoutput(object)	重新打开实体的输出端口
sendmessage(toobject,fromobject，parameter1，parameter2，parameter3)	触发实体的消息触发器
senddelayedmessage（toobject，delaytime，fromobject，parameter1，parameter2，parameter3 ）	在一段特定时间延迟后触发实体的消息触发器
stopobject(object，downstate)	无论实体在进行什么操作,都令其停止,并进入指定的状态
resumeobject(object)	使实体恢复其原来的无论什么操作
stopoutput(object)	关闭实体的输出端口,并累计停止输出的请求
resumeoutput(object)	在所有停止输出请求都恢复以后,打开实体的输出端口
stopinput(object)	关闭实体的输入端口,并累计停止输入的请求
resumeinput(object)	在所有停止输入请求都恢复以后,打开实体的输入端口
insertcopy(originalobject，containerobject)	往容器里插入新的实体复制品
moveobject(object，containerobject)	将实体从当前容器移到它的新容器中

7.实体变量的操作函数

实体变量的操作函数如表 11-18 所示。

表 11-18　实体变量的操作函数

命令(参数列表)	说　明
getvarnum(object,"variablename")	返回给定名称的变量的数值
setvarnum(object,"variablename", value)	设定给定名称的变量数值
getvarstr(object,"variablename")	返回给定名称的变量的字符串值
setvarstr(object,"variablename", string)	设定给定名称的变量的字符串值
getvarnode(object,"variablename")	返回一个节点,作为指向给定名称的变量的引用

8. 任务序列及命令

一个任务序列就是需要一个任务执行器按一定顺序执行的一系列任务,如图 11-2 所示,图中 P 表示优先值或先占值。任务执行器是指从任务执行器类派生出来的实体,包括操作员、运输机、起重机、堆垛机、机器人、升降机和其他可移动资源。如果一个实体的参数视窗中包含任务执行器属性分页,那它就是一个任务执行器。

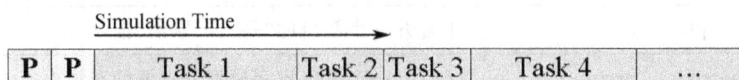

图 11-2　一个任务序列

除了是一系列任务之外,每个任务序列还有一个优先级值。优先级定义了相对其他任务序列而言,执行此任务序列的重要程度。每个任务序列还都有一个先占值,用来定义那个任务序列是否要使其他正在执行的任务序列中断转而执行它。当选择了临时实体流分页中的"使用运输机"复选框后,可以创建如下的任务序列:

①行进到当前临时实体所在的实体;

②从该实体装载临时实体;

③中断;

④行进到目的地实体;

⑤卸载临时实体到目的地实体,等等。

关于任务序列的操作命令包括:

(1)使用三个简单的命令创建定制任务序列

首先,使用 createemptytasksequence() 创建一个任务序列。然后连续使用命令 inserttask() 往此任务序列中插入任务。最后使用 dispatchtasksequence() 来分配此任务序列。

(2)查询和修改任务序列的命令

①fsnode ＊ gettasksequencequeue(fsnode ＊ dispatcher) 命令返回一个指向分配器/任务执行器的任务序列队列的引用;

②fsnode ＊ gettasksequence(fsnode ＊ dispatcher, int rank)命令可以获得任务序列,其中 rank 是任务序列在任务序列队列中的序号,如果 rank＝0,则它也返回一个指向给此任务执行器的当前激活任务序列的引用,或者说是正在执行的任务序列的引用;

③fsnode * gettaskinvolved(fsnode * tasksequence, int rank, int involvednum)命令返回一个指向任务序列中某给定任务的涉及实体的引用,rank 是任务在任务序列中的序号,involvednum 是 1 或 2,指向所涉及的那个实体;

④int gettasktype(fsnode * tasksequence, int rank)命令返回一个给定任务的任务类型,rank 是任务序列中任务的序列。

9.提示和界面输出命令

提示和界面输出命令如表 11-19 所示。

表 11-19　提示和界面输出命令

命令(参数列表)	说　明
pt(text string)	向输出控制台打印文本
pf(float value)	向输出控制台打印浮点数值
pd(discrete value)	向输出控制台打印整数数值
pr( )	在输出控制台中建新的一行
msg("title", "caption")	打开一个简单的"是、否、取消"消息框
userinput(targetnode, "prompt")	打开一个可以设定模型节点值的对话框
concat(string1, string2, etc.)	合并两个或多个字符串

11.2　Flexsim 开发工具

11.2.1　Flexsim 树结构

Flexsim 是完全采用树型数据结构的概念设计的。Flexsim 的所有信息全部包含在 Flexsim 树中,包括库实体、命令以及所有的模型信息。数据结构的层次由相互独立的节点构成,这些节点链接在一起,并存储信息。

1.节点

节点是构建 Flexsim 树的模块。所有节点都有一个包含名称的文本。节点可以包含其他节点,可以是用来定义实体属性的关键字,或者有一个数据项。

可以附在节点上的数据项类型是:数字、字符串、实体或者指针。右键单击节点,进入"插入"菜单选项,就可以将数据附于节点上。添加到节点的选项有四个,可以使用快捷键来添加数字、字符串(文本)、实体和指针数据,分别是 N、T、O 和 P 键。点击节点,按下相应的快捷键,就可以给节点添加数据。节点也可以含有可执行代码。要使一个节点成为可执行节点,第一步为节点添加字符串数据,然后拨动锁定此节点为 C++或 Flexscript 节点。右键单击节点,进入"生成"菜单,就可以拨动锁定此节点为 C++或 Flexscript 节点。

不同类型节点的符号如下：

①标准：📁

②实体：📇

③属性/变量：〇

④函数（C++）：🄲

⑤函数（Flexscript）：🆂

可以在树中添加和删除节点。点击节点,按删除键就能删除节点。右键在已存在的节点上单击,然后选择"编辑|插入",就可以为树增加节点,这样一个新的节点即刻就会插入进来。此操作的快捷键是在先高亮该节点之后击空格键。

节点也可以包含子节点列表,称为内容分支。如果节点包含子节点,可以通过点击⊞按钮展开它。选择"编辑|插入到"菜单,或者敲击快捷键"回车"键可以将一个节点插入到已存在的节点内容中。

2.属性树

含有实体数据的节点可能包含第二个子节点列表,此列表可能包含于树的另一个独立分支中。此子节点列表叫作实体的属性树,里面包含描述实体属性的数据。一个包含实体数据的节点通常叫作实体节点。当点击实体节点时,可以看见在节点左边有一个较大的▷图标,点击此按钮将会打开实体的属性树分支。

图 11-3 显示了库树中的暂存区实体的一个展开实体属性树。

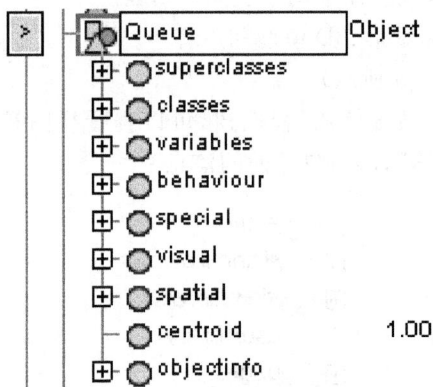

图 11-3 暂存区实体的实体属性树

有实体数据的节点,属性树可以包含许多特殊的属性节点。如果一个节点在实体里面,且有一个关键属性名称,则对这个实体来说,它将拥有特定的含义。属性的实际含义取决于属性本身和实体的类型。例如,对实体位置属性,有"spatialx"、"spatialy"、"spatialz"。Flexsim 中的变量属性列表可以在属性提示中找到。

除了包含模型、库和项目信息之外,Flexsim 也存储所有的视窗和界面信息。所有打开的视窗、菜单、工具条以及按钮都在 Flexsim 树中有相应的体现。我们称这些类型的节点为视图对象。

3.常规组织树

Flexsim 根树的结构分成两部分,分别是项目树和视图布局树。项目树包含可执行数据、库和模型。视图布局树包含视窗、编辑器和其他用户界面的信息,它也管理激活视窗。

(1)project(项目)树(如图 11-4 所示)

要查看项目树可点击主菜单选项:视图|系统信息|主树。项目树以最基础层次包含项目。每一个项目都含有如下极其重要的子树:可执行、库、模型、撤销和媒体文件。

图 11-4　project(项目)树

①exec(执行),此树包含仿真的可执行数据。其中有仿真时间、事件表以及其他关于模型运行的信息。

②library(库),模型中使用的实体库。

③model(模型),仿真模型。

④undo(撤销),保持撤销历史记录。此节点的数值是能够撤销的步数的限制。如果没有数值,就不能执行撤销,也可以全局禁止撤销功能。

⑤media 媒体文件,存储图形、3D 模型和声音。

(2)视图布局树(如图 11-5 所示)

点击主菜单选项:视图|系统信息|视图树,可以查看视图布局树。视图树包含创建实体、存储实体以及使用实体图形用户界面的信息。

图 11-5　视图树

11.2.2　工具箱

Flexsim 工具箱是用来创建和编辑模型的工具,如图 11-6 所示。

1. 全局表

通过工具条或"工具"菜单上的"工具箱"按钮可以访问全局表。全局表可以存储数字型或字符串型数据。模型中任何一个实体都可以用 gettablenum()、gettablestr()、

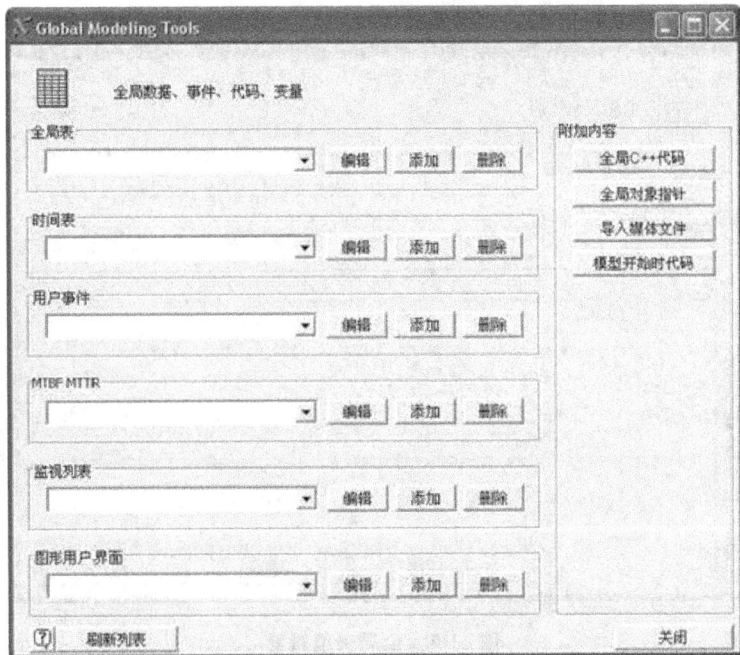

图 11-6　Flexsim 工具箱

settablenum( )、settablestr( )、reftable( )命令来访问这些数据,一个模型可以有多个全局表。

全局表面板用来添加、删除和编辑全局表。根据需要,用添加和删除按钮来添加和删除表。点击编辑按钮可打开全局表编辑器视窗,如图 11-7 所示。

2. 时间表

时间表用来进行模型中指定实体的状态更改的设定,如设定停机时间。每一个时间表可以控制多个实体,每个实体又能被多个时间表所控制。一个模型可以包含多个时间表。时间表面板用来添加、删除和编辑时间表。根据需要,用添加和删除按钮来添加和删除表。点击编辑按钮可打开时间表编辑器视窗,如图 11-8 所示。

3. 用户事件

用户事件是在模型运行中在设定的时间上执行的 C++ 函数,但并不与任何特定的可见的实体关联。用户事件是由模型中一类称为“工具”的特殊节点,在一个称为“用户事件”的子节点中创建的。一个模型可有多个用户事件。

用户事件面板用来添加、删除和编辑用户事件。根据需要,用添加和删除按钮来添加和删除用户事件。点击编辑按钮可打开用户事件编辑器视窗,如图 11-9 所示。

4. MTBF/MTTR

MTBF/MTTR 实体用来设定模型中实体群的随机中断和修复时间。每个 MTBF/MTTR 实体均可以和模型中多个实体相连,每个实体也可以被多个 MTBF/MTTR 实体所控制。MTBF/MTTR 实体还用来指定当实体停机时所要进入的状态。一个模型可以包含多个 MTBF/MTTR 实体。

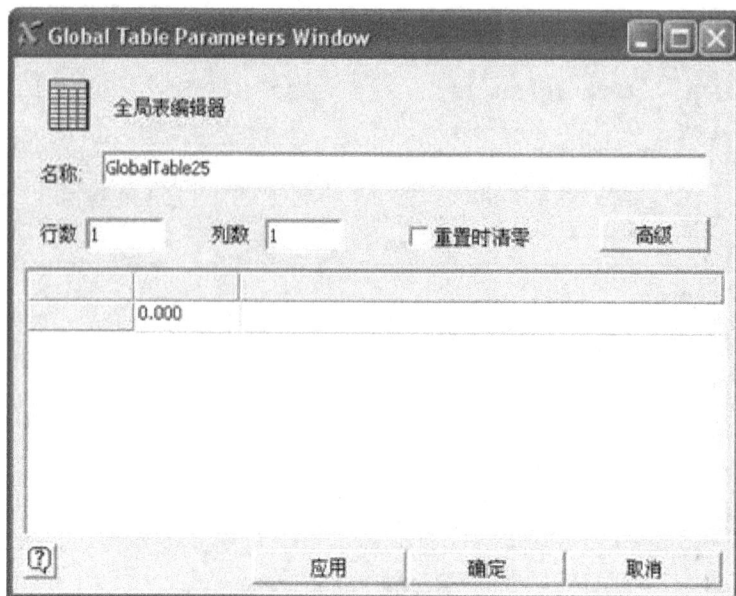

图 11-7 全局表编辑器

MTBF/MTTR 面板用来添加、删除和编辑 MTBF/MTTR 实体。根据需要,用添加和删除按钮来添加和删除 MTBF/MTTR 实体。点击编辑按钮可打开 MTBF/MTTR 编辑器视窗。

5.监视列表

选择工具条中"工具箱"按钮,或者从工具菜单的"工具箱"选项,都可以访问监视列表。一个监视列表是一组变量,建模人员想要对其进行监控。不同的变量被添加到表中接受监视,并在它们的值发生变化时进行记录。

监视列表面板用来添加、删除和编辑监视列表。根据需要,用添加和删除按钮来添加和删除监视列表。点击编辑按钮可打开监视列表编辑器视窗,如图 11-10 所示。

6.全局 C++代码

在全局 C++代码编辑器中,可以定义用户的全局可用 C++函数和变量。此代码写入到编译时创建的全局范围 C++文件中。这样,一旦创建了这些函数,可以从模型的触发器以及其他代码中进行访问。

7.全局实体指针

全局实体指针编辑器用来定义指向模型中的实体的全局指针。输入想要使用的实体指针数,然后点击应用按钮,输入模型中实体的名称。如果此实体包含在一个容器实体内,需要指定到此实体的路径。这将创建一个与此实体同名的全局 fsnode * 类型变量。

8.导入媒体文件

点击导入媒体文件按钮来打开导入媒体文件编辑器,此编辑器用来添加模型需预装载的 3D 形状及图形,并获得已装载的路径的字符串。如果需要在仿真过程中动态改变

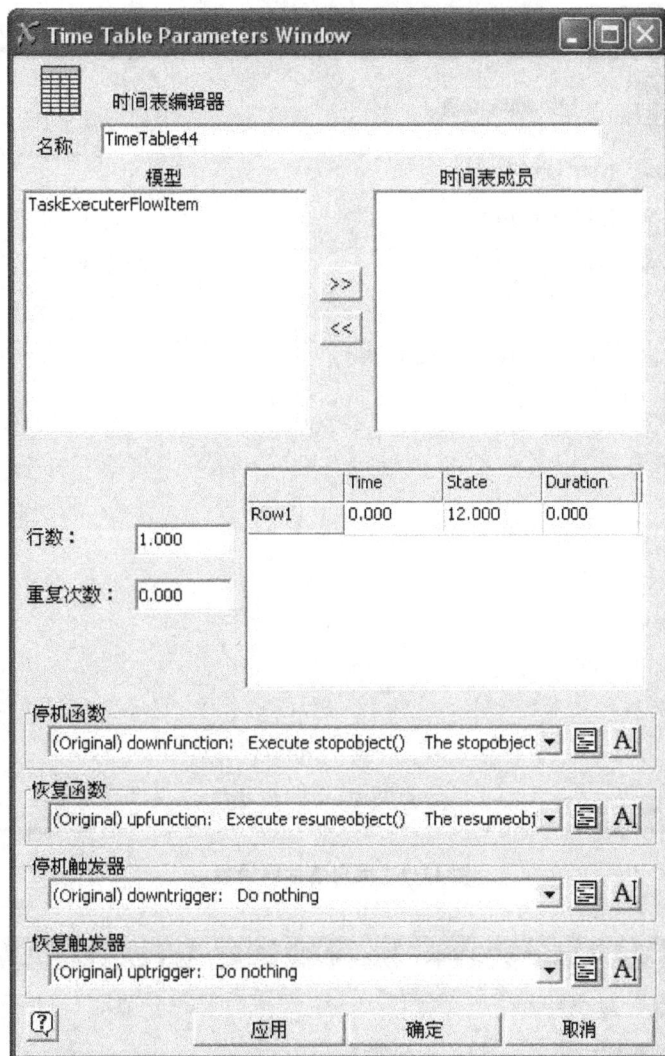

图 11-8　时间表编辑器

实体的形状,通常就需要使用此编辑器。此外,也可以从一个实体的属性视窗选择一个形状。

9.模型开始时代码

点击模型启动代码按钮可打开模型开始时代码编辑器,模型开始时代码编辑器用来编写代码,这些代码将在模型编译后被立即执行。注意,每编译一次,启动代码只执行一次,而不是每次模型重置后都执行。

10.刷新列表

如果更改了全局表、MTBF/MTTR、时间表、监视列表或者用户事件的名称,并想要组合框显示这些更改,可按更新列表按钮。

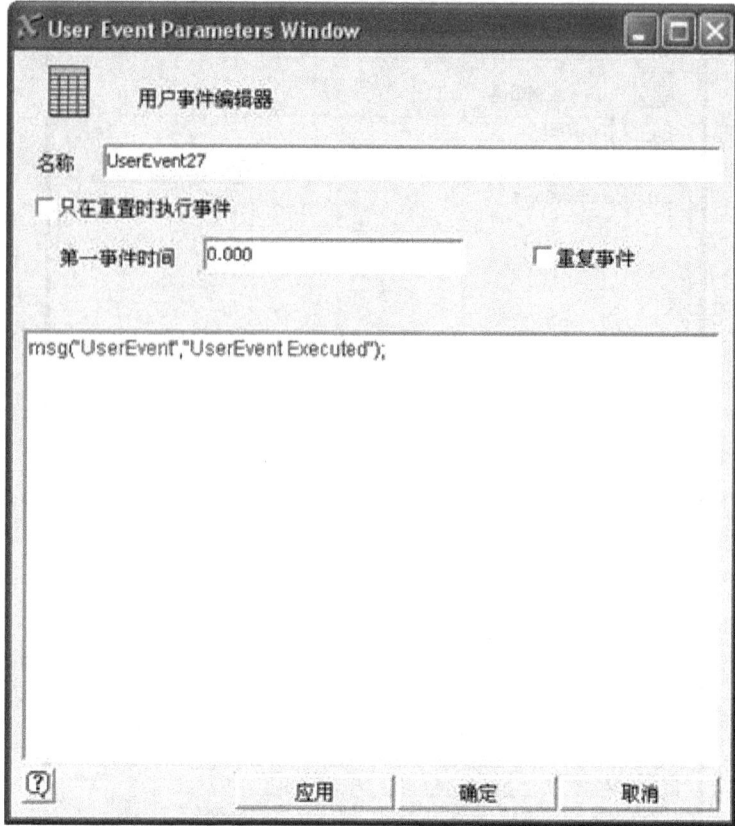

图 11-9　用户事件编辑器

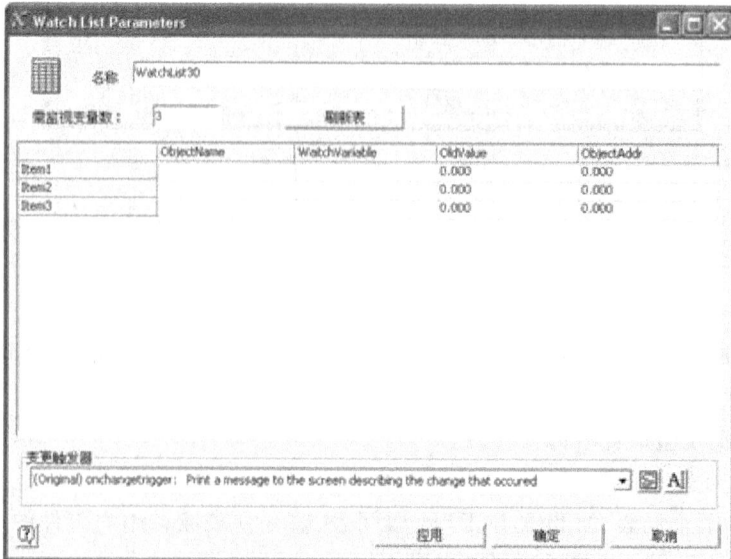

图 11-10　监视列表编辑器

11.2.3 Excel 表的导入和导出

1. 单表导入

使用单表导入工具可以从 Microsoft Excel 向 Flexsim 进行表导入。配置了编辑器后,点击 Excel 界面视窗中的单表导入按钮,即可导入此表,如图 11-11 所示。

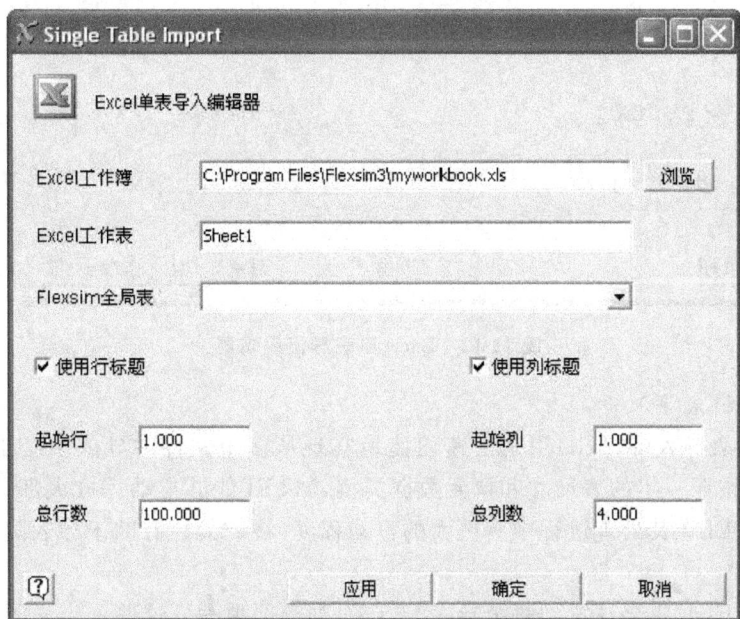

图 11-11 Excel 单表导入编辑器

①Excel 工作簿:在此指定要从中导入表(到 Flexsim 中)的 Excel 工作簿。点击浏览按钮查找工作簿。

②Excel 工作表:在此定义从中进行导入的工作表名称。

③Flexsim 全局表:在此定义接受导入数据的全局表。在下拉列表中选择此表。

④使用行标题:如果选中此选项,Excel 电子数据表格中的首行将导入成为全局表的行标题。

⑤起始行:在此定义 Excel 电子数据表格中要导入的第一行的行号。

⑥使用列标题:如果选中此选项,Excel 电子数据表格中的起始列将作为全局表列标题导入。

⑦起始列:在此定义 Excel 电子数据表格中被导入的第一列序号。

2. 单表导出

单表导出工具用来从 Flexsim 向 Microsoft Excel 进行表的导出。配置了此编辑器后,点击 Excel 界面视窗中的单表导出按钮,可导出此表,如图 11-12 所示,其中各项内容与单表导入类似。

图 11-12   Excel 单表导出编辑器

3. 多 Excel 表导入

多 Excel 表导入(MTEI)用来快速便捷地实现从多个文件中导入多个工作表,如图 11-13 所示。按照一定的表尺寸和单元数据类型,MTEI 能够自动完成大部分导入过程。如果允许 MTEI 在其处理过程中有更大的自动程度,将极大地有助于导入随时间变化的数据。

编辑 MTEI 时将会注意到每个导入行有 10 列需要填写。这些列定义了数据来源和用处,也包括如何编译和这些数据的格式。

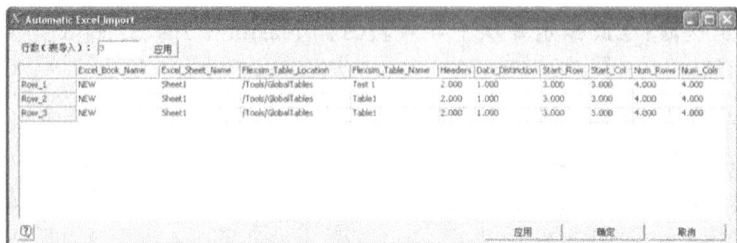

图 11-13   多 Excel 表导入(MTEI)编辑器

11.2.4   仿真实验控制器

实验控制器工具可以从统计菜单中获得。此对话框用来进行实验运行,包括多场景运行,在多次模型运行之间改变某些变量,从每个场景中收集输出数据等。每个场景都代表某一特定的模型配置。对于每个场景,模型都重复运行若干次。仿真实验控制器视窗如图 11-14 所示。

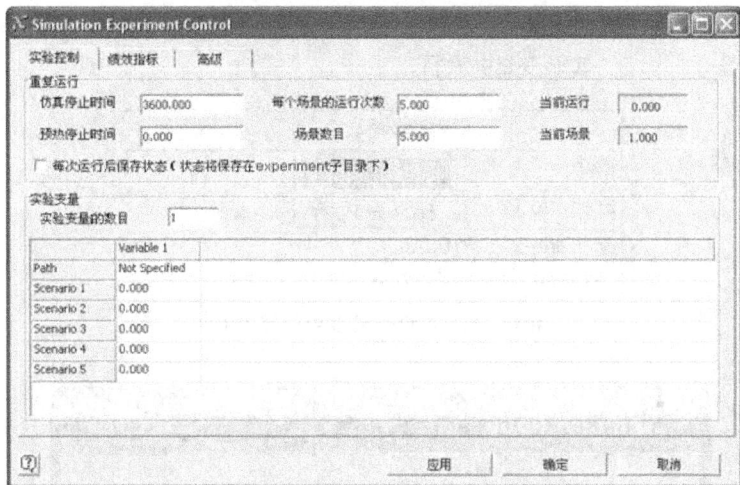

图 11-14　仿真实验控制器

1.重复运行

这些域段决定需要运行多少个不同场景，每个场景重复运行几次，以及其他模型运行信息。

①仿真停止时间：当模型运行了这里定义的时间后即停止，下一个重复运行或者场景（如果有的话）开始运行。

②预热停止时间：当模型运行了这里定义的时间后，统计结果将被重置，但模型不重置。

③每个场景的运行次数：此值定义每个场景需要重复运行多少次。

④场景数目：此值定义要运行多少个场景。每个场景可能包含着多次重复运行。场景个数在"场景数目"域段中定义。在每个场景结束时都调用一个特殊事件。

⑤当前运行：此数字是当前正在运行的一次重复运行的序号。每个场景的重复运行都重新开始编号。

⑥当前场景：此数字是当前正在运行的场景的序号。

⑦每次运行后保存状态：如果选中此选项，模型将会在每次重复运行结束时保存其状态。状态以.fsp文件形式保存于实验文件夹。用文件菜单中的"装载状态"选项可以打开这些文件，查看每次重复运行的结果。

2.实验变量

此表用来定义实验中每个场景的配置。一个实验变量是模型中的某个节点，需要对此节点的值进行实验。例如，实验变量可以是暂存区最大容量值，或者可以是某表中的一个值。可以为实验定义多个实验变量，每个实验变量都与表中某一列相关联。输入需要采用的实验变量的个数，按应用按钮，即可创建相应数目的列。

若要将一个实验变量与适当的节点相关联，可点击表中的路径行，如图11-15所示。

点击浏览路径按钮，打开一个树浏览视窗，可在此查看变量树，如图11-16所示。

在上面的例子中，暂存区中的maxcontent变量被选择实验变量。

图 11-15   实验变量表中的路径行

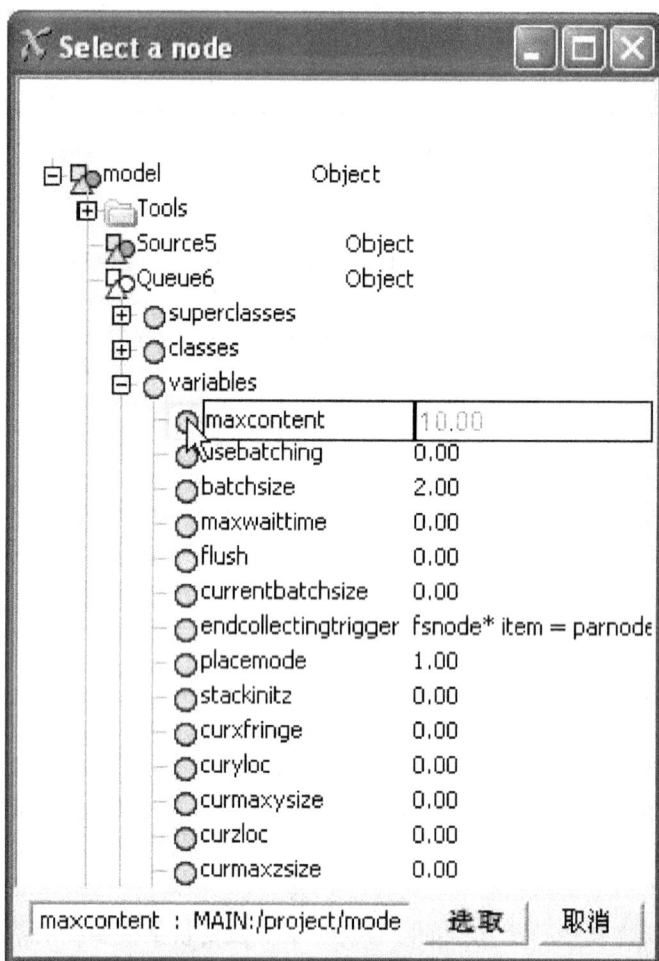

图 11-16   树浏览视窗的查看变量树

3. 绩效指标

绩效指标分页用来指定对每个场景的绩效指标输出进行评价,如图 11-17 所示。

可以定义多达 10 个绩效指标。输入绩效指标个数,然后按应用按钮即可创建相应个数的绩效指标。每个绩效指标都是用一个下拉菜单来定义的,参见绩效指标下拉菜

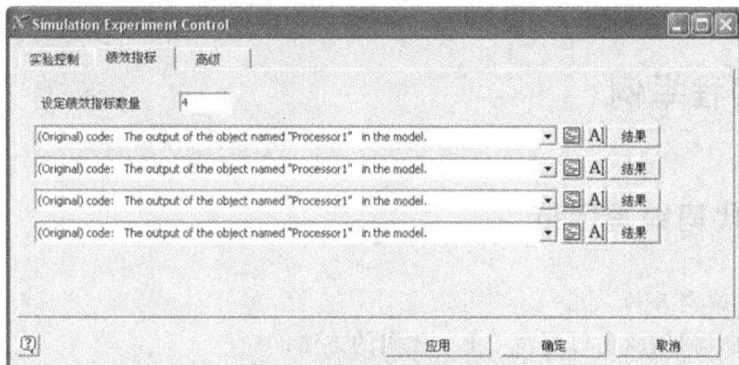

图 11-17　绩效指标分页

单。在每次重复运行结束时,执行绩效指标函数并记录结果。整个实验一结束,即可点击结果按钮打开一个视窗来显示某给定绩效指标的结果。

4.高级选项

高级选项分页中的各项定义了所有重复运行过程中不同点的行为。

①实验开始:此下拉菜单在实验开始运行时被调用,用来在开始运行任何场景之前先来设定某些变量值。此函数只在第一个场景运行前被调用一次。参见实验开始下拉菜单。

②场景开始:此下拉菜单在一个场景的第一个重复运行开始之前被调用。每个场景仅调用一次。参见开始场景下拉菜单。

③重复运行开始:此下拉菜单在每次重复运行的开始时间被调用。每次重复运行只执行一次。参见开始运行下拉菜单。

④预热期结束:此下拉菜单在重复运行的预热期结束时被调用。参见预热期结束下拉菜单。

⑤重复运行结束:此下拉菜单在重复运行期满结束时被调用。参见重复运行结束下拉菜单。

⑥场景结束:此下拉菜单在每个场景结束时被调用。每个场景仅调用一次。参见场景结束下拉菜单。

⑦实验结束:此下拉菜单在实验结束时被调用,用来在实验运行结束时编写模型数据。此函数仅在最后一个场景运行完毕后被调用一次。参见实验结束下拉菜单。

11.3　编程举例

11.3.1　代码编写示范

1.学习内容与目的

①学习在代码编辑窗口编写 C++代码的方法；

②学习如何使用 C++设置和读取临时实体的实体类型。

2.问题描述与模型参数

①物品按照每 10 秒的指数分布时间间隔到达；

②到达物品的 60％的临时实体类型为 7，其他的为 3；

③类型为 7 的物品通过传送带送往端口 1，而类型为 3 则送往端口 2。

简单的模型描述如图 11-18 所示。

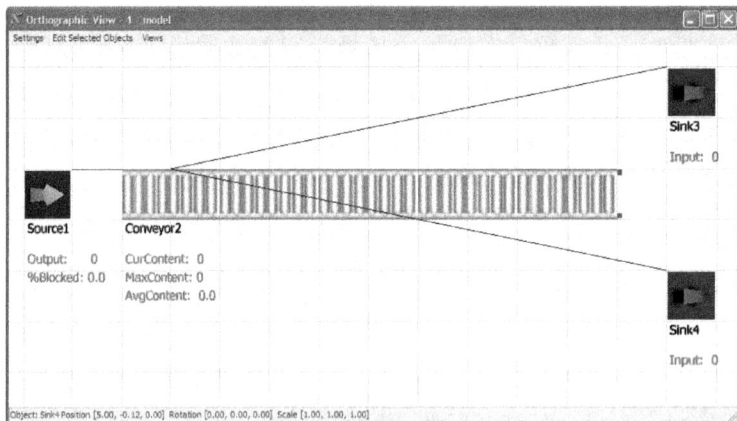

图 11-18　模型布局

3.模型参数与代码编辑

（1）基本思路

在输入发生器的"创建触发"域设置临时实体类型，如图 11-19 所示。

使用"if"语句在传送带的"送往端口"域，如图 11-20 所示，编写代码实现。如果类型为 7 则送往端口 1，而类型为 3 则送往端口 2。

（2）实现代码

①在输入发生器的"创建触发"域，点击"A"按钮进入域代码编辑窗，输入代码如图 11-21 中圈起的部分，其他部分为系统默认代码。其中 setitemtype(item,bernoulli(60, 7,3,1))实现输入临时实体的类型设置，而代码段：

```
if(getitemtype(item)= = 7)
{
```

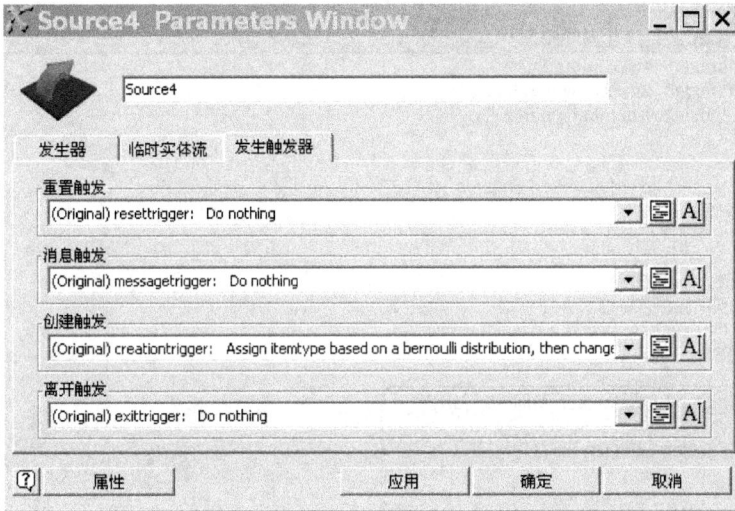

图 11-19 输入发生器的"创建触发"域设置

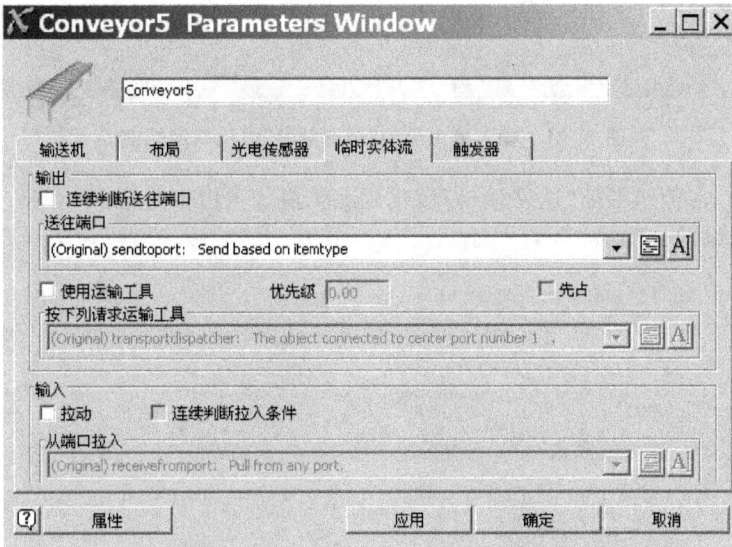

图 11-20 传送带的"送往端口"域设置

```
  colorred(item);
}
else
{
  colorblue(item);
}
```

则是通过"If"语句实现对不同类型临时实体的颜色设置,即类型为 7 的设置为红色,其余的为蓝色。

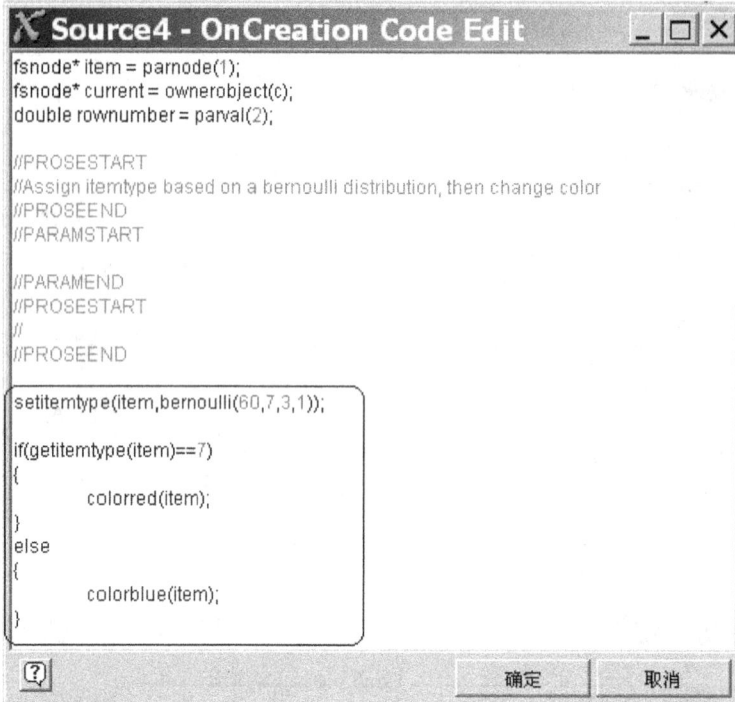

```
X Source4 - OnCreation Code Edit        _ □ ×
fsnode* item = parnode(1);
fsnode* current = ownerobject(c);
double rownumber = parval(2);

//PROSESTART
//Assign itemtype based on a bernoulli distribution, then change color
//PROSEEND
//PARAMSTART

//PARAMEND
//PROSESTART
//
//PROSEEND

setitemtype(item,bernoulli(60,7,3,1));

if(getitemtype(item)==7)
{
        colorred(item);
}
else
{
        colorblue(item);
}
```

图 11-21   输入发生器的"创建触发"域代码编辑窗

②类似的,在传送带的"送往端口"域代码编辑窗加入以下代码:

```
if(getitemtype(item) = = 7)
{
    return 1;
}
else
{
    return 2;
}
```

11.3.2   标签使用模型

1. 学习目的

学习如何使用 C++ 设置和读取临时实体的标签。

2. 问题描述

①模型见布局图。

②在工具栏的临时实体箱的彩色盒子建立数字型标签,名为"routing"。

③在发生器的"退出"触发器域设置临时实体的"routing"标签值为 1~4 的随机数。

④在传送带的"送往端口"域使用 switch()语句,根据标签值将临时实体发送:标签

值为 1 和 3 的送往端口 2；标签值为 2 和 4 的送往端口 1。

3. 建立 Flexsim 仿真模型

根据问题描述，建立如图 11-22 所示的仿真模型。

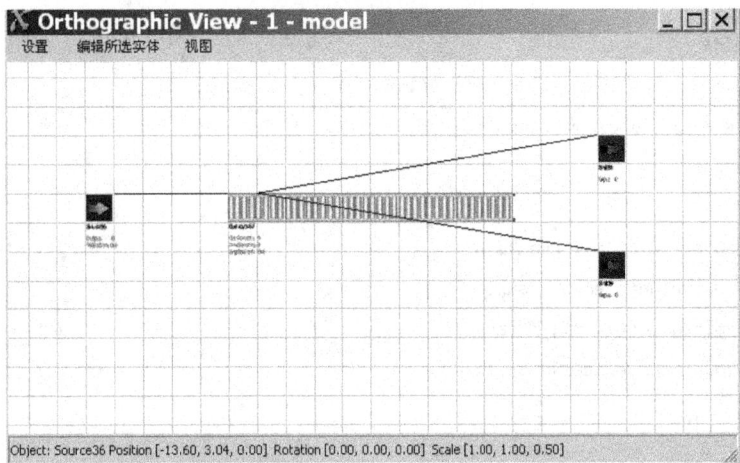

图 11-22　建立简单问题的仿真模型

4. 标签建立

在工具栏的临时实体箱的彩色盒子建立数字型标签，名为"routing"，如图 11-23 所示。

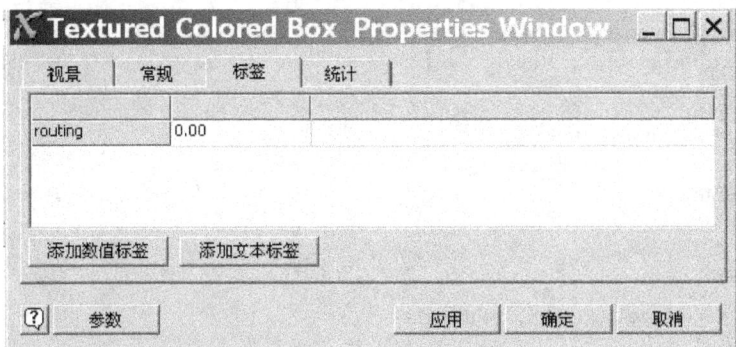

图 11-23　建立数字型标签的窗口

5. 设置和修改标签值

在发生器的"退出"触发器域设置临时实体的"routing"标签值为 1～4 的随机数，代码如下所示。

```
fsnode * item = parnode(1);
fsnode * current = ownerobject(c);
double rownumber = parval(2);
//PROSESTART
//Set the routing label to 1 - 4. Set the color.
//PROSEEND
```

```
//PARAMSTART

//PARAMEND

//PROSESTART

//

//PROSEEND

setlabelnum(item,"routing",duniform(1,4,1));

int route = getlabelnum(item,"routing");

switch(route)

{

case 1：colorred(item)；break；

case 2：colorblue(item)；break；

case 3：colorgreen(item)；break；

case 4：colororange(item)；break；

}
```

6.使用标签值

在传送带的"送往端口"域使用 switch() 语句,根据标签值完成题目要求的临时实体发送,代码如下所示。

```
fsnode * item = parnode(1);

fsnode * current = ownerobject(c);

//PROSESTART

//Labels 1,3 to port 2，labels 2,4 to port 1

//PROSEEND

//PARAMSTART

//PARAMEND

//PROSESTART

//

//PROSEEND

int val = getlabelnum(item,"routing");

switch(val)

{

case 1：

case 3：

return 2；

break；

case 2：

case 4：

return 1；

break；

}
```

11.4　设施选址优化仿真

11.4.1　问题描述

在物流系统中,物流设施地址的选择,是物流系统优化的一个具有战略意义的问题。物流设施是整个物流网络系统的关键节点,是连接上游和下游的重要环节,起着承上启下的作用,并且这些大型设施的建设与运营需要耗费大量的资源。因此,这些设施的选址十分重要,科学、合理的设施选址可以有效地节约资源,降低物流成本,优化物流网络结构和空间布局,提高物流经济效益和社会效益,确保提供优质服务是实现集约化经营、建立资源节约型物流至关重要的一步。

有关设施选址问题,国内外学者都进行了大量的研究,由简单的选址因素分析、选址原则的制订到多层次、模糊的综合指标评判与决策,由重心法到多元离散选址模型,最后定性分析与定量模型相结合,各种研究方法从不同的角度和层次为设施选址的规划决策提供理论依据,但上述研究或多或少地存在着一些欠缺与问题。

通过软件仿真进行设施选择规划是一个很好的方法,可以将现实中的许多问题加入仿真模型中,并且可以突破数学模型解析法求解难度限制,实现问题的较好解决。本案例是一个简单的示范,探讨仿真方法的应用。案例中很多实际背景进行了简化,比如将需求点的需求量设为固定的,但该模型可进一步计算来自多个设施地址的可变需求。

假设在印度,有四个需求点城市,分别是 Delhi,Mumbai,Kolkatta,Chennai,现在需要建设一个集中库存点以进行配送作业,假设各需求点需求量已知,要求建立仿真模型,并通过仿真运行,可以找到需要建立的新设施地址,该地址能使得物流网络的总体收益最大化,设施选址问题的地图如图 11-24 所示。

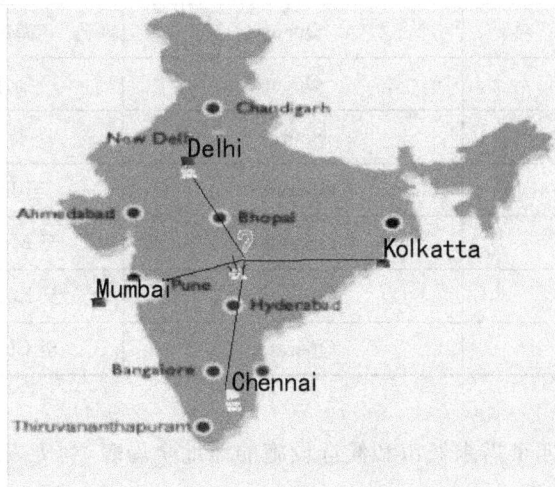

图 11-24　设施选址问题的地图

11.4.2 主要建模过程

1. 仿真实体使用

通过导入现有的实体,建立如图 11-25 所示的模型树。

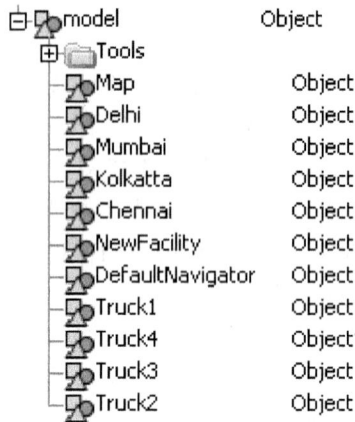

```
□-   model              Object
  ⊞-  Tools
     -   Map            Object
     -   Delhi          Object
     -   Mumbai         Object
     -   Kolkatta       Object
     -   Chennai        Object
     -   NewFacility    Object
     -   DefaultNavigator  Object
     -   Truck1         Object
     -   Truck4         Object
     -   Truck3         Object
     -   Truck2         Object
```

图 11-25 模型树的结构

具体说明如表 11-6 所示。

表 11-6 建立模型树说明图

实体名称	实体类型	功　能
Map	VisualTool	城市分布地图
Delhi	Queue	需求城市 Delhi
Mumbai	Queue	需求城市 Mumbai
Kolkatta	Queue	需求城市 Kolkatta
Chennai	Queue	需求城市 Chennai
NewFacility	Source	待求仓库设施点
Truck1	Operator	至 Delhi 的运输工具
Truck2	Operator	至 Mumbai 的运输工具
Truck3	Operator	至 Kolkatta 的运输工具
Truck4	Operator	至 Chennai 的运输工具

2. 使用全局表

图 11-26 所示是四个需求城市和候选设施的地址全局表,列 1 表示 x 坐标,列 2 表示 y 坐标,列 3 表示需求量。

如图 11-27 所示是各城市需求点的运输费率和总需求量。其中列 1 表示运输费率,

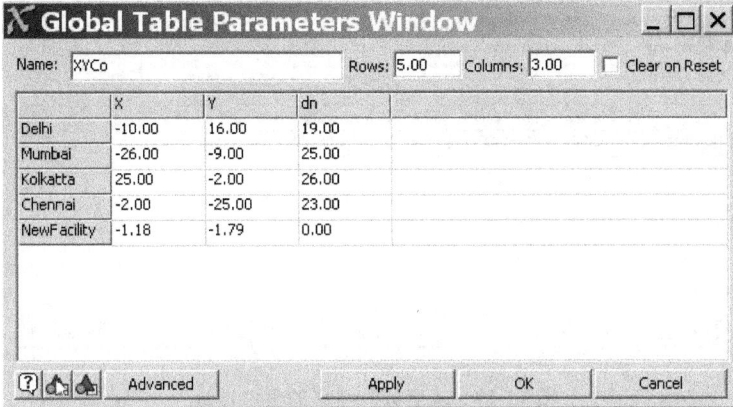

图 11-26　网点地址和需求量全局表

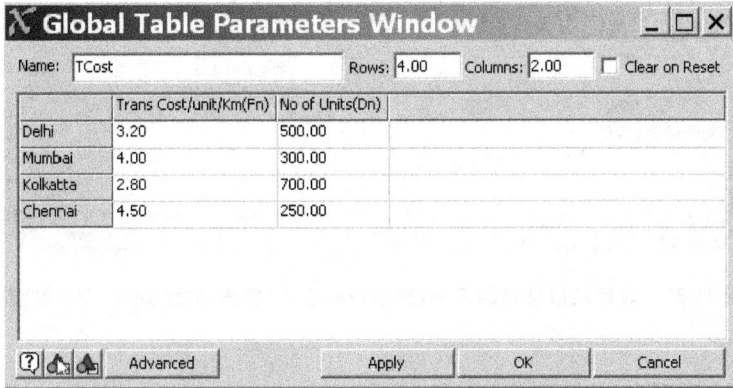

图 11-27　运输成本费率

单位每公里每单位的运输成本,列 2 表示相对于需求量 Dn 的货物单位。

图 11-28 是总成本计算的全局表,行表示迭代次数,列 1 和列 2 表示迭代前的设施地址,列 3 表示总成本,列 4 和列 5 表示迭代后的新设施地址。

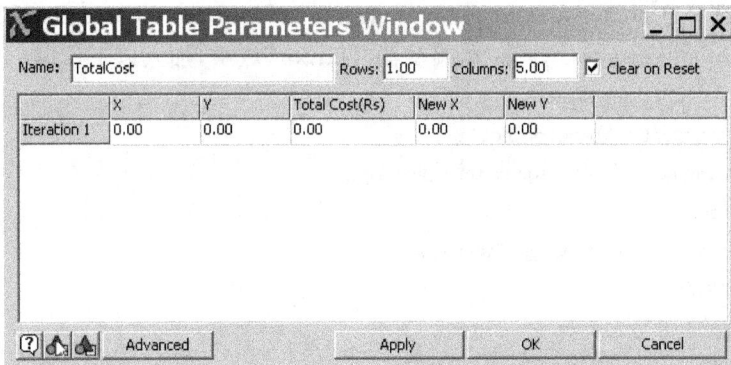

图 11-28　总成本计算全局表

图 11-29 表示计算结果的设施地址,相对于四个需求城市的距离。

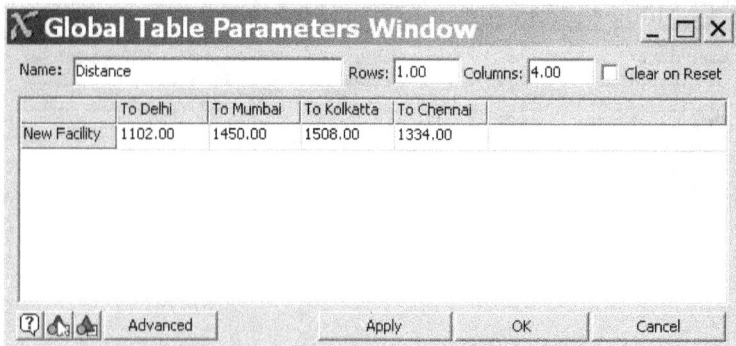

图 11-29 表示计算结果的设施地址

图 11-30 表示仿真距离单位与实际距离之间的比例。

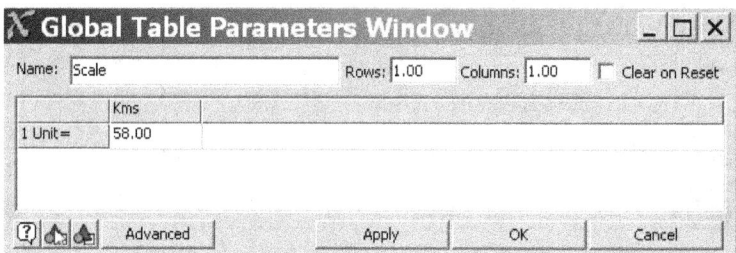

图 11-30 表示从拟选址的设施(配送中心仓库)发出的货物的类型和数量

11.4.3 主要代码编写与运行结果

1.待定设施的触发器编码

在名为 NewFacility 的发生器的流输出域选择"Send the flowItem to the port number matching the number of its itemtype.",并且选择"use transport",在"request transport from"域选择"Call for a transport connected to a port number defined by the value of the flowitem's itemtype.",同时在触发器"OnExit"域中,加入以下代码。

```
fsnode * item = parnode(1);
fsnode * current = ownerobject(c);
unsigned int port = (unsigned int) parval(2);
item = item ;
colorarray(item, getitemtype(item));
//PROSESTART
//计算总成本并写入表中
//PROSEEND
//PARAMSTART
//PARAMEND
//PROSESTART
```

```
//PROSEEND
char *  tablename = "TotalCost";
double fm, TC = 0, x1, y1, xtp = 0, ytp = 0,bp = 0;
const int columns = 5 ;
fm = getnodenum(stats_output(current));
if(fmod(fm,4.0) === 0.0)
{
pt("1st :"); pf(fm); pr();
//计算总成本
for(int n = 1;n< = 4;n + + )
{
TC =  add(TC,gettablenum("XYCo",n,3) * gettablenum("TCost",n,1) * gettablenum("
TCost",n,2)));
}
//获取新设施的地址
for(int x = 1;x< = 4;x + + )
{
xtp = xtp + div((gettablenum("TCost",x,1) * gettablenum("TCost",x,2) * gettablenum("
XYCo",x,1)),gettablenum("XYCo",x,3));
ytp = ytp + div((gettablenum("TCost",x,1) * gettablenum("TCost",x,2) * gettablenum("
XYCo",x,2)),gettablenum("XYCo",x,3));
bp = bp + div((gettablenum("TCost",x,1) * gettablenum("TCost",x,2)),gettablenum("XY-
Co",x,3));
}
pt(" xtp, ytp, bp :"); pf(xtp);pt(","); pf(ytp);pt(",");pf(bp);pt(",");pr();
x1 = div(xtp,bp);
y1 = div(ytp,bp);
pt("New X1, Y1 :    "); pf(x1);pt(",");pf(y1);pr();
double rows = gettablerows(tablename);
double curR = getlabelnum(current, "currow");
settablesize(tablename,curR,columns);
setnodename(node(concat("MAIN:/1/3/1/4/3>2/1/",numtostring(curR,0,0)), model()),
strquote(concat("Iteration", " ", numtostring(curR,0,0))));
//写入表并进行更新
settablenum(tablename,curR,1,xloc(current));
settablenum(tablename,curR,2,yloc(current));
settablenum(tablename,curR,3,TC);
settablenum(tablename,curR,4,x1);
settablenum(tablename,curR,5,y1);
setlabelnum(current, "currow", curR + 1);
//移动设施到新的地址(迭代)
setloc(current, x1,y1,0.1);
```

```
    if(gettablenum("TotalCost", curR,1)===gettablenum("TotalCost", curR,4) && gettable-
num("TotalCost", curR,2)===gettablenum("TotalCost", curR,5))
    {
    stop();
    string loc1 = concat(strquote(numtostring(gettablenum("Distance",1,1),0,0)),"Kms", "
>","From Delhi", strascii(13));
    string loc2 = concat(strquote(numtostring(gettablenum("Distance",1,2),0,0)),"Kms", "
>","From Mumbai", strascii(13));
    string loc3 = concat(strquote(numtostring(gettablenum("Distance",1,3),0,0)),"Kms", "
>","From Koklatta", strascii(13));
    string loc4 = concat(strquote(numtostring(gettablenum("Distance",1,4),0,0)),"Kms", "
>","From Chennai" );
    msg("Finished Model Run", concat("Model has got the New Facility Location situated at:
",strascii(13),strquote(loc1),strquote(loc2),strquote(loc3),strquote(loc4)));
```

2. 城市运输工具代码编写

对于所有的运输工具,参数项作如下设置,如图 11-31 所示。

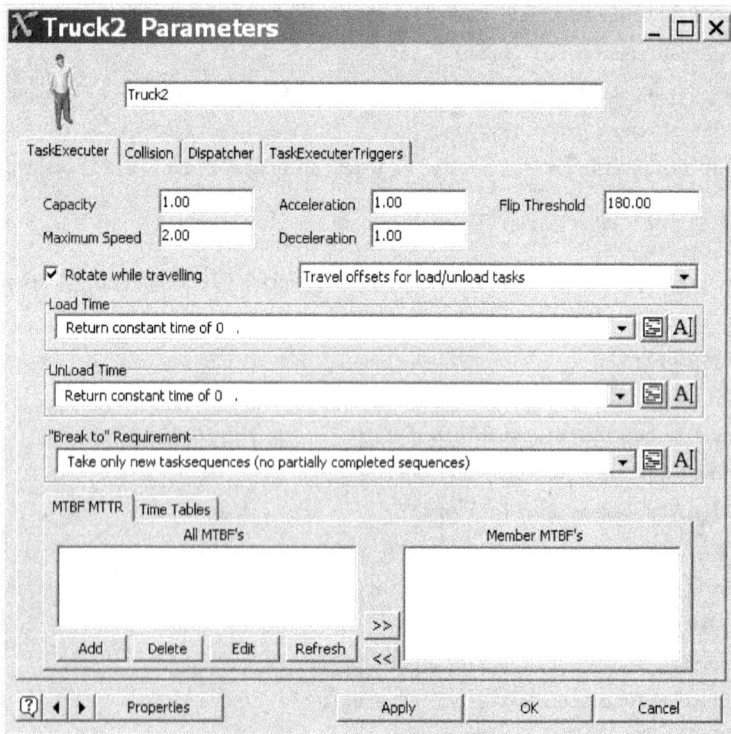

图 11-31　运输工具的参数项

其中在"Break to"requirement(中断响应)域编辑代码如下。

```
fsnode * activets = parnode(1);
fsnode * current = ownerobject(c);
```

```
//PROSESTART
//仅执行新任务序列（非部分完成顺序）
//PROSEEND
//PARAMSTART
//PARAMEND
//PROSESTART
//
//PROSEEND
fsnode * tsqueue = gettasksequencequeue(current);
fsnode * returnts = NULL;
for(int index = 1; index <= content(tsqueue) && ! returnts; index++)
{
fsnode * curts = rank(tsqueue, index);
if(gettotalnroftasks(curts) == getnroftasks(curts))
returnts = curts;
}
return  tonum(returnts);
```

3.仿真运行结果

在每一个城市需求点 queue 的 Maximum content 参数要求足够大，比如设为 1 万，其他采用默认参数。仿真运行过程事实上是程序的迭代寻址优化，最终得到新的设施地址，如图 11-32 所示，同时该数据已写入表中。

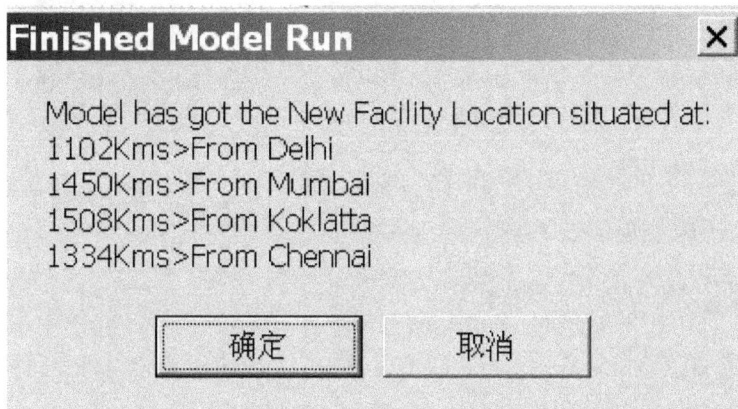

图 11-32　仿真运行结果

思考题

1.考虑如何根据临时实体的类型使用"推式"逻辑定义发生路径。具体问题描述描述如下：

①电子元件在生产后需要检测；

②有两种类型的元件随机到达暂存区，一种是 40%，另一种是 60%；

③到达时间间隔服从指数分布 exponential(0,30,1)；

④有两个检测设备检测元件1,有三个设备检测元件2,元件送往第一个可用设备；

⑤服务时间服从均匀分布 U[120,150]。

请建立模型,并分析：

①所有的设备被同等利用吗？并尝试将该模型设置为"拉式"方式。

②尝试根据实体类型分配实体的颜色。

2.练习编码实现分配和使用临时实体的标签属性来设置路径和实现处理的需要,并练习如何使用 empirical 分布设置实体类型。具体问题描述如下：

①描述一零件服从间隔时间 30 秒的指数分布到达暂存区,有四种类型零件,比例分别为 20%,30%,40%,10%；

②四种零件在对应的处理机器上加工,第一次处理时间服从均匀分布 U(100,120),再加工处理时间服从 U(120,130)；

③零件被加工后,被放在暂存区内等待检测,检测时间为 10 秒,通过检测的零件离开,没有通过的被送回第一个暂存区,次品率为 10%；在暂存区中,再次检测的零件被赋予高的优先级。

请建立 Flexsim 仿真模型,并分析该问题的瓶颈所在,并尝试改变次品的颜色和形状。

参考文献

[1] Banks，J.，Carson II，J. S.，Nelson，B. L.，& Nicol，D. M.（2001）.Discrete-Event System Simulation，3rd edn，Prentice-Hall International.

[2] Banks，J.（1998）. Handbook of Simulation：Principles，Methodology，Advances，Applications and Practice John Wiley & Sons，Inc..

[3] Chan，F. T. S.，Tang，N. K. H.，Lau，H. C. W.，& Ip，R. W. L.（2001）.A simulation approach in supply chain management，Integrated Manufacturing Systems，13(2)117—122.

[4] Charles Sinex，PhD.（2001）.The Role of Modeling and Simulation in Controlling Logistics Systems. Johns Hopkins University，Applied Physics Laboratory.

[5] Evans，J. R，& Olson，D. L.（1998）.Introduction to Simulation and Risk Analysis. America：Prentice-Hall.

[6] 哈勒尔，高蒂，鲍登等.系统仿真及 ProModel 软件应用. 北京：清华大学出版社,2003

[7] J.彭克斯,J.卡森.离散事件系统模拟.北京：清华大学出版社,1988

[8] LINN，R. J.，& XIE，X.（1993）.A simulation analysis of sequencing rules in a pull-based assembly facility. International Journal of Production Research，31，2355—2367.

[9] PAN，C. H. & WANG，C. H.（1996）.A framework for the dual command cycle time model in automated warehousing systems. International Journal of Production Research，34，2099—2117.

[10] Shapiro，J. F.（2001）.Modeling the Supply Chain，1 edn，Duxbury.

[11] VAN DEN BERG，J. P.，（1996）.Class-based storage allocation in a single command warehouse with space requirement constraints. International Journal of Industrial Engineering，3，21—28.

[12] 蔡临宁.物流系统规划——建模及实例分析(第 1 版).北京：机械工业出版社,2003

[13] 陈子侠.现代物流学理论与实践.杭州：浙江大学出版社,2003

[14] 程光,邬洪迈,陈永刚.工业工程与系统仿真.北京：冶金工业出版社,2007

[15] 顾启泰.离散事件系统建模与仿真.北京：清华大学出版社,1999

[16] 何明坷.物流系统论(第 1 版).北京:中国审计出版社,2001

[17] 李永先,胡祥培,熊英.物流系统仿真研究综述.系统仿真学报,2007,19(7)

[18] 刘靓,黄立葵.物流仿真系统构建技术研究.公路交通科技,2004,21(9)

[19] 刘晓峰.物流系统模拟与应用.上海海运学院博士学位论文,2003

[20] 彭扬,伍蓓.物流系统优化与仿真.北京:中国物资出版社,2007.

[21] 宋伟峰.Flexsim 在物流系统规划中的应用研究.北京交通大学硕士论文,2007

[22] 鲍尔索克斯,克劳斯,林国龙等.物流管理——供应链过程的一体化.北京:机械工业
出版社,2002

[23] 王红卫.建模与仿真.北京:科学出版社,2002

[24] 王煜,蔡临宁,岳秀江.物流系统的仿真研究综述.制造业自动化,2004,26(9)

[25] 熊光楞,肖田元,张燕云.连续系统仿真与离散事件系统仿真.北京:清华大学出版
社,1991

[26] 熊光楞.计算机仿真及其在制造业中的应用.计算机仿真,1996

[27] 张启乾.基于 Flexsim 的配送中心拣选策略优化仿真研究.北京物资学院硕士论
文,2007

[28] 张晓萍.物流系统仿真原理与应用.北京:中国物资出版社,2005

[29] 张晓萍,刘远坤.系统仿真软件 Flexsim3.0 实用教程.北京:清华大学出版社,2006

[30] 张晓萍,颜永年,吴耀华等.现代生产物流及仿真.北京:清华大学出版社,1998

[31] Arena：http://www.arenasimulation.com/

[32] Extend：http://www.extendxim.com/

[33] AutoMod：http://www.autosim.com/

[34] Promodel：http://www.promodel.com/academic/

[35] Flexsim：http://www.flexsim.com

[36] Witness：http://www.lanner.com/